그들은 왜 극단적일까

사회심리학자의 눈으로 본 극단주의의 실체

그들은 왜 극단적일까

사회심리학자의 눈으로 본 극단주의의 실체

김태형 지음

❀ 을유문화사

그들은 왜 극단적일까
사회심리학자의 눈으로 본 극단주의의 실체

발행일
2019년 1월 20일 초판 1쇄
2019년 6월 25일 초판 2쇄

지은이 | 김태형
펴낸이 | 정무영
펴낸곳 | (주)을유문화사

창립일 | 1945년 12월 1일
주소 | 서울시 마포구 월드컵로16길 52-7
전화 | 02-733-8153
팩스 | 02-732-9154
홈페이지 | www.eulyoo.co.kr

ISBN 978-89-324-7396-3 03180

들어가는 글

최근 우리나라에서도 극단주의를 경계하거나 우려하는 목소리가 날로 높아져 가고 있다. 얼마 전까지만 해도 한국인들은 서구 사회에서 이민자나 소수자들에 대한 혐오를 자양분 삼아 자라난 극우 정치 세력이 집권에 성공하는 사례들을 보면서도 그것을 먼 나라 일처럼 여기곤 했다. 그런데 현재 한국에는 비록 기존의 시대착오적인 냉전적 정치 세력은 쇠퇴 몰락하고 있지만 새로운 성향의 극단주의 정치 세력이 등장하고, 집권에 성공할 가능성이 없다고 단언하기 힘들 정도로 극단주의 경향이 커지고 있다.

그리고 오늘날 한국 사회의 극단주의화는 개인과 집단 간 갈등, 소수자나 약자에 대한 혐오와 공격, 반사회적이고 반인간적인 행동, 끔찍한 범죄 등의 주요한 원인으로 작용하고 있다. 이제 '극단주의가 무엇이고 그것을 예방하거나 근절하려면 어떻게 해야 할까?'라는 질문에 답을 하는 것은 단순한 학문적 과제가 아니라 한국을 파멸의 수렁에서 건져 내기 위한 절박한 과제가 되었다.

극단주의 척결이 전 세계적인 인류의 과제임에도 불구하고 심리학을 비롯한 서구 사회의 극단주의 연구는 심각한 결함을 가지고 있다. 서구의 극단주의 연구는 일련의 긍정적 요소도 있지만, 기본적으로 극단주의를 근절하기 위해서라기보다는 민중을 억압하기 위한 도구로 시작되었고, 이런 반민중적인 입장이 지금까지도 상당 부분 그대로 이어지고 있다. 이 때문에 서구의 극단주의 연구는 마치 우리나라의 국가보안법이 귀에 걸면 귀걸이 코에 걸면 코걸이 식으로 정치적 반대자나 권력에 저항하는 사람들을 마구잡이로 빨갱이나 종북으로 낙인찍었던 것처럼 극단주의 개념을 진짜 극단주의만이 아니라 진보 운동, 노동 운동, 민족 해방 운동, 여성 운동 등에도 무분별하게 붙이는 경향이 있다.

극단주의에 관한 미국의 심리학 이론을 대표하는 집단 극단화 이론은 권력과 돈의 편에 서서 제국주의를 위해 복무하는 친자본, 친제국주의 이론이다. 집단 극단화 이론은 또한 대중에게는 인간 불신, 인간 혐오 심리를 퍼뜨리는 반면 지배층에게는 민중을 조종하는 도구를 제공하는 어용 이론이다. 미국의 심리학은 갖가지 통계 자료나 실험 자료들을 앞세우면서 현란하고 교묘한 말장난으로 사람들을 속이기 때문에 일반인들은 그 정체를 간파하기가 힘들다. 나는 미국의 심리학 이론을 무비판적으로 받아들이는 것이 대단히 위험하다는 것을 상기시키기 위해 이 책에서 집단 극단화 이론을 비교적 상세히 검토하고 비판했다.

심리학을 포함하는 서구의 극단주의 이론에 여러 문제가 있는 만큼 기존의 극단주의 연구를 맹목적으로 받아들이지 말고 치열하게 비판하고 재조명해야만 극단주의의 본질을 바로 알 수 있고, 극단주의가 무엇인지 정확하게 이해하고 그 원인을 올바르게 규명해야만 극단주의를 제대로 예방하고 근절할 수 있다. 나는 이 책에서 극단주의의 3대 특징이 배타성, 광신, 강요라는 점을 밝히고, 그것에 기초하여 극단주의를 '**광신에 사로잡혀 세상을 배타적으로 대하고 자신의 믿음을 타인들에게 강요하는 것**'으로 정의했다.

극단주의의 기본 원인은 육체적 안전과 정신적 안전을 포괄하는 안전에 대한 위협이다. 혐오와 분노, 극단주의를 부추기는 지배층 등도 극단주의의 주요한 원인이다. 그리고 권위주의적 성격은 극단주의의 원인들이 극단주의로 이행하도록 매개하는 중요한 심리적 변수다. 안전에 대한 위협이 극단주의의 기본 원인인 만큼 극단주의의 예방이나 근절은 단순한 일회성 처방이나 근시안적인 방안으로는 불가능하다. 그것은 최소한 육체적 안전만이 아니라 정신적 안전을 위협당하지 않는 '안전한 사회'를 건설할 때 비로소 가능해진다.

이 책이 극단주의에 대한 정확한 이해를 대중적으로 확산하고, 극단주의를 근절하기 위한 우리 사회의 노력에 도움이 되기를 바란다.

2018년 11월 15일
심리학자 김태형

차례

1. 우리 사회에서 점점 심해지는 극단주의 경향

2001년에 9·11 테러 사건이 발생하고 미국이 그 사건을 빌미 삼아 테러와의 전쟁을 선포하면서 극단주의를 성토하는 목소리가 지구촌을 뒤덮게 되었다. 서구 사회에서는 극단주의와 광신에 대한 연구가 활발하게 진행되었고 극단주의와 관련된 숱한 저작들이 쏟아져 나왔다. 물론 극단주의에 대한 이런 뜨거운 관심은 극단주의를 정확히 이해함으로써 그것을 예방하고 근절하려는 목적에서 출발한 것이다. 그렇다면 테러와의 전쟁과 극단주의에 대한 연구들 덕분에 극단주의가 약화되었을까? 결론적으로 말하면 약화되기는커녕 더 심해졌다. 미국이 시작한 테러와의 전쟁 이후에 테러는 오히려 더 자주 발생했고, 그 끝을 기약하지 못한 채 계속되고 있다. 또한 극단주의와 정반대에 위치하고 있는 민주주의 국가로 여겨지던 서구 사회에서도 사회적 약자나 무슬림, 이민자 등을 적대시하는 극우 극단주의 정치 세력이 빠르게 부상했고 일부

국가에서는 집권에 성공하기도 했다.

현재 극단주의라는 용어는 상당히 포괄적으로 사용되고 있어서 테러리즘이나 극우 정치 집단 이외에도 다양한 것들이 포함되어 있다. 극단주의 웹 사이트들을 감시하는 한 웹 사이트(extremism on the net)는 다음과 같은 것들을 극단주의로 분류하고 있다.

> 정치적 파시즘, 스킨헤드 파시즘, 나치 정당들, 백인 우월주의, 민병대 집단, 홀로코스트 부인론, 인종 혐오, 유사 종교 집단, 반동성애주의, 반유대주의, 세계 음모론, 호전적 이슬람주의, 프로아나/미아Pro-ana/-mia(다이어트에 대한 강박관념에 사로잡혀, 먹는 것을 거부하는 거식증anorexia과 자발성 구토가 일어날 때까지 먹는 폭식증bulimia을 예찬하고 동경하는 풍조), 과격한 동물 권리 운동, 폭력적 응원 문화hooliganism, 폭력적 정치 행동주의, 폭발물 제조, 자살 방조 등.[1]

이런 분류 기준에 따라 여성을 혐오해 살해하는 남성들, 사랑했던 연인을 해치는 사람들, 타인들을 향해 무차별적으로 총기를 난사하는 대량 살인범, 신나치와 같은 백인 우월주의 집단 등을 모두 극단주의에 포함시킨다면 그야말로 지구촌은 21세기 들어서 극단주의로 극심한 몸살을 앓고 있다고 말할 수 있을 것이다.

21세기에 들어서면서부터 지구촌은 극단주의 혹은 테러와의 전쟁으로 무척이나 소란스러웠지만, 이때까지만 해도 한국은 극단주의와는 다소 거리가 먼 나라로 치부되었다. 그러나 2010년대 후반인 오늘의 한국에서는 극단주의를 우려하는 목소리가 곳곳에서 터져 나오고 있다. 극단주의의 주요한 특징 중 하나가 배타성인데, 이를 기준으로 한국 사회를 들여다보면 한국에서도 극단주의 경향이 쉽게 발견된다. 이와 관련해 한신대학교 심리아동학부의 강순원 교수는 "최근 한국 사회에서도 자신의 견해만 절대적으로 옳다고 믿고, 다른 관점이 있을 수 있음을 인정하지 않는 매우 배타적인 사고방식과 행동 양식을 어렵지 않게 찾아볼 수 있다"[2]고 지적했다. 또한 2017년 3월 15일에 공개된 한국보건사회연구원의 '사회 통합 실태 및 국민 인식 조사' 보고서에 의하면 10점 만점을 기준으로 할 때 우리 사회의 포용성 점수는 평균 3.79, 신뢰성 점수는 평균 3.80점이었다. 이 조사는 한국 사회에는 자기주장만 내세우며 타인들을 배타적으로 대하는 경향이 팽배해 있으며, 이런 경향이 과거에 비해 한층 더 심해졌고 미래에도 나아지지 않을 것이란 인식이 일반화되어 있음을 보여주고 있다.[3]

우리 사회의 극단주의화는 한국의 미래에 어두운 그림자를 드리우고 있다. 즉 한국 사회에서 극단주의 경향이 계속해서 심해질 경우 한국에서도 최근의 서구 나라들처럼 극우적인 극단주의 정치 세력이 등장하거나 집권할 수 있다는 우려가 현실화된다는 것이다. 최근에 있었던 예멘 난민과 관련된 청와대 청원 사건만 보더라도, 이런 우려를 전적으로 부정하기는 어려울 것이다.

알다시피 미국을 비롯한 서구 제국주의 국가들의 이슬람권 침략으로 인해 중동 정세가 불안정해져 난민이 대량으로 발생했을 때, 그들 중 일부인 예멘 난민이 한국의 제주도에 입국하게 되었다. 그러자 2018년 6월 13일에 청와대 홈페이지 '국민 청원 및 제안' 게시판에는 '제주도 불법 난민 신청 문제에 따른 난민법·무사증 입국·난민 신청 허가 폐지 청원합니다'라는 제목의 청원 글이 올라왔다. 이 글에서 청원인은 "제주도의 경제·관광 활성화를 위한 한 달 무사증 입국과 달리 난민 신청은 아직 시기상조"라며 "불법 체류자와 다른 문화 마찰로 인한 사회 문제도 여전히 존재한다. 구태여 난민 신청을 받아 그들의 생계를 지원해 주는 것이 자국민의 안전과 제주도의 경제 활성화에 기여할 수 있는지 심히 우려와 의문이 든다. 무사증 제도로 인한 불법 체류 문제를 해결하기도 전에 난민 신청을 받는 것은 일의 순서가 뒤바뀌었다"고 주장했다. 그는 또한 "난민 문제를 악용해 일어난 사회 문제가 많았고 불법 체류 문제는 여전히 현재 진행 중이다. 진짜 난민들인지도 의문이 있으며 가까운 유럽이 아닌 먼 한국까지 와서 신청을 한 이유에 대해서도 의구심이 든다. 과연 한국이 난민을 받아 줘야 하는 이유가 있는 것인지 다시 한 번 생각해 주길 바란다"고 덧붙였다. 한마디로 예멘 난민을 받아들이지 말라는 것이다. 그런데 놀라운 것은 이런 국민 청원 글에 추천 의사를 밝힌 한국인들이 2018년 6월 18일 현재, 20만 명을 돌파했다는 사실이다. 이 국민 청원 외에도 6월 18일의 국민 청원 게시판에는 '제주 난민 수용을 당장 중단해 주세요', '예멘 난민 입국과 취업 반대', '제주도 무비자 입국 철회 및 예멘 난민 수용 거부' 등 제주도의 난민 수용과 관련된 게시 글이 70여 건 가까이 올라왔다.[4]

제주 출입국 외국인청에 따르면 제주에 입국한 예멘인은 2015년 에는 0명이었으나, 2016년에는 7명, 2017년에는 42명, 2018년에 는 561명으로 가파르게 증가했는데, 이들 중에서 519명이 난민 신청을 했다. 한국은 2012년 2월에 아시아에서 최초로 난민법을 제정했기 때문에 난민 신청자는 심사 기간 동안 무사증으로 국내 에 체류할 수 있지만 취업은 불가능하다. 그런데 지난 11일에 제 주 출입국 외국인청이 예멘 난민 신청자의 생활고를 고려해서 조 기 취업을 적극 허가할 계획을 밝히자 논란이 시작됐고, 결국 청 와대에 국민 청원 글이 올라오게 되었다. 6월 13일의 국민 청원 이전에도 청와대 국민 청원 게시판에는 '제주도 난민수용 거부해 주세요'라는 제목의 청원이 올라온 적이 있었는데, 이 청원 글은 나흘 만에 추천인 18만 명을 돌파했으나 16일 오후에 삭제되었 다. 삭제된 이유는 이 청원 글에 '이슬람 사람들은 여자를 사람으 로 보지 않고 애 낳는 도구로만 생각하는 사람들인데 성범죄는 불 보듯 뻔하다'라는 내용이 담겨 있었기 때문인 것으로 알려졌다. 청와대 국민 청원 글에 폭력적이거나 선정적인 내용, 허위 사실이 포함될 경우에 관리자가 그 글을 삭제할 수 있다.

예멘 난민을 거부하는 움직임은 단지 온라인에서만이 아니라 오프라인에서도 집회 등을 통해 직접적인 행동으로 표출되었다.

예멘 난민 수용에 반대하는 2차 집회가 7월 14일 서울 도심에서 열렸다. 인터넷 카페 '난민반대 국민행동'은 이날 세종로 동화면세점 앞에서 '예멘 난민 수용 반대, 무사증·난민법 폐지' 2차 집회를 열고 난민법과 제주 무사증(무비자) 제도 폐지 등을 정부에 촉구했다. 국민행동은 "난민법 폐지 국민 청원 참여자가 최근 70만 명을 돌파했지만, 청와대는 국민의 목소리를 외면한 채 침묵하고 있다"며 "평범한 국민인 우리의 안전과 생명이 위협당한다고 생각한다"고 말했다.[5]

최근에 발생한 예멘 난민 사태는 이민자에 대한 배타와 적개심을 주요 무기로 삼는 서구 사회의 극우 정치 세력과 유사한 극단주의 정치 세력이 한국에도 등장할 수 있으며, 세력을 확장할 사회적 기반이 무르익고 있음을 보여 주고 있다.

앞에서 언급했듯이 21세기 초반까지만 해도 한국은 극단주의와는 거리가 먼 나라로 치부되어 왔지만, 엄밀하게 따지자면 이는 사실이 아니다. 우리나라를 70여 년 넘게 지배해 왔던 극우 세력은 극단주의의 주요한 특징을 모두 가지고 있는 전형적인 극단주의 집단이다. 한국의 극우 세력은 극우 반공 이념에 광신적으로 매달리고 자기들에게 동조하지 않거나 반대하는 국민들을 빨갱이, 종북으로 낙인찍어 배타하면서 이들에 대해 격렬한 혐오와 적개심을 표출해 왔다. 나아가 한국의 극우 세력은 박근혜 정부의 국정 교과서 사건이나 블랙리스트 사건 등에서 알 수 있듯이, 자신들의 광적인 신념을 국민들에게 강요하기 위해 여러 수단을 동원해 왔다. 이렇듯이 자유한국당이나 태극기 부대 같은 한국의 극우 세력은 70여 년 전부터 현재까지 내내 극단주의 집단이었다. 건국 이후부터 계속 극단주의 집단이 한국을 지배해 왔음에도 한국이 극단주의에서 비교적 자유로운 국가로 인정되었던 것은 비록 극단주의가 극우 지배층 내에서는 일상이고 보편이었으나 그것이 일반인들에게까지 널리 퍼지지는 않았기 때문이었다. 그러나 이제는 사정이 많이 달라졌다. 이명박, 박근혜 정권 하에서 기승을 부린 일베 현상이 뚜렷이 보여 주듯이, 오늘날의 한국에서 극단주의는 극우 지배층의 테두리를 넘어 전 사회로 확산되어 가고 있다. 이에 따라 극단주의에 대한 활발한 연구와 논의, 그리고 그것에 기초한 극단주의를 예방하고 근절하기 위한 대책 수립이 한국 사회에서도 시급한 과제로 부상하고 있다.

최근에 발생한 예멘 난민 사태는 이민자에 대한

배타와 적개심을 주요 무기로 삼는 세력이 한국에도 등장할 수 있으며,

세력을 확장할 사회적 기반이 무르익고 있음을 보여 준다.

2. 극단주의 들여다보기

극단주의라는 용어는 비단 학계에서만이 아니라 일상에서도 광범위하게 사용되어 왔고 지금도 사용되고 있다. 하지만 이 극단주의라는 용어는 문맥이나 상황에 따라 아주 다양한 의미로 사용되고 있기 때문에 그것을 정의하는 문제는 그리 쉬운 일이 아니다.

국립국어원의 표준국어대사전은 극단을 '맨 끝', '길이나 일의 진행이 끝까지 미쳐 더 나아갈 데가 없는 지경' 혹은 '중용을 잃고 한쪽으로 크게 치우침'으로 정의하고 있다. 여기에서 극단의 의미는 '맨 끝'에 방점이 찍혀 있다고 말할 수 있다. 이런 정의에 의하면 극단에 대비되는 개념은 중도 혹은 중용이다. 양쪽 끝을 극단으로 분류하고 중간을 중용으로 분류하는 것은 통계적인 입장과 유사하다고 말할 수 있다. 통계에서 흔히 사용되는 종 모양의 정규 분포 곡선을 보면 양쪽 끝으로 갈수록 수가 줄어들고 중간으로 갈수록 수가 늘어난다. 예를 들어 시험 성적에 기초해 통계를 내면 평균을 중심으로 가장 많은 학생이 분포하고, 양쪽으로 갈수록 학생 수가 줄어드는 식이다. 이렇게 통계적 입장에서는 흔히 정규분포 곡선에서 다수가 포함되는 중간 영역을 '정상'으로, 극소수가 포함되는 양쪽 영역을 '이상異常'으로 간주하는데, 이것은 극단에 대한 사전적 정의가 통계적 입장과 유사하다는 것을 의미한다. 그런데 이러한 극단에 대한 사전적 정의 혹은 이상에 대한 통계적 정의를 극단주의 개념과 동일시하면 당연히 문제가 생길 수밖에 없다. 예를 들어 정치 이념의 범위가 극좌에서 극우까지 쭉 펼쳐져 있다고 가정하면, 양쪽의 맨 끝에 있는 좌파적 이념과 우파적 이념이 극단에 해당되고, 좌도 아니고 우도 아닌 중간쯤의 정치 이념 — 예를 들면 수정자본주의나 사회민주주의 정치 이념 — 이 중도 혹은 중용에 해당된다. 그러나 좌도 아니고 우도 아닌 이런 정치 이념들이 중용으로 분류될 수 있을지는 몰라도, 그것들이 항상 옳다거나 최선이라고 말하기는 힘들다. 또한 한쪽 끝에 위치하고 있다고 해서 좌파적 이념이 무조건 극단주의에 해당된다고 말할 수도 없다. 이것은 '맨 끝'이나 '한쪽으로 치우치는 것'에 방점이 찍혀 있는 극단에 대한 사전적 정의를 극단주의와 동일한 것으로 간주하면 안 된다는 것을 의미한다.

흑인 노예제가 폐지되기 이전 시기에 이 주제를 기준으로 펼쳐진 정치적 범위를 보면, 한쪽 끝에는 노예제 폐지론이 있고 다른 쪽 끝에는 노예제 존속론이 있다. 그렇다면 여기에서 중도 혹은 중용은 뭘까? 흑인 노예들 중에서 반만 해방시켜 주는 것일까? 아니면 흑인 노예제를 부분적으로 폐지시키는 것일까? 이 사례에서 확인할 수 있듯이, 극단을 '맨 끝'의 의미로 정의할 경우 올바른 것 혹은 선—흑인 노예제 폐지론—이 극단으로 단죄되는 문제가 발생할 수 있다. 선과 악이 대립하는 상황에서 한쪽 끝에 있는 악은 분명 극단이지만 다른 쪽 끝에 있는 선은 극단으로 간주될 수 없으며, 선과 악 사이에 위치하는 적당한 선 혹은 적당한 악이 중용으로 칭찬받을 수는 없다.

학문으로서의 극단주의 연구에서는 '맨 끝'에 방점이 찍혀 있는 극단에 대한 사전적 정의를 그대로 받아들여 극단주의를 정의하면 안 된다. 그래서 상당수의 극단주의 연구자들은 극단주의를 '맨 끝'이 아니라 '과잉'의 문제로 바라본다. 즉 어떤 이념이나 종교를 과도하게 맹신하거나 어떤 행동을 지나칠 정도로 과도하게 혹은 과격하게 하는 것을 극단주의라고 정의하는 것이다. 극단주의에 대한 사전적 정의들도 이와 맥락을 같이한다. 표준국어대사전에 의하면 극단주의極端主義, Extremism 란 '모든 생각이나 행동이 한쪽으로 지나치게 치우치는 태도'를, 위키백과에 의하면 '이데올로기나 행동의 경향이 극단적으로 치우친 것'을 의미한다. 여기에서 극단주의에 대한 사전적 정의는, 범위의 위치상 맨 끝을 의미한다기보다는 그것이 생각이든 행동이든 간에 정상의 범주를 벗어나는 과도한 것을 의미하는 '과잉'에 초점이 맞춰져 있다. 그러나 뒤에서 자세히 논하겠지만, '과잉'에 초점을 맞춘 이러한 정의 역시 극단주의의 본질을 정확히 담고 있다고 말하기는 힘들다. 천동설이 주류 이론이던 서구의 중세 사회에서, 지동설이 옳다고 믿는 학자가 있다고 가정해 보자. 천동설이 아닌 지동설을 주장했다는 이유로 종교 재판을 받게 된 상황에서도 그가 지동설에 대한 믿음을 철회하지 않아 화형을 당했다면, 그는 극단주의자인가? 다시 말해 지동설이 옳다는 믿음이 과도하지 않으면 극단주의가 아니지만, 그런 믿음이 지나치게 과도하면 극단주의라고 정의하는 것이 옳을까? 이런 문제들 때문에 '과잉'에 초점을 맞춘 극단주의에 대한 정의 역시 받아들이기가 어렵다.

그렇다면 극단주의를 어떻게 정의하는 것이 옳을까?

데스먼 투투 성공회 대주교는 극단주의를 "다른 관점을 인정하지 않을 때, 자신의 견해를 대단히 배타적으로 고수할 때, 다를 수 있음을 용인하지 않을 때"라고 정의했다.[6] 극단주의에 대한 이 정의는 초점을 '맨 끝'이나 '과잉'이 아니라 '배타성'에 맞추고 있는데, 나는 이것이 극단주의에 대한 더 정확한 정의라고 생각한다. 나아가 나는 극단주의라는 개념을 정의하기가 무척 까다로운 현 상황에서는 극단주의가 무엇인지를 정확하게 이해하는 것, 다시 말해 극단주의의 특징이 무엇인지를 밝혀내는 것이 선행되어야 극단주의를 옳게 정의할 수 있다고 생각한다. 즉 극단주의라는 개념을 정확하게 정의하려면 무엇보다 극단주의의 특징부터 살펴볼 필요가 있다는 얘기다. 극단주의의 특징은 다음 네 가지를 들 수 있다.

1) 내 편과 네 편: 배타성

배타排他성이란 자기(혹은 자기가 속한 집단)를 제외한 나머지의 대부분을 거부하거나 배척하는 경향을 의미한다. 배타성의 전형적인 예는 인종 청소라는 명목으로 유대인을 대량 학살했던 히틀러 정권의 홀로코스트라고 할 수 있다. 일부 심리학 연구에 의하면 사람들은 사회 집단을 자신이 소속감을 느끼는 내집단in-group과 그 외의 집단인 외집단out-group으로 구분하고, 내집단은 싸고도는 반면 외집단은 배척한다. 쉽게 말해 세상을 내 편과 네 편으로 갈라놓고 편파적으로 대한다는 것이다. 자기가 지지하는 정당의 허물은 너그럽게 대하면서 경쟁 정당의 허물은 침을 튀겨 가면서 성토하는 것을 예로 들 수 있다. 이것은 본질적으로 가족 이기주의다. 즉 내집단-외집단 편향이란 가족 이기주의의 확대판이라고 할 수 있다. 이것은 또한 인격적으로 성숙하지 못한 사람 혹은 정신 건강이 나쁜 사람들에게서 전형적으로 나타난다. 이런 이유 때문에 에리히 프롬Erich Pinchas Fromm은 이런 자기 식구 싸고돌기를 현대인의 주요한 정신병 중의 하나인 '근친애적 사랑'으로 정의하기도 했다. 어쨌든 배타성은 내집단은 무조건 옳고 외집단은 다 틀렸다고 간주하는, 대단히 심각한 내집단-외집단 편향이라고도 말할 수 있다.

배타성에 대해서도 잘못된 이해가 존재하는데, 그중 하나가 배타성을 불관용의 태도로 간주하는 것이다. 배타성을 불관용으로 간주한다는 것은 곧 배타성의 반대를 관용으로 본다는 것을 의미한다. 2005년 9월 14일에 유엔 안전보장이사회가 채택한 '국제법이 부과한 의무에 따라, 극단주의와 불관용이 부추기는 테러리스트의 행위에 대항하기 위한 노력을 기울여야 하며, 테러리스트와 그 지지자들이 교육, 문화 및 종교 제도를 전복하려는 시도를 방지해야 한다.(3A절)'는 결의 1,624호는 불관용이란 단어를 극단주의와 나란히 놓고 사용하고 있다. 이것은 극단주의의 주요한 특징을 불관용으로 보는 견해가 국제 사회에 널리 퍼져 있음을 시사해준다. 그러나 배타성의 반대말은 개방성 혹은 포용성이지 관용이 아니다. 관용은 기본적으로 상대방에 대한 부정적인 태도를 전제하고 있기 때문이다. 좀 박하게 말하자면, 관용은 상대방을 인정하거나 존중하는 것이라기보다는 상대방이 싫지만 참겠다는 의미를 가지고 있는 용어다. 통속적으로 말해 "나는 네가 싫어. 하지만 참고 봐주겠어"가 관용이라는 것이다. 극단주의 연구자인 린 데이비스는 "관용은 종종 극단주의에 대한 대립물 혹은 대항 수단으로써, 즉 긍정적인 가치로 제안되고 있다. 그렇지만 본질적으로는 부정적인 것이다. 좋아하지 않거나 믿지 않는 것에 베푸는 것이 관용"[7]이라고 말했다.

적어도 관용은 상대방에 대한 '존중'의 의미를 자동적으로 포함하고 있지는 않기 때문에 상당수의 학자들은 관용이 아닌 존중이 필요하다고 강조하고 있다. 아무튼 배타성은 자기가 아닌 다른 존재를 인정하지 않을 뿐만 아니라 배척하는 것이므로 존중은 물론이고 관용과도 거리가 멀다.

　배타성에 대한 또 다른 잘못된 이해는 그것을 비타협성과 혼동하는 것이다. 배타성은 극단주의의 핵심 특징이지만 비타협성은 극단주의의 특징이 아니다. 단순하게 말하자면, 비타협성이란 잘못된 것 혹은 불의와 타협하지 않고 자신이 옳다고 믿는 바를 고수하는 것이라고 할 수 있다. 이와 달리 배타성은 대상을 가리지 않고 자신 혹은 자신이 속해 있는 집단을 제외한 나머지를 모두 거부하고 배척한다. 즉 설사 상대방이 정의나 진리의 편에 서 있을지라도 상대방이 자기편에 속해 있지 않으면 그를 무조건 거부하고 배척하는 것이 배타성이다. 과거에 미국에서 노예제 폐지 문제를 두고 첨예한 대립이 발생했을 때, 노예제 옹호론자들은 노예제 폐지론자들을 악마화―이들을 광신자라고 불렀다―하면서 무조건적으로 배척했으며, 심지어 대화조차 거부했다. 이것은 명백한 배타성이고 극단주의다. 반면에 노예제 폐지론자들은 노예제 옹호론자나 노예 소유주들을 악마화하지 않았으며, 노예제 옹호론자들이 자신들의 회합에 참가하는 것을 허용했다.[8] 물론 그렇다고 해서 이들이 노예제 존속론에 대해 타협적이었던 것은 아닌데, 이것이 바로 비타협성이다.

　비타협성은 합리적인 사고와 판단에 근거해 진리와 허위, 옳고 그름을 분별하여 잘못된 것과는 타협하지 않는 것이다. 그렇기 때문에 비타협성을 고수하는 사람은 대화를 통해 반대자를 설득하려는 노력을 배제하지 않는다. 반면에 배타성은 합리적인 사고나 판단 없이 무조건 자신이 옳고 남은 틀리다면서 상대방을 배척한다. 배타성이 심한 극단주의자는 반대자를 절멸시키길 바라기 때문에 당연히 그와의 대화에 필요성을 느끼지 않고, 거부한다. 배타성과 비타협성은 분명히 다른 것이므로 어떤 것과의 타협을 거부한다고 해서 그것을 무조건 극단주의로 낙인찍으면 안 된다. 즉 비타협성이 아닌 오직 배타성을 주요 특징으로 포함하고 있을 경우에만 그것을 극단주의로 분류하는 것이 타당하다는 말이다.

심리학적 입장에서 볼 때, 배타성의 반대는 개방성 혹은 포용성이라고 할 수 있다. 배타성은 외부 세계를 두려워하는 방어적인 태도에 기초하고 있는 '폐쇄성'과 형제지간이다. 외부 세계에 대한 두려움은 기본적으로 주체와 외부 세계 사이의 역학 관계에 의해 결정된다. 따라서 동일한 외부 세계라 하더라도 주체의 상황에 따라 위협의 정도가 달라질 수 있다. 주체가 힘이 강하면 혹은 주체의 정신 건강이 양호하면 외부 세계는 상대적으로 덜 위협적이다. 반대로 주체가 힘이 약하면 혹은 자신감 결여 등 주체의 정신 건강이 좋지 않다면 외부 세계는 상대적으로 더 위협적일 수밖에 없다. 외부 세계가 두려우면 두려울수록 외부 세계와의 통로가 되는 문들을 모두 걸어 잠그고 항상 경계 태세로 살아가며, 자신을 향해 접근해 오는 외부 존재에 대해서 적대적이고 공격적으로 반응할 가능성이 높아진다. 한마디로 개방적이고 포용적인 태도가 아니라 폐쇄적인 태도로 세상을 대한다는 것인데, 바로 여기에 배타성이 뿌리를 박고 있는 것이다.

지금까지 살펴보았듯이, 배타성과 비타협성은 명백히 다른 것이므로 양자를 혼동하면 안 된다. 만일 비타협성을 극단주의의 주요 특징인 배타성과 동일시하면 오류에 빠질 수 있다.

일제 강점기에 독립운동가와 일본 경찰이 다음과 같은 대화를 나눴다.

일본 경찰　네가 바라는 것이 뭐냐?

독립운동가　몰라서 묻느냐? 당연히 대한 독립이다.

일본 경찰　그것은 우리 일본 제국의 입장에서는 허용할 수 없는 요구다.

독립운동가　우리 민족의 입장에서는 일제의 식민지 지배를 절대로 인정할 수 없다.

일본 경찰　독립에 대한 요구를 조금 누그러뜨릴 의향은 없는가? 완전 독립을 포기하는 대신 약간 자치권을 얻는 것으로 타협해 보지 않겠는가?

독립운동가　개수작 말고 꺼져라!

이 가상의 대화에서 독립운동가는 대단히 비타협적이다. 즉 일본과 타협할 의사가 전혀 없다. 그렇다면 이런 그의 태도를 배타성이라고 말할 수 있는가? 나아가 그는 극단주의자인가? 당연히 아니다. 독립운동가는 배타성이 아닌 비타협성을 가지고 있는 것이므로 극단주의자가 아니다. 흔히 비타협성은 억압당하는 계급 혹은 민족의 편에 확고히 서는 당파성에서 비롯된다. 일본 제국주의의 식민지 지배를 거부하고 대한 독립이라는 목적을 긍정하며 억압받는 민족과 정의의 편에 굳건히 서 있는 당파성과 그것에서 비롯된 일본 제국주의와 불의에 대한 비타협성은 극단주의가 아니라 인류 역사를 진보시켜 온 원동력이다. 주요한 극단주의 연구서인 『광신Fanaticism On the Uses of an Idea』의 저자이자 철학자인 알베르토 토스카노Alberto Toscano는 "타협의 거부, 원칙의 긍정, 격정적 당파성은 현 상황의 급진적 변혁을 갈구하는 모든 정치의 계기들"⁹이라고 강조했다.

거짓이나 불의에 대한 비타협성은 배타성 그리고 배타성을 기본 특징으로 가지고 있는 극단주의와는 아무런 관련이 없다. 오히려 그것은 현실에서 꼭 필요한 덕목이라고 할 수 있다.

배타성은 필연적으로 강박적 흑백 사고 혹은 흑백 논리로 이어진다. 그리고 당연한 귀결이지만, 배타성을 주요 특징으로 가지고 있는 극단주의 역시 '나는 백이고 나머지는 다 흑'이라는 이분법적 논리에 기초한다. 즉 세상 사람들을 '우리와 그들'로 나누고 그것에 선과 악을 결부시키는 이항 대립적인 사고방식이 극단주의의 일부¹⁰인 것이다. 한 이슬람 테러리스트에 대한 다음과 같은 언급이 이를 잘 표현하고 있다.

그의 세계는 둘로 갈라졌다. 이슬람 그리고 서구의 비무슬림jahiyyah 혹은 무지한 세계.

여기서 우리는 이원론과 흑백 논리를 마주하게 된다.[11]

미국 대통령 조지 부시는 9·11 테러 사건 이후에 테러와의 전쟁을 선포하면서 "중립은 없다. 우리 편에 서지 않으면 다 적이다."라고 말했는데, 그의 말은 "중간 지대는 없다. 당신은 우리 편이거나 아니면 적이다"라는 식의 전형적인 흑백 논리와 완벽하게 일치한다.

배타성이 나쁘다는 것에 대해서는 구구절절 설명할 필요조차 없을 것이다. 따라서 여기에서는 배타성이 배움과 성장의 기회를 원천적으로 차단한다는 사실만을 간단히 언급하고 넘어가기로 한다. '나만 옳고 나머지는 다 틀리다'고 생각하면서 자기와는 다른 것을 배척하는 사람은 필연적으로 정체하거나 퇴보하며, 그런 사회는 필연적으로 멸망한다. 시오노 나나미는 그녀의 저서인 『로마인 이야기』에서 로마가 민족, 출신, 계층 등에 상관없이 누구든지 로마라는 정치 체제를 인정하기만 하면 로마 시민으로서의 권리를 다 부여했다고 언급했는데, 이것은 로마가 배타적이지 않은 개방적이고 포용적인 사회였기 때문에 천년 제국이 가능했음을 시사해 준다. 개인도 그렇지만, 인류 역사를 보면 개방적이고 포용적인 태도가 아닌 폐쇄적이고 배타적인 태도로 세상을 대한 사회나 국가는 지속 가능하지 않았음을 확인할 수 있다. 한국의 극우 지배층이 70여 년이 넘도록 변화나 성장은커녕 처음 그 모습 그대

로 버텨 오다가 21세기에 들어와서 구시대적 집단, 시대착오적 집
단으로 낙인찍혀 청산되어야 할 대상으로 간주되고 있는 것 역시
배타성과 밀접한 관련이 있다. 극단주의는 배타성을 주요 특징으
로 가지고 있기 때문에 당연히 극단주의 사회는 지속 가능하지 않
다. 20세기의 대표적인 극단주의 국가였던 히틀러의 독일, 무솔리
니의 이탈리아, 군국주의 일본 등이 불과 수십 년도 버티지 못하
고 멸망한 것이 이를 뚜렷이 증명하고 있다.

2) 이성적 사고에 기초하지 않은 믿음: 광신

표준국어대사전은 광신狂信을 '신앙이나 사상 따위에 대하여 이성
을 잃고 무비판적으로 믿음'으로 정의하고 있다. 이 정의에는 앞
에서 언급했던 '과잉'의 의미가 포함되어 있다. 즉 어떤 것을 믿
는 정도가 정상의 범주를 넘어설 정도로 지나친 것 혹은 과한 것
이 광신이라는 말이다. 그렇다면 여기에서 정상적인 믿음과 '믿
음 과잉' ― 지나치거나 과도한 믿음 ― 을 구분하는 기준은 무엇
일까? 그것은 '무비판적으로'라는 말이 시사해 주듯이, 그것이
합리적이고 비판적인 사고나 판단에 기초한 믿음인가 아닌가에
의해서 구분될 수 있다. 합리적이고 비판적인 사고나 판단은 흔
히 '이성'으로 표현되곤 한다. 따라서 광신이란 이성 혹은 이성
적 사고에 기초하지 않은 믿음이라고도 말할 수 있다. 누군가가
어떤 종교를 합리적이고 비판적인 의심이나 사유 없이 맹목적으

로 믿는 것을 예로 들 수 있다.

극단주의는 흔히 광신으로 일컬어지는 비합리적 믿음, 병적인 믿음을 주요 특징으로 포함하고 있다. 정상적인 인간은 누구나 비판적인 사고 능력을 가지고 있다. 따라서 자기의 신념과 다른 견해를 받아들일 때, 비판적인 사고를 통해 긍정적인 것은 받아들이되 부정적인 것은 거부한다. 이런 방식으로 과거의 전통을 받아들이는 것을 계승과 혁신이라고 한다. 반면에 광신자는 비판적인 사고 능력이 없어서라기보다는 이런저런 이유들로 인해 그것을 거부하고 자신이 믿고 싶은 것을 무조건적으로 믿는다. 스토킹을 하는 사람은 스토킹당하는 대상이 자신을 사랑하고 있다고 믿는데, 그런 믿음은 당연히 비판적인 사고를 통해 도달한 결론이 아니다. 스토킹당하는 대상이 자신을 사랑하기를 너무나 처절하게 원하기 때문에 사랑한다고 믿는 것일 뿐이다. 이런 식으로 광신자는 자신이 믿고 싶은 것을 그냥 믿는다. 나아가 그것을 미친 듯이 믿는다! 이런 점에서 광신은 망상과 가깝다고도 할 수 있다.

합리적이고 비판적인 사고를 통해 새로운 것을 받아들이길 거부하는 원인 중 하나는 자신이 불완전하다는 사실을 직면하는 것에 대한 두려움이다. 새로운 것을 받아들이는 열린 태도는 내가 불완전하다는 것을 전제로 한다. 만일 내가 완전하다면 어떤 새로운 것을 받아들이는 것은 자신의 완전무결함을 부정하도록 강제하고, 나아가 그것을 파괴하게 될 것이다. 따라서 내가 완전무결하다는 믿음 혹은 나의 완전무결함을 계속 지키려면 어떤 새로운 것도 받아들이면 안 된다. 여기에서 알 수 있듯이 광신은 흔히 완전주의 혹은 절대주의, 즉 자신의 무오류성—이것은 병리적인 믿음이다—에 기초하고 있다. 다음은 이러한 광신의 특징을 잘 묘사하고 있다.

> 자기 무오류성의 확신으로 충만한 이 부단히 역동적이고 철저히 무자비한 집단은 자신을 인류 전체보다 더 고귀한 것으로 설정하고서는 자신의 사명이라 여겨지는 것들을 제외한 어떤 주장에도 귀 기울이는 법이 없다.[12]

광신은 본질적으로 배타성에서 비롯된다고 말할 수 있다. 우선 배타적인 사람이나 집단은 자신의 부족함을 인정할 수가 없다. 아니, 더 정확히 말하자면 인정해서는 안 된다. 사실 배타성은 외부 세계의 위협에 효과적으로 대처하지 못하는 자신의 부족함을 방어하려는 목적에서 생겨나는 것이다. 어떤 사람이나 집단이 자신의 부족함을 인정하는 순간, 그(혹은 그들)는 외부 세계의 위협에 무방비 상태로 노출된다. 예를 들면 무력한 사람은 자신이 무력하다는 사실을 자각하는 순간 남들한테 공격당할까 봐 혹은 우습게 보일까 봐 전전긍긍하게 된다. 따라서 자신의 부족함을 절대로 인정해서는 안 된다. 그들은 자신의 완전무결함을 절대적으로, 미친 듯이 붙들고 있어야만 비로소 안전하다고 느낄 수 있는 것이다.

배타적인 사람이나 집단은 외부 세계에 대하여 문을 걸어 잠그고 있기 때문에 내면세계에 대해서는 주관적으로 과도하게 인식하는 반면 외부 세계는 객관적으로 인식하지 못한다. 이러한 인식의 오류가 광신의 원인으로 작용할 가능성에 대해서 일찍이 철학자 칸트는 "내면의 지각을 축적해 '자기 관찰자로서의 일기'를 만드는 일은 쉽게 광란과 광기Wahnsinn로 이끈다"면서, 그 이유에 대해 "그것이 사유의 원칙들과 우리의 재현 능력이 가진 성찰성을 내면적 감각의 통제 불가능한 유동성에 종속시키고, 우리가 진정 합리적으로 관찰할 수 있는 유일한 경험, 즉 외부의 경험을 경시하게 만들기 때문"이라고 말했다.

외부 세계에 대한 배타성이 광신의 주요 원인이라는 것은 나르시시스트를 통해서도 확인할 수 있다. 에리히 프롬은 나르시시스트의 주요한 특징 중 하나로 자신에 대한 과대평가와 외부 세계에 대한 과소평가를 꼽은 바 있다. 나르시시스트가 이런 왜곡된 인식을 하는 까닭은 그가 실제로는 초라한 자기 개념을 가지고 있는 자존감 낮은 존재이기 때문이다. 나르시시스트는 무엇보다 자신을 과대평가하고 외부 세계를 과소평가하지 않으면, 외부의 위협이 너무나 두려워서 견딜 수가 없다. 또한 그는 '내가 제일 잘났다'는 조작되고 왜곡된 자기 개념에 기초해 자기중심적인 혹은 방어적인 인식과 사고를 하기 때문에 외부 세계를 실제보다 과소평가할 수밖에 없다. 지금까지 살펴보았듯이 극단주의의 배타성은 필연적으로 '나는 완전무결하다. 따라서 다른 것은 전혀 필요하지 않다'는 광신으로 이어진다.

광신은 객관적인 사실에 기초하고 있는 믿음이 아니라 주관적인 기대나 희망 등에 기초하고 있는, 망상에 가까운 믿음이다. 암 진단을 받은 경우에 많은 사람이 처음에는 현실을 부정한다는 사실은 이미 널리 알려져 있다. 이것은 현실을 있는 그대로 인식하면 감당하기 힘든 부정적인 감정에 직면하게 되기 때문에 무의식적으로 '부인'이라는 방어 기제를 사용하게 되어 발생하는 현상이다. 일반적으로 정신 건강이 취약할수록—주체와 외부 세계 사이의 역학 관계로 인해 외부 세계를 더 두려워하게 되므로—현실을 있는 그대로 인식하지 못하고 왜곡하거나 부정할 가능성이 높아진다. 예를 들면 대학 입시에서 낙방했다는 것을 알게 되었을 때, 정신 건강이 양호한 학생은 현실을 담담하게 받아들이지만 재수 공포가 있거나 심한 불안 등으로 정신 건강이 취약한 학생은 현실을 받아들이지 못할 수도 있다. 본질적으로 광신이란, 어떤 상황에서도 그 믿음을 붙들고 있어야만 한다는 나름대로의 절박함에서 출발하기 때문에 극단주의자는 사실을 믿는 것이 아니라 자신이 믿고 싶은 것을 믿는다. 영화 〈메멘토〉의 주인공 레나드는 죄책감을 방어하기 위해서 자기도 모르게 기억을 왜곡해 그것을 굳게 믿는다. 엉뚱한 사람을 살인범으로 지목하여 복수하려고 날뛰는 주인공을 향해 범인으로 오해받게 된 테디는 이렇게 일갈한다.

"넌 거짓을 수도 없이 되뇌면서 네 스스로의 기억을 조작했어. 넌 네가 믿고 싶은 대로 기억한 거야."

믿고 싶은 대로 믿는다. 어쩌면 이것은 극단주의의 주요한 특징 중 하나인 광신을 표현하는 가장 적절한 말일지도 모른다.

3) 자신의 믿음을 타인의 믿음으로: 강요

만일 어떤 사람이 자기만의 세계에 빠져서 세상을 등진 채 두문불출하며 살아간다고 해 보자. 더욱이 그는 다른 사람과의 교류를 원하지도 않고 다른 사람의 얘기는 전혀 들으려고도 하지 않고 무조건 배척한다. 그렇지만 그는 이웃에게 자기 의견을 강요하지도 않고, 이웃에게 해를 끼치지도 않는다. 이 사람은 분명히 극단주의의 주요한 특징인 배타성과 광신을 모두 가지고 있다. 하지만 그렇다고 해서 사회에 특별히 해를 끼치지도 않는 그를 극단주의자라고 규정할 수 있을까? 나는 그래서는 안 된다고 생각한다. 만일 배타성과 광신을 가지고 있는 사람들을 모두 극단주의자로 규정한다면, 고집 센 사람들을 포함한 수많은 사람 그리고 상당수의 중증 정신장애자들까지도 극단주의자가 될 것이기 때문이다. 따라서 이 시점에서 극단주의의 또 다른 특징 한 가지를 언급해야 하는데, 그것은 바로 '강요'다.

자기가 무조건 옳다고 믿으면서 타인들을 배척하지만 자신의 믿음을 타인에게 강요하지는 않고, 그럴 의향도 없다면 그는 극단주의자가 아니다. 그러나 광신적인 누군가가 타인(외부 세계)

을 배타적으로 대할 뿐만 아니라 자신의 믿음을 타인에게 강요하거나 강요할 수 있게 되기를 바란다면, 그는 극단주의자다. 즉 극단주의의 주요한 특징 세 가지는 배타성, 광신, 강요다. 린 데이비스가 자신의 관심사가 단순히 배타적인 사람들이 아니라 '다른 신앙 체계나 생활양식을 인정해 주지 않고 자신의 것을 강요하려는 사람들'[13] 이라고 말한 것은 바로 이 때문이다.

사실 자기가 믿고 싶은 것을 믿고 다른 사람의 말을 받아들이지 않고 배척하는 것은 개인의 자유와 권리에 속하는 문제이다. 쉽게 말해 내가 어떤 것을 믿건 말건, 타인의 말을 배척하든 말든 그것은 개인이 알아서 할 바라는 것이다. 남들이 그 사람에게 이래라저래라 할 권리는 없다. 같은 이치에서 남들이 나한테 이래라저래라 할 권리가 없다면, 즉 나에게 내가 원하는 것을 믿을 권리가 있다면 타인에게도 그런 권리가 있다는 것을 인정해야 한다.

나의 자유와 권리만이 아니라 타인의 자유와 권리도 인정하는 사람은 설사 배타적이고 광신적이더라도 그를 극단주의자라고 말할 수 없다. 그러나 만일 나에게는 내가 믿고 싶은 것을 믿을 자유와 권리가 있지만 타인에게는 그럴 자유와 권리가 없다고 생각한다면, 그렇기 때문에 자신이 믿고 있는 것을 타인에게 강요한다면 그는 극단주의자다. 극단주의자는 단순히 자신이 믿고 싶은 것만을 믿고 나머지는 배척하는 사람이 아니다. 그는 자신이 믿고 있는 것을 믿지 않는 사람들에게 강요하고, 그것을 거부하면 박해 혹은 학대를 하거나 심한 경우에는 죽이기도 하는 사람이다. 극단주의의 특징인 '강요'와 그것이 초래하는 문제를 철학자 브루노 에티엔Bruno Étienne은 다음과 같이 섬뜩하게 묘사했다.

이 확실성이 그에게 완벽히 깃들어 그를 사로잡음으로써 앞으로 전진하게 만든다. 폭력적으로. 함께 모인 광신자들은 자신들만이 이 모든─참된 것, 이 유일자의 조직된 종이자 도구라고 믿는다. 그들은 이 점을 무시하는 이들을 증오하며, 우주를 자신의 필요에 따라 움직이는 유일자의 법 앞에 온 세계가 몸을 굽히기를 원한다.[14]

극단주의는 배타성, 광신, 강요를 세 개의 바퀴 삼아 움직인다. 극단주의의 특징에 관한 지금까지의 논의는 극단주의 개념을 정확하고 엄밀하게 정의할 수 있도록 해 준다. 극단주의는 광신에 사로잡혀 세상을 배타적으로 대하고 자신의 믿음을 타인들에게 강요하는 것이다. 나는 배타성, 광신, 강요라는 세 가지 특징을 모두 포함하고 있는 경우에 한해서만 극단주의로 규정하는 것이 옳다고 생각한다. 뒤에서 살펴보겠지만 극단주의를 지나치게 넓은 의미 혹은 모호한 의미로 사용하면 자기 마음에 들지 않는 온갖 것들을 다 극단주의로 규정하는 마녀사냥이 가능해지기 때문이다.

4) 외부 세계에 대한 두려움: 혐오

배타성과 광신, 강요가 결합되면 극단주의의 또 다른 특징인 혐오 (혹은 분노와 증오)를 낳는다. 안 그래도 타인에게 배타적인데, 자신의 믿음을 타인에게 강요했을 때 상대방이 그것을 거부하거나 저항하면 자연히 그를 혐오하게 되고 분노와 증오가 타오를 수 있다.

배타성과 혐오는 서로를 촉진하는 관계에 있는데, 그것은 무엇보다 배타성과 마찬가지로 혐오 역시 두려움에서 비롯되는 것이기 때문이다. 앞에서도 언급했듯이, 배타성은 외부 세계에 대한 두려움에서 비롯된다. 혐오도 마찬가지인데, 혐오가 두려움과 밀접한 관련이 있음은 인류가 뱀을 혐오하는 이유를 생각해 보면 쉽게 이해할 수 있다. 인류는 독사에게 물려 죽는 경험을 반복하면서 뱀에 대한 혐오 반응을 후손들에게 유전적으로 물려주게 되었다. 본능적으로 뱀을 혐오해야만 뱀을 보았을 때, 뱀에게 다가가거나 뱀을 만지지 않고 오히려 피하려 들 것이고, 그것이 생존 가능성을 높여 주기 때문이다. 이슬람 문화권에서 돼지고기가 혐오 식품이 된 것 역시 기본적으로 두려움에서 비롯되었다. 이슬람 전문가인 한양대학교 문화인류학과의 이희수 교수는 그의 저서 『이슬람 학교』에서 이슬람 문화권이 돼지고기를 혐오하게 된 원인을 두려움과 연관지어 설명하고 있다. 그의 말에 따르면 돼지고기는 양질의 고기지만 아무리 좋은 조건을 만들어 줘도 건조(가공)되지 않기 때문에 바로 먹지 않으면 부패되어 오히려 부족 전체에 재앙을 줄 수 있다. 더운 이슬람 문화권에서는 감당하기 어려웠을 일이다. 게다가 다른 가축과 달리 털이나 가죽을 얻을 수 없고 유제품도 기대할 수 없으니 얻을 수 있는 것에 비해 위험 요소가 훨씬 크게 느껴졌을 것이다.

안전이 위협당할 경우 생명체는 강한 혐오 혹은 분노 반응을 보인다. 맹수에게 목숨을 위협당하는 초식동물들 그리고 외부의 적에게 공격당하는 사람들은 당연히 자신을 위협하는 존재를 혐오하고 그 존재에 대해 분노나 증오를 표출하기 마련이다. 극단주의의 핵심 특징인 배타성은 외부 세계에 대한 두려움에서 비롯되는 것이고 혐오 역시 마찬가지이므로 극단주의와 혐오(혹은 분노와 증오)는 원리적으로 보더라도 서로 분리되기 힘들다는 것을 알 수 있다. 배타성과 혐오가 서로를 촉진하는 관계라는 것은 간단히 말해 배타시하는 대상은 혐오하는 대상이 되기 마련이고 어떤 대상을 혐오하게 되면 그것을 배타시하게 된다는 거다.

강요도 배타성과 혐오처럼 외부 세계에 대한 두려움과 관련이 있다. 강요 혹은 지배는 특히 세상을 더 안전하게 만들려는 병적인 욕망과 관련이 있다. 세상 사람들이 나와는 다른 것을 믿는다면, 그런 세상은 안전하지 않다. 세상 사람들이 모두 나와 똑같은 믿음을 가지고 있어야만 안전하다. 따라서 모든 세상 사람이 나와 똑같은 믿음을 가질 때까지 강요를 멈추거나 지배를 포기할 수 없다. 어떤 것을 강요했을 때 상대방이 그것을 거부한다는 것은 그가 자신의 안전을 위협할 수 있다는 것을 의미하므로 당연히 그를 혐오하게 될 것이다.

참고로 혐오는 극단주의의 특징 중 하나지만 배타성, 광신, 강요에 비하면 다소 덜 중요한 부차적인 특징이라고 할 수 있다. 어떤 것을 극단주의로 규정하기 위해 반드시 포함되어야 하는 3대 특징이 배타성, 광신, 강요라면 혐오는 반드시 포함되어야 하는 특징은 아니라는 얘기다. 물론 배타성, 광신, 강요가 결합되면 혐오는 필연적으로 유발된다. 하지만 자신의 안전을 위협하는 대상에 대한 혐오는 지극히 정상적인 반응이므로 누군가가 어떤 대상을 혐오한다고 해서 그것만으로 그를 극단주의자라고 단정할 수는 없다는 것이다.

한국에서도 혐오 현상이 날로 극심해지고 있는데, 한 언론은 "다르면 '적' … 혐오로 뒤덮인 광장"이라는 제목으로 다음과 같은 기사를 보도하기도 했다.

지난 주말 서울 도심 곳곳에서는 동일 사안을 둘러싼 서로 다른 주제의 맞불 집회가 열렸다. (…) 4개의 집회가 끝나자 정해진 수순처럼 온라인은 다시 혐오의 언어로 뒤덮였다. 혜화역 인근 집회엔 양쪽 통틀어 4백 명 정도가 모였을 뿐인데 온라인에선 이들 단체 이름이 검색어 상위권에 오르며 이슈로 떠올랐다. 댓글 상당수가 "한남X들 단결력 봐라" "X페미들 또 쿵쾅댄다" 등 상대를 깎아내리고 험담하는 글이었다. 진보·보수 집회 이후에도 '촛불좀비' '문X 기쁨조' '태극기충' '틀딱충' 등 상대 진영을 향해 원색적인 비방을 담은 글이 난무했다. 논쟁은 없고 조롱만 가득했다.

광장의 목소리가 혐오로 뒤바뀌고 있다. 사회적 갈등을 중재하고 해소할 공론의 장이 없다 보니 '혐오 과잉'은 일상이 됐다. 전문가들은 최근 몇 년간 한국 사회에 누적된 혐오가 사회적 소수에 대한 편견·차별을 넘어 자신과 생각이 다른 집단을 배척하는 수단으로 쓰이고 있다고 진단한다. 혐오를 표출하는 방법도 더 공격적으로 바뀌고 있다는 분석이다.

특정 사건이 이슈화되면 사건의 본질은 흐려지고 증오만 만연한 풍경은 낯설지 않다. (…) 전문가들은 국가 차원에서 장기적 관점에서 혐오 문제를 다루고 대응해야 한다고 지적한다. 최근 국가인권위원회는 한국 사회의 혐오나 차별 문제가 심각하다고 보고 내년부터 별도의 특별팀을 만들어 대응키로 했다.[15]

한국에서의 극단주의와 혐오 현상에 대해서는 뒤에서 자세히 다루겠다.

극단주의의 핵심 특징인 배타성과 혐오는
외부 세계에 대한 두려움에서 비롯된다.

3. 극단주의 연구를 활성화시킨 테러리즘

21세기에 들어와 서구 사회에서 극단주의에 대한 관심이 고조되고, 극단주의에 대한 연구와 저술이 활성화된 것은 테러리즘, 특히 이슬람 테러리즘 탓이 크다. 19세기부터 20세기까지 지구촌은 동서 냉전이라는 정치적 대립 구도 속에서 움직였다. 자본주의 혹은 제국주의 진영을 대표하는 미국과 사회주의 진영을 대표하는 구소련 사이의 대립 구도가 기본이었다. 그러나 1980년대부터 동구권 사회주의 국가들이 붕괴되기 시작하고 1991년에 최종적으로 구소련이 멸망함으로써 동서 냉전의 시대는 끝이 났다. 이후 숙적인 구소련을 꺾고 세계를 제패하게 된 세계 유일 초강대국 미국은 강력한 힘을 내세우며 전 세계를 지배하려고 획책했는데, 중동 지역이라고 해서 예외가 될 수 없었다. 미국이 중동 지역을 지배하려면 침략을 정당화해 줄 수 있는 새로운 적과 대의명분이 필요했고, 그것이 바로 테러리즘 혹은 테러와의 전쟁이다. 이것은 역으로 말해 자기 나라를 침공하고 지배하려는 미국에 전면 전쟁으로는 승산이 없는 약소국의 일부 민중이 선택한 불가피한 저항 수단이 바로 테러였음을 의미한다. 어쨌든 일부 이슬람권 민중이 테러리즘으로 미국에 대항하자 미국은 그것을 빌미 삼아 테러와의 전쟁을 선포했고 이 과정에서 테러리즘이 서구 세계의 주요한 관심사로 부상하게 되었다. 서구의 연구자들은 테러리즘과 극단주의를 자주 혼용해 사용하는 경향이 있지만 이 둘은 동의어가 아니다. 테러리스트는 극단주의자라고 할 수 있지만, 모든 극단주의자가 테러리스트는 아니기 때문이다.

테러리즘이 곧 극단주의는 아니지만 테러리즘은 극단주의의 주요한 특징을 대부분 포함하고 있는, 현 시기의 대표적인 극단주의이기 때문에 극단주의 연구자들은 극단주의와 테러리즘을 거의 같은 것으로 묶어서 취급하며, 두 가지를 혼용하는 경우가 많다. 따라서 테러리즘에 대한 연구들을 살펴보는 것은 극단주의에 대한 이해를 심화시키는 데 도움이 된다.

1) 테러리즘 들여다보기

테러리즘에 대한 정의는 통일되어 있지 않은데, 영국 정부는 테러리즘을 '정치적·종교적 혹은 이념적 대의명분을 내세우려는 목적으로, 인명이나 재산에 대해 무차별적으로 심각한 폭력을 행사하거나 위협하는 것'으로 정의한다. 반면에 미국 정부는 테러리즘을 '비국가 집단subnational group이나 비밀 요원이 정치적 동기를 가지고 치밀한 계획에 따라 비전투원을 표적으로 자행하는 폭력 행위로서, 대개 일반 대중에게 영향을 미치려는 의도를 가진 것'으로 정의하고 있다.[16] 영국과 미국 정부의 테러리즘 정의에서 흥미를 끄는 대목은 미국이 테러리즘의 주체를 굳이 '비국가 집단'으로 한정하고 있다는 점이다. 왜 미국은 테러리즘의 주체에 국가를 포함시키지 않는 것일까? 그것은 만일 테러리즘의 주체에 국가까지 포함시킬 경우 테러리즘의 주체에 포함되는 첫 번째 국가는 미국이 될 것이 분명하기 때문이다.

미국 정부의 교묘한 회피에도 불구하고 대부분의 테러리즘 연구자들은 국가를 테러리즘의 주체에 포함시키고 있는데, 국가가 주체가 되는 테러리즘을 '국가 테러리즘'이라 부르고 있다. 사실 국가 테러리즘이 비정부 집단에 의한 테러리즘보다 통상적으로 무고한 희생자를 훨씬 더 많이 만들어 내며, 훨씬 더 폭력적이고 잔인한 경우가 많다. 이 때문에 테러리즘 연구자들은 민간 테러리즘을 국가 테러리즘과 비교하면서 "실제적인 인명 손상은 다른 형태의 폭력, 특히 국가 폭력에 비하면 적다고 주장할 수도 있다"고 말하기도 한다. 미국은 힘이 없는 나라들이 자기 말을 고분고분 듣지 않으면 예외 없이 폭격을 감행했다. 물론 그래도 말을 안 들으면 직접 침공했다. 굵직한 것으로만 추려 보더라도, 제2차 세계대전 이후에 미국한테 폭격을 당했던 나라는 중국(2번), 남북한(한국 전쟁 당시), 과테말라(2번), 인도네시아, 쿠바, 콩고, 페루,

라오스, 베트남, 캄보디아, 그레나다, 리비아, 엘살바도르, 니카라구아, 파나마, 이라크(2번), 수단, 아프가니스탄, 유고슬라비아 등이다.

지금 이 시각에도 미국은 중동 지역에서 전쟁을 치르고 있고 세계 도처에서 무인기를 이용한 크고 작은 폭격을 끊임없이 자행하고 있으며, 비밀 요원이나 용병 등을 이용한 테러 활동을 벌이고 있다. 이렇게 국가 테러리즘의 순위를 매기면 미국은 무조건 1등이 될 것이 분명하므로 미국은 테러리즘의 정의에서 주체를 비국가 집단으로 한정하고 있는 것이다.

만일 총기 살해 사건을 테러리즘에 포함시킨다면, 미국은 자국 내에서의 테러 활동이 가장 심하게 빈발하고 있는 불명예스러운 테러리즘 국가가 될 가능성이 높다. 대부분의 테러리즘 연구자들은 총기 난사 사건을 테러리즘의 범주에 포함시키고 있다. 대표적으로 테러리즘 연구자 넬스Nelles는 개인들의 공공장소 총기 난사 — 컬럼바인Columbine 고등학교, 던블레인Dunblane 초등학교 등 — 행위를 '교정 테러리즘school-yard terrorism'이라고 칭하면서 그것을 테러리즘의 범주에 포함시키고 있다.[17] 미국에서는 1.5일에 한 번꼴로 총기 살해 사건이 발생하고 있는데, 총기 사건으로 인한 사망자 수는 해외에서의 전쟁 과정에서 사망하는 미국 군인 수보다 훨씬 많다.

교정 테러리즘과 국가 테러리즘이 밀착된 독특한 테러리즘도 있는데, 교정 테러리즘을 국가가 칭송하거나 장려하는 경우가 여기에 해당된다. 한 예로 미국에서 태어나고 자란 내과 의사 출신 골드스타인은 1994년 2월 이스라엘 헤브론의 이슬람 사원에 난입해 기도하던 사람들을 향해 총기를 난사해 어린이 포함 27명 이상의 무슬림을 죽였다. 그리고 그는 요르단강 서안 지구 정착민들의 영웅이 되었다. 이스라엘 정부는 그의 장례 행렬이 예루살렘 거리를 통과하도록 허용했으며, 랍비 이스라엘 아리엘은 추도 연설에서 골드스타인을 천국에서 정착민들의 중보자仲保者로서 소임을 다할 '성스러운 순교자'라고 칭송했다.[18]

어떤 이들은 한국에서는 이런 류의 테러리즘 사건이 전혀 발생하지 않을 거라고 생각할지 모르지만 실제로는 그렇지가 않다. 대표적으로 2014년 말에 발생했던 재미동포 신은미 씨의 토크 콘서트에 대한 테러는 교정 테러리즘과 국가 테러리즘이 결합된 사건이었다.[19] 북을 여러 차례 방문했던 재미 동포 신은미 씨는 2013년 9월에 통일부의 유니TV UniTV에 두 차례 출연하여 현재의 평양 모습을 소개하기도 했다. 그녀는 이후에 각지에서 개최된 토크 콘서트에 출연하여 대동강 맥주가 맛있다거나 북쪽 사람들도 스마트폰을 많이 사용하더라는 등의 얘기를 했다. 오늘날의 한국이라면 이런 얘기들은 아무 문제가 없었을 것이다. 하지만 박근혜 정부 시절에는 달랐다. 박근혜 대통령이 신은미 씨의 토크 콘써트를 종북 콘서트로 규정하자 조중동을 비롯한 보수 언론들이 일제히 마녀사냥에 궐기했다. 이러한 극단주의적인 사회 분위기는 결국 한 고등학생이 익산시에서 개최된 토크 콘서트장에 난입하여 황산을 뿌리는 테러 사건으로 이어졌다. 그런데 이 고등학생의 테러 행동은 놀랍게도 극우 세력의 지지를 받았으며 당시 여당의 한 국회의원은 이 고등학생을 공개적으로 칭찬하기까지 했다. 만일 한국도 미국처럼 총기 구입이 가능한 사회였다면 어땠을까? 그 고등학생은 행사장에서 총기를 난사했을지도 모른다.

최근에 한국 사회에서 빈발하고 있는 무차별적 대상을 살해하거나 공격하는 사건들은 한국이 교정 테러리즘의 안전지대가 아님을 분명히 보여 주고 있다. 나는 과거에 '대량 살인범 탄생의 8가지 조건 : 한국에도 조승희는 있다'[20] 라는 글에서 "한국 사회에도 조승희는 있다. 다만 총기가 없을 뿐이다."라고 주장한 바 있다. 즉 한국에서 테러 사건이 빈발하지 않는 것은 단지 살상 무기를 획득하기가 어려워서일 뿐이라고 주장했는데, 이 생각은 여전히 유효하다.

당연한 것이지만, 국가 테러리즘과 교정 테러리즘 등을 테러리즘의 범위에 포함시킨다면 테러리즘이란 '정치적, 종교적, 이념적 목적 혹은 분노와 증오로 인해 무차별적으로 인명을 살상하는 것'으로 정의할 수 있을 것이다.

2) 극단주의와 테러리즘

테러리즘을 극단주의와 거의 같은 의미로 취급하는 것은 테러리즘이 극단주의의 주요한 특징인 배타성, 광신, 강요, 혐오를 모두 포함하고 있어서다. 이런 점에서 극단주의로서의 국가 테러리즘의 전형은 십자군 전쟁이었다고 할 수 있다.

기독교가 유럽인들을 확고히 지배하던 중세 시대에 이슬람이 기독교 성지인 예루살렘을 점령하자 유럽 국가들은 성지를 탈환하겠다면서 아홉 차례에 걸쳐 십자군 원정을 감행했다. 즉 유럽의 기독교 국가들은 1096년에 1차 십자군 원정을 개시한 것을 포함하여 아홉 차례에 걸쳐 전쟁을 일으켰던 것이다. 1차 원정에서 예루살렘을 점령하는 데 성공한 유럽의 십자군은 그곳에서 살고 있던 모든 무슬림과 유대인을 단 한 명도 남기지 않고 학살했다. 이것은 인류 역사에서 첫손에 꼽을 만한 참혹한 대학살 사건이었다. 그러나 성지인 예루살렘을 되찾겠다는 명분으로 시작했던 십자군 원정에서 유럽 국가들이 예루살렘에 도착해 이슬람 군대와 전쟁을 벌였던 것은 1차 원정 한 번밖에 없었다. 유럽의 기독교 국가들은 매번 예루살렘을 탈환하겠다는 명분을 내세우고 전쟁을 일으켰지만 1차를 제외한 나머지 여덟 번의 원정은 종교적 목적과는 아무 상관이 없는 약탈 전쟁이었다. 유럽 국가들은 1차를 제외한 여덟 번의 전쟁에서 이슬람권이 아닌 주변의 기독교 국가들을 침략하고 약탈했다. 특히 1202년에 시작된 4차 십자군 전쟁에서 유럽의 기독교 국가들은 같은 기독교 국가였던 비잔틴 제국을 공격해 그리스 정교의 성지라고 할 수 있는 성 소피아 성당을 약탈했고 수녀들을 강간하는 만행을 저질렀다.

세월이 한참 흐른 뒤인 21세기 초에 미국 대통령 조지 부시는 이라크를 공격하면서 '십자군 전쟁'을 들먹였는데, 이것은 자신이 극단주의자이며 미국의 이라크 침공이 국가 테러리즘 행위임을 스스로 자백한 것이나 마찬가지다.

 십자군 전쟁은 기독교 이외의 모든 종교나 이념을 배척하는 배타성, 기독교 교리에 대한 맹목적인 믿음인 광신, 온 세계를 대상으로 하는 기독교 강요, 이교도에 대한 혐오와 증오 등을 모두 포함하고 있는 전형적인 극단주의이자 국가 테러리즘 행위였다. 오늘날의 이슬람 테러리즘 역시 정권을 장악하지 못해서 국가 테러리즘이 아닌 비국가 집단 테러리즘에 머물고 있을 뿐이지, 전형적인 극단주의에 속한다고 평할 수 있다.

4. 극단주의의 또 다른 이름, 광신

극단주의라는 사회 현상은 먼 과거부터 존재해 왔다. 그러나 서구 사회에서 극단주의라는 개념이 보편적으로 사용되기 시작한 것은 비교적 최근 들어서다. 과거에 서구 사회는 극단주의라는 용어보다는 광신이라는 용어를 더 보편적으로 사용했다. 오늘날에도 서구의 연구자들은 극단주의와 광신을 거의 동의어 — 앞에서 살펴보았듯이 광신과 극단주의는 같은 것이 아니다. 광신은 극단주의의 특징 중 하나다 — 처럼 간주하는 경향이 있다. 아무튼 전통적으로 서구 사회에서의 극단주의 연구란 곧 광신 연구였으므로 지금부터는 서구 사회의 광신 연구에 대해 살펴보기로 한다.

1) 광신이란 무엇인가

'광신fanaticism'의 어원은 로마어 'fanum'인데, 이 말은 '성스러운 장소 혹은 사원'을 의미한다. 현재에는 터키에 속하는 카파토키아 지역의 여신인 코마나가 로마로 수입되면서 벨로나라는 이름으로 바뀌었는데, 이 벨로나 여신을 추종하는 신도들이 사원에서 미친 사람들처럼 피투성이의 제의를 벌이는 것을 본 로마인들이 이들을 '광신도fanatici, fanatic'라고 불렀다.[21] 광신은 바로 여기에서 비롯된 용어다. 광신의 어원을 통해서 알 수 있듯이 광신은 기본적으로 종교와 관련된 용어다. 따라서 서구 사회에서 광신은 철학과 같은 학문들과 달리, 이성적 사고 혹은 비판적 사고를 동반하지 않는, 맹목적인 믿음 혹은 미치광이 같은 믿음에 사로잡혀 있는 비과학적인 종교(혹은 종교적 믿음)를 지칭하는 의미로 사용되었다.

서구 사회의 광신 연구에는 상당한 전통이 있는데, 그것은 최근 들어 극단주의라는 용어나 테러리즘이 주목받기 전까지는 서구의 지식인들이 극단주의와 관련이 있는 사회 현상들을 모두 '광신'이라는 범주에 포함시켜서 연구해 왔기 때문이다. 서구 사회에서 광신이 극단주의와 거의 동의어처럼 사용되었다는 것은 광신 연구자들의 광신에 대한 개념 정의를 통해서도 확인할 수 있다. 서구의 광신 연구자들은 흔히 광신을 '어떤 원칙과 믿음에 있어서 타협을 거부하는 태도'로, 광신자를 '관용과는 담을 쌓았고 소통은 불가능하며, 어떤 논쟁도 용납하지 못하면서 오직 상대편의 관점이나 생활방식이 뿌리 뽑힐 때라야 비로소 안도하는 — 만약 안도하는 게 가능하다면 — 폭력적 신념에 사로잡혀 있는' 사람으로 정의하면서 광신이나 광신자는 '정치적 합리성이라는 틀 바깥에 위치해 있다'고 강조했다.[22] 서구의 광신 연구자들은 또한 광신의 주요한 특징으로 '자신이 가진 신념을 다른 모든 가치 위에 놓음으로써 그 어떤 반대 견해도 수용하지 않으면서 앞을 향해 나아간다'는 것을 꼽으며, '광신자는 이 신념을 다른 모든 이들의 것으로 만들기 위해 어떤 일도 서슴지 않는다'고 말했다. 광신 혹은 광신자에 대한 서구 연구자들의 이런 설명들에는 극단주의의 기본 특징인 배타성, 광신, 강요, 혐오 등이 모두 포함되어 있는데, 이것은 기존의 광신 연구가 단지 이름만 달랐을 뿐 사실상 극단주의에 관한 연구였음을 보여 준다.

2) 서구 사회에서의 광신 연구

서구의 지식인들은 광신에 대해서 대체로 비판적이었다. 그러나 일부 지식인들은 광신의 긍정적인 점을 인정하거나 주장하기도 했는데, 그것은 오늘날의 극단주의 개념처럼 과거에도 광신 개념이 마구잡이로 남용 혹은 오용되었다는 것과 관련이 있다. 예를 들면 서구의 광신 연구자들은 광신 개념에 빈번히 '열정' 등을 포함시키곤 했는데, 이것은 명백한 잘못이다. 이 주제에 대해서는 뒤에 다시 언급하기로 하고 여기에서는 서구의 지식인들이 광신을 두고 크게 두 부류로 대립했다는 점만 기억하기로 하자.

광신에 대한 철학적 반응은 크게 광신을 이성의 외부에 있는 것, 병리 집단이나 성직자의 비합리성이 가진 끊임없는 위협으로 보는 사상가들과, 반대로 보편주의적 합리성과 해방 정치에 내재적인 어떤 무조건적인 불굴의 관념적 정념으로 인식하는 사상가들이라는 두 부류로 나누어진다. (…) 전자가 철학을 광신의 적으로 다루는 데 반해, 후자는 광신을 이성에 내재한 잠재력으로 볼 뿐만 아니라 나아가 정치적 열정을 합리적 정치 혹은 보편주의적 정치로부터 분리할 수 없는 것으로 여긴다.[23]

"17세기와 18세기를 거치며, 근대성과 합리성이라는 일련의 관념은 변형 가능한 '열정'*을 자신의 대립 쌍으로 하여 스스로를 구성했다"는 말을 통해 짐작할 수 있듯이, 종교가 인간과 이성을 짓눌렀던 중세 시대 후기 서구 사회에서 합리성 혹은 이성을 강조하는 계몽주의 사조가 등장하면서부터 계몽주의의 종교 비판의 하나로 본격적인 광신 비판이 시작되었다. 물론 당시의 지식인들이 종교나 종교 권력 자체를 비판하는 경우는 드물었지만 종교의 잘못된 모습들에 대해서는 가차 없이 비판하곤 했는데, 그것들 중

———
* 광신과 혼용되어 사용되었던 개념

의 하나가 광신 비판이었다.

서구의 계몽주의자들은 광신을 종교적 일탈로 간주하여 비판대 위에 올렸다. 즉 대체로 서구의 지식인들은 광신을 이성과는 무관한 혹은 이성이 결여된 비이성적인 혹은 반이성적인 믿음, 열정, 종교 등으로 간주했다. 그러나 종교적 일탈로 광신을 설명할 경우 종교를 믿지 않는 광신자들의 존재를 설명할 수 없다. 또한 합리적이고 이성적인 사고를 할 수 있는 능력을 가진 사람들 중에서 광신자가 나타나는 현상도 설명하기 힘들다. 이런 이유들 때문에 광신의 원인은 비이성이 아니라 '이성의 과잉'이라는 주장이 나타났는데, 그런 주장을 했던 대표적인 철학자가 칸트다. 그는 광신을 '합리성의 부재가 아닌 합리성의 과잉과 자주 동일시'했다. 즉 칸트는 '광신을 종교적 편협함에 바탕을 둔 망상이 아니라, 자신의 한계를 오만하게 초월하면서 이성의 힘을 남용하는 것으로 보았다.' 칸트의 견해를 통속적으로 표현하자면, 광신은 미친 종교인이 아니라 인간이 지구를 파괴한다는 과학적 신념에 사로잡혀 모든 인간을 멸종시키려고 날뛰는, 만화영화에 등장하는 악당 같은 '미친 과학자'라는 것이다.

광신은 비이성적인 종교적 열정에서 비롯될 수도 있고, 이성적인 신념의 과잉에서 비롯될 수도 있었기 때문에 이후 서구의 지식인들은 광신을 설명할 때 이 두 가지를 섞어서 말하기 시작했다. 알베르토 토스카노는 이에 대해 "이런 입장은, 20세기에 등장한 악의 원천을 신앙의 과잉에서 찾는 행위와 이성의 과잉에서 찾는 행위 사이를 징후적으로 왔다 갔다 하다가, 대개 핵심 주범은 이

성에 대한 신앙 혹은 합리적 광신이라고 말하는 버크*식 주제로 돌아와 멈춰 선다"고 말했다.**24**

이 언급에서 확인할 수 있듯이, 광신을 비이성 혹은 이성의 결여만으로는 설명할 수 없다는 견해가 제기된 이후부터 대체로 서구의 지식인들은 비이성과 이성의 과잉을 적당히 섞어 '이성에 대한 신앙', '합리적 광신' 등으로 광신을 설명하기 시작했다. 지금까지 살펴보았듯이, 전통적으로 서구 사회에서의 극단주의 연구는 주로 광신에 대한 연구에 초점이 맞춰져 있었고, 21세기 들어와서는 테러리즘에 초점이 맞춰진다.

결론적으로 서구 사회의 전통적인 광신 연구는 극단주의의 특징인 배타성, 광신, 강요, 혐오 등을 언급하고 진지하게 다뤘다는 점에서는 긍정적이지만, 오늘날의 극단주의 연구처럼 광신 개념을 정확하게 정의하지 않았고, 그 결과 광신 개념을 지나치게 혹은 편파적으로 남용하거나 악용했다는 문제점을 가지고 있다고 평가할 수 있다. 서구 사회에서의 광신(극단주의) 연구의 전통은 심리학 분야에서도 이어졌다. 이 주제에 대해서는 뒤에서 자세히 다루기로 한다.

• 서구의 광신 연구자 중 한 명이자 보수 정치가(정치사상가)인 에드먼드 버크의 주장에 대해서는 뒤에서 다룰 것이다.

5. 종교에 드리워진 극단주의의 그늘

우리는 앞에서 극단주의의 한 예로 중세 시대의 십자군 전쟁을 살펴본 바 있다. 이런 논의를 통해서 우리는 혹시 기독교나 이슬람교, 즉 종교가 극단주의와 어떤 관련이 있지 않을까 하는 합리적인 의문을 품게 되는데, 과연 종교는 극단주의와 관련이 있을까? 있다면 어떤 관련이 있는 걸까?

극단주의는 테러리즘은 물론이고 특정 종교와도 밀접한 관련이 있다. 여기에서 종교 일반이 아니라 특정 종교라고 말한 것은 모든 종교가 극단주의와 관련이 있는 것은 아니기 때문이다. 일반적으로 말해 다신교는 극단주의와 거의 관련이 없지만 일신교는 극단주의와 상당한 관련이 있다고 말할 수 있다. 예를 들면 다신교인 불교는 극단주의의 원인으로 거론되는 경우가 거의 없지만 일신교인 기독교와 이슬람교는 극단주의를 거론할 때면 약방의 감초처럼 등장한다. 여러 신을 섬기는 다신교는 일단 교리

적으로 보더라도 배타성과는 거리가 멀다고 할 수 있다. 다신교
의 경우 타국으로부터 새로운 신이 수입되면, 그 새로운 신을 원
래부터 섬기고 있던 여러 신과 함께 섬기면 그만이다. 즉 기존의
여러 신에 새롭게 포함시키면 된다. 한국의 절에 가 보면 호랑이
등에 타고 있거나 호랑이를 수하로 부리는 산신령의 그림이 있
는 곳이 많은데, 이것은 다신교인 불교가 한국에 들어오면서 토
종 신이었던 산신령을 배척하지 않고 자체 내에 포용했음을 보
여 준다.

비록 하나의 신만을 섬기는 일신교가 교리적으로는 배타성과
가까운 거리에 있다는 것을 부정할 수는 없지만, 그렇다고 해서
일신교인 기독교나 이슬람교가 모두 극단주의와 관련이 있는 것
은 아니다. 기독교나 이슬람교 중에서도 '근본주의'가 극단주의와
밀접한 관련이 있다.

1) 근본주의란 무엇인가

기독교 근본주의

'근본주의'는 20세기 초에 개신교(프로테스탄트)가 지배적이었던
미국에서 처음으로 출현한 용어다. 미국에 정착한 개신교도들은
과학 기술이 발전하고 자본주의화가 급속히 추진되면서 신앙이
나 정체성 등에서 극심한 혼란을 겪게 되었는데 그 과정에서 기

독교 근본주의가 등장하게 된다. 성경에는 하느님이 7일 동안 세상을 창조했다는 창조론이 기록되어 있는데, 미국의 개신교도들은 이 창조론을 굳게 믿으며 살아왔다. 그러나 과학 기술이 발전하면서 창조론이 부정되기 시작하자 일부 개신교도들은 정신적 혼란에 빠졌다. 그들은 외부 세계를 향한 문을 걸어 잠그고(배타성) 성경 속으로 더 깊이 빠져들었다(광신). 나아가 타인들에게 창조론을 믿으라고 강요하고 그것을 거부하면 악마로 낙인찍었다(강요). 다소 지나치게 단순화한 설명일 수도 있겠지만, 어쨌든 모든 것을 하느님의 역사로 해석하는 단순한 삶을 살아오던 미국의 일부 개신교도들이 급속한 산업화로 인해 정신적 혼란에 빠져들자 성경 속으로 깊숙이 빠져 들어간 것이 근본주의의 출발점이라고 말할 수 있을 것이다.

과학 기술이 발전한 현대에는 구원에 이르는 길이 하나 이상일 수 있다는 의심과 선택을 함축한 종교 다원주의를 외면하거나 피해 가기 힘들다.[25] 다시 말해 과학 기술이 발전한 현 시대에는 창조론, 예수의 부활, 처녀 수태설 같은 성경의 기록들을 곧이곧대로 믿기가 힘들어지고, 그것이 기독교만 옳고 다른 종교는 다 틀리다는 전통적인 신념에 대한 회의로 이어질 수 있다는 것이다. 이런 맥락에서 근본주의가 '아메리카라는 특수한 신학적 맥락에서 출현한 용어'라고 지적했던 맬리스 루스벤Malise Ruthven은 『근본주의란 무엇인가Fundamentalism: the Search for Meaning』 (2004)라는 저서에서 근본주의를 '근대성과 세속화에 직면해 곤

혹스러워진 신자들이 개인 또는 집단적으로 특유의 정체성을 보존하려는 전략 하에서 자신을 드러내는 종교적 존재 방식'이라고 정의했다.

전통적으로 기독교 근본주의자들은 '성경의 자구 하나도 수정할 수 없다' 혹은 '성경은 100퍼센트 진리이므로 성경을 자구 그대로만 해석하고 받아들여야 한다'는 식의 '성경의 무오류성'을 주장해 왔는데, 이것은 21세기인 현재까지도 그대로 이어지고 있다. 즉 21세기인 오늘날에도 기독교 근본주의자들은 예수가 행한 기적이나 부활, 마리아의 처녀 수태 등은 신화가 아닌 사실이라는 믿음을 고수하고 있다.

기독교 근본주의가 미국 사회에 가장 크게 영향을 미쳤던 때는 기독교 근본주의자였던 조지 워커 부시가 대통령이던 시기였을 것이다. 이 시기의 미국 정부는 창조론 교육을 강요하거나 학교에서 진화론을 가르치던 교사들을 탄압하고 축출하는 현대판 마녀사냥 (혹은 종교 재판) 소동을 일으키기도 했다. 미국의 기독교 근본주의는 과거에도 그랬듯이 현재에도 극단주의와 테러리즘의 주요한 원인으로 작용하고 있다. 예를 들면 미국의 기독교 근본주의 단체인 '신의 군대The Army of God'는 낙태 수술을 했던 의사들을 살해했다.

이슬람 근본주의

기독교 근본주의에 비하면 이슬람 근본주의는 다소 늦게 출현했고 탄생 배경도 다르다. 이슬람 근본주의는 이슬람권이 서구 제국주의 국가들에게 침략당하는 과정에서 태동했다. 이것은 이슬람 근본주의가 출현하게 된 일차적인 책임이 서구 제국주의 국가들의 이슬람권 침략과 지배에 있었음을 의미한다.

이슬람 근본주의의 출현은 이슬람권과 서구 사회 사이의 관계가 거의 180도로 뒤집혔던 세계사적인 변동 과정과 밀접한 관련이 있다. 서구 사회가 이슬람권을 압도하게 된 것은 비교적 최근, 즉 19세기 이후부터다. 그 전까지는 오히려 이슬람권이 문화적으로나 군사적으로나 서구 사회를 압도했다. 메카에서 출발한 이슬람 세력은 북아프리카를 정복하고 711년에 지브롤터 해협을 건너가 이베리아 반도를 침략했고, 732년에는 파리 근교의 푸아티에까지 진출했다. 이후 약 800년 동안 스페인과 포르투갈 지역은 이슬람 세력에 의해 점령당한다. 또한 프랑스 남부는 약 200년, 이탈리아 남부 역시 약 220년 정도 이슬람 세력의 지배를 받았다. 1453년에 이슬람 세력은 콘스탄티노플(구 이스탄불)을 침략하고 알바니아, 그리스, 불가리아, 체코, 헝가리까지 정복했다. 1683년에는 이슬람 국가였던 오스만 제국이 유럽의 심장부라고 말할 수 있는 오스트리아의 빈을 세 차례나 공격했다. 이렇게 이슬람 세력이 지브롤터 해협을 건너 유럽을 침공한 711년부터 오스트리아의 빈이 공격당했던 1683년까지 거의 천여 년 동안 유럽은 이슬람 세력에게 침략과 지배를 당하고 살았다. 즉 천여 년의 세월 동안 유럽인들은 이슬람 세력한테 위협을 당하면서 공포와 불안 속에서 살아야만 했던 것이다. 이러한 역사적 배경으로 인해 현재까지도 유럽인들의 무의식에는 이슬람 공포증Islamophobia이 자리 잡고 있다.

거의 천여 년 동안 이슬람 세력에게 당하면서 살았던 유럽은 1798년에 시작된 나폴레옹의 이집트 정벌을 기점으로 이슬람권에 대한 반격을 시작했다. 이슬람권은 이후 약 2백여 년 동안 서구 사회의 지배를 받게 되었다. 이슬람권의 지배자가 된 서구 사회는 과거 시기의 앙갚음이라도 하겠다는 듯이 이슬람권에 대해 혹독한 박해와 탄압을 가했고, 이슬람 세력을 와해시키고 분열시키는 전략을 조직적으로 구사했다. 이슬람 지역은 유럽 제국주의 국가들 사이의 식민지 쟁탈전이었던 제1, 2차 세계대전을 통해 여러 나라로 분할되었고 그 결과 오늘날과 유사한 중동 지도가 모습을 드러내게 된다.

천여 년 동안 유럽에 비해 문화적으로나 군사적으로 우위에 있었던 이슬람 사람들이 오히려 유럽의 지배를 받게 되었으니, 자존심의 손상을 피할 수 없었을 것이다. 한국인들은 19세기 이전까지만 해도 한국에 비해 열등했던 일본을 대수롭지 않게 여겼고, 뻑하면 한국에 침입해 노략질을 일삼았던 일본인들을 왜구 혹은 왜놈이라고 부르면서 경멸하기도 했다. 한국에서 문물을 수입해 갔던 후진국 일본이 갑자기 19세기 들어와 한국을 식민지로 만들고 36년간 지배하게 되자 한국인들의 자존심에는 심각한 상처가 생겼다. 해방 이후에 한국인들로 하여금 국가와 민족의 부흥을 위해 이를 악물고 악착같이 일하도록 만들었던 이유 중 하나가 손상된 민족적 자존심의 회복과 관련이 있다는 것은 부인할 수 없는 사실이다. 이와 유사하게 유럽의 침략과 지배를 경험하면서 이런 이슬람권 사람들은 손상된 자존심의 회복을 위해서라도 이슬람권을 부흥시켜야 한다고 생각하게 되었다. 그러나 현실은 그리 녹록치 않아서 이슬람권 사람들의 이러한 열망은 끊임없이 좌절되었다. 이런 이슬람권 사람들의 간절한 열망과 크나큰 좌절감을 파고 든 것 중의 하나가 바로 이슬람 근본주의였다. '과거의 영광을 되찾자!'는 목표를 내걸은 이슬람 근본주의가 출현하자 이슬람권 사람들 중에서 상당수가 그것에 경도되기 시작했다. 이희수 교수는 이슬람 근본주의의 본질을 "우리가 이 모양 이 꼴이 된 것은 중세 때의 화려했던 우리 가치를 버리고 잘못되고 오염된, 야만적인 서구를 따라가려고 했기 때문이다. 지금이라도 예전의 우리가 추구했던 가치와 종교 그리고 율법과 계율로 충실하게 돌아가자. 그것만이 살 길"이라는 신앙에 가까운 확신이라고 설명한다.[26]

이슬람 근본주의도 미국의 기독교 근본주의처럼, 급격한 서구화로 인한 신앙과 정체성의 혼란 등에서 비롯된 측면이 있다. 그러나 이슬람 근본주의의 출현에 더 큰 영향을 미친 것은 천 년 세월 동안 아래로 내려다보았던 서구 사회에게 지배당하는 과정에서 손

상당한 자존심을 회복하려는 시도 그리고 서구 제국주의 나라들의 침략과 지배에 대한 반작용으로서의 복수심이나 반항심이었다. 한 마디로 이슬람 근본주의는 본질적으로 제국주의 나라들의 이슬람권 침략이 만들어 낸 괴물이라는 것이다.

2) 극단주의와 종교

기독교 근본주의나 이슬람 근본주의 같은 종교적 근본주의는 극단주의의 주요한 원인으로 작용한다. 그러나 근본주의와 관련 없는 다른 종교들이 극단주의와 전혀 상관이 없다고 말할 수는 없다. 종말론적 혹은 묵시론적 세계관을 신봉하는 광신적 종교 집단은 특히 극단주의에 취약한데, 지하철 역사에 사린Sarin가스를 살포해 무차별적으로 인명을 살상했던 일본의 옴진리교를 대표적인 예로 들 수 있다.

일부 극단주의 연구자들은 단지 종교적 극단주의만이 아닌 종교 일반이 극단주의와 상당한 관련이 있다고 주장하는데, 그것은 과학적인 이론이나 이념 등에 비해 종교가 배타성이나 광신을 초래할 위험이 상대적으로 크기 때문이다.

종교와 배타성

린 데이비스는 "종교 이외의 다른 영역은 협상 대상이 될 수 있다"고 지적하면서 종교가 배타적 경향의 기본 원인이나 문제의 근원은 아닐지라도 그런 경향을 초래할 위험이 크다고 주장했다.

종교, 특히 일신교가 배타성을 초래할 위험이 상대적으로 크다는 것은 상식적인 기준에서 따져 보더라도 알 수 있다. 기독교의 십계명 중에는 다음과 같은 내용이 있다.

> "너희는 내 앞에서 다른 신을 모시지 못한다. (…) 그 앞에 절하며 섬기지 못한다. 나 야훼 너희의 하나님은 질투하는 신이다. 나를 싫어하는 자에게는 아비의 죄를 그 후손 삼 대에까지 갚는다."
>
> – 출애굽기 20:3, 20:5, 공동번역

이성적인 입장에서 추측해 보건대, 이것은 하느님의 말씀이 아니라 모세 혹은 후세의 사람들이 만들어 낸 얘기일 것 같다. 왜냐하면 일반적으로 이런 말은 전지전능한 신 혹은 완성된 인격을 가지고 있는 것으로 간주되는 신의 말이 아니라 자신감 없는 사람 혹은 인격 수양이 덜 된 사람이 하는 말처럼 느껴지기 때문이다. 조선 시대의 왕인 정조*는 왕을 비판하는 벽보를 붙인 사람을 조사해서 처벌해야 한다고 주장하는 신하들에게 우리가 정치를 잘하면 자연히 그런 벽보는 사라질 거라면서 처벌을 반

• 정조와 연산군의 심리에 대해서는 『심리학자 정조의 마음을 분석하다』(김태형, 위즈덤하우스, 2009)를 참조하라.

대하곤 했다. 반면에 연산군은 왕을 비판하는 사건이 발생할 경우 그 당사자만이 아니라 가족들까지도 가혹하게 처벌했다. 정조가 왕에 대한 충성을 강요하지 않고 불충에 관대했던 것은 그가 자신감 넘치는 왕이었기 때문이다. 그는 자신이 백성을 위한 정치를 하고 있으므로 언젠가는 모든 백성이 자신을 믿고 따르게 된다고 확신했기에 공포 정치가 아닌 인덕 정치를 했던 것이다. 반면에 백성을 위한 정치가 아니라 일신의 향락만을 중시했던 자신감 없는 왕인 연산군은 당연히 백성의 배신을 두려워했고 그 결과 공포 정치를 할 수밖에 없었다. 자신을 섬기지 않는 이들을 힘으로 제압하거나 과하게 처벌하는 것은 진정한 충성을 이끌어 내는 방법이 아니다. 만일 최상의 인격체로 간주되는 신이 자신이 창조한 사람을 진정으로 사랑하는 존재라면 또 인간 사랑의 역사를 행하는 존재라면 당연히 자신을 섬기지 않는 사람을 처벌하기보다는 너그럽게 품어 안아 깨우칠 때까지 기다려 줄 거라 본다. 이런 맥락에서 나는 '질투하는 신'이라는 표현 등을 그대로 받아들이는 것은 신을 정조보다 인격 수준이 낮은 존재로 간주하는 것으로, 신성모독이라고 생각한다.

십계명 등의 기독교 교리는 자구 그대로가 아니라 합리적 차원에서 해석되어야 한다. 그렇지 않고 십계명 등을 신의 말씀이라고 굳게 믿는다면, 다른 종교 혹은 무종교인에 대한 배타성은 필연적이다. 일신교는 그 교리상 자신의 종교가 섬기는 신이 아닌 다른 신을 섬기는 사람들을 '이단'으로 낙인찍고 배척할 위험을 가지고 있다. 따라서 성경이나 꾸란 등을 곧이곧대로 믿고 따르는 것—이것이 바로 종교적 근본주의의 기본 특징이다—은 대단히 위험하다고 말할 수밖에 없다.

종교와 광신

어떤 종교가 자신의 신앙 체계를 배타적으로 고수하려면 합리적이고 비판적인 사고가 배제된 믿음, 즉 광신이 필수적으로 요구된다. 그리고 이런 경우에 그 종교는 신 혹은 종교 교리에 대한 비판이나 합리적인 의심 등을 당연히 금기시하거나 금지하고 무조건적이고 맹목적인 믿음을 강요할 수밖에 없다. 다소 과격한 발언이기는 하지만, 종교의 이런 측면 때문에 진화생물학자인 리처드 도킨스Richard Dawkins는 종교를 악으로 규정하면서 "만일 아이들이 의문을 갖지 않는 신앙이 우월한 미덕이라고 배우는 대신 그 신앙에 대해 의문을 갖고 깊이 생각해보도록 배운다면 자살 폭탄 공격자들이 없을 것이라는 데 내기를 걸겠다."라고 말하기도 했다.

나도 동의하는 바지만, 도킨스뿐 아니라 상당수의 지식인이 비판적인 사고 능력이 채 영글지 않은 아이들에게 한 가지 신앙만을 가르치는 것은 좋지 않다고 주장하고 있다. 나는 청소년기 이전에 종교 교육 과정에서 '나 이외의 다른 신을 섬기면 지옥 불에 떨어질 것이다.', '예수 불신 지옥행' 따위의 협박을 경험하는 것은 아이들, 특히 불안이 심한 아이들에게는 치명적인 정신 건강의 손상을 초래할 위험이 있다고 생각한다.

합리적인 의심이나 비판이 없는 믿음은 곧 맹신이고 광신이다. 따라서 그것이 종교든 아니든 간에 의심이나 비판이 배제된 믿음은 극단주의로 연결될 가능성이 높다. 그러나 종교, 특히 일신교는 의심이나 비판을 달가워하지 않거나 허용하지 않을 가능성이 특별히 높다는 점에서 다른 것들보다 광신, 나아가 극단주의로 연결될 위험이 상대적으로 더 크다고 말할 수 있다.

종교와 강요, 혐오

설사 일신교라 하더라도 자기들끼리만 그것을 믿으면서 살아간다면 크게 문제될 일은 없을 것이다. 그러나 만일 어떤 일신교 집단이나 국가가 자기들과는 다른 신을 믿는 사람 그리고 무신론자들을 자기네 종교로 개종시키겠다고 마음먹으면, 즉 그들의 종교를 타인들에게 강요하기로 마음먹으면 얘기가 완전히 달라진다. 잘 알려져 있듯이, 중세 시대 유럽 기독교 국가들의 십자군 전쟁, 이슬람권 세력의 유럽 침략 등 크고 작은 종교 전쟁이나 분쟁 등은 자신들의 종교를 타인들에게까지 강요하려는 동기 그리고 그런 시도에 저항하는 사람들에 대한 혐오와 분노가 하나의 원인으로 작용했다.

종교가 배타성과 광신적 경향을 제어하지 못할 경우 혐오는 필연이다. 즉 배타적이고 광신적인 종교는 이단에 대한 혐오, 종교에서 금지된 것들에 대한 혐오를 피해 가기가 대단히 어렵다는 것이다. 칸Khan은 종교적 신념과 동성애 혐오가 강력하게 연관되어 있음을 연구를 통해 증명했는데, 그는 자신의 연구 결과에 기초해 종교적 확신이 강해질수록 관용이 줄어들고 동성애자를 표적으로 삼을 가능성이 커진다고 강조했다.

비록 종교가 극단주의와 상당한 관련이 있다는 연구 결과가 많음에도 불구하고, 나는 종교 자체가 극단주의의 원인이라고 보지는 않는다. 다른 사상이나 이념들도 마찬가지지만, 단지 폐쇄적이고 배타적인 종교만이 극단주의의 원인이라고 생각한다. 종교도 다른 모든 지식들처럼 시대에 맞게 끊임없이 변화하고 발전해야 한다. 다시 말해 종교도 열려 있어야만 한다는 말이다. 제아무리 예수나 붓다라 할지라도 그들이 옛날이 아닌 21세기에 나타났다면 옛날 옷이 아닌 요즘 옷을 입고 있을 것이고 옛날과는 사뭇 다른, 요즘 사람들에게 필요한 진리들을 설파하지 않았을까? 기독교 근본주의와 이슬람 근본주의의 공통점은 변화와 발전을 거부하고 한사코 과거에 집착해 끊임없이 과거로 돌아가려 한다는 데 있다. 좀 더 구체적으로 말하자면, 둘다 구시대적인 혹은 시대착오적인 교리 해석에 매달리고 있다는 얘기다. 이것은 종교가 성경이나 꾸란의 글자를 자구 그대로 믿어야 한다는 식의 아집에 빠지지 않고 시대에 맞는 변화와

발전을 지향한다면 극단주의에서 충분히 자유로워질 수 있다는
것을 의미한다.

6. 미국 심리학이 말하는 극단주의

우리는 앞에서 서구 사회의 전통적인 광신 연구가 일련의 긍정적 요소가 있음에도 불구하고 광신 개념을 정확하게 정의하지 않은 결과 광신 개념을 남용하거나 악용하는 문제점을 가지고 있음을 살펴본 바 있다. 서구 사회에서의 광신(극단주의) 연구 전통은 심리학 분야에도 큰 영향을 미쳤기 때문에 서구 심리학은 기존 연구들의 성과만이 아니라 오류까지도 그대로 이어가는 경향이 있다. 그렇다면 심리학에서는 극단주의를 어떻게 이해하고 있을까?

안타까운 일이지만, 극단주의에 관한 심리학 연구는 거의 없다고 해도 과언이 아니다. 물론 21세기에 들어와 테러리즘이 기승을 부리면서 미국 심리학계에서도 테러리즘이나 극단주의에 대한 관심이 고조되었는데, 이러한 관심에 비해 연구 성과는 미미한 편이다. 극단주의에 관한 미국 심리학의 연구를 본격적으로 다루기 전에, 미국의 심리학에 대해 잠깐이라도 설명하고 넘어갈 필요가 있을 것 같다.

미국은 역사가 짧고 지적 전통이 없다고 해도 과언이 아닌, 유럽 이민자들의 나라였기 때문에 초기에 미국의 심리학은 유럽의 심리학을 수입해서 소개하는 수준에 머물렀다. 한마디로 초기의 미국 심리학은 유럽의 학문적 유행을 뒤따라가기에 급급했다. 예를 들면 유럽에서 프로이트주의가 선풍적인 인기를 끌자 미국에도 프로이트주의가 수입되어 크게 유행하는 식이었다. 그러나 학문적 전통이 없어서 유럽에 대해 지적 열등감을 가지고 있었던, 심리학계를 비롯한 미국의 지식계는 프로이트주의를 비롯한 유럽 심리학에 반발하면서 소위 미국 심리학을 만들어 내게 되는데, 그것이 바로 행동주의 심리학*이다. 행동주의 심리학은 그 유명한 S-R 도식**이 말해 주듯, 사람을 자극ˢᵗⁱᵐᵘˡᵘˢ에 대해 반응·ᴿᵉˢᵖᵒⁿˢᵉ 하는 단순한 존재로 간주했다. 이것은 철학적으로 말하면, 인간의 마음은 백지고 환경 자극(경험)이 이 백지인 마음에 그림을 그린다는 식의 극단적인 경험론적 견해라고 말할 수 있다. 당연히 이러한 비과학적인 행동주의 심리학은 강력한 비판을 받게 되었다. 그

- 이 주제에 관심 있는 독자들은 『심리학을 만든 사람들』(김태형, 2016, 한울)을 참조하라.
- 학습은 어떤 자극 S(stimulus)에 대해 어떤 특정한 반응 R(response)이 결합하는 것이라고 설명하는 학습 이론으로, 자극-반응 이론 또는 S-R 이론이라고도 한다.

결과 행동주의 심리학은 인간이 자극에 단순하게 반응하는 존재가 아니라 지적인 능력이 있는 존재라는 견해까지는 인정하게 됐고, 그것을 자신의 이론 체계에 받아들였다. 미국 심리학은 행동주의적 패러다임(대표적으로 인간을 환경에 의해 지배당하는 수동적인 존재로 바라보는 견해, 인간과 동물은 본질적인 차이가 없고 단지 지적 능력에서만 차이가 난다는 견해 등을 꼽을 수 있다)은 그대로 유지한 채 인간의 우수한 지적 능력이라는 변수를 추가했는데, 이것이 바로 인지-행동주의 심리학이다. 인지-행동주의 심리학은 컴퓨터가 대중화되면서부터는 인간의 지적 능력 혹은 사고 과정을 컴퓨터의 정보 처리 모델에 기초해서 설명하기 시작했다. 오늘날 미국 심리학에서 '정보'라는 말이 과도할 정도로 많이 사용되거나 강조되는 것은 이 때문이다. 오늘날의 미국 심리학은 바로 이 인지-행동주의 혹은 인지주의─이 양자 사이에 의미 있는 차이는 없다─심리학의 충실한 후예라고 말할 수 있다. 따라서 인지-행동주의적 전통에 입각하고 있는 미국 심리학은 인간을 본질적으로 환경의 지배를 받는 동물로 간주하는 비과학적인 인간관, 즉 인간을 '지적 능력이 있는 동물', '머리에 컴퓨터가 달려 있는 동물'로 바라보는 인간관에 기초하고 있다.

인지-행동주의적 전통은 미국 심리학의 모든 분야에 절대적인 영향을 미치고 있는데, 극단주의 연구라고 해서 여기에서 예외가 될 순 없다. 극단주의에 대한 미국 심리학의 연구는 인지-행동주의 혹은 인지주의적 전통에 입각하고 있는 집단 사고 혹은 집단 극단화에 관한 연구로 집약된다.

1) 합의가 가장 중요한 사람들: 집단 사고

사람들의 의사 결정 과정을 연구했던 제임스 스토너James Stoner는 개인적 의사 결정과 집단적 의사 결정을 비교 연구한 결과 집단적 의사 결정에서 모험적인 방안의 선택이 더 많이 나왔다고 주장하면서, 그 원인을 집단 사고Groupthink 탓으로 돌렸다. 한마디로 혼자서 의사 결정을 하는 것보다 집단이 의사 결정을 하는 것이 집단 사고 때문에 더 안 좋거나 위험하다는 것이다. 이 집단 사고라는 주제는 1970년대와 1980년대에 미국 심리학계에서 널리 다루어졌다. 대표적으로 어빙 재니스Irving Janis는 '어떤 집단은 반대 의견을 억누르고, 정확성보다는 합의를 더 중요하게 여기며, 대안이나 대안이 가져올 결과는 살펴보지도 않은 채 결정을 내리고, 그로 인해 잘못된 결과를 초래한다'는 집단 사고에 관한 연구 결과를 발표했다. 이러한 연구 결과들에 근거해 미국의 심리학자들은 집단 사고groupthink가 개인적 사고보다 훨씬 더 나쁜 결정을 내릴 수 있다고 주장했다. 예를 들면 특정한 상황에서는 집단 사고 때문에 가장 유능한 전문가들로 구성된 최선의 집단이 최악의 방안을 내놓을 수도 있다는 것이다.

집단 사고의 문제점을 보여 주는 사례로 미국의 심리학자들이 가장 빈번하게 언급했던 것은 1961년에 미국이 쿠바의 카스트로 정권을 붕괴시키기 위해 감행했던 피그스만 상륙 작전이다. 당시에 피그스만 침공 계획은 케네디 대통령을 비롯한 최고의 엘리트들이 참가한 회의에서 쿠바에 대한 자세한 정보 자료들을 참고해서 작성되었다. 그럼에도 불구하고 그 계획은 1,400명의 상륙 부대 중 200명이 사망하고 나머지는 포로로 잡히는 참패로 귀결되었다. 이 외에도 미국 심리학자들은 다음과 같은 사례들을 집단 사고의 문제점을 보여 주는 증거로 제시했다.

- 1964년에서 1967년 사이의 존슨 대통령과 보좌관들의 베트남전 확전 결정
- 워터게이트 사건의 은폐 결정
- 제2차 세계대전 직전의 영국 수상 네빌 체임벌린의 나치 독일에 대한 유화정책
- 포드사의 신차 '에드셀' 마케팅 결정
- 나사의 챌린저호 발사 실패
- 1941년 나치 독일의 소련 침공
- 심각한 기형아 출산을 초래한 케미 그루넨탈사의 탈리도마이드 판매 결정
- 이라크전을 일으킨 조지 부시 대통령과 참모들의 결정[27]

어빙 재니스는 집단 사고가 대안과 목적에 대한 잘못된 분석을 하거나 선호하는 방식이 안고 있는 위험을 제대로 파악하지 못하거나 불완전한 정보 검색, 편향적인 정보 처리, 대안을 제대로 평가하지 못하는 등의 결과를 초래할 위험이 있다고 주장했다.[28] 한마디로 인류사에 나쁜 족적을 남긴 결정들은 거의 다 집단 사고

탓이라는 얘기다. 집단 사고 연구자들은 집단 사고의 원인으로 다음과 같은 것들을 지목했다.[29]

- 결속력
- 전문가의 조언이나 외부의 비판적 평가를 받을 통로를 막는 정책 입안자들의 고립
- 자유로운 질문과 비판적인 평가를 가로막는 공정한 리더십의 부재
- 올바른 의사 결정을 돕는 절차의 미비
- 구성원이 갖고 있는 사회적 배경과 이데올로기의 동질성

최근의 심리학자들은 이 외에도 집단 사고의 원인으로 다음과 같은 것들을 강조한다.

① 집단 심리: 집단은 사람들의 감정을 고양시키고 집단의 힘에 대한 자각을 불러일으킨다. 그 결과 집단은 개인이라면 좀처럼 시도하기 힘든 모험을 선택할 수 있다.
② 책임감 분산: 집단은 개인의 책임감을 분산시킨다. 개인적 의사 결정의 결과는 결정을 내린 당사자가 온전히 책임져야 한다. 그러나 집단적 의사 결정에서는 그 책임이 집단의 구성원들에게 분산될 수 있으므로 극단적 선택을 할 가능성이 높아진다.
③ 경쟁심 강화: 집단은 집단 성원들이 최고의 급진주의자가

되려고 경쟁하는 환경을 만들어 급진성을 극대화시켜 가는 '증폭 장치'로 작동할 수 있다.[30]

나는 이미 『새로 쓴 심리학』에서 집단 사고의 문제점을 지적한 바 있다. 따라서 여기에서는 다른 문제는 제외하고 집단 사고라는 개념의 문제점만 지적하기로 한다. 트럼프 대통령이 참모들과 회의를 한 다음에 대통령인 트럼프가 최종 결정을 내렸다면, 그것은 개인적 사고인가 아니면 집단 사고인가? 사실 엄밀한 의미에서 보면, 집단 사고와 완벽하게 격리된 개인적 사고란 존재할 수 없다고 할 수 있다. 설사 트럼프가 최종 결정권을 행사하더라도 그의 결정에는 참모들을 포함한 많은 사람이 이미 영향을 미쳤을 것이기 때문이다. 이런 문제 때문인지 캐스 R. 선스타인Cass R. Sunstein은 집단 사고가 아닌 집단 극단화group polarization라는 개념을 사용하자고 제안했는데, 집단 사고 이론은 선스타인의 집단 극단화 이론으로 한 걸음 더 나아갔다고 할 수 있다. 따라서 그의 집단 극단화 이론부터 먼저 살펴본 다음에 그것의 문제점을 지적하기로 한다.

2) 집단이 만들어 낸 문제점: 집단 극단화

집단 극단화에 관한 연구는 집단 극단화 이론의 선구자로, 한국에도 소개된 『넛지Nudge』, 『루머On Rumours』 등 베스트셀러 저자인 캐스 R. 선스타인의 『우리는 왜 극단에 끌리는가Going To Extremes』 (2009)라는 저서를 통해 자세히 확인할 수 있다. 그는 집단 사고 개념을 집단 극단화 개념으로 바꾼 이유에 대해 설명했는데, 그의 말을 요약해 보면 자신은 기존의 집단 사고 이론에 거의 전적으로 동의하며 집단 사고 개념과 집단 극단화 개념 사이에 의미 있는 차이는 없지만, 집단 사고라는 개념보다는 집단 극단화라는 개념이 극단주의나 잘못된 결정의 문제점을 설명하기에 더 낫기 때문에 바꿨다는 것이다. 어쨌든 집단 사고든 집단 극단화든 간에 이 두 이론이 모두 '집단'을 주적으로 삼고 있다는 면에서는 동일하다고 할 수 있다. 즉 혼자서는 괜찮은데 집단이 모여 토론을 하면 사고가 이상해지거나 극단화된다고 본다는 점에서 둘 다 집단 탓을 하고 있는 것이다.

① 집단 극단화란?

집단 극단화란 과연 무엇일까? 이에 대한 대답은 선스타인의 "사람은 서로 생각이 같은 집단 속에 들어가면 극단으로 흐를 가능성이 높아진다"는 말에 집약되어 있다. 이 설명에 의하면 집단 극단화란 '생각이 같은 집단'에서 전형적으로 발생하는 극단화 현상을 의미한다고 할 수 있다. 하지만 이런 설명에도 불구하고 여기에서 '극단'이 무엇을 의미하는지는 명확하지 않다. 앞으로 살펴보겠지만, 선스타인은 '극단'이라는 개념을 명확한 정의에 기초해서 엄격하게 사용하기보다는 상당히 여러 가지 의미로 사용하고 있다. 즉 너그럽게 표현하자면 극단화라는 개념을 매우 포괄적으로 사용하고 있다고 말할 수 있고, 나쁘게 표현하자면 극단화라는 개념을 아무 데나 갖다 붙이는 식으로 부적절하게 남용하고 있다. 굵직한 틀로만 묶더라도 선스타인은 극단화를 신념이 강해지는 것, 감정이 격해지거나 약해지는 것, 기존의 성향 혹은 특성이 강화되는 것 등 다양한 의미로 사용하고 있다.

신념의 극단화

집단 극단화 이론에 의하면 비슷한 신념을 가진 사람들로 구성된 집단이 모여서 토의를 하면 기존의 신념이 극단화되는 현상이 나타난다. 이것은 집단 토의에서 나타나는 전형적인 패턴으로, 범세계적인 실험을 통해 입증되었다.

선스타인은 "인종적 편견을 가진 백인들은 자기들끼리 의견을 교환한 다음 인종적 편견이 더 심해졌고, 반대로 인종적 편견이 약한 백인들은 자기들끼리 의견 교환 후에 편견이 더 줄어들었다.""원래 페미니즘에 호의적인 입장을 가진 여성들은 자기들끼리 의견을 교환하고 나서 페미니스트 경향이 더 강해졌다.""현재 진행 중인 전쟁을 지지하고, 전쟁이 순조롭게 진행되고 있다고 생각하는 사람들은 자기들끼리 의견을 교환하고 나서 전쟁 지지 입장이 더 확고해지고, 전쟁의 결과에 낙관적인 입장이 더 강해졌다.""부동산에 투자하는 게 최상이라는 생각을 가진 투자자들은 자기들끼리 의견을 교환한 다음 부동산에 투자하겠다는 의사가 더 강해졌다."등[31] 집단 토의로 인해 신념이 극단화되는 구체적인 예를 들었다.

어떤 이들은 집단 토의를 통해 신념이 극단화되는 현상이 지적인 수준이 떨어지는 사람들 사이에서만 나타나는 현상이라고 추측할지 모른다. 지적 능력이 떨어지면 말발이 센 사람이나 다른 사람의 의견에 끌려 다닐 가능성이 그만큼 클 것이라는 선입견이 있기 때문이다. 그러나 여러 연구 결과에 의하면 신념의 극단화 현상은 지적 수준이나 능력, 학력 등과는 무관하다. 선스타인은 고학력 엘리트라고 할 수 있는 판사들을 대상으로 실시한 실험을 통해서 이들한테서도 신념의 극단화 현상이 나타난다는 것을 입증했다. 비슷한 정치적 성향의 판사들을 한데 모아서 토의를 하게 하면 신념의 극단화 현상이 발생한다. 한 실험에서 '판사들은 모두 민주당(D)이거나 모두 공화당(R)으로 구성된 패널, 다시 말해 DDD나 RRR 패널의 경우에 극단화되는 경향을 보였다.'[32]

지금까지의 논의는 집단 극단화 이론이 '기존의 신념이 더 강해지는 것'을 극단화로 간주하고 있음을 보여 준다.

감정의 극단화

집단이 모여서 토론을 하면 기존의 생각이나 신념만이 아니라 감정도 극단화된다. "집단 구성원들이 약간의 분노를 가지고 있는 경우, 집단 토론을 하면 그 분노가 더 커질까 아니면 작아질까?"라는 의문에 답하기 위해 실시한 실험들로 분노의 극단화 현상이 발생한다는 사실을 발견했다.

선스타인은 배심원 자격을 가지고 있는 3천 명의 시민들을 대상으로 실험을 실시했다. 어떤 범죄에 대한 처벌 수위를 결정하기 위해서 3천 명의 실험 참가자들을 6명씩 5백 개의 배심원단으로 나누어 토론하도록 했다. 그 결과 높은 처벌을 원했던 배심원들 사이에서는 가혹화 경향이 나타났고, 낮은 처벌을 원했던 배심원들 사이에서는 관대화 경향이 나타났다.[33] 쉽게 말해 높은 처벌을 원했던 사람들은 집단 토의 후에 더 높은 처벌을 주장했고, 낮은 처벌을 원했던 사람들은 집단 토의 후에 더 낮은 처벌을 주장했다는 것이다. 이와 더불어 '본래 가지고 있던 분노의 강도가 강할수록 토의를 통해서 변화하는 태도의 폭이 크다'는 사실도 발견했다. 이런 실험 결과들에 근거해 선스타인은 집단 토론 뒤에는 원래 분노가 심했던 사람의 경우 분노가 더 심해지고, 원래 분노가 약했던 사람의 경우에는 분노가 더 약해지는 감정의 극단화 현상이 나타난다고 결론 내린다. 이것은 집단 극단화 이론이 기존의 감정이 강해지거나 약해지는 것을 '극단'화로 간주하고 있음을 보여 준다.

성향의 극단화

집단 극단화 연구들에 의하면 모험적인 성향도 극단화된다. 이런 연구 결과를 두고 한때 심리학자들은 집단 토의가 조직적인 '모험 이행risky shift'을 가져온다고 주장했다. 그러나 다음과 같은 후속 연구 결과들에 의해서 이러한 주장은 힘을 잃게 되었다.

하지만 최근의 연구 결과들은 이러한 생각에 심각한 의문을 제기한다. 사람들이 모험 이행을 하는 것이 집단의 작동 원리 때문이라기보다는 집단이 속한 문화. 때문이 아니냐는 것이다. 예를 들어 미국인들이 모험 이행을 보인 똑같은 사안에 대해 대만인들은 '신중한 이행cautious shift'을 보였다.**34**

미국인들을 대상으로 실험을 실시하면 모험을 하려는 경향이 심해지는데 대만인들을 대상으로 실험을 실시하면 왜 모험을 하려는 경향이 감소하는 걸까? 대답은 간단한데, 미국인들은 원래부터 모험적인 반면 대만인들은 원래부터 신중한 편이기 때문이다. 미국인들을 대상으로 실시한 연구에서도 모험 감수를 꺼리는 사람들을 모아 놓을 경우에는 자기들끼리 토론을 한 다음에 모험을 더욱 꺼리는 쪽으로 바뀌는 경우가 있었다. 이런 연구 결과들은 위험 감수 경향이 있는 집단 구성원들은 '모험 이행' 현상을 보인 반면, 신중한 경향이 있는 구성원들은 '신중한 이행' 현상을 보였음을 말해 준다. 따라서 집단 토론을 통해 극단화되는 것은 모험적인 성향이 아니라 사람들의 기존 성향 혹은 초기 성향이라고 말할 수 있다. 이 외에도 집단 극단화에 관한 연구들은 집단 토론이 집단의 다양성(정확히 말하자면 의견 차이)을 억제하고 동질성(정확히 말하자면 의견 일치)을 강화한다는 것을 보여 주었다. 예를 들면 토론 후에 진보 그룹과 보수 그룹 각자의 내부 동질성은 크게 강화된 반면 내부 다양성은 억제되었다. 토론을 시작하기 전에는 많은 그룹이 내부 견해 차이를 꽤 많이 보였는데, 불과 15분에 걸친 토론을 마치고 난 다음 이러한 내부 견해 차이가 크게 줄어든 것이다. 지금까지의 논의는 집단 극단화 이론이 기존의 성향이 강해지는 것을 '극단'화로 간주하고 있음을 보여 준다.[35]

집단 극단화 이론이 주장하는 세 가지의 주요한 극단화 현상, 즉 기존의 신념이 강해지는 것, 기존의 감정이 강해지거나 약해지는 것, 기존의 성향이 강해지는 것에는 공통점이 있다. 그것은 기존의 무엇인가가 집단 토론 후에는 더 '강해진다'는 것이다. 집단 극단화 이론은 그것이 신념이든, 감정이든, 성향이든 상관없이 원래의 것이 더 강해지는 것을 '극단'화로 간주한다. 여기에서 알 수 있는 것은 우선 집단 극단화 이론이 '극단'이라는 개념을 상대적인 의미로 사용하고 있다는 것이다. 즉 극단을 절대적인 기준에 기초하는 개념이 아닌, 기존의 것보다 더 강해지느냐 아니냐라는 상대적인 기준에 기초하는 개념으로 봤다. 그러나 극단에 대한 이런 개념 정의는 잘못된 것이다. 왜냐하면 예를 들어 문재인 대통령을 50만큼 지지했던 사람들이 집단 토의 후에 80만큼 지지하게 된 것을 극단화되었다고 말할 수는 없기 때문이다.

집단 극단화 이론은 '극단'이라는 개념을 질이 아닌, 강도 혹은 양과 관련된 개념으로 사용하고 있다. 그러나 질을 배제한 극단 개념은 잘못된 것이다. 테러리즘에 찬성하지 않던 사람이 집단 토론 후에 테러리즘을 지지하게 되었다면, 질적으로 나쁜 쪽으로 변화한 것이므로 극단화되었다고 말할 수 있다. 그러나 테러리즘에 반대하던 사람이 집단 토론 후에 테러리즘을 더 강하게 반대하게 되었다면, 나쁜 쪽으로의 질적인 변화 없이 양적인 변화만 나타난 것이므로 그것을 극단화되었다고 말할 수는 없다. 집단 극단화 이론의 극단 혹은 극단주의 개념의 문제점에 대해서는 뒤에서 다시 다루기로 한다.

② 집단 극단화의 원인

집단 극단화 이론은 동질적인 집단이 모여서 토론하고 나면 집단 극단화 현상이 발생하는 원인에 대해 다음과 같이 설명하고 있다.

심리적 격리

집단 극단화 이론은 극단화에 영향을 미치는 중요한 요인으로 '심리적 격리'를 꼽는다. 이 심리적 격리는 극단적인 내집단ingroup – 외집단outgroup 편향이라고 할 수 있다. 자신이 소속되어 있는 집단 혹은 소속감을 느끼는 집단은 내집단이 되고 그 외의 집단들은 외집단이 된다고 할 수 있는데, 여러 연구 결과가 사람들이 내집단은 감싸고도는 반면 외집단에 대해서는 배척하는 경향이 있음을 보여 준다.

거의 모든 사람에게는 다소나마 내집단을 우호적으로 대하거나 편들고 외집단은 냉정하게 대하거나 깎아내리는 경향이 있다. 이런 경향이 그다지 심하지 않은 경우 사람들은 편향성을 지적당하면 쉽게 수정하는 편이므로 그것은 별 문제가 없는 정상적인 것이라고 말할 수 있다. 즉 사소한 편향은 내집단-외집단 편향이라고 말할 수 없다는 것이다. 그러나 이 정도를 넘어서서 명백한 이중 기준을 가지고 내집단과 외집단을 대하는 것은 물론이고, 내집단이 제공하는 정보는 중요하게 여기지만 외집단이 제공하는 정보는 경시하거나 배척하게 되어 인식 오류 혹은 편향적 신념을 갖게 된다면, 그것은 내집단-외집단 편향이라고 말할 수 있다. 어쨌든 집단 극단화 이론이 말하는 심리적 격리란 자신이 속해 있는 집단이 아닌 다른 집단을 외집단으로 간주하여 경계하거나 배척하는 것을 의미한다.

집단 극단화 이론에 의하면 심리적 격리가 심하면 심할수록 집단 극단화 경향도 강하게 나타난다. 예를 들면 '다른 집단들로부터 격리된 집단은 더 극명하게 폭력적인 방향으로 나아간다'는 것이다. 이런 맥락에서 집단 극단화 이론은 '정치적 극단주의는 집단 극단화의 산물인 경우가 많고, 사회적 격리는 이러한 극단화를 유발하는 도구'라고 강조한다. 한마디로 심리적으로 격리된 집단일수록 극단주의 집단이나 광신 집단이 되기 쉽다는 것이다.

심리적 격리와는 상관없이, 어떤 집단이 주류 사회로부터 배척당하거나 탄압받는 정도가 심해질수록 더 극단화될 가능성이 높아진다는 것은 현실에서도 빈번하게 관찰할 수 있다. 현재의 이스라엘 지역에서는 기나긴 세월 동안 팔레스타인인들이 대대손손 살아오고 있었다. 그런데 제2차 세계대전 이후에 유대인들이 그들을 쫓아내고 이스라엘이라는 유대 국가를 건국하면서부터 유대인과 팔레스타인인 사이의 격렬한 갈등이 시작되었다. 국제연합UN—사실상의 서구 제국주의 국가들—의 비호와 지원 아래 국가를 수립한 이스라엘에 의해서 자신들이 살고 있던 땅에서 쫓겨나 졸지에 유랑민 신세가 된 팔레스타인인들은 이스라엘 군대를 향해 돌을 던지면서 저항하는 인티파다 투쟁*을 시작했다. 중무장을 한 군대를 향해 돌멩이를 던지면서 저항하는 팔레스타인인들의 모습을 본 세계인들은 그들을 동정하게 되었고, 이스라엘에게 압력이 가해지기 시작했다. 그리고 그 결과 1990년대에 이스라엘과 팔레스타인은 오슬로 협정을 맺게 된다. 이 오슬로 협정 이후에 이스라엘과 팔레스타인 자치 정부는 평화 공존을 시작했고 잠깐 동안은 평화가 유지되었다. 그러나 이스라엘은 오슬로 협정을 휴지 조각으로 만들어 버렸고 UN은 사실상 이를 방관했다. 이때부터 일부 팔레스타인인들은 자살 폭탄 테러라는 극단적인 투쟁을 시작했다. 이런 사례는 주류 사회로부터 배척당하거나 탄압받는 정도가 심해지면 그 집단이 극단화 혹은 과격화될 가능성이 높아진다는 사실을 뚜렷이 보여 준다. 그러나 이런 경우에도 집단 극단화 이론이 말하는 심리적 격리 혹은 극단적인 내집단-외집단 편향이 반드시 발생한다고 말할 수는 없다. 주류 사회로부터 배척당하거나 탄압을 받았던 민족 해방 운동가, 민주화 운동가, 진보주의자 등이 모두 다 심리적 격리로

• 팔레스타인인들의 반이스라엘 저항 운동 또는 독립 투쟁

인해 내집단이 아닌 외집단을 무조건 불신하거나 외부의 정보를 거부했다는 증거는 없기 때문이다.

어쨌든 항상 그런 것은 아니지만, 어떤 집단을 배척하거나 탄압하는 것은 그 집단을 더 극단화, 극렬화되는 쪽으로 밀어붙일 가능성을 높이기 때문에 문제적인 집단이라고 해서 그 집단을 배척하고 탄압하는 것은 올바른 문제 해결책이 될 수 없다.

심리적 격리는 외부적인 탄압이나 박해 때문에 발생하기도 하지만 자발적인 심리적 격리도 가능하다. 사실 심리적 격리는 외적인 요인보다는 내적인 요인에 의해 자발적으로 발생하는 경우가 더 많으며, 오늘날에는 배척이나 박해로 인한 심리적 격리보다는 자발적인 심리적 격리 현상이 더 광범위하게 존재한다고 말할 수 있다.

집단 극단화 이론은 사람들이 동질적인 집단으로 뭉쳐서 스스로를 격리시키려는 성향을 가지고 있다고 주장한다. 예를 들면 선스타인은, 사람들은 극단화를 촉진하는 것과 비슷한 방식으로 스스로를 격리시키려는 성향을 강하게 가지고 있다고 말한다. 사회학에서는 비슷한 부류끼리 서로 모이는 '유유상종homophily' 현상을 탐구하는 실증적인 연구가 본격적으로 이뤄지고 있는데, 비슷한 면을 가진 사람들은 서로를 찾아내서 같은 사회적 네트워크에 소속시키려는 경향을 가지고 있다. 소집단 안에서 나이, 교육, 인종, 종교, 민족 등 같은 인구학적 특징끼리 뭉쳐서 스스로를 격리하려는 경향을 보이는 것이다.[36]

위의 언급들에서 확인할 수 있듯이, 집단 극단화 이론은 유유상종이 필연적으로 심리적 격리로 이어진다고 가정하거나 유유상종과 심리적 격리를 거의 같은 것처럼 취급하는데, 그것은 잘못된 것이다. 비슷한 사람들끼리 어울리려는 유유상종은 자연스러운 삶의 방식이자 사회 현상이므로 전혀 문제가 되지 않는다. 단지 유유상종 집단이 스스로를 심리적으로 격리시킬 경우에만 문제가 되는 것이다.

그렇다면 심리적 격리의 원인은 무엇일까? 집단 극단화 이론의 주장처럼 탄압이나 박해와 같은 외적인 조건들도 하나의 원인으로 작용한다. 하지만 탄압이나 박해가 없거나 약할 경우에도 심리적 격리 현상 - 내적인 조건에 의한 자발적인 심리적 격리 - 은나타날 수 있는데, 여기에는 무엇이 원인으로 작용할까? 이 질문에 대해 미국 심리학은 뚜렷한 답을 내놓지 못하고 있다.

에리히 프롬은 개인 간 경쟁이 극심해지고 대부분의 공동체가붕괴되는 현대 자본주의 사회에서 살아가는 사람들은 고립이나고독을 피할 수가 없는데, 이를 방어하거나 보상하기 위해 근친애적 사랑(근친애적 공생)에 집착하는 병리 현상이 심해진다고 지적한 바 있다. 범위가 매우 협소한 사랑을 의미하는 근친애적 사랑 - 미국 심리학의 용어로 설명하면 내집단만 사랑하고 외집단은 배척하는 사랑 - 이란 간단히 말해 자기 가족이나 집단만 사랑하고 나머지는 배척하는 미성숙한 사랑, 원시적인 사랑, 병적인사랑이라고 할 수 있다. 인간을 사랑할 수 있는 사람은 당연히 사랑의 범위가 넓다. 인간을 사랑할 수 있는 사람은 전체 인류를 사랑할 수 있기 때문이다. 반면에 인간을 사랑할 수 있는 능력이 없거나 그것을 상실한 사람은 인간을, 인류를 사랑할 수 없다. 하지만 고립이나 고독으로 인한 고통은 어떻게든 방어해야만 하므로 소규모의 특정 집단에 귀속되어 그 집단만 사랑하는 근친애적 사랑－이것은 사실 사랑이 아니다－이나 내집단 사랑만 하게 된다. 인간에 대한 사랑과 근친애적 사랑을 어머니의 자식 사랑에 비유해 보면, 자식을 인간으로서 사랑하는 어머니는 다른 아이들도 사랑한다. 따라서 자기 자식에게 사탕을 하나 줄 때 옆에 있는 아이에게도 사탕을 준다. 반면에 자기 자식을 근친애적으로 사랑하는 어머니는 옆에 있는 아이가 사탕을 먹고 있으면, 그것을 빼앗아 자기 자식에게 준다. 통속적으로 말해 내 자식이 아닌 다른 아이들은 죽든 말든 전혀 신경 쓰지 않는 (가족)이기적인 사랑을 한다는 것이다. 결론적으로 오늘날 심리적 격리 현상이 광범위하게 존재하고 있는 것은 인간을 사랑할 수 있는 능력을 상실한 현대인들이 심한 고립과 고독에서 탈출하려고 병적인 몸부림을 치는 과정에서 발생했다고 말할 수 있다.

지금까지 살펴보았듯이, 심리적 격리는 유유상종에 의해 자동적이고 필연적으로 발생하는 것이 아님에도 불구하고 선스타인은 유유상종이 자동적으로 심리적 격리로 이어지며, 그 결과 집단 극단화 현상이 발생한다고 주장한다. 예를 들면 그는 "인종, 성별, 나이, 그리고 성적 취향과 관련된 운동은 극단화 과정의 산물로 일어난 경우가 많은데, 그것은 사람들이 모여서 비슷한 생각을 가진 집단을 조직하기 때문"이라고 말한다.

　집단 극단화 이론의 입장에서 볼 때, 한국 사회에서 발생한 2017년의 촛불 항쟁은 박근혜 정권에 반대하는 사람들이 유유상종 원리에 따라 집단을 형성하자 자동적으로 스스로를 심리적으로 격리시키게 되고 그 결과 집단 극단화 현상이 발생한 결과일 것이다. 그러나 2017년의 촛불 항쟁에 참여했던 사람들이나 집단들이 스스로를 심리적으로 격리시켰다는 증거는 발견할 수 없다. 촛불 항쟁 참가자들은 스스로를 심리적으로 격리시키기는커녕 거리에 나오지 않았던 절대다수의 국민들에게 연대감이나 일체감을 느끼고 있었으며, 자신이 다수의 국민을 대변하고 있다고 생각했다. 2017년의 범국민적 촛불 항쟁을 비롯한 여러 민중 항쟁들은 민중이 유유상종 원리에 의해 모이더라도 심리적 격리 현상이 발생하지 않았음을 보여 주고 있다. 이것은 동질적인 집단(유유상종)이 만들어지는 것이 무조건적으로 심리적 격리, 나아가 집단 극단화와 연결되지는 않는다는 것을 의미한다. 동질적인 집단은 스스로를 심리적으로 격리할 수도 있고 그렇게 하지 않을 수도 있다. 따라서 유유상종과 심리적 격리는 별개의 문제이다.

사회적 폭포 현상

집단 극단화 이론이 주장하는 집단 극단화의 또 다른 원인은 사회적 폭포 현상social cascades이다. 사회적 폭포 현상이란 쉽게 말해 작은 물줄기들이 모여서 거대한 폭포가 되듯이 개개인들의 생각이나 감정이 서로에게 영향을 미치는 과정에서 상승작용을 일으켜 거대한 사회적 흐름을 형성하는 것을 말한다. 예전에는 이 사회적 폭포 현상을 사회적 전염 현상이라고 부르곤 했다. 예를 들어 로버트 쉴러는 "투기 붐을 제대로 이해하는 데 가장 중요한 요소는 가격 상승 기대감이 확산되는 '사회적 전염social contagion' 현상"이라고 말했다. 이런 식으로 과거에는 군중 사이에서 생각이나 감정이 빠르게 전파되면서 그 강도가 커져 가는 사회 현상을 '사회적 전염' 현상이라고 불렀다. 집단 극단화 이론에 의하면 "사회적 폭포 현상이 일어나면 어떤 사람들이 갖고 있는 믿음과 관점이 다른 사람들에게로 확산된다." 이런 견해에 기초해 선스타인은 21세기 초에 시작된 미국의 부동산 버블의 원인 중 하나로 사회적 폭포 현상을 지목하기도 했다. 그는 "21세기 초에 시작되어 서브프라임 위기가 지난 다음에야 막을 내린 부동산 버블은 폭포 현상의 산물이었다. 투기적 버블이 일어나는 경우 사람들은 펀더멘털에 의존하는 대신 다른 사람들이 어떻게 행동하고 생각하는가에 의존하는 전형적인 모습을 보여 준다"고 주장했다.

선스타인은 사회적 폭포 현상을 다시 두 가지로 구분해서 설명하는데, 첫째는 정보의 폭포 현상이고 둘째는 평판의 폭포 현상이다.

정보의 폭포 현상information cascades이란 간단히 말해 편향적인 정보가 집단을 휩쓸어 가는 것을 말한다. 만약 누군가가 극우적인 집단에 속해 있을 경우 극우적인 입장을 지지하는 쪽의 주장을 훨씬 더 많이 말하고 듣게 될 것이다. 그 결과 편향적인 정보가 집단을 휩쓸게 되면서 전체 집단은 한쪽으로 쏠리는 극단화 경향을 보이게 된다.

집단 극단화 이론에 의하면 편향적인 정보가 집단 극단화 현상으로 이어지는 것은 집단 구성원들이 서로 편향적인 정보를 주고받는 행위가 서로에게 긍정적인 피드백을 줌으로써 기존의 성향을 더욱 강화하게 만들어 주는 '반향실 효과'를 유발하기 때문이다. 이와 관련해 테러리즘 연구가인 마크 세이지먼은 "어느 단계에서는 패거리들 사이의 상호작용이 에코 효과를 내는 반향실 역할을 했다. 상호작용이 이들을 집단적으로 극단화시키고, 집단적으로 테러 조직에 가담하게 만든 것이다. 이제는 이와 똑같은 과정이 온라인에서 일어난다"고 말했다.

편향적인 정보를 접하는 것이 집단 극단화를 촉진하는 것은 정보의 양과도 관련이 있겠지만, 무엇보다 그것이 집단 구성원들에게서 심리적 변화를 일으킬 수 있기 때문이다. '다른 사람들도 다 나와 같은 생각을 하는구나.' 혹은 '다른 사람들이 다 내 생각에 동조하는구나.'라고 느낀다면 자신감이 상승할 수 있다. 자신감이 올라가면 개개인들의 기존의 신념, 감정, 성향 등은 더욱 강해지고 그것을 더 적극적으로 표현하게 되는데, 그것이 다시 집단 극단화를 촉진할 수 있다.

나는 집단 극단화 이론이 중시하는 편향적인 정보의 습득 그 자체보다는 자신감의 상승과 같은 심리적 요인들이 집단 극단화 현상—기존의 성향이 강해지는 것을 극단화라고 인정한다면—에 더 큰 영향을 미칠 것이라고 생각한다.

평판의 폭포 현상 reputational cascades 이란 개개인들이 다른 사람들한테 호의적으로 보이기 위한 행동을 하게 되고 그것이 모여 사회적 압력 혹은 사회적 흐름—한국 사회에서 흔히 말하는 '대세'라고도 할 수 있다—을 형성하는 것을 말한다. 어떤 영화가 개봉되었는데, 평론가와 네티즌들의 평이 아주 좋다고 해 보자. 이런 상황에서 누군가가 그 영화를 재미없다고 말하면 눈총을 받기 십상이므로 그는 그 영화를 재미있다고 말한다. 그리고 그런 식으로 말한 사람들이 늘어나면서 사회적 흐름이 형성되어 천만 영화가 탄생하는 것을 예로 들 수 있다.

사회 비교론 social comparison 에 의하면 사람들은 남들과의 비교에서 좋은 평가를 받길 원한다. 즉 사람들은 사회적 평판을 중시한다. 일반적으로 사람들은 타인에게 좋은 인상을 주고 싶어 하는 반면 손가락질은 받기 싫어한다. 그래서 특별한 문제가 없다면 남들의 눈높이나 시선에 자기를 맞추기도 하고, 낙오자라는 소리를 듣지 않으려고 주류나 대세를 열심히 따라가기도 한다. 참고로, 나는 이런 현상을 평판의 폭포 현상보다는 주류나 대세를 추종하는 현상이라고 표현하는 것이 이해하기도 쉽고 더 정확하다고 생각한다. 어쨌든 집단 극단화 이론에 의하면 평판의 폭포 현상이 발생하면 사람들이 주체성을 포기하고 다수 혹은 주류를 따라갈

가능성이 높아진다.

　사회적 폭포 현상은 사회적 압력이라는 주제와 밀접한 관련이 있다. 정보의 폭포 현상이든 평판의 폭포 현상이든 간에 그것이 개개인들에게는 사회적 압력으로 작용할 가능성이 높기 때문이다. 다음은 비교적 약한 강도의 사회적 압력에 대한 설명이다.

　의사들은 여럿이 있을 때에 비해 혼자 있을 때 과감한 행동을 택할 가능성이 낮은 것으로 나타났는데, 그 이유는 용감한 행동을 하는 것이 그렇지 않은 경우보다 다른 사람에게 설명하기에 더 유리하기 때문이었다. 환자의 생존 가능성이 아주 낮더라도 다른 의사의 눈에 그 환자를 포기하거나 사망 선고를 내리는 것처럼 보이고 싶지 않은 것이다.[37] 환자의 목숨을 가볍게 여기는 나쁜 의사라는 평판보다는 환자를 구하기 위해 최선을 다하는 좋은 의사라는 평판이 낫기 때문에 여럿이 있으면 더 과감한 행동을 한다는 것은 사회적 평판이 일종의 사회적 압력으로 작용한다는 것을 의미한다.

　당연히 약한 강도의 사회적 압력보다는 강한 강도의 사회적 압력이 사회적 폭포 현상을 초래할 가능성이 높고, 그 결과 집단 극단화 현상이 발생할 가능성도 높아진다.

　조직 내 서열이 낮은 사람들 가운데서 지도자의 잘못을 공개적으로 주장할 사람은 드물 것이다. 토의 집단 안에서 자신만 아는 정보를 내뱉는 사람들은 사회적 위험에 처하게 되는 경우가 많고, 당사자들도 그런 사실을 안다. 한두 명이 강한 사회적 압력으로 인해 입을 다물거나 다른 사람들에게 동조하기 시작하면, 그것에 영향을 받아서 다른 사람들 역시 그들처럼 행동한다. 그 결과 사회적 폭포가 만들어져 집단 극단화 현상이 발생한다. 집단 극단화는 자신이 속한 집단이 가진 왜곡된 성향에 당당하게 반응하지 못하기 때문에 일어나는 경우가 많다. 이런 경향은 정치적 판단과 건강, 돈, 종교와 같은 문제들에 대한 우리의 판단력을 흐려 놓기 때문에 우리를 곤란에 빠뜨릴 수 있다.[38]

지금까지 사회적 폭포 현상이 집단 극단화를 촉진한다는 사실을 살펴보았는데, 사회적 폭포 현상이 집단 극단화를 촉진하는 것은 왜일까? 그것은 우선 사람들이 용기를 내도록 고무해 주기 때문이다. 사람들은 속에 품고 있는 생각이나 감정을 항상 솔직하게 표현하지는 않는다. 그랬다가는 남들한테 손가락질을 당할 수도 있고, 밥줄이 끊길 수도 있기 때문이다. 그런데 내가 속에 품고 있던 생각이나 감정을 다른 누군가가 표현하면 용기가 생겨서, "어, 저 사람도 나와 똑같은 생각을 하고 있었네. 나도 한번 말해 볼까?"라고 생각할 수 있다. 사람들은 서로에게 이야기하고, 반응을 주고받으면서 감히 생각지도 못했던 이야기를 공개적으로 하게 되는 것이다. 그러면서 그동안 자신들을 침묵케 했던 관행에 대해 분노하고, 그 결과 과격한 극단주의를 나타내게 된다.

사회적 폭포 현상이 개개인들에게 용기를 내도록 고무하는 것은, 집단 극단화 이론이 집요하게 묘사하는 것처럼 과격한 극단주의만 초래하는 것은 아니다. 그것은 사회 발전에 크게 기여하는 각종 사회 운동이나 민중 항쟁의 원인으로 작용할 수도 있다. 2018년 초부터 한국 사회를 뒤흔들었던 미투 운동Me Too movement을 대표적인 예로 들 수 있다. 과거에 여성들은 성추행이나 성폭력을 당하더라도 혼자서만 끙끙 앓고 그것을 덮어 두는 경우가 많았다. 성추행이나 성폭력을 당한 사실을 폭로하면 문제가 해결되기보다는 오히려 사회에서 매장당하는 사회 분위기가 지배적이었기 때문이다. 그러나 한국 사회가 과거보다 더 민주화되고 여성들의 의식이 성장하면서 용감한 몇몇 여성이 성추행이나 성폭력 경험을 폭로하기 시작하자 이에 용기를 얻은 많은 여성이 그들의 뒤를 따르면서 미투 운동이 폭발했다. 미국 심리학의 표현을 빌자면 사회적 폭포 현상으로 인해 미투 운동이 시작된 것이다. 그러나 이 미투 운동은 칭찬받고 장려되어야지 극단주의로 매도될 수 없다. 이것은 사회적 폭포 현상, 나아가 집단 극단화가 극단주의의 원인이라는 집단 극단화 이론이 비현실적인 이론임을 의미한다. 이 문제에 대해서는 뒤에서 자세히 다룰 것이다.

집단 극단화 이론에 의하면 사회적 폭포 현상, 나아가 집단 극단화는 속에 품고 있던 생각이나 감정 등이 없어도 발생할 수 있다. 평소에는 아무 생각이 없었으나 남들이 뛰니까 덩달아 뛰는, 남 따라하는 바보들에 의해서도 사회적 폭포 현상이 발생할 수 있다는 것이다. 이런 사회적 폭포 현상 혹은 집단 극단화는 극단화 선동꾼들 때문에 발생한다.

선스타인은 마음속에 품고 있던 생각이나 감정이 없는 조건에서 극단화 선동꾼들에 의해 발생하는 사회적 폭포 현상이나 극단화를 '계획적인 극단화planned polarization'로 명명하면서 그것을 '자연발생적인 극단화spontaneous polarization'와 구분할 필요가 있다고 강조했다. 그러면서 "세상에는 극단화 선동꾼들이 있다. 이들은 자기들과 비슷한 생각을 가진 사람들로 공동체를 만들기 위해 노력하는데, 이들은 공동체가 사람들의 본래 입장을 더 강화시키고, 더 극단적인 쪽으로 움직인다는 것을 안다. 자연발생적인 극단화는 의도적이 아니라 사람들의 자발적인 선택에 의하여 이루어진다"고 말했다.

사회적 폭포 현상에 관한 논의를 마치면서 한 가지를 꼭 지적하고 싶은데, 그것은 이러한 이론들 밑에 깔려 있는 미국 심리학의 인간관에 대해서다. 사회적 폭포 현상 나아가 집단 극단화 이론에 의하면 인간이란 수동적으로 정보를 받아들이는 존재 혹은 선동꾼들에게 놀아나는 존재다. 즉 인간이란 편향적인 정보가 제공되면 그에 따라 과격해지고 극단화되는 수동적인 정보 수용자일 뿐이다. 또한 인간이란 양심에 기초해 자발적으로 옳은 행동을 하는 존재가 아니라 남들한테 좋은 평판을 받기 위해서 옳은 일을 하는 위선적인 존재다. 나아가 인간이란 자신이 옳다고 믿더라도 사회적 압력을 받으면 입을 다물고 남들이 나서야만 겨우 입을 여는 비겁하고 굴종적인 존재다. 물론 미국 심리학도 편향적인 정보가 제공되어도 그것을 비판적으로 검토하여 거부하는 인간, 타인의 평가나 사회적 압력에 굴하지 않고 자신이 옳다고 믿는 바를 실천해 나가는 인간이 존재한다는 것을 인정하기는 한다. 그러나 미국 심리학은 숱한 연구 결과들을 통해 그런 인간은 극소수일 뿐이고 수동적이고 비겁하며, 남들의 평판에 의해 좌우되는 인간이 압도적으로 많다는 것을 은근히 강조한다. 그리고 그런 인간이 훨씬 많으니까 수동성, 위선, 굴종과 비겁함 등이 인간의 본질이고 본성이라고 주장하기도 한다. 사람들이 이런 인간관을 밑바탕에 깔고 있는 미국 심리학 이론들을 반복적으로 접하다 보면 자기도 모르게 인간에 대한 불신, 나아가 인간 혐오에 빠질 위험이 있다.

반복해 강조하건데, 인지-행동주의 심리학은 '인간을 컴퓨터가 달려 있는 동물'로 보는 비과학적인 인간관에 기초하고 있다. 컴퓨터는 제아무리 똑똑해도 본질적으로 정보를 수동적으로 받아들이는 기계일 뿐이다. 이런 점에서 인지-행동주의의 인간관은 인간을 자극에 반응하는 단순한 기계로 묘사했던 행동주의 심리학의 인간관과 본질적으로 동일하다. 동물은 약육강식이나 적자생존 같은 생물학적 본능의 지배를 받는 존재일 뿐이다. 인간이 본질에 있어서 동물이라면 다른 동물들이 어딘가로 우르르 달려가면 덩달아 달려갈 것이고, 다른 동물들한테 미움을 사거나 버림을 받으면 개체 생존이 위태로워질 것이므로 기꺼이 남들을 따라하는 바보가 될 것이다. 비록 머리에 컴퓨터를 달고 있다고는 해도 인간을 본질적으로 동물이라고 본다는 점에서 인지-행동주의 심리학의 인간관은 행동주의 심리학의 인간관과 본질적으로 동일하다. 행동주의 심리학과 인지-행동주의 심

리학의 인간관은 사회적 존재인 인간을 생물학적 존재라고 우겨
대는 비과학적이고 반인간적인 인간관이다. 따라서 이러한 비과
학적이고 반인간적인 인간관에 입각해 있는 사회적 폭포 현상에
관한 이론이나 집단 극단화 이론 역시 인간에 대한 불신과 혐오
를 조장하는 반인간적이고 비과학적인 이론이다. 이 점에 대해
서는 뒤에서 다시 이야기하겠다.

③ 극단화 메커니즘

집단 극단화 이론에 의하면 일단 집단 극단화 현상이 발생하면 그
집단을 점점 더 극단으로 치닫게 만드는 일종의 악순환 과정이 일
어난다. 일단 동질적인 집단이 만들어지면 집단 극단화가 유발되
는데 이것이 집단의 동질성을 한층 강화하고, 그 결과 더 강한 집
단 극단화 현상이 발생하는 일종의 악순환 메커니즘이 존재한다
는 것이다.

극단화 또는 폭포 현상이 일어나면 집단의 중간 정도에 있던
입장이 특정 방향으로 움직이게 되는데, 이때 집단에 의혹을 품
은 사람이나 미지근한 믿음을 가진 사람들은 떨어져 나가고 열
렬한 신봉자들만 남게 된다. 자신의 선택으로 집단에 남은 사람
들은 열렬한 광신자들이다. 이들은 외부의 도전으로부터 자신의
믿음을 지키기 위해 무리한 이중사고를 하며 정보 면에서나 물
리적인 면에서 스스로를 격리시킨다. 그리고 그 결과 집단 극단
화는 더 극심해진다.

집단 극단화가 집단의 동질성을 강화하는 역할을 하는 것은 집단이 극단화됨에 따라 온건하거나 중도적인 입장을 가진 사람들은 그 집단을 떠나게 되어 집단에는 광신적인 사람들만 남아 있게 되기 때문이다. 집단의 동질성이 강화되면—집단이 더 극단화되면—그 집단 구성원들은 스스로를 심리적으로 더 강하게 격리시키게 되고 그 결과 집단 극단화가 한층 심해진다. 테러리즘 연구자인 마크 세이지먼은 이런 일종의 악순환 메커니즘이 작용해 폭력적인 이슬람 테러리즘 집단이 만들어진다고 주장했다.

중도적인 입장 또는 온건적인 입장의 사람들이 떠나가고 열렬한 신봉자들만 남는 '자발적 분류voluntary sorting'와 '자기 선택self-selection'이 이루어지는 과정을 통해 집단에 남는 사람들은 서로를 가장 잘 맞는 사람이나 친한 친구 또는 가족 못지않게 소중한 존재로 여기게 된다. 이것은 아주 위험한 상황으로, 이렇게 구성된 집단은 근친적 애정과 연대감으로 뭉치게 되고 구성원들끼리만 토의를 하는 경향이 강해지고 극단주의자들이 휘젓고 다니게 된다. 한마디로 온건론자들이 밀려나는 집단일수록 극단화될 가능성이 더 크다[39]는 것이다.

나는 이슬람 테러리즘의 주요한 원인이 마치 집단 극단화에 있는 것처럼 호도하는 미국 연구자들의 이런 주장에 동의하지 않는다. 나아가 '1960년대 미국의 학생 단체들이 비교적 중도적인 좌파 성향에서 지극히 극단적이고 폭력적으로 변한 것도 이런 논리로 설명할 수 있다.'는 따위의 주장에는 더더욱 동의할 수 없다.

미국의 학생 운동이 다소 과격해진 것은 미국 정부의 베트남 침략과 그에 반발하는 반전 운동 과정에서 비롯되었다. 미국 정부는 베트남전을 반대하는 학생들의 의견을 존중하기는커녕 강력하게 탄압했고 학생 시위대를 향해 총을 쏘기도 했는데, 이에 반발하면서 학생 운동도 과격해졌다. 설사 1960년대의 미국 학생 운동을 극단주의라고 부르는 것을 인정한다 하더라도, 이런 전후 사정들을 언급하지 않은 채 마치 학생 운동이 집단 극단화 현상에 의해서 극단화된 것처럼 설명하는 것은 비과학적일 뿐만 아니라 위선적이다.

권력으로부터 극심한 탄압을 받았음에도 1980년대에 한국의 학생 운동은 미국과는 반대되는 방향, 미국 심리학의 표현을 빌자면 덜 극단화되는 쪽으로 나아갔다. 1980년대 초반까지만 해도 한국의 학생 운동은 권력의 폭력적인 진압 방식에 맞서기 위해 그리고 서구 변혁이론의 무장 항쟁론 등에 기초하여 화염병과 각목을 동원하는 폭력적인 시위를 주요한 투쟁 방식으로 사용했고 그런 시위 방식에 문제의식을 가지고 있던 상당수의 운동권 학생들이 학생 운동 집단에서 이탈했다. 즉 집단 극단화 이론의 표현을 빌자면 학생 운동 집단에 광신적인 학생들만 남게 된 셈이다. 집단 극단화 이론에 의하면 당시 한국의 학생 운동은 이 시점 이후에 더 극단화되고 과격해졌어야 한다. 그러나 1986년을 기점으로 한국의 학생 운동 집단은 대중 노선을 표방하였고 시위 형태 역시 비폭력적인 평화 시위로 방향을 전환했다. 이런 방향 전환이 가능했기에 학생 운동은 1987년의 6월 민주항쟁을 선두에서 이끌 수 있었다. 당시의 학생 운동 집단은 왜 극단화와 반대되는 쪽으로 방향 전환을 할 수 있었을까? 그것은 무엇보다 서구나 일본의 학생 운동 경험을 모방하는 경향이 강했던 한국의 학생 운동 내에 대중 노선을 강조하는 새로운 운동 이념이 전파되었고, 그 이념 아래 분열되어 서로 권력 투쟁을 벌이곤 했던 여러 학생 운동 조직들이 전대협과 같은 단일한 조직으로 결집했기 때문이다. 이런 사례는 극단화 메커니즘, 나아가 동질적인 집단이 자동적으로 그 집단을 극단화시킨다는 집단 극단화 이론이 현실에 부합되지 않는다는 것을 보여 준다.

④ 집단 극단화와 인터넷의 역할

집단 극단화 현상은 단지 얼굴을 직접 맞대는 집단 토론에서만이 아니라 인터넷을 통해서도 발생할 수 있다. 인터넷은 공중파 TV나 학교 교육 등과는 달리 자신이 원하는 것만을 찾아내 그것만 접할 수 있게 해 준다. 이것을 자기만의 '데일리 미Daily Me'라고 한다. 좀 더 구체적으로 말하면, 데일리 미란 '사람들이 자신이 좋아하는 주제와 주장만 선택하고, 싫어하는 주제나 주장은 배제시키는 커뮤니케이션 패키지'를 말한다.[40] 정보가 넘쳐나는 세상에서 현대인들은 다양한 정보를 종합적으로 취급하는 신문이나 잡지를 보기보다는 자신의 취향이나 기호에 맞는 기사만을 선택해서 읽는데, 이렇게 편향적으로 정보를 접하게 되면 극단화될 위험이 높아진다.

여기에 더해 인터넷에서는 비록 온라인상이라고 할지라도, 의견이나 취향이 비슷한 사람들끼리 만나기가 쉽고 그들끼리 뭉치기도 쉽다. 오프라인에 비해 온라인에서는 유유상종 집단들이 더 쉽게, 더 많이 만들어질 수 있기 때문에 전체 집단이 무수히 많은 동질적 집단으로 쪼개지는 극심한 '분화fragmentation' 현상이 나타난다. 집단 극단화 이론에 의하면 이런 수많은 동질적 집단들은 자기들끼리만 대화를 나누고 토론하는데, 그 결과 집단 극단화 현상이 발생한다.

인터넷에서는 일반적인 상황에선 사회적 지지를 얻지 못하고 힘을 잃어 버렸을 주장들도 얼마든지 찾아볼 수 있다. 문제는 이들이 '자기 선택' 과정을 통해서 같은 믿음을 가진 사람들만 만나 의견을 주고받곤 모든 사람이 자기들과 같은 믿음을 갖고 있다고 믿게 된다[41]는 데 있다. '인터넷은 수많은 분야에서 비슷한 생각을 가진 집단이 자발적으로 집단 극단화를 이루도록 부채질한다'는 말을 통해 짐작할 수 있겠지만, 테러리즘을 집단 극단화 탓으로 돌리는 못된 버릇이 있는 집단 극단화 이론은 인터넷이 테러리즘을 부추긴다거나 테러리즘의 한 원인이라고까지 주장한다. 마찬가지로 서구의 테러리즘 연구자들은 '2004년까지는 직접 소통이 테러리스트 네트워크를 만드는 데 중요한 역할을 했지만 최근에 와서는 인터넷이 더 중요한 자리를 맡게 되었다'고 믿는다. 인터넷이 '자기동일시 단계에서 갈등을 겪고 '정신적으로 방황하는' 무슬림 또는 개종 가능성이 있는 사람이 여과되지 않은 급진적이고 극단적인 이데올로기에 직접 접근할 수 있게 해 준다'고 여기기 때문이다. 또한 인터넷이 의견과 경험을 공유하는 익명의 회합 장소로 이용되고 급진화를 촉진시키는 '반향 효과 발생 장치'로 작동한다[42]고 여긴다.

집단 극단화 이론을 주장하는 미국 심리학자를 포함하는 서구의 연구자들이 하는 얘기를 듣고 있노라면, 이러다가는 그들이 극단주의를 예방하기 위해서 비슷한 사람끼리는 모이지 못하도록 하자거나 테러리즘을 예방하기 위해서 인터넷을 탄압하거나 없 애자고 주장하지는 않을지 은근히 걱정되기도 한다. 아무튼 나는 여기에서 한 가지만 언급하고 싶은데, 그것은 인터넷 상의 각종 모임이나 SNS를 통한 친구 맺음을 집단 극단화 이론에서 말하는 '집단'의 범주에 포함시키는 것이 타당한가 하는 문제다. 만일 집단을 현실에서의 실제적인 접촉이 있느냐의 여부와는 상관없이 '소속감'을 기준으로 규정한다면, 인터넷상의 모임들도 집단의 범주에 포함시킬 수 있을 것이다. 그러나 그런 경우에도 오프라인에서의 집단과 온라인상의 집단 간에는 차이가 있을 거라는 사실을 인정하고 논의를 전개할 필요가 있다.

서구의 집단 심리 연구자들은 일찍이 '군중'과 '공중'을 구분해야 한다고 지적한 바 있다. 서구의 집단 심리 연구자들은 서구 사회에서 신문이 대중화되면서 군중과는 다른 새로운 집단이 탄생하자, 이런 집단을 주로 거리에 모여 있는 사람들을 지칭했던 군중과 구분하기 위해서 '공중'이라고 불렀다. 그리고 '군중이 신체적 근접성과 군집적 행동으로 생겨난 격앙된, 그러나 비교적 짧은 전염성에 의해 영향을 받는다면, 공중 혹은 정화된 군중은 그보다 훨씬 무서운 존재'라고 말하면서 '실체 없는 군중인 공중이 새로운 민주주의 시대의 독특한 위험이라고 주장'하기도 했다.[43] 한마디로 과거의 서구 지식인들은 신문을 통해 동질성을 강화해 가는 집단인 공중이 일시적으로 길거리에 모이는 군중보다 더 위험하다고 호들갑을 떨었는데, 오늘날의 서구 지식인들은 인터넷을 통해 동질성을 강화하는 집단이 오프라인의 집단보다 더 위험하다면서 이런 집단들을 경계심 가득한 눈빛으로 바라보고 있다. 나는 인터넷 자체에 문제가 있다는 이런 주장에는 동의하지 않는다. 총은 힘없는 나라를 침략하는 데 이용되는 제국주의의 도구가 될 수도 있지만, 그 제국주의의 침략에 저항하는 민족 해방의 무기가 될 수도 있다. 미국은 총기 사고로 몸살을 앓고 있는데, 일부의 주장과는 달리 총기 사고의 주요한 원인은 총기 그 자체에 있지 않다. 이것은 일반인들이 총기를 구하는 게 미국만큼이나 쉬운 캐나다에서는 총기 사고가 거의 발생하지 않는다는 사실을 통해 확인할 수 있다. 즉 문제는 총 그 자체에 있는 것이 아니라 그것을 사용하는 주체인 인간 그리고 사회에 달려 있다는 것이다. 인터넷도 마찬가지다. 병든 사회에서는 인터넷이 온갖 병든 짓의 도구로 활용될 수 있지만, 건강한 사회에서는 사람들을 더 행복하게 해 주고 사회를 발전시키는 유용한 도구로 사용될 수 있다.

3) 미국 심리학이 제안하는 극단주의 예방책

지금까지 극단주의에 대한 연구를 대표하는 미국 심리학의 집단 사고 그리고 집단 극단화 이론을 살펴보았다. 그렇다면 미국 심리학(집단 극단화 이론)은 극단주의를 방지 혹은 예방하려면 어떻게 해야 한다고 생각할까? 집단 극단화 이론가인 선스타인의 견해는 다음과 같다.

① 결과주의 활용하기

선스타인은 '결과에 대한 철저한 분석은 극단주의를 막는 데 중요한 역할을 한다'면서 결과주의를 적극 활용하자고 제안한다.

어떤 행동을 하기에 앞서 그 행동이 초래할 결과를 주의 깊게 살펴보면, 극단주의가 좋지 않은 결과를 초래한다는 것을 발견하게 될 것이므로 극단주의를 예방하는 데 도움이 된다는 말인데, 과연 그럴까?

이러한 주장은 우선 극단주의의 주요한 특징이 배타성과 광신이라는 점을 간과하고 있다. 즉 이것은 극단주의자가 이미 합리적이고 이성적인 사고 능력이 결여되어 있거나 그것을 배제시키고 있다는 사실을 간과하고 있는 비현실적인 주장이다. 극단주의자는 자신이 하는 행동이나 선택의 결과를 꼼꼼히 따져 보고 그 결과가 안 좋을 경우 극단적인 행동이나 선택을 그만둘 정도로 이성적이거나 합리적이지 않다. 미국의 KKK*단원들은 자신들이 흑인을 죽이면 교도소에 가게 되거나 사회적 지탄을 받을 것이라는 결과를 예측하지 못해서 흑인을 죽이는 것일까? 이슬람 테러리스트들은 그들이 테러 행위를 하면 미국이 보복하리라는 것을 예측하지 못해서 테러 행위를 하는 것일까? 결과를 꼼꼼하게 따져 보는 것은 극단주의자가 아닌 보통 사람이 극단적인 행동을 하지 않도록 예방하는 데는 도움이 된다. 하지만 극단주의를 예방하는 데는 별 도움이 되지 않을 것이다.

아직 극단주의자가 아닌 사람이 결과를 꼼꼼히 따져 보는 습관을 갖는 것이 극단주의 예방에 도움이 되지 않겠느냐는 의견도 있을 수 있는데, 만일 극단주의적 행동을 자꾸 반복한 결과 극단주의자가 된다면—극단주의적 행동의 반복이 극단주의의 원인이 된다면—이러한 의견은 타당성을 가질 수 있다. 그러나 원칙적으로는, 누군가가 자꾸 극단적인 행동을 하기 때문에 그가 극단주의자가 되는 것이 아니라 그가 이미 극단주의자라서 자꾸 극단적인 행동을 하는 것이라는 사실을 기억할 필요가 있다.

결과주의를 활용하자는 주장은 계급(집단)적 이해관계나 계급(혹은 개인)적 동기, 입장 등을 간과하는 비현실적인 주장이다. 노동자들의 임금이 인상되면 자본가는 그만큼 손해를 본다. 반면에 자본가들이 임금을 동결시키면 노동자들은 그만큼 손해를 본다. 이런 경우에는 결과를 어떻게 분석해야 할까? 노동자들의 입장에서 분석해야 할까? 아니면 자본가들의 입장에서 분석해야 할까? 전

- 백인 우월주의를 내세우는 미국의 극우 비밀 결사 조직

체 사회적인 견지에서 결과 분석을 하는 것이 가능해서 노동자
들의 임금을 올리는 것이 국가 경제에 도움이 되고, 그것이 당장
은 아니더라도 궁극적으로는 자본가에게도 이익이 된다는 분석
결과가 나오면 개별 자본가들이 고개를 끄덕거리면서 임금 인상
에 기꺼이 동의할까? 결과를 분석해서 극단주의를 예방할 수 있
으려면 사회 구성원들이 동일한 이해관계나 목표를 가지고 있을
정도로 사회가 통합되어 있어야 하고 화목해야 한다. 그렇지 않
은 조건에서의 결과 분석은 극단주의를 예방하는 데 별다른 도
움이 되지 않는다.

② 다양성 보장과 민주주의

사실 결과주의 활용은 강한 확신 없이 그냥 해 보는 소리라고 할
수 있고, 선스타인이 힘주어 강조하는 극단주의 예방책은 다양성
보장이다. 다양성 보장이 극단주의를 예방하는 가장 효과적이고
확실한 방도라는 주장은 집단 극단화 이론의 자연스러운 귀결이
라고 할 수 있다. 집단 극단화 현상은 전형적으로 동질적인 집단
에서 발생하는 것으로 간주되기 때문이다. 집단의 동질성이 강하
다는 것은 집단 구성원들의 소속감과 유대감이 강하다는 것과 통
하는데, 집단 극단화 이론에 의하면 소속감이나 유대감이 강할수
록 극단화가 심해진다.

　만일 집단의 동질성 혹은 집단 구성원들의 강한 소속감이나
유대감이 집단 극단화의 주요 원인이라면 '동질적 집단 금지법'

이라도 만들어야 하는 걸까? 아니면 집단 구성원들이 소속감이나 유대감을 가질 수 없도록 집단에 대한 불신을 부추기고 그들 사이를 이간질이라도 해야 하는 걸까? 동질적인 사람들이 모이는 것을 금지하는 것, 집단 구성원들을 이간질시키는 것 등이 커다란 사회적 반발을 불러올 것이라는 사실, 따라서 그것이 현실적으로 불가능하다는 것을 집단 극단화 이론가들이 모를 리 없다. 그래서인지 집단 극단화 이론은 다양성을 1차 다양성과 2차 다양성으로 구분한 뒤 1차 다양성을 보장하기 어렵다면 2차 다양성이라도 보장해야 한다고 주장한다. 여기에서 1차 다양성이란 조직 내의 다양성을 의미하고, 2차 다양성이란 조직들 사이의 다양성을 의미한다. 예를 들면 한국에서의 일베 같은 조직 내의 다양성이 1차 다양성이라면, 한국 사회에 극우 성향의 일베뿐 아니라 여러 정치적 성향의 집단들이 있는 것이 2차 다양성이다. 선스타인은 1차 다양성을 확보하기 힘들다면 2차 다양성이라도 확보해야 한다고 강조한다.

2차 다양성을 보장하면 극단주의가 약해질 것이라는 주장은 더불어민주당만이 아닌 자유한국당 등도 인정해 주며 더불어민주당 지지자들과 자유한국당 지지자들이 서로 자유롭게 의견을 교환할 수 있도록 보장해 주면 극단주의가 약해질 것이라는 말이나 마찬가지다. 그러나 오늘날의 한국에서 살고 있는 사람들이라면 누구나 알겠지만, 더불어민주당 지지자들과 자유한국당 지지자들이 서로 대화를 하지 않는 것은 대화할 자유가 없어서가 아니라 대

화하기를 싫어해서다. 또한 설사 더불어민주당 지지자들과 자유
한국당 지지자들이 활발하게 대화를 한다고 하더라도, 그 결과
극단주의가 약화될 것이라고 기대하는 것은 비현실적이다. 즉
진보적인 청년들이 태극기를 들고 거리에 나오는 극우 노인들과
자유롭게 대화를 나누게 되면 그 노인들이 극단주의에서 벗어날
것이라고 믿는 것은 극히 비현실적이라는 말이다. 미국에서의
인종 혐오나 계급 차별 등이 다양한 집단들의 존재가 부정되어
서도 아니고 서로 간에 대화할 자유가 없어서 생겨나는 것이 아
니듯이, 2차 다양성이 보장된다고 해서 극단주의를 예방할 수 있
는 것은 아니다.

2차 다양성의 보장이란 사실상 미국식 민주주의(혹은 서구식
민주주의)를 선택해야 한다는 말과 같다. 이것은 집단 극단화 이
론이 주장하는 극단주의 예방책이란 사실상 2차 다양성을 보장
하지 않고 있는 나라들이 미국식 민주주의 제도를 도입하는 것
임을 의미한다. 선스타인은 2차 다양성의 보장이 최소한 견제와
균형을 가능하게 해 줄 것이므로 극단주의 예방에 도움이 될 거
라면서 미국의 정치 제도를 찬양한다. 그는 '양당[공화당과 민주
당] 위원들로 위원회를 구성한 것은 집단 극단화와 극단적인 움
직임을 억제하는 역할을 한다며 양당 인사들을 포함시키는 것은
집단 극단화를 막기 위한 노력'이라고 주장하면서 미국식 민주
주의 제도를 칭찬한다. 반면에 그는 2차 다양성을 보장하지 않아
견제와 균형이 불가능한 외국의 정치 제도를 극단주의의 토양으

로 간주하면서 강하게 비판한다. 그리고 정치권력이 어느 한쪽에 집중되어 있는 독재 정권이나 압제 정권이 잘못을 저지르기 쉬운 이유도 부분적으로는 극단주의 때문[44]이라고 말한다.

그러나 미국식 민주주의가 적어도 2차 다양성을 보장해 주거나 견제와 균형을 가능하게 해 준다는 주장은 현실과는 거리가 한참 먼 궤변이다. 미국의 공화당은 기본적으로 군수 산업 자본가들이나 석유 산업 자본가들, 즉 전통적인 산업의 자본가 계급을 대변하는 정당이다. 그리고 민주당은 IT 산업, 금융 산업 등을 중심으로 하는 소위 신흥 산업의 자본가 계급을 대변하는 정당이다. 이에 비해 미국에는 노동자를 비롯한 민중을 대변하는 정당은 존재하지 않는다. 일찍이 20세기 초에 권력과 부를 장악한 미국의 독점 자본가 계급이 가혹한 탄압으로 진보적인 정치 세력을 완전히 박멸하는 데 성공했기 때문이다. 그렇기 때문에 지난 대통령 선거에서 지배층이 아닌 민중을 대변하려고 했던 사회주의자 버니 샌더스Bernie Sanders는 어쩔 수 없이 민주당 후보로 출마해야만 했다. 이런 사정을 고려한다면 미국의 양당 체제, 나아가 양당이 참여하는 위원회는 다양성을 보장하는 것이 아니라 오히려 가진 자들 사이의 동질성이나 획일성을 증폭시키는 장치일 뿐이라는 사실을 알 수 있다. 미국식 민주주의란 단지 형식적인 민주주의 제도일 뿐 내용적으로나 본질적으로는 99퍼센트를 배제한 1퍼센트들끼리의 잔치다. 따라서 집단 극단화 이론에 의하면 미국식 민주주의야말로 정치권의 다양성을 차단함으로써 결국 미국의 정치권을 극단화시키는 주범이라고 말해야 할 것이다.

다양성 보장, 즉 미국식 민주주의가 핵심이기는 하지만 이 외에도 집단 극단화 이론은 훌륭한 지도자 같은 부차적인 극단주의 예방책들도 제안한다. 예를 들면 집단 극단화 이론은 비록 집단 사고를 통해서 의사 결정을 하기는 했지만 훌륭한 결정을 내릴 수 있었던 기업의 경우에는 그 '기업에 강력한 리더십을 가진 지도자가 있었고, 그가 자신이 옳다고 생각하는 방향으로 사람들을 설득했다'는 등의 연구 결과를 언급하면서 훌륭한 지도자의 중요성을 강조한다.

훌륭한 지도자는 그렇지 않은 지도자에 비해 다양한 사람들로 참모진을 꾸릴 가능성이 많고, 설사 동질적인 참모진을 이끈다 하더라도 리더십을 발휘해서 그들을 옳은 쪽으로 이끌 수 있다. 미국의 경우에는 '참모진의 다양성'이 자본가 계급을 대변하는 동질적인 집단 내의 사소한 다양성을 의미한다는 점을 논외로 한다면, 훌륭한 지도자가 있는 것이 극단주의 예방에 도움이 된다는 말은 너무나 당연하다.

집단 극단화 이론은 극단주의 예방책과 관련해서 이런저런 얘기들을 하고 있지만, 결국 그것은 다양성을 보장해 주는, 견제와 균형이 가능하도록 해 주는 미국식 민주주의에 초점이 맞춰져 있다. 즉 미국식 민주주의 제도 하에서는 극단주의가 자라나기 힘들지만 이슬람식 정치 제도를 비롯한 외국의 정치 제도에서는 극단주의가 자라나기 쉽다는 것이다. 이러한 견해는 필연적으로 이슬람 나라들은 미국식 민주주의가 아니라서 극단주의 테러리즘의 온상이 되고 있으므로 그런 나라들에 미국식 민주주의 제도를 이식해야만 한다는 결론으로 이어질 수밖에 없다. 바로 여기에서 집단 극단화 이론은 미국식 민주주의의 이식을 명분삼아 이라크, 아프가니스탄, 시리아, 이란 등을 침략하고 지배하려고 하는 제국주의적 침략 야욕을 학문적으로 정당화하고 옹호하는 어용 학문이라는 것이 명확하게 드러난다. 그리고 안타깝게도 한국의 심리학계는 이런 미국 심리학을 거의 무비판적으로 받아들이고 그대로 추종하고 있다. 이 주제에 대해서는 뒤에서 다시 다룰 것이다.

4) 미국 심리학의 문제점들

미국 심리학의 극단주의 이론, 즉 집단 사고와 집단 극단화 이론(이 두 가지는 본질적으로 같은 것이므로 이후부터는 집단 극단화 이론으로 통칭하겠다)은 부분적으로 일부 타당한 견해들도 포함하고 있지만, 그것은 기본적으로 비과학적 이론이다. 그러면 집단 극단화 이론의 문제점이 무엇인지 살펴보자.

① 부정확한 극단(혹은 극단주의) 개념

나는 극단, 극단화 등을 포함하는 '극단주의' 개념은 엄격하게 정의되어야 하고 신중하게 사용되어야 한다고 생각한다. 그러나 집단 극단화 이론은 극단, 극단화, 극단주의라는 개념을 명확하게 규정하지 않을 뿐만 아니라 자의적으로 사용하거나 지나치게 남용하고 있다. 몇 가지 예를 통해 이 문제를 살펴보자.

판사도 비슷한 성향의 판사들과 자리를 같이하면 더 과격한 쪽으로 흐르는 것이다.[45]

앞에서도 언급했지만, 집단 극단화 이론은 무엇보다 기존의 성향이 더 강해지는 양적 변화를 극단과 동일시하고 있다. 위의 문장에서 극단은 '과격'의 의미로 사용되고 있는데, 이것은 집단 극단화 이론이 생각이든 감정이든 간에 그것이 더 강해지는 것을 극단으로 간주하며, 나아가 극단을 과격과 동일한 것으로 이해한다는 것을 보여 준다. 그런데 기존의 신념이 더 강해지는 것을 과연 극단, 나아가 과격으로 간주할 수 있을까? 나는 당연히 그럴 수 없다고 생각한다. 예를 들어 7 곱하기 8이 56이 맞는지를 약간 헷갈려하던 아이가 그것이 56이라고 확실하게 믿게 되었다면 그 아이는 극단주의자가 된 것이고 나아가 과격해진 것인가? 일제 강점기에 조선 독립을 갈망하던 어떤 청년이 독립운동 조직에 참여함으로써 독립에 대한 신념이 더욱 강해졌다면, 그는 드디어 극단주의자가 되거나 과격해진 것인가? 기존의 성향이 더 강해지는 것 같은 양적인 변화는 극단과 아무 상관이 없다. 즉 극단은 기본적으로 '양'이 아닌 '질'과 관련된 개념이라는 것이다. 인종 혐오 같은 신념은 그 강도가 약하든 강하든 극단주의와 상당한 관련이 있지만 인종 차별 철폐와 같은 신념은 그 강도가 약하든 강하든 극단주의와는 아무런 관련이 없다. 다시 말해 신념의 내용, 즉 질을 전혀 고려하지 않고 단지 그 강도가 더 세졌다는 양적인 변화만을 기준 삼아 극단으로 규정하는 것은 명백한 잘못이라는 것이다.

집단 극단화 이론은 극단의 개념을 기존의 신념, 감정, 성향이 더 강해지는 양적 변화와 동일시하기 때문에 "자신감이 큰 사람이 더 극단화되기 쉽다. 미국 독립운동을 주도한 혁명가들은 극단주의자들이었고, 마틴 루터 킹 주니어와 넬슨 만델라도 마찬가지다" 같은 괴이한 말을 할 수밖에 없게 된다.

자신감이 없는 사람에 비해 자신감이 강한 사람이 더 극단화되기 쉽다는 것은 정신의학 이론들과 명백히 배치되는 비과학적인 주장이다. 불굴의 신념을 가진 정의로운 애국자나 혁명가가 극단주의자라는 주장 역시 극단이라는 개념을 기존의 성향이 강해지는 것으로 오인한 것에서 비롯되는 집단 극단화 이론의 자가당착이다.

집단 극단화 이론에서 '극단'은 일반적으로 극단주의 연구자들이 극단주의와는 반대되는 개념으로 인정하는 '너그러움' 혹은 '배려심'이라는 의미로 사용되기도 한다. 흔히 독재자 게임 Dictator game으로 불리는 다음의 실험을 한번 살펴보자. 실험 참가자들에게 예를 들면, 10달러를 주면서 다른 사람들과 마음대로 나누어 가지라고 지시한다. 이럴 경우 대부분의 참가자들은 6달러에서 8달러 사이의 돈은 자기가 갖고, 나머지를 나눠 주는 선택을 한다. 그러나 이 참가자들이 개인이 아닌 팀에 소속되었을 때에는 다른 행동을 한다. 즉 집단의 구성원이 되면 혼자였을 때보다 더 많은 액수를 남들에게 나눠 준다. 이런 결과를 두고 선스타인은 사람들이 '집단에 속할 때 훨씬 더 너그러운 태도를 보인다'고 말하면서 그것을 집단 극단화의 증거로 제시한다. 그리고 이런 극단화 현상이 발생한 원인을 "그것은 다른 사람들의 눈에 자신이 이기적인 사람으로 비쳐지고 싶지 않은 마음 때문이다. 스스로 자신을 탐욕스런 사람이라고 인정하고 싶지 않은 마음도 물론 작용한다"는 말로 설명한다.

현재의 주제에만 집중해서 말하자면, 선스타인은 덜 이타적인 행동 혹은 이기적인 행동에서 이타적인 행동으로의 변화도 극단화로 간주하는데, 그것은 곧 '더 너그러워지는 것'이나 '더 배려심이 생기는 것' 혹은 '태도나 생각, 행동의 변화'까지도 극단이라는 개념에 포함시키고 있음을 의미한다. 그러나 전자는 물론이고 후자 역시 극단과는 아무 관련이 없다. 더 이타적으로 바뀌는 것 혹은 태도, 생각, 행동 등이 변하는 것을 극단이라는 개념과 연결 짓는 뇌는 어떻게 생겼을지 참으로 궁금하다.

집단 극단화 이론은 이렇게 극단이라는 개념을 기존의 성향이 강해지는 것만이 아니라 기존의 성향이 변하는 것 등의 의미로도 사용하고 과격, 폭력, 진보, 급진, 비타협 등 아주 다양한 의미—마구잡이—로 사용한다. 한마디로 아무것에나 '극단'의 딱지를 마구 붙이고 있는 셈이다. 한국의 국가보안법은 코에 걸면 코걸이, 귀에 걸면 귀걸이 식의 악법으로 악명이 자자한데, 집단 극단화 이론, 나아가 미국 심리학의 '극단주의' 개념이 여기에 전혀 뒤지지 않는다고 말해도 과언이 아닐 것이다.

사실 미국의 행동주의 심리학이 기존의 심리학을 비판하면서 특별히 강조했던 것 중의 하나가 개념의 조작적 정의operational definition다. 조작적 정의를 좀 쉽게 말하면, 개념을 추상적으로 두루뭉술하게 정의하지 말고 실험실에서의 조작이 가능하도록 아주 구체적이고 정확하게 정의하는 것을 말한다. 미국의 행동주의 심리학은 프로이트주의와 같은 기존의 심리학들이 조작적 정의에 기초한 구체적인 개념이 아닌 추상적인 개념을 사용한다는 이유로 기존의 심리학을 비과학적인 심리학이라고 강력히 비판했다. 물론 나는 이런 주장 역시 잘못이라고 생각하지만, 더 이상의 논의는 논점을 벗어나므로 생략한다. 아무튼 왜 행동주의 전통에 그토록 충실한 미국의 심리학자들이 사회 현상을 다루는 상황만 되면 조작적 정의는 고사하고 개념을 다의적, 자의적으로 정의하는 것일까? 단지 무지 때문일까? 아니면 어떤 의식적 혹은 무의식적 동기나 의도가 작용하기 때문일까? 이 질문에 대한 답은 뒤에서 다루기로 한다.

② 착한 극단주의의 문제 : 집단 동질성의 질

극단(혹은 극단주의) 개념을 부정확하게 사용하다 보면 필연적으로 '착한 극단주의'라는 딜레마에 부딪히게 된다. 심리 치료 분야에서 널리 활용되고 있는 집단 치료를 한번 생각해 보자. 일반적으로 집단 치료에서 집단 치료 집단은 동질적인 사람들로 구성한다. 즉 우울증 환자는 우울증 환자끼리, 알코올 중독자는 알코올 중독자끼리 묶어서 동질적인 집단을 구성한다. 이렇게 동질적인 사람들로 집단을 묶는 것은 그래야 치료 효과가 극대화되기 때문이다. 다른 사람들도 나와 동일한 문제를 가지고 있으며, 동일한 고통을 경험하고 있음을 알게 되면 자기 문제를 더 마음 편하게 털어 놓을 수 있게 된다. 또한 비동질적인 사람들에 비해 동질적인 사람들, 즉 동병상련의 처지에 있는 사람들에게 공감과 지지를 받는 것이 훨씬 더 큰 치유 효과를 가진다. 지주-머슴 관계에 비유하자면 머슴은 지주들이 아니라 머슴들과 함께 있을 때 고충을 털어 놓기가 더 쉽고, 머슴들한테서 공감과 지지를 받아야 상처를 치유하기가 더 쉽다는 것이다. 그런데 집단 극단화 이론에 의하면 동질적인 치료 집단에 소속됨으로써 자기 고민을 털어 놓을 용기가 생기고, 알코올을 끊어야겠다는 결심이 더 굳건해지는 것은 집단 극단화다. 만일 집단 극단화 이론이 옳다면 수많은 집단 치료 집단들은 졸지에 집단 극단화의 온상, 극단주의 집단이 되어 버리는 셈이다.

개별적으로 살아가던 노동자가 노동조합에 가입하거나 노동운동을 시작하게 되면 대부분 계급의식에 눈을 뜨게 된다. 아직 의식이 깨어 있지 못한 개별적인 노동자는 자신의 비참한 처지와 운명을 온전히 자기 탓으로 돌리는 경우가 많다. 그러나 노동조합과 같은 동질적인 집단에 소속되면 자신의 비참한 처지와 운명이 개인적 문제가 아닌 모든 노동자와 관련된 계급적인 문제, 사회 문제임을 깨닫게 되어 사회를 개혁하려고 싸우게 된다. 성추행을 경험했던 개별적인 여성들이 동질적인 다른 피해 여성들 혹은 그들의 폭로 활동을 접하면서 여성 문제에 눈을 뜨는 것도 마찬가지다. 이렇게 개개인이 동질적인 집단에 속하는 것은 많은 경우 개인은 물론이고 사회 발전을 위해서도 꼭 필요하다. 그리고 노동자가 동질적인 집단에 소속됨으로써 계급의식에 눈을 뜨는 것, 여성들이 여성 해방 운동에 눈을 뜨는 것은 극단화 혹은 극단주의와는 아무 상관이 없다.

착한 극단주의라는 딜레마를 피해 가는 것은 전적으로 불가능하기 때문에 집단 극단화 이론가들도 착한 극단주의가 존재한다는 점은 인정한다. 예를 들면 '토의가 일종의 자아 발견 기회를 만들어 주고, 내면에 있던 진실의 목소리를 겉으로 표현하게 만든다'는 말에서 드러나듯이, 때로는 집단 동질성이 유발하는 극단주의가 착할 수도 있으며 그런 극단주의는 사회 발전에 필수적이라는 사실을 인정한다는 것이다.

선스타인은 착한 극단주의라는 딜레마 때문에 '집단 극단화 자체에 문제가 있는 것은 아니'라거나 '사람들이 토의를 통해 새로 갖게 되는 관점이 더 좋은 것인지, 더 나쁜 것인지도 모른 채 새로운 관점으로의 이동을 무조건 나쁘다고 비난할 수는 없다'는 등의 자기모순적인 말을 하기도 했다. 그러나 집단 극단화 자체에 문제가 있는 것이 아니라는 말은 곧 집단 극단화 이론의 개념 정의에 심각한 문제가 있으며, 집단 극단화는 극단주의의 원인이 아니라는 말과도 같다. 당연히 나는 '착한 극단주의'라는 용어 자체가 존재할 수 없다고 생각한다. 만일 착한 극단주의가 존재한다면 왜 극단주의를 문제시해야 하는가? 배타성, 광신, 강요, 혐오라는 특징을 가지고 있는 극단주의는 어떤 경우에도 착할 수 없다. 즉 착한 극단주의는 극단주의가 아니며, 그런 극단주의는 존재할 수가 없는 것이다.

개개인들이 동질적 집단에 소속되면 분명히 기존의 신념, 감정, 성향 등이 더 강해지거나 굳건해지는 현상이 발생한다. 이것은 정상적인 집단 심리라고 할 수 있다. 따라서 여기에서 문제가 되는 것은 '양적으로 더 강해지는 것'이 아니라 기존의 신념, 감정, 성향의 질이다. 어려운 이웃을 도우려는 생각을 가지고 있던 사람이 봉사 단체에 참여해 그런 생각이 더 굳건해진다면, 그것은 좋은 일이며 극단주의와는 아무런 관련이 없다. 반대로 어려운 이웃을 등쳐 먹으려는 못된 생각을 가진 사람이 부패한 권력 집단에 소속되어 그런 생각이 더 굳건해진다면 그것은 나쁜 일이며 극단주의와도 상당한 관련이 있다. 이것은 집단의 동질성이 문제가 아니라 집단의 질이 문제라는 것을 보여 준다. 이런 점에서 집단 극단화 이론이란 '원래 나쁜 놈들이 한데 모이면 더 나쁜 짓을 한다'는 연구 결과들을 악용해서 착한 사람들이 모이는 것조차 마치 나쁜 것처럼 몰아가는 전형적인 혹세무민 이론이라고 할 수 있다.

비록 선스타인은 '극단주의라고 모두 나쁜 것은 아니다. 경우에 따라 착하고 훌륭한 극단적인 운동도 얼마든지 있을 수 있다'고 말하기도 했지만, 그것은 착한 극단주의라는 딜레마를 회피하기 위한 생색 내기용 언급일 뿐이다. 그는 일관성 있게 극단주의는 나쁜 것이고 그 원인인 집단 극단화 역시 나쁜 것이다. 따라서 집단 극단화의 온상인 집단 동질성도 나쁘다는 데 방점을 찍고 있다. 여기에 더해 그는 극단주의를 예방하려면 다양성을 보장해 주는 미국식 민주주의를 선택해야 한다는 양념을 슬쩍 첨가하는 것도 잊지 않는다.

③ 정보가 가장 중요한 그들: 인지주의

미국 심리학의 인지주의 전통은 인간 심리에서 가장 중요한 것이 지식(혹은 굳게 믿고 있는 지식인 신념)이라고 주장한다. 인간 심리의 작동 원리를 컴퓨터 모델에 근거해서 설명하기 좋아하는 인지주의 심리학 용어로 풀이하자면 지식이란 곧 정보를 습득한 결과다. 인지주의 심리학에 의하면 환경이 제공하는 정보를 인간이 받아들인 결과 지식이 만들어지고, 그 지식에 따라서 사람들은 서로 다른 행동을 한다. 이것은 자극에 단순하게 반응하는 S-R 도식 사이에 지식을 기초로 하여 행동하는 인간을 끼워 넣은 'S(자극)-지식(인간)-R(반응) 도식'이라고 할 수 있다. 어쨌든 인지-행동주의 전통에 충실한 집단 극단화 이론은 집단 극단화에서 가장 중요한 역할을 하는 것이 '정보'라고 주장한다.

선스타인은 미국인들 중에서 93퍼센트는 아랍 테러리스트들이 세계무역센터를 파괴했다고 믿는 반면, 쿠웨이트 국민들 가운데 아랍 테러리스트가 세계무역센터를 파괴했다고 믿는 사람은 11퍼센트밖에 되지 않는다는 퓨리서치의 조사 결과를 인용하면서, '이처럼 일상생활에서 우리가 믿고, 좋아하고, 싫어하는 내용의 상당 부분은 정보 교환과 확증에 의해 영향을 받는다'고 주장했다. 간단히 말해 미국인들은 테러리스트가 9·11 사건을 일으켰다는 정보를 주로 접한 반면 쿠웨이트인들은 미국이 9·11을 조작했다는 가짜 정보를 주로 접했기 때문에 서로 다른 견해를 갖게 되었다는 말이다. 이런 입장에 기초해 선스타인은 집단 극단화가 편향된 정보의 산물이라고 주장한다.

정보 제일주의

집단 극단화 이론에 의하면 정보의 힘은 막강해서, 설사 다양한 구성원들이 소속된 집단일지라도 그 집단이 편향적인 정보만 접하면 극단화될 수 있다. 즉 1차 다양성이 있는 집단도 편향적 정보만 접하다 보면 동질적 집단이 되어 버린다는 것이다. 이것은 집단 극단화 이론이 집단 극단화 그리고 그 원인으로 지목되는 동질적인 집단 형성이 정보에 의해 좌우된다고 보는 정보 제일주의 입장에 서 있다는 것을 분명하게 보여 준다. 이런 맥락에서 집단 극단화 이론은 극단주의가 사람들의 비합리적 성향 때문이 아니라 편향적인 정보에 대한 이성적인 반응일 수도 있다고 주장한다.

현재까지 나는 미국의 케네디 대통령을 군산軍産복합체가 죽였다고 상당한 정도로 믿고 있다. 내가 이런 믿음을 갖게 된 것이 과연 케네디를 미치광이가 죽였다는 정보는 거의 접하지 못한 반면 군산 복합체가 죽였다는 정보만 편향적으로 접해서일까? 단순히 양적으로만 따지면 나는 전자의 정보를 90 정도로 접했고, 후자의 정보는 10 정도밖에 접하지 못했다. 그럼에도 나는 케네디를 어떤 미치광이가 죽였다는 말을 믿지 못하고 있다. 만일 집단 극단화 이론이 옳다면 노동자들이 임금 인상을 지지하는 것은 그들이 임금 인상 지지 관련 정보만 편향적으로 접해서고, 자본가들이 임금 인상을 반대하는 것은 그들이 임금 인상을 반대하는 쪽 정보만 편향적으로 접해서라고 설명할 수 있을 것이다. 그러나 이러한 주장에는 계급적 이해관계나 계급적 동기, 입장 등은 전적으로 배제되어 있고 오직 정보의 역할만이 과도하게 부각되어 있는데, 이것이 바로 집단 극단화 이론의 가장 큰 문제점이다.

만일 집단 극단화가 기본적으로 정보의 부족 혹은 편향된 정보 때문에 생기는 것이라면 갈등하는 집단들 사이의 접촉이 갈등－극단주의 경향－을 줄어들게 만들 거라 기대할 수 있을 것이다. 고든 올포트Gordon Allport는 접촉 가설Contact hypothesis을 제안하면서 서로 갈등하는 집단의 구성원들 사이의 접촉이 긍정적 관계를 향상시키고 편견을 이겨내게 도와줄 것이라고 주장했다. 정보를 중시하는 입장에서 보면, 갈등하는 집단은 서로에 대한 정보는 부족한 반면 편견은 심하기 때문에 서로 갈등하는 것이다. 따라서 서로 접촉을 많이 하다 보면 상대방 집단에 대한 정보를 습득하게 되고 편견은 줄어들 것이므로 자연히 관계가 좋아질 것이다. 그러나 이후의 연구 결과들은 정보가 갈등의 주요한 원인이라는 올포트의 견해가 그릇되었다는 것을 보여 주었다.

전통적으로 인지 과정이 — 사람에 대해 알아 가는 — 집단 간의 긍정적인 접촉의 기초라고 생각되어 왔지만, 최근의 연구는 감정이 인종적 태도의 결정적인 구성 요소이며, 소수자 집단에 대한 태도의 예측 변인으로는 정서 측정이 인지 측 정보다 훨씬 낫다는 것을 밝혀냈다(페티그루와 트로프Pettigrew and Tropp, 2006). 이 중 일부는 위협에 연관되어 있다. 그래서 편견을 감소시키는 데는 외집단에 대한 지식의 증가보다 분노의 감소가 더 중요하다.[46]

과연 여성 혐오자들은 여성에 대한 정보가 부족해서 혹은 여성에 대한 편향된 정보만 접해서 여성을 혐오하는 것일까? 그들에게 여성에 대한 올바른 정보를 제공하기만 하면 그들은 여성 혐오를 멈추게 될까? 물론 정보의 중요성을 부정할 수는 없다. 그러나 여성 혐오자들이 여성을 비난하고 공격하기 위해서라면 허위 사실까지도 별다른 의심 없이 자발적으로 믿으며 심지어는 가짜 뉴스까지 조작해 낸다는 사실을 고려해 볼 때, 여성 혐오에서 가장 중요한 것은 정보가 아니라 이미 형성되어 있는 동기나 감정임을 알 수 있다. 다시 말해 여성 혐오자들의 태도를 변화시키는 가장 중요한 요인은 정보가 아니라는 것이다.

야블론Yablon은 '아랍인과 유대인 사이의 개인적 접촉에는 대부분 지위가 불평등한 사람들이 연루된다'고 지적하면서, 갈등하는 집단 사이의 어떤 상호작용은 갈등 상황을 오히려 더 악화시킬 수 있다는 연구 결과를 발표했다. 이스라엘의 경우 유대인은 주로 상류층 혹은 엘리트층인 반면 아랍인은 하류층이다. 따라서 아랍인은 유대인과 접촉하는 과정에서 그들에게 무시당하거나 굴욕을 당하는 식으로 나쁜 경험을 할 가능성이 많다. 이럴 경우 아랍인과 유대인 사이의 빈번한 접촉은 정보 교환을 촉진해 갈등이 줄어들게 만들기는커녕 감정을 악화시켜 갈등을 오히려 증폭시키게 된다는 것이다. 이런 연구 결과에서 확인할 수 있듯이, 중요한 것은 접촉의 양이 아니라 질이다.

만일 정보 부족 혹은 편향된 정보가 극단주의의 주요 원인이라면, 다양하고 정확한 정보들을 더 많이 접할 수 있는, 고등교육을 받은 사람일수록 덜 극단화될 것이라고 기대해도 무방할 것이다. 그러나 영국의 극우 정당인 영국국민당 지지자들을 연구했던 테러리즘 연구자 톰 콕번Tom Cockburn은 "그들[영국국민당 지지자들]을 과밀한 공영주택단지에 사는 소외된 백인 노동 계급 청소년으로 정형화할 수는 없으며, 얼마간 고등교육을 받은 중하층 계급에 속한다. 이는 편견이 절대적 무지에서 생겨나지 않는다는 사실을 확인해 준다"며 정보의 부족이 극단주의의 주요한 원인이 아니라고 강조했다.[47]

동기와 감정의 중요성을 간과한 이론

만일 편향된 정보가 극단화나 갈등의 가장 중요한 원인이라면, 자유한국당 지지자들에게는 더불어민주당 지지자들의 정보를 제공하고, 더불어민주당 지지자들에게는 자유한국당 지지자들의 정보를 제공하면 양 집단 사이의 갈등이 줄어들고 극단주의도 예방할 수 있을 것이다. 한국에서는 극우적인 노인 세대와 진보적인 자식 세대 간의 가정 내 정치적 갈등이 흔해서 선거철이면 부모와 자식 사이에 정치적 격론이 벌어지기도 한다. 이런 과정을 통해 서로 반대 정보를 주고받고, 한 집에 살면서 자주 접촉하고 있음에도 불구하고 한국의 극우적인 부모 세대가 정치적 입장을 바꾸는 경우는 매우 드물다. 물론 자식 세대 역시 마찬가지다. 왜 그런 걸까? 그것은 인간 심리의 3대 구성 요소인 동기, 감정, 지식 중에서 지식이 동기와 감정을 좌우하기보다는 동기와 감정이 지식을 좌우하는 것이 더 본질적이고 일반적이기 때문이다.* 이것은 정보 제일주의에 기초하고 있는 미국의 인지주의 심리학이 잘못된 이론이라는 것을 의미한다.

잘못된 정보 때문에 차별하는 것인가? 아니면 차별하려는 동기나 혐오감 때문에 편향된 정보를 선호하는 것인가?

전자가 옳다고 보는 견해가 '정보가 동기와 감정을 좌우한다'

---

* 이 주제에 관심이 있는 독자들은 『누구에게나 어린 시절의 상처가 있다』(김태형, 2013, 21세기북스)를 참조하라.

고 보는 것이라면, 후자가 옳다고 보는 견해는 '동기와 감정이 정보 선택을 좌우한다'고 보는 것이라 할 수 있다. 물론 현실에서는 전자와 후자의 두 가지 경우를 모두 관찰할 수 있다. 그러나 아주 단순화시켜 말하자면, 상대적으로 덜 중요한 문제에서는 전자가 일반적이고 상대적으로 더 중요한 문제에서는 후자가 일반적이라고 말할 수 있다. 여기에서 '덜 중요한 문제'라는 것은 그 문제에 대해 특별한 태도나 감정 등이 없다는 것을 의미하는 반면 '더 중요한 문제'라는 것은 그 문제에 대해 상당한 정도로 동기나 감정 등이 형성되어 있음을 의미한다. 삼성 스마트폰을 사려고 했던 사람이 LG 스마트폰에 대한 정보들을 접하고 나서 태도를 바꿔 LG 스마트폰을 구입했다고 해 보자. 이것은 LG나 삼성 스마트폰에 대해 특별한 동기나 감정 등이 형성되어 있지 않은 경우─상대적으로 덜 중요한 문제─에는 정보가 동기나 감정을 좌우할 수 있음을 보여 준다. 그러나 한국 축구팀이 이기기를 바라는 한국인들에게 일본 축구팀에 대한 긍정적인 정보들을 제공한다 하더라도 한국인들이 태도를 바꿔서 일본 축구팀을 응원하는 일은 거의 일어나지 않는다. 왜냐하면 한국인들은 이미 한국 팀이 이기기를 바라는 강한 동기를 가지고 있으며, 한국 팀에 대해 강한 감정을 가지고 있기 때문이다. 이것은 한국 축구팀에 대해 이미 상당한 정도로 동기나 감정 등이 형성되어 있을 경우─상대적으로 더 중요한 문제─에는 정보가 동기나 감정을 좌우하기보다는 기존의 동기와 감정이 정보를 좌우한다는 것을 보여 준다.

일반적으로 사람들에게 중요한 주제 혹은 삶에 있어서 중요한 주제들이란 사람들의 이해관계와 동기, 감정 등이 강하게 얽혀 있는 주제라고 말할 수 있다. 정치 이념, 임금 인상, 토지 공개념, 재벌 해체와 같은 주제들에는 사람들의 이해관계가 강하게 얽혀 있기 마련이라서 사람들은 그런 주제들에 대해서는 이미 동기, 감정, 지식 등이 상당한 정도로 굳어져 있는 경우가 많다. 반면에 사람들은 이해관계가 강하게 얽혀 있지 않은, 그다지 중요하지 않은 주제들에 대해서는 별다른 태도나 감정 등을 갖고 있지 않은 경우가 많다. 그렇다면 사람들에게 중요한 주제들, 즉 그 주제와 관련해 이미 동기나 감정 등이 강하게 형성되어 있는 주제에 대한 기존의 입장을 새로운 정보를 제공함으로써 쉽게 변화시킬 수 있을까? 이와 관련된 연구들은 그것이 거의 불가능하다는 것을 보여준다.

선스타인은 이와 관련해 판사들이 낙태, 사형 제도, 국가 안보에 각자 확고한 신념을 갖고 있었기 때문에 동료 판사들이 어떤 말이나 행동을 하건 영향을 받지 않는 것으로 나타났다며, 이것은 특정 사안에 대해 아주 강한 신념을 가지고 있는 경우에는 다른 사람의 견해에 흔들리지 않는 경우들이 있음을 보여 주는 것[48]이라고 말했다. 그는 이런 실험 결과들을 '예외'로 취급하는데, 내가 보기에는 중요한 주제와 관련된 이런 실험 한 개의 결과가 사소한 주제와 관련된 실험 백 개의 결과보다 훨씬 더 중요하다. 정말로 중요한 연구, 즉 현실적인 가치만이 아니라 학문적인 가치가 있는 연구는 사소한 주제와 관련된 사소한 실험들이 아니라 중요한 주제와 관련된 실험들이기 때문이다. 현실에서는 누구나 이런 저런 사소한 심리 변화를 경험하면서 살아간다. 사람들에게 별로 중요한 주제가 아닌 이상, 주어지는 정보가 달라지면 어제는 카페라떼를 선호했지만 오늘은 아메리카노를 선호하는 식으로 심리가 얼마든지 바뀔 수 있다. 하지만 어떤 정보가 새롭게 제공된다고 해서 중요한 주제와 관련된 기존의 심리가 변화하는 일은 쉽게 발생하지 않는다. 어제까지는 진보주의자였던 사람이 새로운 정보를 제공받는다고 해서 오늘부터 갑자기 보수주의자가 되는 일은 거의 발생하지 않는다는 말이다. 그러나 질은 배제하고 양만 중시하는 비과학적 연구 습성이 있는, 선스타인을 비롯한 미국 심리학자들은 사소한 주제와 관련된 실험들은 대량으로 실시하는 반면 중요한 주제와 관련된 실험은 아주 조금 실시한다. 거칠게 비유하자면 사소한 주제와 관련된 실험을 99개 실시하고 중요한 주제와 관련된 실험은 1개 실시하고는 99대 1이니까 '새로운 정보가 제공되면 사람들의 태도가 바뀐다'는 결론을 내린다. 즉 사소한 주제와 관련된 99개의 실험 결과를 통해 결론을 이끌어내고, 중요한 주제와 관련된 1개의 실험 결과는 '예외'로 치부하여 배제한다는 것이다. 그러나 이것은 의식적이든, 무의식적이든 간에 실험 주제의 편향적 선택을 통해서 진실을 왜곡하는 비과학적이고 반학문적인 행위다.

과거에 이명박 정부는 국민적 반대에도 불구하고 4대강 사업을 밀어붙였다. 이 때문에 4대강 사업 지지자들과 반대자들이 서로 갈등하게 되었다. 당시에 4대강 사업을 반대하는 지식인이나 국민들은 4대강 사업 찬성자들에게 4대강 사업이 경제적 실익이 거의 없으며, 환경을 파괴하게 될 것이라는 정보들을 열심히 제공했다. 그러나 4대강 사업 찬성자들은 그들의 입장을 거의 바꾸지 않았다. 왜냐하면 4대강 사업의 주체들은 큰돈을 만지기 위해서 반드시 4대강 사업을 추진하고 싶어 했고, 보수주의적인 국민들은 이명박 정권을 지지하고 있었기 때문이다.

〈100분 토론〉 같은 토론 프로그램 등에서 토론자들이 상대편이 제공하는 숱한 반대 정보를 접하면서도 자신의 태도나 입장을 거의 바꾸지 않는 것은 정보가 부족해서 혹은 편향적인 정보만 접해서가 아니다. 그것은 토론 주제가 대체로 이해관계나 동기, 감정 등이 이미 형성되어 있는 중요한 것들이기 때문이다.

일제 강점기에 일부 독립운동가들이 변절해서 친일파가 되기도 했던 것은 그들이 뭔가 새로운 정보를 접해서가 아니라 돈으로 유혹을 당했거나 고문을 당해서다.

사람은 인지-행동주의 심리학의 주관적 희망과는 달리 주어지는 정보를 수동적으로 받아들여서 심리가 형성되는 단순한 기계가 아니다. 사람은 사회 구성원들이 공유하는 공통의 역사적 경험 그리고 각자의 고유한 개인사를 통해서 형성된 복잡한 동기와 감정, 지식에 기초해 주어지는 정보를 능동적, 비판적으로 처리하는 존재다. 최근에는 그나마 미국 심리학도 소망적 사고Wishful thinking라는 용어 등을 통해 동기나 감정이 사고나 지식에 영향을 미친다는 점을 어느 정도 언급하고는 있지만, 미국 심리학의 기본 입장은 정보가 가장 중요하며 정보가 사람을 규정한다는 '정보 제일주의'라 할 수 있다.

인간 심리의 상대적 불변성

사람은 A라는 정보가 제공되면 A쪽으로 움직이고, B라는 정보가 제공되면 B쪽으로 움직이는 들쥐 같은 존재가 아니라는 증거들은 무수히 많다. 하지만 여기에서는 지면 관계상 사람들이 정보를 수동적으로 받아들이는 것이 아니라 이미 형성되어 있는 동기, 감정, 지식 등에 기초해 정보를 능동적으로 처리한다는 것을 보여 주는 하나의 사례로서, 고정관념이 정보 인식에 큰 영향을 미친다는 것을 보여 주는 실험만 간단히 언급하고 넘어가기로 한다.

한 실험에서 총 또는 카메라를 들고 있는 흑인 또는 백인의 사진들을 각각 모니터 화면을 통해 1초 미만으로 보여 줬다. 실험 참가자들은 총을 들고 있는 사람이 화면에 나타났을 때 '사격'이라는 명칭이 붙어 있는 단추를 누르면 돈을 받고, 카메라를 들고 있는 사람이 나타났을 때 그 단추를 누르면 돈을 잃었다. 실험 참가자들은 당연히 실수하기 마련이지만, 그 실수의 패턴이 상당히 복잡했다. 참가자들은 총을 들고 있는 사람이 흑인일 때 사격 단추를 더 많이 눌렀고, 카메라를 들고 있는 사람이 백인일 때 더 적게 눌렀다. 화면에 나타난 사진 제시 시간이 너무 짧아서 실험 참가자들은 그들이 갖고 있는 고정관념에 의식적으로 조회해 볼 시간이 별로 없었음에도 불구하고, 이 고정관념들이 무의식적으로

작용해 카메라가 흑인의 손에 들려져 있을 때는 총으로 오인되게
끔 만들었고, 총이 백인의 손에 들려져 있을 때는 카메라로 오인
되게끔 만들었던 것이다. 흥미롭게도 흑인 참가자들도 백인 참가
자와 거의 같은 정도로 이러한 패턴의 실수를 범했다.[49]

고정관념화는 무의식적으로 일어나며(이것은 사람들이 고정관
념을 사용하고 있다는 것을 거의 의식하지 못한다는 의미다), 자동적
으로 일어나기 때문(이것은 심지어는 사람들이 고정관념을 사용하
지 않으려고 노력함에도 불구하고 많은 경우 그것의 사용을 회피하지
못한다는 것을 의미한다)에 사람들이 고정관념에서 자유로워지기
는 대단히 어렵다. 이 간단한 고정관념 실험에서도 확인할 수 있
듯이, 이미 형성된 인간 심리는 사람의 사고와 행동에 무의식적,
자동적으로 영향을 미치는 경우가 많다.

집단 극단화 이론가들도 연구 과정에서 인간이 정보를 능동적
으로 처리한다는 사실을 일부 확인했는데, 그들은 이것을 편향
동화biased assimilation라는 다소 부정적인 개념에 포함시켜 다루고
있다.

"자신의 생각과 다른 글은 어리석고 터무니없는 주장으로 치
부하고, 자신의 생각과 같은 주장은 현명하고 논리적인 것으로 받
아들여 결국 자신의 기존 입장을 더 강화시킨다. 편향 동화에 대
한 이러한 연구 결과들은 정치를 비롯해 여러 분야에서 중요한 의
미를 갖는다. 사람들은 자신의 입장과 반대되는 의견은 그것을 뒷
받침하는 강력한 증거들이 있어도 무시해 버린다. 중대한 문제일

수록 기존에 갖고 있는 애착, 두려움, 판단, 선호는 고정되어 있기 때문에, 그것과 배치되는 정보가 아무리 많아도 기존 입장에 대한 확신은 그대로 유지된다. 따라서 다양한 의견을 가진 구성원들이 섞여 있는 집단이 균형 있는 정보를 접하면 극단화의 정도가 낮아질 것이라고 생각되지만, 실제로는 그 반대의 경우가 나타난다"라는 선스타인의 얘기에는 내가 앞에서 일관되게 주장해 왔던 내용들이 대부분 포함되어 있다. 즉 사람들이 기존의 심리, 특히 동기나 감정에 기초해 정보를 능동적으로 선택해 받아들인다는 것, 중대한 문제일수록 기존에 형성되어 있던 동기나 감정이 큰 영향을 미치기 때문에 정보의 중요성이 감소한다는 것 등이 포함되어 있다. 그는 집단 극단화 이론은 '단순히 정보뿐만 아니라 정서적인 요소들도 음모론을 비롯한 각종 루머가 유포되는 데 큰 역할을 한다'거나 지식이 그 자체로 영향력을 발휘하기보다는 '감정을 합리화시키고 정당화시키는 역할'을 하는 경우가 많다고 말하는 등 정보가 감정에 의해 좌우된다는 사실을 시인하는 발언을 하기도 한다. 하지만 정보 제일주의를 모토로 하는 인지주의 전통에 충실한 집단 극단화 이론이 항상 그리고 가장 중시하는 것은 '정보'다. 이런 입장은 선스타인이 인종 청소의 가장 큰 원인이 정보라고 우겨 대는 것에서 극명하게 드러난다. 그는 "사람들은 살인이 정의로울 뿐만 아니라 필요한 일이라는 정보를 받아들임에 따라 기꺼이 살인 행위에 가담하게 된다"[50]고 주장한다.

④ 인간을 수동적 존재로 보는 인간관

집단 극단화 이론이 인지-행동주의적 전통에 확고히 발을 붙이고 있다는 사실은 인간 행동이 어떻게 결정되는지에 대한 설명에서 명확하게 드러난다. 존 B. 왓슨John B. Watson으로 대표되는 고전적 행동주의는 행동을 자극에 대한 단순 반응으로 간주한 반면, 벌허스 프레더릭 스키너Burrhus Frederic Skinner로 대표되는 신행동주의는 행동을 보상에 대한 단순 반응으로 간주한다. 인지주의는 여기에다 행동을 정보에 대한 단순 반응으로 보는 견해를 하나 더 추가했다. 선스타인의 "행동을 결정하는 상당한 부분은 특정 인센티브[보상]의 존재 여부 및 어떤 정보가 제공되는지와 관계가 있다"는 발언은 그가 인지-행동주의의 충실한 후계자임을 뚜렷이 보여준다.

고전적 행동주의, 신행동주의, 인지-행동주의 혹은 인지주의로 이어지는 미국 심리학의 바탕에 깔려 있는 것은 '인간은 수동적 존재'라는 인간관이다. 인간을 자극, 보상, 정보 등을 수동적으로 받아들이고 그것에 단순하게 반응하는 존재로 간주했기에 고전적 행동주의자인 왓슨은 자극을 통해서 인간을 조종할 수 있다고 믿었다. 그는 "내게 건강한 유아 10여 명과 그 유아들을 키울 수 있는 나의 특정한 세상을 제공해 준다면, 나는 어떤 아이라도 그의 재능, 취향, 버릇, 능력, 천성, 인종에 관계없이 의사, 변호사, 예술가, 기업가 심지어는 거지나 도둑까지도 포함하여, 내가 선택하는 어떤 유형의 전문가로도 만들어 낼 수 있다"고 큰소리쳤다. 신행동주의자인 스키너도 왓슨과 마찬가지로 보상과 처벌을 통해서 인간을 조종할 수 있다고 믿었다. 이런 전통을 계승한 오늘날의 인지주의 심리학자들 역시 정보를 통해서 인간을 조종할 수 있다고 믿고 있다.

그런데 동일한 정보가 사람에 따라서 정반대의 결과를 초래할수도 있다는 것을 보여 주는 다소 극적인 사례도 있다. 국제사면위원회에서는 '공무원 교육 실시를 위한 12개 지침'을 만들어 앙골라 지역에서 공무원들을 교육했다. 국제사면위원회는 고문을예방하기 위한 목적에서 고문에 관해 자세하게 가르치는 학습 지도안을 만들어 교육 과정에 활용했다. 당연히 국제사면위원회는이 학습 지도안을 분쟁 이후의 앙골라 관리들에게 교육함으로써고문을 심문 관행에서 점진적으로 없앨 수 있다는 희망을 품고서교육을 권장했다. 그러나 홀란드Holland의 연구에 의하면 이 수업에 참가했던 수강생들 중에서 일부는 교육을 받은 후에 더 능숙한 고문자가 되었다. 즉 고문을 예방하려는 목적에서 만들어진 정보였음에도 나쁜 놈들은 그것을 더 악랄한 고문 기술자가 되는 데이용했다는 것이다. 이런 사례 역시 사람들이 정보 제공자의 의도나 정보의 내용을 무비판적으로 받아들이고 그에 따라 행동하는수동적인 존재가 아니라는 것을 보여 준다.

정보의 수용이나 해석에는 기존에 형성되어 있던 심리 상태

만이 아니라 정보 제공자에 대한 신뢰 — 원칙적으로는 이것 역시
기존에 형성되어 있는 심리 중 하나에 포함되어야 한다 — 도 큰
영향을 미친다. 다소 극단적으로 말하면, 사람들은 불신하는 상
대가 제공하는 진짜 정보는 받아들이지 않는 반면 신뢰하는 상대
가 제공하는 가짜 정보는 받아들이는 경향이 있다. 집단 극단화
이론이 주장하는 정보에 의해 인간이 조종된다는 견해는 물론이
고 인간이 평판을 의식해서 말하고 행동하는 존재라는 견해도 본
질적으로는 인간을 타인 혹은 사회가 제공하는 보상과 처벌에 따
라 행동하는 존재로 보는 전형적인 행동주의적이고 수동적인 인
간관을 전제하고 있다.

　집단 극단화 이론은 사람들이 지위가 높거나 힘이 있는 사람
이 제공하는 정보를 고분고분히 받아들이는 경향이 있다고 강조
한다. 그러면서 "이 실험이 주는 교훈은 간단하다. 그것은 바로
집단 극단화는 다른 사람이 주는 정보나 지위와 관련된 신호 때
문에 일어난다는 것이다. 권위 있는 사람이 여러분에게 해롭거나
잔인해 보이는 일을 시키는 경우, 여러분은 그 지시를 그대로 따
를 가능성이 있는데, 그것은 지시를 따르는 게 옳다는 생각에서,
혹은 자신의 평판을 위험에 처하게 하고 싶지 않아서다."라고 말
한다.
　사람들이 지시를 따르는 게 옳다고 생각하는 원인 — 정보를
무비판적으로 수용하는 원인 — 이 '권위나 지위' 혹은 '평판'이라
는 말은 곧 권위 있는 사람이 제공하는 정보나 지시를 거부하면

그로부터 미움을 사거나 나쁜 평판을 얻게 될 수 있어서 사람들이 순순히 복종한다는 것을 의미한다. 이것은 결국 집단 극단화 이론이 사람들이 (타인 혹은 사회로부터의) 보상과 처벌에 기초하여 행동한다는 행동주의 심리학의 전통적인 주장을 인지주의의 정보 처리 모델에 기초하여 약간 다르게 표현하고 있을 뿐, 집단 극단화 이론이 행동주의 심리학과 본질적으로 동일하다는 것을 보여 준다.

미국 심리학이 인간을 수동적인 존재로 낙인찍으려고 끈질기게 노력하는 이유는 과연 무엇일까? 즉 미국 심리학의 비과학적 인간관의 배후에 있는 (의식적 혹은 무의식적) 의도는 과연 무엇일까? 전형적인 1대 99의 사회인 미국에서 지배층이나 엘리트는 지배당하고 착취당하고 있는 민중이 더 이상 참지 못해 들고 일어날까 봐 두려워한다. 이로부터 그들은 민중을 자기들 마음대로 조종하고 싶어 하는 계급적 동기 혹은 정치적 목적을 갖게 된다. "민중 항쟁을 원천 봉쇄하기 위해서는 민중을 조종하고 통제할 수 있어야만 한다"는 생각을 가진 지배층의 계급적 동기가 반영된 것이 바로 미국 심리학의 수동적인 인간관이다.

사람 나아가 민중은 자극, 보상, 정보에 의해 조종되는 수동적 존재여야 한다. 다시 말해 지배층은 자극, 보상과 처벌, 정보를 활용해 민중을 조종할 수 있어야만 한다. 그래야 1퍼센트가 권력과 부를 독점하고 있는 부정의한 자기들만의 왕국이 영원토록 유지될 수 있다. 내가 『심리학을 만든 사람들』에서 자세히 논한 바 있듯이, 인간을 수동적 존재로 보는 견해는 1퍼센트의 조종하는 자가 있다는 것을 전제로 한다. 즉 미국의 지배층과 미국 심리학은 인간이 의식이 있는 극소수의 조종하는 자(1%)와 의식이 없는 절대다수의 조종당하는 자(99%)로 구분된다고 여기며, 자기들이 극소수의 조종하는 자라고 생각한다. 고전적 행동주의에서 자극을 통해 민중을 조종하는 자는 지배층과 왓슨이고 민중은 조종당하는 자다. 신행동주의에서 보상과 처벌을 통해 민중을 조종하는 자는 지배층과 스키너고 민중은 조종당하는 자다. 인지-행동주의에서 정보를 통해 민중을 조종하는 자는 지배층과 선스타인이고 민중은 조종당하는 자다. 미국 심리학이 본질적으로 사람, 나아가 민중에 대한 왜곡된 견해를 유포하면서 지배층에게 충성을 바치는 어용 학문임은 수동적인 인간관에서 가장 뚜렷하게 드러나고 있다.

집단 극단화 이론은 이 외에도 과잉 일반화의 문제, 주제 선택을 악용한 현실 왜곡, 심리 환원주의 등 여러 문제를 가지고 있다. 이 중에서 심리 환원주의에 대해서만 간단히 언급하고 넘어가기로 한다. 환원주의란 간단히 말해 고차적인 현상을 저차적인 법칙으로 혹은 상위의 현상을 하위 법칙으로 설명하는 것을 의미한다. 심리학자 헨리 글라이트만Henry Gleitman은 인간의 행동(고차적인 현상 혹은 상위 현상)을 심리학 수준의 법칙이 아닌 생리학이나 뇌과학의 법칙(저차적인 현상 혹은 하위 현상과 관련된 법칙)으로 설명하는 생리학적 환원주의를 "한 역사학자가 나폴레옹은 왜 영국을 침입하지 않았는가라는 의문을 제기했다고 가정해 보자. 만일 나폴레옹의 신경원과 시냅스 연결이 답으로 제출되었다면 우스꽝스럽기 짝이 없는 답일 것이다. (…) 심리학적 설명이란 신경학적 설명보다는 다른 수준(말하자면 보다 상위 수준)에서 주어져야 한다"고 비판했다.

이와 같은 맥락에서 사회 현상이라는 고차적인 현상, 상위 현상은 당연히 사회학적(정치학, 경제학, 역사학 등을 포괄하는 의미에서) 수준의 법칙으로 설명되어야 하므로 그것을 심리학이라는 저차적인 현상이나 하위 현상과 관련된 법칙으로 설명하는 것은 심리 환원주의로, 명백한 환원주의적 오류라고 말할 수 있다.

설사 집단 극단화 이론이 옳다고 인정하더라도 그것으로 설명할 수 있는 것은 극히 일부분일 뿐이다. 예를 들어 이슬람 테러리즘에 집단 극단화가 하나의 원인으로 작용한다고 인정하더라도 그것은 주요한 원인이 아니라 아주 사소한, 부차적인 원인일 뿐이라는 것이다. 대부분의 사회 현상은 심리학이 단독으로 설명할 수 없다. 그것을 심리학이 자기 혼자서 설명하겠다고 설쳐대면 필연적으로 심리 환원주의의 늪에 빠질 수밖에 없다. 선스타인은 집단 극단화 이론으로는 설명할 수 있는 것이 거의 없음에도, "1930년대에 파시즘이 부상한 것을 어떻게 설명해야 할까? 1960년대 과격 학생 운동의 등장은? 1990년대 들어 이슬람 테러리즘이 기승을 부린 것은? 1994년 르완다에서 자행된 인종 청소는? 그리고 옛 유고 연방과 이라크에서 벌어진 민족 갈등은?

아부그라이브 수용소*에서 미군이 자행한 고문과 가혹 행위는? 2008년에 일어난 금융 위기는? 일부 지역에 국한된 것이기는 하지만 2001년 9월 11일 일어난 테러 행위의 배후에 이스라엘과 미국이 있다는 믿음은? 그리고 이런 사건들 사이에는 어떤 상관관계가 있을까?"[51] 라고 질문하며 이런 사건들 혹은 사회 현상들의 주요한 원인이 집단 극단화에 있다고 우겨 대는데, 이것이야말로 전형적인 심리 환원주의다.

• 아부그라이브 교도소라고도 부르는 이라크 최대의 정치범 수용소. 후세인 Saddam Hussein 정권 시절 정치범들과 반대파를 고문·처형하던 곳인데, 후세인이 축출된 뒤 2003년 4월 이후 미군이 이라크인들을 이 교도소에 수감하기 시작했고 정보를 빼내기 위해 잔혹한 방식으로 각종 고문과 성적 학대 등을 일삼았다. 게다가 끔찍하고 수치스러운 고문 장면들을 디지털카메라로 촬영해 고향에 있는 가족과 친구들에게 이메일로 전송하는 등 비인간적인 행위를 일삼다가 결국 이 사진들이 인터넷을 통해 유포되면서 미군의 만행이 세계 전역에 알려지기 시작했고, 세계 각국에서 미국·영국 연합군의 인권 유린을 비난하는 성명과 시위가 잇따랐다.

7. 서구 극단주의 이론의 검은 이면

극단주의에 관한 주류 심리학 이론인 집단 극단화 이론은 어느 날 갑자기 하늘에서 떨어진 것이 아니다. 그것은 민중 혐오(본질적으로는 인간 혐오)에 기초하고 있는 서구의 극단주의 연구 전통에서부터 자라난 이론이다. 사실 서구 사회에서 사회심리학 분야는 민중의 사회적 진출과 혁명 운동을 짓누르려는 지배층의 요구를 대변하기 위해서 탄생했다.* 좀 더 세게 말하자면 서구의 사회 심리학, 특히 집단 심리 연구는 태생적으로 어용 학문이었다는 것이다. 민중을 억압하고 착취했던 서구 사회 지배층은 당연히 민중을 두려워했다. 두려움의 대상인 민중은 혐오의 대상이 될 수밖에 없다. 서구의 극단주의 연구는 이러한 지배층의 심

---

* 이 주제에 관심이 있는 독자는 『심리학을 만든 사람들』(김태형, 2016, 한울)을 참조하라.

리, 즉 민중 혐오를 밑바탕에 깔고 있다.

1) 민중 항쟁에 대한 극단주의 낙인

지배층은 자신들에게 저항하거나 저항할 가능성이 있는 민중을 두려워하기 마련이다. 두려움은 필연적으로 혐오로 이어지기 때문에 그들은 민중을 혐오하여 그들을 광신자(오늘날의 극단주의자와 같은 말이다)로 묘사했으며, 실제로도 그렇게 믿었다. 지금은 상당히 약해졌지만, 과거 한국에서 전라도 사람들을 차별했던 극우 세력이 전라도 사람들을 두려워하고 혐오하게 되어 전라도 사람에 대한 편견이나 고정관념을 조작했듯이, 서구의 지배층과 지식인들 역시 민중에게 광신자, 극단주의자라는 딱지를 붙였던 것이다. 이런 현상을 문화평론가 문강형준은 "현실을 지극히도 '정상적'이라고 여기는 지배 계급은 현실에 반기를 들고 일어난 사람들을 '미친놈' 취급한다. 미치지 않고서야 어떻게 신민이 왕에게, 노예가 주인에게, 흑인이 백인에게, 아들이 아버지에게, 여자가 남자에게 대들 수 있단 말인가! 지배 계급에게 이 '미친 믿음', 곧 '광신'의 힘은 언제나 가장 두려운 공포다."라고 표현하기도 했다.

서구 사회에서 광신(극단주의)의 개념이 탄생하고 그것이 사용되어 왔던 역사를 추적해 보면, 그것이 본질적으로 지배층에 의해 민중에게 들씌워지는 부당한 낙인이었음을 확인할 수 있다.

① 독일 농민 전쟁(천년왕국운동)과 광신 개념의 탄생

16세기 초부터 과거에는 볼 수 없던 거대한 농민 봉기가 독일 땅 전역을 휩쓸기 시작했다. 훗날에 마르크스가 '독일 역사상 가장 급진적인 에피소드'라고 불렀던 독일 농민 전쟁이 시작된 것이다. 독일 농민 전쟁은 프랑스 혁명 이전에 유럽에서 발발했던, 가장 주목할 만한 민중 봉기이자 민중 항쟁이었다. 이 독일 농민 전쟁을 지도했던 상징적 인물은 에른스트 블로흐가 '혁명의 신학자'라고 불렀던 토마스 뮌처Thomas Münzer였다. 처음에 뮌처는 같은 신학자인 루터와도 교분이 있었다. 하지만 루터는 비록 종교 개혁가이기는 했지만 지배층의 충실한 대변자였기 때문에 1523년 무렵부터 두 사람 사이의 관계가 적대적 관계로 바뀌었다. 이후에 뮌처는 농민 전쟁의 지도자로 맹활약했고, 루터는 그런 뮌처를 '알슈테트의 사탄'이라고 부르면서 그가 '광신적이고, 반역적이며, 선동적'이라고 비난했다. 다음은 종교개혁의 아버지로 불리는 루터가 한 소책자에서 농민 전쟁을 진압했던 영주들의 폭력을 찬양했던 글 중 일부다.

> [반란자들은] 그 누구든지 찌르고 때리고 죽이십시오. 만약 당신들이 그러는 사이에 죽는다면 잘된 일입니다! 그보다 더 축복받은 죽음은 없으니, 로마서 13장에 쓰인 신의 말씀과

계명을 지키면서 죽는 것이고, 지옥과 마귀의 손아귀에 있는 이웃들(반란자들)을 구출함으로써 그들에게 봉사하는 것이기 때문입니다. (…) 만약 이것이 너무 가혹하다 생각하는 사람이 있다면, 반란은 용납될 수 없다는 것, 그리고 세계의 파멸이 매 시간마다 다가오고 있다는 것을 그에게 상기시키십시오.[52]

독일의 영주들은 루터 같은 어용 지식인들의 격려를 받으면서 봉기에 떨쳐나선 농민들을 무자비하게 탄압했고 이 과정에서 약 10만 명의 농민이 사망했다. 이후 종교 개혁가 필리프 멜란히톤 Philipp Melanchthon은 독일 농민 전쟁에 참여했던 농민들을 '광신적인 사람들'이라고 지칭함으로써 정치학 이론에 최초로 광신자 개념을 도입했다. 광신 혹은 광신자 개념이 독일 농민 전쟁에서 비롯되었다는 것은 서구 사회에서의 광신 혹은 극단주의 연구가 어떤 계급적 입장에 서 있는지를 뚜렷하게 보여 준다. 멜란히톤 이후부터 뮌처는 서구 사회에서 계속 광신자 취급을 받게 된다. 그에 대한 제대로 된 최초의 전기는 프랑스 혁명 이후에야 겨우 등장하게 되었다.[53]

② 프랑스 혁명과 군중 심리에 관한 이론

신흥자본가 계급과 농민 계급이 연대하여 봉건 제도를 타도했던 프랑스 혁명은 서구의 지배층과 지식인들을 커다란 충격 속에 빠뜨렸다. 이로부터 군중 심리에 대한 활발한 연구가 시작되었는데,

지배층을 위해 복무하던 대다수의 지식인들은 당연히 프랑스 혁명, 나아가 군중에 대해 적대적인 태도를 가지고 있었다. 구스타브 르봉Gustave Le Bon은 1896년에 『군중The Crowd : A Study of the Popular Mind』을 출간함으로써 군중 심리 연구의 포문을 열었다. 그는 '군중은 폭도다'라고 선언하면서 군중 심리에 대해 다음과 같이 설명했다. 군중 속의 개인은 평상시에는 억제되어 있던 원초적 충동의 지배를 받아 거칠고 어리석고 비이성적으로 되어 버린다. 군중 감정은 타인들에게 쉽게 전염되는데, 군중의 수가 늘어날수록 감정 상태는 더욱 고조된다. 그 결과 군중은 공포에 질려서 테러를 자행하고 적개심을 살기 띤 분노로 바뀌 야수 같은 난폭한 공격성을 표출한다. 한마디로 군중 속의 개인은 개성을 완전히 상실하고 모두 원시적인 야만인이 된다는 것이다. 이렇게 르봉은 군중이 개인을 완전히 변형시켜서 자신의 독자성을 상실하게 하고 원시적 충동을 폭발시켜 비이성적으로 만든다고 보았다. '군중은 본질적으로 광기에 휩싸인 폭도'라는 그의 견해는 이후에 심리학자를 비롯한 많은 연구자에 의해 수용되었다.[54]

군중에 대한 르봉의 전형적인 시각은 요즘의 할리우드 영화들에서도 반복되고 있다. 외계인이 지구를 침공하는 할리우드 영화들을 보면, 외계인은 천편일률적으로 여왕(우두머리)의 조종을 받는 주체성 혹은 독자성이 없는 곤충 같은 무리로 그려진다. 덕분에 군사 무기나 과학 기술 수준에서의 절대적 열세에도 불구하고 지구의 영웅들(물론 미군이다)이 적진에 침투해 외계인의 여왕을 처단함으로써 지구는 외계인의 침공을 한 방에 물리친다. 여왕 하나만 죽이면 나머지 외계인들도 다 죽거나 머저리가 되기 때문이다. 르봉이 묘사하는 군중 속의 개인은 할리우드 영화에 등장하는 이 외계인 같은 존재라고 할 수 있다.

서구의 지식인들이 모두 프랑스 혁명이나 군중을 적대적으로 대했던 것은 아니다. 그들 중에도 프랑스 혁명을 우호적으로 대했거나 적극 지지했던 사람들이 있다. 예를 들면 철학자 칸트는 『학부들의 논쟁』에서 "인간 역사에서 그런 현상(혁명)은 결코 잊히지 않을 것인데, 왜냐하면 그것이 더 나은 것을 향한 인간 본성의 성향과 능력을 너무도 강력히 드러냈기 때문"이라면서 프랑스 혁명을 지지했다.

칸트는 프랑스 혁명을 옹호했다는 이유로 니체에 의해 '루소풍의 도덕적 광신자'라는 비난을 받게 되었다. 유명한 철학자였던 칸트조차 '광신자' 소리를 들었다는 것은 서구 사회에서 광신(오늘날의 극단주의)이 아무에게나 낙인을 찍는 민중 탄압, 혁명 탄압의 도구였음을 보여 준다.

민중을 극도로 혐오했던 서구의 지식인들은 항쟁에 참여하는 민중을 광신자들 혹은 군중 심리에 휩싸인 폭도라고 불렀을 뿐 아니라, 민중 항쟁에 우호적인 지식인들까지 광신자로 매도했다. 반면에 민중의 편에 서고자 했던 진보적 지식인들은 이런 부당한 공격에 맞서기 위해서 광신(또는 광신과 유사한 의미로 사용되었던 열정)을 옹호했다. 예를 들면 마르크스의 동료였던 아르놀트 루게 Arnold Ruge는 1842년에 비판적 저널인 『독일 연감Deutsche Jahrbucher』에 기고한 글에서 "인간에게 아직 힘이 남아 있고, 자신의 목숨을 걸고 지켜 낼 입장이 존속하는 한, 광신 없이는 역사도 없을 것"
이라고 말하면서 광신을 옹호했다.[55]

③ 노예 해방 운동과 여성 해방 운동

광신자라는 공격은 노예 해방 운동가들에게도 퍼부어졌다. 미국
남부 출신의 정치 사상가이자 미국의 부통령을 두 차례나 역임
한 존 C. 칼훈John C. Calhoun은 다양한 저술과 연설문에서 노예제를
'명백한 선'이라고 주장했다. 또한 그는 1837년 2월, 미 상원에서
의 연설에서 노예제 폐지론자들을 반복적으로 '광신자'라고 지칭
하면서 "노예 해방 자체가 이 광신자들을 만족시키지 않을 것이
라는 점은 확실합니다. 노예 해방을 얻으면, 다음 단계에서는 검
둥이들에게 백인과 같은 사회적·정치적 평등을 보장해 주려는 일
이 진행될 것입니다. 그게 현실이 된다면, 우리는 조만간 두 인종
이 역전되는 상태를 맞이하게 될 것"이라고 말했다.

칼훈의 이 연설문에는 자기들이 한 짓 때문에 민중에게 보복
당할 지도 모른다는 두려움에 휩싸여 있는 서구 지배층의 심리
가 선명하게 드러나 있다. 광신이라는 공격은 노예 해방만이 아
니라 여성 해방 운동에도 퍼부어진다. 최초로 발생한 여성 참정
권 운동으로 인해 '여성 군중'이라는 개념이 대두되자, 가브리엘
타르드Gabriel Tarde*는 집단행동에 나선 여성들을 반복적으로 '광

• 프랑스의 심리학적 사회학자이자 범죄학자(1843~1904).

신적인' 성향의 소유자로 묘사했다.[56]

④ 파리 코뮌과 사회주의 운동

마르크스에 의해 사회주의 사상이 창시되고, 비록 실패로 끝나기는 했지만 프랑스에서 파리 코뮌Commune*이 출현하자 서구의 지배층은 극도의 위기감을 느끼게 되었다. 이제 민중 항쟁 혹은 사회주의 혁명을 예방하거나 진압하는 것은 서구 사회의 지배층과 그들에게 복무하는 지식인들에게 초미의 과제가 되었고, 그 결과 사회심리학을 포함한 사회과학 분야가 급속히 발전하기 시작했다. 이렇게 서구 사회에서 극단주의 연구를 포함한 사회과학은 사실상 혁명 운동이나 민족 해방 운동에 떨쳐나선 군중의 심리와 특징 등을 이해함으로써 민중 항쟁을 예방 혹은 진압하려는 목적에서 출발했다. 이와 관련해 철학자 알베르토 토스카노는 "나는 '광신 개념이 19세기의 정치학적·사회학적 범죄학과 결합된 양상'에 눈을 돌리려 한다. 많은 이가 주장했던 바와 같이, 파리 코뮌과 근본주의 사상 및 행동의 확산(특히 아나키스트 테러리즘이라는 형태)이라는 두 충격은 사회적 적대를 예방하거나 파악하려는 기획으로서 사회과학이 발흥하는 데 중요한 역할을 했다"고 말했다.[57]

1917년에 러시아에서 사회주의 혁명이 성공하고 사회주의

• 1871년 파리 시민과 노동자들의 봉기로 수립된, 민중이 세운 세계 최초의 자치 정부. '코뮌'은 원래 프랑스 중세의 주민 자치제를 지칭하는 용어다.

진영이 빠르게 확장됨에 따라 광신이라는 공격은 사회주의자와 사회주의 나라들을 향해 집중되었다. 1990년대를 기점으로 구소련이 멸망함으로써 동서냉전이 해체되자 광신 혹은 극단주의라는 공격은 다시 방향을 틀어 이슬람권을 향하기 시작했고 9·11 사건 이후에는 이슬람 테러리즘이 극단주의를 대표하게 되었다.

⑤ 반이슬람주의와 극단주의 이론의 전성기

서구의 제국주의 국가들은 18~19세기쯤에는 전 세계를 식민지화하기에 이르렀고 이에 저항하는 식민지 민중의 민족 해방 운동이 폭발하기 시작했다. 서구의 지배층과 지식인들은 민족 해방 운동에 참여하는 식민지 민중에 대해서도 예외 없이 광신 딱지를 붙였다. 19세기에 영국의 지배층은 인도에서 수단까지 아우르는 식민지의 반란자들을 '광신자'로 규정했으며, 당시에 영국의 「데일리 텔레그래프Daily Telegraph」 지는 영국에 대항해서 싸우는 아랍 전사들을 "어떤 강력한 동기의 영향 아래 전사들은 쉽게 절대적 영웅주의와 강력한 종교적 광신에 사로잡히게 된다"고 묘사하기도 했다.

제2차 세계대전 이후에 대부분의 식민지가 독립을 쟁취하게 되자 제국주의 국가들은 직접적인 식민 지배를 포기하고 꼭두각시 정권 혹은 친제국주의 정권을 앞세워 식민지를 실질적으로 지배하는 신식민주의적, 간접적 식민 지배로 전환한다. 이 시기 제국주의 국가들이 가장 군침을 흘렸던 곳은 석유가 다량으로 매장되어 있던 중동 지역이었다. 한편으로는 중동에 대한 제국주의 국가들의 침탈을 합리화하기 위해, 다른 한편으로는 제국주의의 침략에 가장 강력하게 저항하는 이슬람 근본주의 세력을 악마화하기 위해 서구의 지배층과 지식인들은 이슬람권을 극단주의 집단, 광신 집단으로 몰아가기 시작했다. 한마디로 이때부터 이슬람권이 서구 제국주의 국가들의 첫째 가는 공격 대상이 된 것이다.

여기에서 한 가지 지적하고 넘어가야 하는 것은 이슬람권에 대한 서구 사회의 혐오나 증오가 이 시기에 갑자기 시작된 것이 아니라는 사실이다. 서구 사회의 이슬람권 혐오는 그 뿌리가 대단히 깊다. 1920년대에 버트런드 러셀은 러시아의 볼셰비키*를 '프랑스 혁명의 특징과 이슬람교 부흥의 특징'이 결합된 것이라고 말했고, 쥘 모네로Jules Monnerot는 1949년에 출간한 『공산주의의 사회학Sociologie du communisme』에서 공산주의를 '20세기의 이슬람교'라고 불렀다. 또한 개신교 신학자 카를 바르트Karl Barth는 '국가 사회주의가 사실은 새로운 이슬람교라는, 즉 그 신화는 새로운 알라이

• 러시아혁명(1917년 11월)의 주역인 블라디미르 레닌이 이끈 러시아사회민주노동당이 1903년에 두 파로 분열될 때 레닌이 이끈 좌익의 다수파를 가리키는 말. 1918년 7회 대회에서 당명을 '러시아 공산당'으로 고친 뒤부터 볼셰비키는 마르크스-레닌주의자와 같은 뜻으로 쓰이고 있다.

고, 히틀러는 새로운 알라의 선지자라는 점을 보지 못한다면 국가 사회주의를 이해하기란 불가능하다'고 선언하기도 했다. 최근에도 서구 사회의 지식인들은 흔히 이슬람교를 '20세기의 공산주의'라고 부르고 있다.[58] 이러한 언급들은 서구 사회의 이슬람교나 이슬람권에 대한 혐오의 뿌리가 얼마나 깊은지 잘 보여 준다. 천여 년 넘게 이슬람권한테 당하고 살아온 역사적 경험 때문에 서구인들이 이슬람포비아(이슬람 공포증)를 갖게 되었음은 앞에서 언급한 바 있다. 서구 제국주의 국가들의 중동 침략과 지배에는 이윤 추구 목적만이 아니라 과거에 당했던 것을 앙갚음하려는 보복 동기도 일정한 영향을 미치고 있기 때문에 일반적인 제국주의 침탈보다 한층 복잡하고 잔인하다.

이슬람권의 분노

역사적으로 볼 때, 소위 현재의 중동 문제는 제1차 세계대전 이후에 발생한, 비교적 최근의 문제다. 제1차 세계대전 이전까지는 이슬람권 내부의 갈등이 거의 없었다. 중동 지역에는 유대인과 아랍인이 섞여서 살고 있었지만 이들 사이의 갈등도 거의 없었다. 그러다가 제1차, 2차 세계대전을 거치면서 이슬람권은 22개의 국가로 분할되어 독립하게 되었다. 여기에 영국이 아랍인, 유대인, 프랑스를 상대로 상호 모순되는 3중 비밀 협약을 맺은 것이 더해지면서 중동은 졸지에 세계의 화약고가 되어 버렸다. 1차 세계대전 시기, 영국은 전쟁에서 승리하기 위해 아랍인들에게는 아랍 국가의 독립을 약속하는 협약을, 유대인에게는 유대 국가의 창설을 약속하는 협약을, 프랑스와는 현재의 팔레스타인 지역을 영국과 프랑스가 분할 점령하기로 약속하는 협약을 맺었다. 이 3중 비밀 조약이 현재의 팔레스타인 분쟁의 결정적인 원인이다. 제2차 세계대전 이후 미국과 제국주의 국가들이 지배하고 있던 국제기구는 노골적으로 유대인을 편들었고 그 결과 이스라엘이 건국되면서 팔레스타인인들이 고향 땅에서 쫓겨나게 되었다. 그때부터 지금까지 제국주의 국가들은 일관되게 노골적인 이중 기준으로 이스라엘을 편들었고 그에 비례해 이슬람권의 서구 사회에 대한 증오 역시 심해졌다. 예를 들면 '이스라엘은 불법으로 점령하고 있는 땅에서 군대를 철수하고 그 영토를 아랍인에게 돌려주라'는 내용의 UN 안보리 결의안 242조와 338조를 지키지 않았지만 어떠한 제재도 받지 않았다. 제국주의 국가들, 특히 UN의 실질적 지배자였던 미국의 이중 기준에 대해 터키의 대통령은 다음과 같이 신랄하게 비판하기도 했다.

UN이 만들어진 이후 이스라엘의 국제법 위반에 대한 89차례의 UN안보리 제제 결의가 있었지만 단 한 번도 제대로 이행된적이 없었다. 상대방인 아랍 국가들에 대해서는 그렇게 손쉽게 제재를 가하면서도. 만약 UN안보리 결의안이 제대로 지켜지기만 했어도 팔레스타인과 이스라엘 분쟁은 오래전에 해결되었을 것이다.

－『타임』, 2011년 10월 10일 인터뷰

앞에서도 지적했듯이, 하마스를 비롯한 이슬람 세력은 이스라엘이 팔레스타인과 이스라엘 사이의 평화 공존 약속이라고 할 수 있는 오슬로 협정을 깨 버린 후부터 자살 폭탄 테러와 같은 극단적인 투쟁을 시작했다. 이것은 이슬람 극단주의가 등장한 기본적인 책임이 서구의 제국주의 침략에 있다는 것을 보여 준다.

서구 사회에 대한 이슬람권의 분노에는 팔레스타인 문제 외에도 제국주의 국가들의 석유 강탈이 커다란 영향을 미치고 있다. 신식민지적인 방식으로 중동 나라들을 지배하게 된 서구의 제국주의 국가들은 중동 지역의 석유를 강탈하는 과정에서 막대한 부를 축적했고 경제 발전을 이룩할 수 있었다. 비록 석유에서 나오는 이윤 중에서 아랍 국가들이 차지하는 몫이 과거보다는 커졌다고 할지라도, 현재까지도 중동의 석유 자원을 지배하고 있는 것은 서구의 석유 독점 기업들이다. 서구의 석유 독점 기업들은 높은 시장 점유율을 활용해 중동 석유의 수송, 정제, 유통, 판매 과정을 장악해 산유지 유가의 10배에 해당하는 부가가치를 얻고 있다. 서구 사회의 부와 경제 발전은 지난 60여 년간 중동 지역의 석유에서 얻은 이익이 있었기 때문에 가능했다. 이런 점에서, 다소 과격한 주장이라고 할 수는 있겠지만 오사마 빈 라덴의 "미국은 아랍 석유의 판매를 대행함으로써 노골적으로 그 수익을 도둑질해 왔다. 중동이 도둑맞은 금액은 무려 하루 기준으로 40억 5천 달러로 추산된다. 이것은 역사상 최대 규모의 도둑질이었다. 이런 대규모 도둑질에 대해 세계의 12억 무슬림 인구는 1인당 3천만 달러(약 330억 원)씩 보상해 달라고 미국에 요구할 권리가 있다"**59**와 같은 말이 이슬람권 사람들에게는 상당한 설득력을 가질 수밖에 없는 것이다.

한국의 경우에는 권력과 자본을 거머쥔 극소수 기득권층의 민중 억압과 착취가 70여 년 넘게 지속되었고 그 결과 민중의 분노 수준 역시 계속 높아져 왔다. 그러나 이슬람 사람들에게는 미 제국주의라는 적이 명확하게 보였던 반면, 군부 독재가 타도된 이후부터 한국인들은 적이 누구인지를 분명하게 볼 수 없었다. 한국의 기득권층은 문민정부를 내세워 폭력적인 방식이 아닌 각종 시스템, 제도, 법률, 정책 등을 교묘하게 이용하여 민중을 억압하고 착취하고 있기 때문이다. 이 때문에 한국인의 분노는 특정한 대상을 향해 폭발하기보다는 무차별적인 대상을 향해 표출되는 경향이 심해졌다. 한국 사회에서 각종 분노 행동이나 범죄가 증가하는 것은 이와 관련이 있다.

테러와의 전쟁으로 극단주의를 근절할 수 있을까

이슬람권의 분노와 공격은 이스라엘의 후견국이자 제국주의 국가들의 우두머리인 미국에 집중되었고 그 결과 발생한 것이 9·11 테러 사건 — 끔찍하게 들릴 수도 있겠지만 미국의 자작극이라는 주장도 있다 — 이다. 이 사건을 빌미로 미국은 테러와의 전쟁을 선포하고 이라크와 아프가니스탄 등을 침공했으며 하마스, 헤즈볼라, 이슬람 형제단, 체첸 반군, 인도네시아의 자마 이슬라미아 같은 반미 무장 세력들을 공격했다. 그렇다면 미국이 테러와의 전쟁을 시작한 지 십 수 년이 흐른 지금 테러리즘은 근절되거나 줄어들었을까? 미국 노스플로리다대학의 파르베즈 아흐메드 교수의 연구에 의하면 테러와의 전쟁에는 4조3천억 달러라는 천문학적 예산이 투입되었고, 전쟁 과정에서 6천8백 명의 사망자와 97만 명의 미군 부상자가 발생했다. 당연히 이슬람권의 피해는 미국보다 훨씬 더 심각했다. 이슬람권에서는 테러와는 무관한 22만여 명의 민간인이 사망했고 530만여 명에 달하는 전쟁 난민이 발생했다. 그러나 이보다 더 심각한 문제는 테러가 줄기는커녕 오히려 증가했다는 데 있다. 글로벌 테러 자료센터GTD에 의하면 1970년부터 2013년까지의 43년 동안 2,347개에 달하는 테러 조직들이 약 12만 5천 건의 테러를 일으켰다. 그런데 그중에서 절반 이상이 테러와의 전쟁이 시작된 2002년 이후에 발생했다. 미국의 싱크탱크인 랜드연구소에 의하면 1991년에는 불과 7개였던 이슬람 테러 조직이 2001년에는 20개로 증가했고 2013년에는 49개로 크게 증가했으며, 2007년에 100여 건 정도에 머물렀던 알카에다* 연계 조직들의 테러 횟수가 2013년에는 900건으로, 9배 이상 증가했다. 이것은 테러와의 전쟁이 시작된 이후에 테러가 줄기는커녕 오히려 9~10배 정도 증가했음을 의미한다.

결론적으로 이슬람 테러리즘의 근본 원인은 제국주의 국가들의 이슬람권에 대한 침략과 지배다. 따라서 먼 과거의 일은 일단 논외로 하더라도, 당장이라도 제국주의 국가들이 이슬람권에서

• 오사마 빈 라덴이 조직한 국제 테러 단체

손을 떼기만 하면 테러리즘은 상당 부분 자취를 감추게 될 것이다. 그러나 서구의 지배층과 어용 지식인들은 이슬람권에 대한 제국주의 국가들의 침략과 지배 문제는 한사코 외면한 채 이슬람 근본주의, 나아가 이슬람권을 극단주의와 광신으로 낙인찍어 비난하고 공격하기에 바쁘다.

지금까지 서구 사회에서 역사적으로 누가 누구를 극단주의(광신)로 공격해 왔는지 살펴보았다. 일반적으로 극단주의라는 공격을 하는 주체는 서구의 지배층과 그들을 대변하는 어용 지식인들이었고 극단주의로 공격받았던 대상은 독일 농민 전쟁에 참여했던 민중, 프랑스 혁명과 파리코뮌에 참여했던 민중, 노예 해방 운동과 여성 해방 운동에 참여했던 민중, 사회주의 운동에 참여했던 민중과 사회주의 나라들의 민중, 민족 해방 운동에 참여한 민중이다. 그리고 민중과 민중 항쟁을 옹호했던 진보적 지식인들도 공격받았다. 물론 서구의 지배층과 어용 지식인들은 극단주의 범주에 기독교 근본주의나 이슬람 근본주의, 테러리즘 등도 포함시키고 있다. 그들이 정의로운 민중 항쟁에 참여했던 민중과 테러리즘 집단 등을 극단주의라는 범주로 한꺼번에 묶는 의도는 명확하다. 그것은 민중 항쟁을 혐오하고 반대하는 사회적 분위기를 고취함으로써 민중의 저항 의지를 원천 봉쇄하기 위해서다. 즉 서구의 지배층과 어용 지식인들이 진정으로 바라는 것은 극단주의의 근절이 아니라 극단주의를 이용해서 민중을 영구 지배하는 것이다.

2) 심리학과 민중 혐오

노동 계급의 해방, 나아가 완전한 인간 해방을 추구했던 마르크스는 학문에는 당파성이 있다고 선언했다. 그에 의하면 자본가 계급이 지배하는 자본주의 사회에서 노동자 계급과 자본가 계급 사이의 적대적인 모순 혹은 갈등은 필연적이므로 노동자 계급은 자본가 계급의 독재에 맞서서 (그리고 노동 해방을 위해서) 투쟁할 수밖에 없다. 이러한 주장을 오늘날의 상황에 맞게 재해석하면, 권력과 부를 독점하고 있는 독점 자본가 계급을 중심으로 하는 1퍼센트의 지배층과 무권리와 빈궁을 면할 수 없는 99퍼센트의 민중 사이의 대립과 갈등은 필연이라고 말할 수 있다. 이런 상황에서 자본주의 사회에서 살아가는 모든 사람은 99퍼센트(민중) 편에 서게 되거나 1퍼센트(자본가 계급) 편에 서게 되는데, 마르크스는 이것을 '당파성'이라고 불렀다. 지식인이라고 해서 이 당파성에서 예외가 될 수는 없다. 의식적으로는 부인할지 몰라도, 지식인들은 최소한 무의식적으로라도 당파성을 갖게 될 수밖에 없다. 즉 당파성에서 자유로울 수 있는 지식인은 존재할 수 없다.

프랑스 혁명에 우호적이었던 칸트를 프랑스 혁명을 반대했던 니체가 광신자로 비난했던 것처럼 당파성에 따라 지식인의 민중에 대한 태도는 크게 달라진다. 그렇다면 서구 사회에서 심리학은 민중을 어떻게 바라봤을까? 서구의 심리학자들은 절대다수가 99퍼센트의 편에 서 있는, 체제의 변혁을 지지하는 혁명적 지식

인들이라기보다는 체제 내에 안주하기를 바라는, 1퍼센트의 편에
서 있는 체제 옹호적인 지식인이었다. 이것은 서구의 심리학이 민
중을 두려워하고 혐오하는 서구 지식 사회의 민중 혐오 전통을 그
대로 계승하고 있는 것에서 분명하게 드러난다.

정신분석학의 민중 혐오

정신분석학 계열의 심리학자들은 군중 혹은 집단이, 개인이 가지
고 있는 동물적 본능이나 충동을 폭발시키도록 만든다고 주장한
다. 정신분석학의 기본 전제 혹은 인간관은 인간이 이성을 가진
동물, 즉 똑똑하기는 하지만 본질적으로 동물이라는 것이다.

프로이트에 의하면 인간은 이성으로 동물적 본능을 억압함으
로써 가까스로 문명사회를 유지할 수 있지만, 이 동물적 본능에
대한 억압은 궁극적으로는 성공할 수 없다. 인간은 본질적으로 동
물적 본능의 지배를 받는 생물학적 존재이기 때문이다. 동물적 본
능은 이성의 억압이 약해지면 감옥에서 풀려나게 되는데, 그 결
과 온갖 일탈 행위, 범죄, 폭력 등이 발생한다. '집단 속의 개인
은 무의식적 충동을 억제하지 않아도 되는 상황에 놓여 있다'는
말에서 알 수 있듯이 프로이트는 군중의 광기란 '인간의 마음속
에 있는 온갖 나쁜 요소들'을 담고 있는 동물적 본능(무의식)이 표
출된 결과라고 보았기에 "집단의 심리는 모두 원시적 정신 기능
으로 퇴행한 상태와 일치한다"고 주장했다.[60] 이렇게 프로이트
는 군중 혹은 집단이 억압되어 있던 동물적 본능을 풀려나도록 만

든다고―군중 혹은 집단이 개개인을 동물 수준으로 전락시킨다고―생각했다. 개개인이 군중 속에 포함되면 그 사람은 '더 이상 그 자신이 아니라, 의지를 상실한 자동인형이 되어 버린다'[61]는 그의 말을 통해서도 알 수 있듯이, 군중에 대한 프로이트의 견해는 본질적으로 르봉과 같은 군중 심리 이론가들의 견해와 동일하다.

정신분석학 계열의 심리학자인 융(그는 자신의 심리학을 정신분석학과 차별화하기 위해 분석심리학이라고 명명했다) 역시 '백 명의 수재가 모이면 하나의 얼간이가 된다'고 말하면서 군중이 개인들을 동물과 다름없는 원시인으로 전락시킨다고 주장했다. 그는 군중 혹은 집단을 일류인 엘리트 혹은 선동가들에게 지배당하거나 조종당하는 이류 집단으로 표현하면서 군중과 집단에 대한 경멸과 혐오를 노골적으로 드러냈다.

역사적으로 위대한 행동들은 '지도자가 된 인격들'에게서 나올 뿐이며 '조금만 움직이려 해도 선동 정치가가 필요한, 언제나 이류인 나태한 대중'에게서는 나온 적이 없다.

― 융Jung, 1932

융은 '우리를 위협하는 전쟁과 혁명들은 심리적 전염병들에 지나지 않는다. 언제라도 수백만 명이 망상에 빠질 수 있고 그러면 세계 전쟁이나 파멸적 혁명이 닥쳐오는 것이다(융Jung, 1932)'[62] 라고 말하면서, 비극적 사회 현상이 발생하는 책임을 군중에게 돌렸다. 이런 주장은 앞에서도 살펴보았듯이, 사회 현상을 심리―개인 심리와 그것이 전염되어 만들어지는 군중 심리 — 로 환원해 설명하는 전형적인 심리 환원주의다.

정신분석학의 민중 혐오(본질적으로는 인간 혐오)는 인간을 동물적 본능에 의해 지배당하는 동물적 존재 혹은 생물학적 존재로 보는 비과학적 인간관의 필연적 귀결이다. 정신분석학의 다음과 같은 두 가지 견해, 즉 '인간은 이성으로 동물적 본능을 간신히 억압하고 있는 동물일 뿐이다' '이성의 억압은 궁극적으로는 성공할수 없다(인간은 본질적으로 동물적 본능에 의해 지배당하는 존재다)'에의하면 인간 사회에서의 범죄나 전쟁 등은 불가피한 자연적 현상일 뿐이다. 오늘날에도 정신분석학적 전통에 입각해 있는 극단주의 연구자들은 이슬람교나 광신을 '죽음 충동' — 프로이트는 인간이 성적 본능과 죽음 본능을 가지고 있는 존재라고 주장했다 — 이나 '집단적 무의식' — 프로이트가 성적 본능을 강조했다면 융은 집단 무의식을 강조했다. 그러나 양자 사이에 본질적인 차이는 없다'— 등으로 설명하면서, 무슬림을 "적당히 병리적인, 근대적 주체"가 되지 못한 미성숙한 존재로 묘사하고 있다.[63]

미국 심리학의 민중 혐오

미국 심리학자들은 정신분석학을 비과학적 심리학이라고 맹렬히

• 이 주제에 관심이 있는 독자들은 『거장에게 묻는 심리학』(김태형, 2012, 세창)의 융 편을 참조하라.

비판해 왔다. 특히 계몽주의의 후예임을 자처하는 미국 심리학자들은 '인간은 합리적인 존재'라고 강조하면서 인간을 비합리적인 존재라고 보는 정신분석학의 견해가 잘못이라고 비판한다. 그런데 여기에서 미국 심리학자들이 말하는 합리성이란 단지 개인을 기준으로 하는 자기중심적인 혹은 개체 생존을 위한 합리성일 뿐이다. 약육강식의 동물 세계에서 각각의 동물은 본능적으로 개체의 생존을 위해 살아간다. 마찬가지로 약육강식의 자본주의 사회에서 각각의 개인은 자신의 생존을 위해 살아가는데, 사람은 동물과는 달리 우수한 사고 능력을 가지고 있어서 그것을 자신의 생존을 위해서 활용한다.

이런 맥락에서 미국 심리학자들은 자신의 개인적 생존을 위해서 자기중심적 혹은 이기적으로 사고하는 것을 합리성으로 간주한다. 예를 들면 어떤 마을에서 각각의 개인들이 돈을 아끼기 위해서 오폐수를 그대로 강에 흘려보내는 것은 개인의 입장에서 보면 합리적인 사고와 행위의 결과라는 것이다. 그렇지만 이런 개개인의 합리적인 행동이 합쳐지면 전체 차원에서는 마을의 환경을 오염시킴으로써 모두를 공멸로 이끄는 바람직하지 못한 결과를 초래할 수 있다. 집단 극단화 이론은 '이들[극단적인 행동을 하는 사람들]은 광신적으로 행동하는 듯 보이지만 절대로 비합리적인 집단이라고 할 수는 없다'고 반복해서 강조하는데,**64** 여기에서의 '합리'도 동일한 맥락이다. 이런 예에서 알 수 있듯이 미국 심리학에서 말하는 합리성이란 기본적으로 자기중심적이고 이기적인 합리성─개체 생존을 위한 합리적인 사고─일 뿐이지 사회 중심의 합리성 — 전체 사회에 도움이 되는 혹은 사회의 발전을 위한 합리적인 사고 — 이 아니다.

미국 심리학은 인간에게는 정보를 처리할 수 있는 지적인 능력 혹은 합리성이 있다고 인정하면서 자기들은 인간을 비합리적 존재로 간주하는 정신분석학과는 달리 인간을 합리적인 존재로 바라본다고 자랑스럽게 떠벌인다. 하지만 그들은 본질적으로 정신분석학과 똑같은 얘기를 하고 있다. 즉 미국 심리학은 인간을 '이성을 가지고 있는 동물'로 보는 프로이트의 정신분석학적 인간관과 완벽하게 동일한 인간관을 갖고 있다는 말이다. 이성을 가지고 있다는 말이나 합리적인 사고를 할 수 있다는 말이나 다 거기에서 거기 아닌가. 지금까지 살펴보았듯이 미국 심리학은 사람을, 사회를 중시하는 사회적 존재가 아닌 개체 생존만 중시하는 생물학적 존재, 동물이라고 생각한다는 점에서는 정신분석학과 아무 차이가 없다.

인간을 동물적 본능의 지배를 받는 존재, 즉 지적인 사고 능력을 이용하기는 하지만 본질적으로는 이기적인 생존을 추구하는 존재로 바라보는 집단 극단화 이론에 의하면 군중 혹은 집단은 인간을 극단화시키는 악역을 담당한다. 이것은 정신분석학이 군중 혹은 집단을 '동물적 본능을 풀어 주는' 악역을 담당한다고 이해했던 것과 똑같은 맥락의 군중(민중) 혐오적인 견해라고 할 수 있다. 집단 극단화 이론이 서구의 군중 혐오 전통을 충실히 계승하고 있다는 것은 집단 극단화 이론가인 선스타인이 영국 보수주의 정치사상가이자 광신연구자인 에드번드 버크Edmund Burke의 글을 읽어 보라고 권한 사실을 통해서도 짐작할 수 있다. 그는 '극단주의에 관심이 있는 사람들은 에드먼드 버크가 프랑스 혁명에 관해 쓴 글을 관심을 가지고 읽어 볼 필요가 있다'면서 다음과 같이 말했다.

[버크는] 대중이 집단으로 모이면 서로의 열정과 생각에 영향을 받아 극단적인 방향으로 흐를 위험성이 있다고 경고했다. (…) 따라서 여러 시대에 걸쳐 사회의 공통된 목적에 부응해 온 체계를 쓰러뜨리려고 시도하거나, 사회적으로 용인된 모델과 패턴도 없이 뜯어고치려고 하는 시도는 지극히 신중하게 추진해야 한다.[65]

버크는 프랑스 혁명에 관한 글에서 기존의 권력이나 체제를 무너뜨리려는 시도에 맹렬히 반발했는데, 선스타인 역시 그와 같은 말을 하고 있다. 물론 좀 더 정확히 표현하자면, 선스타인은 현재의 미국식 민주주의나 자본주의 체제를 쓰러뜨리려고 하거나 뜯어고치려고 하는 시도를 해서는 안 된다는 말을 하고 있다.

말이 나온 김에 버크의 견해에 대해 조금 더 살펴보자. 그는 『프랑스 혁명에 관한 성찰』(1790)에서 "새로운 정부를 만들어 낸다는 발상 자체만으로도 우리는 역겨움과 공포로 충만하게 된다"고 말했다.

물론 버크가 여기에서 말한 새로운 정부란 절대 왕조가 지배하는 봉건 정부가 아닌 공화주의 정부를 의미한다. 위의 언급에는 말 그대로 새로운 정부, 즉 공화주의 정부—오늘날의 서구식 민주주의 정부—를 쟁취하기 위해서 투쟁하는 군중 혹은 민중에 대한 역겨움과 공포가 적나라하게 드러나 있다.

버크는 비단 프랑스 혁명만이 아니라 아이티의 혁명가들(민족 해방 운동가들), 미국의 노예제 폐지론자들까지 싸잡아 광신자라고 공격한 것으로 유명하다. 예를 들면 그는 노예제를 고수하려는 남부의 '자유 정신(자유주의 정신)'을 드러내 놓고 예찬했을 뿐만 아니라, 프랑스 혁명이 노예제 폐지 운동이나 여성 해방 운동의 전조였다고 단언하기도 했다.

한국에서는 광신자라는 공격보다는 빨갱이라는 공격이 훨씬 더 효과적이었기에 한국의 극우 지배층은 자기 마음에 들지 않는 사람들을 모조리 간첩이나 빨갱이—최근에는 종북—로 낙인 찍어 공격했다. 한국 전쟁 이후의 시기만 보더라도 진보당을 창당했던 진보 정치인 조봉암 선생을 간첩으로 몰아 처형했고, 박정희 독재를 반대했던 민주화 운동가들을 인혁당 사건으로 엮어 처형했고, 광주의 민중 항쟁자들을 간첩의 사주를 받는 폭도로 몰아 잔인하게 무력 진압했으며 심지어는 김대중, 노무현 전 대통령까지도 빨갱이로 몰아붙였다. 최근에도 극우 세력은 진보 세력은 물론이고 문재인 정권까지도 종북으로 몰아 비난하기 바쁘다.

토스카노와 같은 서구의 진보적 지식인들은 버크를 '보편적 인간성에 대한 무조건적 긍정을 광신적인 것으로 취급'하게 만들었던, 광신 담론의 원조 혹은 출발점으로 간주한다.[66] 이런 점에서 극단주의를 이해하려면 버크의 저작을 읽어야 한다는 선스타인의 말은 집단 극단화 이론이 버크의 민중 혐오를 충실히 계승하고 있다는 것을 스스로 자백하는 것이나 마찬가지다.

군중 혹은 집단이 만악의 근원이라는 서구 심리학의 주장은 민중 항쟁을 적개심을 가지고 바라보는 경우에만 가능한 현실 왜곡이다. 인류 역사는 군중 혹은 집단이 개개인들을 야수로 전락시켰던 끔찍한 사례만이 아니라 개개인들을 성숙하고 위대한 존재로 만들어 준 수많은 사례를 보여 준다. 일반적으로 정치적 이념이나 목적 없이 특정한 계기로 인해 분노가 폭발한 군중이나 집단은 야수로 전락할 가능성이 있다. 반면에 민중의 해방을 지향하는 정치적 이념이나 목적을 실현하기 위해서 궐기한 군중 혹은 집단은 개인으로서는 도달할 수 없는 높은 경지에 도달하게 되는 경우가 많다. 비록 '암시의 영향을 받으면'이라든가 '집단의 지적 능력은 개인의 지적 능력보다 항상 낮지만'이라는 쓸데없는 전제들을 달기는 했지만, 프로이트조차 "암시의 영향을 받으면 집단도 욕망을 자제하고 이기심을 버리고 이상에 헌신할 수 있다. 고립된 개인의 경우에는 개인의 이익이 거의 유일한 동인이지만, 집단의 경우에는 개인적 이익이 두드러지는 경우가 드물다. 집단은 개인의 도덕 기준을 더 높이 끌어올린다고 말할 수도 있다. 집단의 지적 능력은 개인의 지적 능력보다 항상 낮지만, 집단의 윤리적 행동은 개인의 윤리보다 훨씬 낮게 떨어질 수도 있는 반면 개인의 윤리보다 더 높이 올라갈 수도 있다."[67]라고 말하면서 군중이 개인을 더 고상한 존재—대표적으로 개인적 이익이 아니라 사회의 이익을 위해 헌신하는 존재—로 만들 수 있다는 점을 인정한 바 있다.

철학자 토스카노는 자신이 '광주 코뮌이 평등의 정치를 균질성과 무차별성indistinction의 힘으로 여기는 지배 담론의 경향을 반박한다는 사실을 발견하고 충격을 받았다.'[68]고 말했다. 1980년대의 광주 민중 항쟁에서 광주 시민들은 계엄군을 몰아내고 광주를 직접 통치했는데, 이를 서구의 진보적인 지식인들은 과거의 파리 코뮌에 비유하여 광주 코뮌이라고 부르고 있다. 광주 민중 항쟁에 관한 여러 기록에는 광주 코뮌 시기에 범죄가 거의 발생하지 않았으며, 헌혈자가 줄을 잇는 등 시민들이 서로를 위해 헌신하는 아름다운 장면이 많이 등장한다. 2017년의 촛불 항쟁에서도 항쟁 참여자들은 단 한 건의 범죄도 저지르지 않았고, 집회가 끝난 뒤에는 자발적으로 정리 정돈과 청소를 했으며, 서로를 배려하고 서로에게 헌신하는 아름다운 장면들을 연출했다. 이러한 사례들은 군중 혹은 집단이 개개인들을 폭도나 괴물로 만든다는 견해를 정면으로 반박하고 있다.

참고로 심리학자들을 포함하는 서구의 지식인들은 대부분 군중과 집단을 동일한 것으로 간주하는 경향이 있지만, 엄밀하게 말하자면 이 두 가지는 다르다고 봐야 한다. 일찍이 프로이트는 군중과 집단이 서로 다르므로 이 두 가지를 분리해서 연구할 필요가 있다고 주장했다. 그는 군중과 집단을 다음과 같이 정의했다. 군중은 일반적으로 다양한 부류의 개인들이 일시적 관심에 따라 서둘러 집합한 일시적 성격의 집단을 의미한다. 프랑스 대혁명 당시 시위에 참여한 사람들의 집합이나 2017년의 촛불 항쟁에 참여한 사람들의 집합을 예로 들 수 있다. 반면에 집단은 군대나 종교 집단같이 사회 제도 속에 통합되어 있는 안정된 집단이나 조직을 의미한다.[69] 즉 프로이트의 분류법에 따르자면 '안정적인 조직화'에 의해 결집된 사람들은 집단인 반면 그렇지 않은 사람들은 군중이라고 할 수 있다. 나는 일시적인 관심에 따라 서둘러 집합한 군중의 테두리 안에 '공화주의 혁명'이나 '대통령 퇴진' 같은 목표나 관심사를 실현하기 위해 지속적으로 집합하는 군중을 포함시키는 것은 잘못이라고 보지만, 군중과 집단을 구별하여 연구해야 한다는 견해는 타당하다고 생각한다.

3) 밀그램의 복종 실험과 짐바르도의 교도소 실험

희한하게도 미국 심리학자들은 그 많고 많은 실험 중에서 유독 스탠리 밀그램Stanley Milgram의 복종 실험과 필립 짐바르도Philip Zimbardo의 교도소 실험을 자주 언급하곤 한다. 시중에서 판매되는 미국 심리학자들의 책에는 이 두 가지 실험, 그중에서도 특히 밀그램의 복종 실험은 거의 약방의 감초처럼 반드시 등장한다고 말해도 과언이 아닐 정도다. 선스타인 역시 자신의 저서에서 이 두 가지 실험을 상당히 길고 자세하게 다루고 있다.

왜 미국 심리학자들은 이 두 가지 실험을 그토록 자주 언급하는 것일까? 밀그램의 복종 실험은 흔히 인간이 권위에 복종하는 성향을 가지고 있다는 사실을 증명한 실험으로, 짐바르도의 교도소 실험은 인간이 악마적 본성을 가지고 있는 존재라는 사실을 증명한 실험으로 간주된다. 한마디로 이 두 가지 실험은 인간혐오를 부추기기에 더할 나위 없이 적합한 소재들이라고 말할수 있다. 나는 『스키너의 심리상자 닫기』(2007)와 같은 기존의 저서들을 통해서 이미 이 실험들을 비판한 바 있다. 하지만 선스타인이 집단 극단화 이론의 정당성을 주장하기 위해서 이 두 실험을 내세우고 있으므로 간단하게나마 다시 한 번 다루고 넘어가기로 한다.

① 밀그램의 복종 실험

선스타인은 '실제로 복종에 대한 이해 없이 극단주의를 이해하는 것은 불가능하다. 그리고 밀그램의 연구를 제대로 모르고 복종에 대해 이해하기는 쉽지 않다'고 말하면서, 밀그램의 복종 실험이 극단주의와 밀접한 관련이 있다고 주장했다.

밀그램의 복종 실험을 간단히 요약하면 다음과 같다.

– 실험의 진정한 목적을 숨긴 채(예를 들면 기억력을 테스트하기

위한 실험이라고 말한다) 다양한 직업군에 속해 있는 사람들을 모집해 실험을 실시한다.

- 실험자는 실험 참가자들이 전기 충격의 고통을 이해하도록 시범적으로 가장 낮은 단계의 전기 충격을 준다. 그리고 실험 참가자들에게 실험 협조자(전기 충격을 당하는 사람)가 전기 충격으로 인해 심각한 손상을 입지는 않는다고 말해 준다.

- 실험 참가자들은 실험 협조자가 오답을 말하면 전기 충격(이것은 가짜여서 실험 협조자는 전기 충격을 받지 않는다)을 주라는 지시를 받았고, 그가 틀릴 때마다 전기 충격의 강도를 더 높이라는 지시를 받았다.

- 전기 충격의 강도가 올라가면 실험 협조자는 짐짓 고통스러운 연기를 했다. 예를 들면 3백 볼트 이상의 전기 충격을 당하면 전기의자에 묶여 있는 방의 벽을 걷어차거나 고통을 호소하면서 실험을 멈춰 달라고 요청했다.

- 만일 실험 참가자가 더 이상 실험을 계속하지 않겠다는 의사를 밝히면 실험자는 '계속해 주시기 바랍니다', '다른 선택은 없습니다', '무조건 실험을 계속해야 합니다'와 같은 단호한 표현을 사용해 실험을 계속하라고 재촉한다.

이런 식의 복종 실험들을 실시한 결과 전체 실험 참가자의 약 65퍼센트 정도가 '위험: 심각한 충격'이라고 표시되어 있는 단계보다 두 단계나 위인 450볼트의 전기 충격을 가했다. 밀그램은 이런 실험 결과들에 근거해 대부분의 사람은 무고한 이들이 큰 고통을 받게 될지라도 권위자의 지시에 복종한다는 결론을 내렸다. 실험 결과에 대한 이 정도까지의 해석은 그럭저럭 이해해 줄 수 있다. 그러나 밀그램은 여기에서 멈추지 않고 "만약 독일의 나치 수용소와 같은 시설이 미국에 세워진다면, 미국 내 중간 규모의 마을 어디서건 수용소 운영에 필요한 인력을 얼마든지 구할 수 있을 것이다"[70]라는 말까지 했다. 한마디로 인간은 복종 성향을 가지고 있으므로 나치의 유대인 학살 같은 일은 언제라도, 어느 곳에서라도 발생할 수 있다면서 유대인 학살의 주요한 책임을 인간의 복종 성향(궁극적으로는 인간) 탓으로 돌린 것이다.

나는 전에도 주장했듯이, 다른 여러 가지 논란은 제외하더라도, 밀그램의 복종 실험은 고립된 개인이 시스템 혹은 권력 집단에 저항하기가 얼마나 어려운지를 보여 주는 실험이라고 생각한다.

과연 권위는 어디에서 비롯되는 것일까? 그것은 본질적으로 개인적 특징이나 자질에서 비롯되는 것이 아니라 집단 혹은 시스템에서 비롯되는 것이다. 예를 들면 어떤 경찰이 가지고 있는 권위는 그의 완력이나 권총에서 오는 것이 아니라 경찰 시스템 나아가 국가 시스템이 부여하는 것이다. 깡패가 다른 깡패한테는 덤빌 수 있지만 경찰한테 덤비는 것을 대단히 어려워하는 것은 단 한 명의 경찰일지라도 그가 경찰 조직 나아가 국가 공권력 조직을 대표한다는 사실을 알고 있기 때문이다. 마찬가지로 1980년에 광주 민중 항쟁을 진압하도록 광주에 투입된 개별 병사들이 상관의 명령에 복종했던 것은 그 상관이 가지고 있는 개인적인 힘이 두려워서가 아니라 그가 군인 집단 혹은 신군부 권력 집단을 대표하는 사람이었기 때문이다. 이렇게 권위란 본질적으로 시스템 혹은 집단이 부여하는 것이므로 한 개인이 어떤 권위자에게 복종한다는 것은 곧 고립된 개인이 시스템이나 권력 집단에 저항하기가 대단히 어렵다는 것을 의미한다.

밀그램의 복종 실험에서 실험자는 단순한 개인이 아니다. 그는 미국 사회의 엘리트로서 대학이라는 조직 나아가 미국의 지배 집단을 상징하는 인물이다. 평범한 실험 참가자들이 실험자에게 저항하기 힘들어했던 것은 그가 개인으로서의 권위자가 아니라 특정 시스템 혹은 집단을 대표하기 때문이었다. 따라서 밀그램의 복종 실험은 고립된 한 개인이 거대한 권력 시스템 혹은 집단에 저항하기 힘들다는 것을 보여 주는 실험으로 해석되어야만 한다. 그 이상의 확대 해석은 금물이라는 것이다.

고립된 한 개인이 시스템에 저항하는 일은 당연히 힘들겠지만, 만일 그가 누군가와 연대할 수 있거나 누군가에게 연대감을 느낄 수 있다면 저항의 가능성은 월등히 높아질 것이다. 이런 상식적인 예측은 이후의 실험들에서 그대로 증명되었다. 한 복종 실험에서 실험 참가자는 홀로 고립되어 있지 않고 전기 충격을 가하라는 지시를 받은 다른 세 명의 참가자들과 함께 있었다. 그중에서 두 명은 사실 실험 협조자였는데, 그들은 전기 충격의 수위가 어느 정도를 넘어서자 전기 충격을 가하는 것을 거부했다(한 명은 150볼트에서, 다른 한 명은 210볼트에서 거부했다). 그러자 실험 참가자들 중에서 92.5퍼센트 정도가 전기 충격을 가하라는 지시를 거부했다.

이것은 불과 한두 명과의 연대만 가능하더라도 사람들이 시스템 혹은 집단에 저항할 가능성이 비약적으로 높아진다는 것을 보여준다. 그럼에도 불구하고 선스타인은 밀그램의 복종 실험을 "이 실험이 주는 교훈은 간단하다. 그것은 바로 집단 극단화는 다른 사람이 주는 정보나 지위와 관련된 신호 때문에 일어난다는 것이다. (…) 권위 있는 사람이 여러분에게 해롭거나 잔인해 보이는 일을 시키는 경우, 여러분은 그 지시를 그대로 따를 가능성이 있는데, 그것은 지시를 따르는 게 옳은 일이라는 생각에서, 혹은 자신의 평판을 위험에 처하게 하고 싶지 않아서다."라고 자기한테 유리한 방식으로 입맛에 맞게 해석한다.

선스타인은 우선 사람들이 권위자의 지시를 따르는 것이 옳다고 믿기 때문에 복종한다고 설명한다. 그러나 다음의 부연 설명에서 짐작할 수 있듯이, 사람들이 권위자의 지시를 따르는 원인은 그의 말을 진짜로 옳다고 믿어서라기보다는 전형적인 자기 합리화로 인해 그렇게 믿기로 결심했다고 보는 것이 타당할 것이다. 선스타인은 실험참가자가 '권위 있는 기관의 연구자가 내게 그런 일을 하라고 시킨 것을 보면, 그 일이 옳은 일임이 분명하고, 최소한 나쁜 일은 아닐 것이다'라는 생각을 할 거라 추측하며 "이런 결과가 나타나는 것은 사람들이 지시에 무조건 복종하기 때문이 아니라, 자신이 느끼는 마음의 거리낌이 잘못된 것이라는 판단을 내리기 때문이다. 그러한 판단에는 실험 책임자가 문제 있는 연구에 참가하라고 시키지는 않았을 것이라는 믿

음이 깔려 있다"고 말한다.[71]

　무고한 누군가에게 고통을 주게 되는 잘못된 지시를 따르는 것은 괴로운 일이 아닐 수 없다. 이런 경우에 괴로움이나 고통으로부터 자신을 방어하기 위해서 합리화를 하는 현상은 흔하게 발견할 수 있다.

　선스타인은 다음으로 사람들이 자신의 평판을 위험에 처하게 하고 싶지 않아서 복종한다고 설명한다. 한마디로 권위자한테 욕먹을까 봐 복종한다는 것이다. 이런 관점에서라면 한두 명의 실험 협조자가 전기 충격을 가하라는 지시를 거부하자 압도적인 수의 실험 참가자들이 지시를 거부했던 것 역시 실험 협조자에게 욕먹을까 봐 그랬던 것이라고 해석할지도 모르겠다.

　아무튼 위의 설명을 보면, 선스타인이 인간을 권위자가 주는 정보는 무조건 옳다고 믿거나 권위자한테 잘 보이려고 나쁜 짓을 기꺼이 하는 수동적인 존재, 비판적인 사고 능력이나 도덕성 등이 없는 무뇌아로 보고 있음을 알 수 있다. 즉 사람들이 권위자에게 복종하는 성향은 인간이 수동적인 무뇌아라서 어쩔 수 없다는 것이다.

　미국 심리학자들이 밀그램의 복종 실험을 좋아하는 이유는 고문이나 대량 학살 등이 인간의 복종 성향 때문에 발생한다는 억지 주장을 그 실험이 그럴듯하게 뒷받침해 주기 때문이다. 좀 더 정확히 말하자면, 인류사에 오명을 새긴 끔찍한 잔혹 행위들의 원인을 인간의 복종 성향 탓으로 몰아감으로써 인간 불신과 인간 혐오를 조장하기 위해서다. 만일 미국 심리학자들에게 이런 불순한 동기나 의도가 없다면, 그들이 밀그램의 복종 실험을 그토록 자주 언급하고 그것을 자의적으로 확대 해석하는 이유를 설명하기란 무척 힘들 것이다.

② 짐바르도의 스탠퍼드 교도소 실험

밀그램의 복종 실험만큼은 아니지만, 미국 심리학자들은 짐바르도의 스탠퍼드 교도소 실험도 자주 들먹인다. 이 실험을 간단히 요약하면 다음과 같다. 짐바르도는 대학생들을 모집해서 전체 학생 중의 절반에게는 간수 역할을 맡기고, 나머지 절반에게는 죄수 역할을 맡기는 교도소 실험을 실시했다. 시간이 지남에 따라 죄수들은 점점 더 죄수답게 행동하기 시작했고, 간수들은 점점 더 간수답게 행동하기 시작했다. 죄수들이 반항을 시작하자 짐바르도는 간수들에게 '상황을 통제하기 위한 조치를 취하라고 지시했고, 그들은 그 지시에 정확히 따랐다.' 그러나 이 과정에서 간수들의 심각한 잔혹 행위가 발생하는 바람에 연구가 중단되었다. 이 실험 결과에 근거해 짐바르도는 개인의 품성이 갖는 중요성이 우리가 생각하는 것보다 훨씬 미약하며, 상황의 압력이 멀쩡하던 사람들로 하여금 끔찍한 짓을 저지르도록 만들 수 있다고 주장했다.

나아가 짐바르도는 평범한 보통 사람들이 나치의 전쟁 범죄에 가담했던 이유를 한나 아렌트Hannah Arendt의 '악의 평범성banality of evil' 이론을 응용해 설명했는데, 그는 "탈개인화는 가해자와 피해자를 본질적으로 익명의 존재로 만들어 버리고, 개인의 존재를 특정한 유형이나 역할로 변형시켜 버린다. 탈개인화를 통해 사람들은 일반적으로 존재하는 사회적 제재를 외면하게 되고, 내면의 '도덕적 의문moral doubts'은 침묵을 지킨다. 이렇게 해서 탈개인화는 '감정과 욕망이 억제되지 않고 분출되는 디오니소스적 특성'이 '욕망의 억제와 자제를 나타내는 아폴로적인 특성'과 싸워서 이기도록 만든다"며 잔학 행위의 원인으로 '탈개인화deinviduation'를 지목했다.

탈개인화, 즉 익명화가 사람들을 폭도로 만든다는 것은 쉽게 말해 남들의 시선을 의식하지 않아도 괜찮은 상황이 되면 인간은 원래 가지고 있던 악마성을 드러냄으로써 악마로 변신한다는 말이다. 이런 견해는 말만 살짝 바꿨을 뿐 군중이 개개인들로 하여금 독립성, 개체성을 상실하게 만들어 그들을 폭도로 만든다는 르봉의 견해, 군중이 동물적 본능을 분출시키게 만든다는 정신분석학적 견해, 군중 혹은 집단이 극단화를 부추긴다는 미국 심리학적 견해의 연장선에 있다. 한마디로 이런 견해는 개개인은 그렇게까지 나쁘지 않을 수 있으나 그들이 군중이나 민중과 같은 집단에 소속되면 미쳐 버려 광신도가 된다는 전형적인 민중 혐오에 기초하고 있다. 이런 견해가 사실이라면 개개인들은 집단에 소속되면 악마가 되니까 홀로 고립된 채 사는 것이 자신에게도, 사회에게도 최선이다. 하지만 현실적으로 개인들이 집단에 소속되지 않고 홀로 고립되어 살면

살수록 이익을 보는 집단은 민중 항쟁을 두려워하는 지배층뿐
이다.

악마에게 면죄부를

짐바르도의 실험은 대중에게 인간은 상황적 압력이 있으면 누구
나 다 악마가 될 수 있다, 우리는 다 잠재적 악마니까 나쁜 짓을
한 자들을 비난할 자격이 없다고 속삭인다. 이런 악마적인 속삭임
은 이 짐바르도의 실험이 아부그라이브 수용소에서 잔학 행위를
저지른 미군 병사들에 대한 비난을 잠재우는 데에 요긴하게 쓰이
는 것을 통해서도 확인할 수 있다. 선스타인은 이런 일반적인 주
장들, 특히 스탠퍼드 교도소 실험은 아부그라이브 수용소에서 미
군 병사들이 저지른 끔찍한 행동을 설명하는 데 도움이 된다면
서[72] "이 사건에서 군인들은 죄수들을 개 목줄로 묶어서 끌고 다
니고, 죄수들에게 구강성교 장면을 연출하게 하고, 담배를 피우는
여군 병사 앞에서 자위행위를 하도록 시켰다. (여군 병사는 하이파
이브를 하며 좋다고 동의했다.) 미군 병사 한 명은 남자 포로들을 성
폭행하겠다고 협박하고, 빗자루 대와 의자로 폭행하고, 주먹으로
치거나 발로 차고, 강제로 여자 속옷을 입혔다. 이러한 학대 행위
는 군 지휘관들이 주장하는 것처럼 행실 나쁜 일부 병사들이 저지
른 일탈 행위가 아니라, '상황의 압력 situational forces'이 초래한 예
상 가능한 결과"라고 주장했다.

선스타인 같은 미국 심리학자들의 교활함은 그들이 '상황의 압
력'이라는 애매모호한 표현을 사용할 뿐, 그것이 무엇인지는 절

대로 이야기하지 않는다는 데 있다. 범위를 최근 시기로만 좁혀서 따져 보더라도, 미국이 이라크에 대량 살상 무기가 있다는 거짓말을 조작하여 이라크 침략 전쟁을 시작하지 않았더라면, 테러와의 전쟁을 빌미로 이슬람권을 무차별적으로 공격하지 않았더라면, 나아가 법적 근거도 없고 외부의 감시도 불가능한 아부그라이브 형무소를 운영하지 않았더라면 아부그라이브 사건은 아예 발생조차 하지 않았을 것이다. 미국 심리학자들은 상황의 압력이 무엇인지는 거의 말하지 않는다. 다만 상황의 압력이 있으면 누구나 다 나쁜 짓을 하기 마련이므로 그들을 비난하지 말라고 점잖게 타이를 뿐이다.

아부그라이브 사건은 부정의한 전쟁에 동원된 사람들의 정신이 얼마나 황폐해지는지를 보여 주는 전형적인 사례이기도 하다. 그 일이 아무리 고되고 힘들더라도 정의로운 일을 하는 사람은 정신이 거의 병들지 않지만 부정의한 일을 하는 사람의 정신은 필연적으로 병든다. 과거에 일본 제국주의가 한국을 침략했을 때, 한국인들은 독립군 등을 조직해서 일본군과 싸웠다. 하지만 독립군은 일본의 민간인은 물론이고 일본군을 대상으로 하는 잔학 행위를 저지르지 않았다. 반면에 일본군은 불타는 집에 살아 있는 아기를 던져 넣는 등 민간인을 대상으로 끔찍한 잔학 행위들을 저질렀고, 731부대를 운영하면서 인간을 대상으로 독가스 실험을 하는 등의 상상하기조차 힘든 잔혹 행위를 자행했다. 왜 똑같이 삶과 죽음이 교차하는 전쟁에 참가하고 있었음에도 독립군과 일본군 사이에 이런 차이가 발생했던 것일까? 단순하게 답하자면 독립군들은 정의로운 전쟁을 하고 있었지만 일본군은 부정의한 전쟁을 하고 있었기 때문이다. 1980년대의 광주 민중 항쟁 시기에 시민군은 잔학 행위는커녕 대단히 숭고한 도덕성을 보여 준 반면 진압군은 성폭행을 비롯한 끔찍한 잔학 행위를 일삼았다. (이와 관련해 10월 31일 국가인권위원회와 여성가족부, 국방부가 공동으로 구성한 '5·18 계엄군 등 성폭력 공동 조사단'은 5·18 광주 민주화 운동 당시 계엄군에 의한 성폭행이 있었다고 발표하면서 계엄군이 광주에서 성폭행을 자행했다는 사실을 처음으로 인정하기도 했다.) 시민군과는 달리 진압군이 끔찍한 짓을 자행했던 것은 부정의한 행동을 강요당하는 것이 정신적 붕괴와 잔학 행위의 근본 원인임을 보여준다.

영화 〈박하사탕〉(1999)은 부정의한 일을 강요당하는 것이 정신을 병들게 만드는 현상을 잘 묘사하고 있다. 야학 선생이라는 경력이 말해 주듯, 이 영화의 주인공 김영호는 원래 군부 독재 정권에 반대하는 성향을 가진 진보적인 대학생이었다. 그러나 그는 군대에 있을 때 강제로 광주 민주 항쟁 진압군으로 차출되었고, 오발 사고로 한 여학생을 죽이게 된다. 이후 죄책감을 감당할 수가 없었던 김영호는 거의 자포자기하는 심정으로 독재 정권의 경찰이 된다. 어느 날 그는 경찰서에 연행되어 온 한 노동자를 고문하라는 지시를 받았다. 거의 정신적 붕괴 상태에 빠진 김영호는, 다른 경찰들이 깜짝 놀랄 정도로 격렬하게 울부짖으면서 그 노동자를 잔인하게 고문한다. 이 사건 이후 그의 정신은 급격하게 황폐화된다. 지독한 자기혐오와 자기 처벌 충동에 사로잡힌 그는 마치 악인이 되기로 작정한 듯 못되게 살아가다가 결국에는 자살한다. 정의로운 전쟁이 아닌 침략 전쟁에 동원된 미국 병사들은 제2의 김영호일 뿐이다. 즉 아부그라이브 교도소의 미군 병사들은 단순히 미시적인 상황적 압력 때문에 잔학 행위를 저지르게 된 것이 아니라 부정의한 전쟁에 동원되어 정신이 붕괴된 결과 그런 끔찍한 짓을 저지르게 된 것이다.

앞에서 언급했듯이, 밀그램은 "만약 독일의 나치 수용소 같은 시설이 미국에 세워진다면, 미국 내 중간 규모의 마을 어디서건 수용소 운영에 필요한 인력을 얼마든지 구할 수 있을 것이다"라는 유명한 말을 했는데, 선스타인 역시 "사람은 자신이 맡은 임무나 처한 상황으로 인해서 극단적인 행동을 할 수 있다는 것이다. 특정한 상황에 놓이면 우리 모두가 잔혹 행위를 저지를지 모른다"며 이와 유사한 맥락의 말을 한다.

밀그램, 짐바르도, 선스타인의 주장에는 '우리는 모두 잠재적 악마다', 그러니 '아부그라이브 사건을 저지른 미군 병사들을 욕하지 말라'는 메시지가 담겨 있다. 참으로 편리한 책임 전가이자 지독한 인간 혐오다. 나치의 유대인 학살은 제국주의 국가 사이의 식민지 쟁탈전 과정에서 발생한 비극적인 사건이고 아부그라이브의 잔학 행위 역시 미국이라는 제국주의 국가의 침략 전쟁 과정에서 발생한 사건이다. 따라서 이런 끔찍한 사건들의 일차적인 책임은 제국주의 국가, 그중에서도 제국주의 국가의 지배

층인 독점 자본가 계급에게 있다. 최말단의 일반 병사들에게 시
스템 혹은 국가 권력에 저항하지 못한 책임 혹은 정신적 붕괴를
막지 못한 책임을 전혀 물을 수 없는 것은 아니겠지만, 그들에게
나아가 인간의 악마성에 주요한 책임을 묻는 것은 현실을 오도
하기 위한 궤변일 뿐이다. 광주 학살의 주요한 책임은 전두환과
신군부 세력에게 있지 진압에 동원되었던 말단 병사들에게 있는
것이 아니라는 말이다.

스탠퍼드 교도소 실험은 조작된 실험?

스탠퍼드 교도소 실험은 당시에도 의혹의 눈길을 받았으며, 반
복 검증에도 실패했다. 영국 세인트 앤드류 대학의 스티븐 레이
처와 엑서터 대학의 알렉산더 하슬람은 BBC 방송국과 협력하여
스탠퍼드 교도소 실험을 부분적으로 재현했다. 그러나 'BBC 교도
소 실험'이라고 불렸던 이 실험에서는 간수 역할을 담당한 실험
참가자가 역할에 몰입해 가혹 행위를 하는 현상이 발생하지 않
았다. 오히려 간수들은 역할에 전혀 몰입하지 못해서 죄수들에
게 압도되기까지 했다. 이런 결과에 기초하여 레이처와 하슬람
은 '인간은 환경 요인에 무기력하게 끌려 다니는 존재가 아니다'
라는 결론을 내렸다.

무엇보다 윤리적인 문제 때문에라도 BBC 교도소 실험 이후
에는 스탠퍼드 교도소 실험과 유사한 실험은 더 이상 실시할 수
없게 되었다. 즉 스탠퍼드 교도소 실험은 반복 검증이 원천적으
로 불가능해졌다. 사실 자연 과학 실험과는 달리 상당수의 심

리학 실험은 원칙적으로 반복 검증이 매우 어렵거나 불가능하다 — 무엇보다 자연 과학 실험에서 다루어지는 실험 대상인 물질들과 달리 심리학 실험의 대상인 인간이 완전히 동질적인 존재라는 사실을 전제하기가 어렵다. 따라서 심리학 실험은 올바른 표집은 물론이고 다양한 문화권에서의 반복 검증을 필수적으로 요구한다 — 는 사실을 논외로 하더라도, 반복 검증이 불가능하다는 사실만으로도 스탠퍼드 실험의 결과를 일반화하는 것은 대단히 위험하다고 말할 수 있다. 그럼에도 불구하고 미국 심리학자들은 이 스탠퍼드 교도소 실험을 금과옥조처럼 여기면서 그 결과를 제멋대로 확대 해석하거나 과도하게 일반화하는 데 열심이다.

최근에는 스탠퍼드 교도소 실험이 조작된 실험, 즉 실험 참가자들의 행동이 연기였거나 짐바르도의 요구에 따른 것이었다는 폭로가 나오기도 했다. 작가이자 컴퓨터 공학 박사인 벤 블룸은 『어느 거짓말의 수명*The Lifespan of a Lie*』이라는 저서를 통해 스탠퍼드 교도소 실험이 조작되었다고 폭로했다. 짐바르도는 실험 참가자들이 그들에게 주어진 역할에 몰입하는 과정에서 간수들의 가혹 행위가 자발적으로 나타났다고 주장했지만, 간수들의 가혹 행위는 짐바르도와 그의 조수들이 내린 지시에 따른 것이었다. 예를 들면 짐바르도의 실험 조교였던 데이빗 제프는 마음 약하게 행동하는 간수를 더욱 거칠게 행동하도록 교정했고, 간수들 중에서 가장 심한 가혹 행위를 했던 데이브 에셸만은 자신이 철저하게 연기하는 입장에서 간수 역할에 임했다고 밝혔다(그는 고등학생 때부터 연기를 공부했다). 또한 죄수 역할을 하는 과정에서 실험 3일째부터 심각한 신경 쇠약 증상을 드러냈던 코피는 저자와의 인터뷰에서 이상 행동을 비롯한 자신의 행동이 다 연기였다고 실토했다.

스탠퍼드 교도소 실험은 윤리적인 문제도 심각했다. 당시에 실험에 참가했던 학생들과의 인터뷰와 실험 녹취록에 의하면 코피를 포함해 죄수 역할을 했던 여러 실험 참가자들은 실험을 중단하고 감옥에서 나가게 해 달라고 요구했다. 하지만 짐바르도는 "오직 의료적 혹은 정신적 치료가 필요한 경우에만 나갈 수 있다"면서 이들의 요청을 묵살했다. 이것은 사실상 불법 감금으로, 심각한 연구 윤리 위반 — 연구 참가자들은 언제라도 자신의 참여를 철회할 권리가 있다 — 이자 법적으로도 처벌받을 수 있는 행위다.

이 외에도 스탠퍼드 교도소 실험에 대한 비판은 꾸준히 제기되어 왔는데, 이와 관련해 서울대학교 인지과학 협동 과정의 백소정은 'KISTI의 과학향기'에 기고한 글에서 다음과 같이 말했다.

사실 스탠퍼드 교도소 실험에 대한 심리학계의 의혹과 비판은 꾸준히 제기돼 왔다. 실험이 끝난 직후 짐바르도는 자신의 연구를 심리 학술지가 아닌 일반 언론 잡지인 뉴욕 타임스 매거진에서 출판했다. 논문 출판에 필요한 동료 평가를 거치지 않은 것이다. 게다가 제대로 된 학술 논문은 심리 학술지가 아닌 범죄학 및 형벌학 관련 학술지에 출판했다. 그 내용도 심리학적 검증보다는 미국 형벌 시스템의 처참한 환경이 간수와 재소자에게 악영향을 준다는 메시지에 집중했다. (…) 자연 현상과 달리 인간의 정신은 저울과 눈금으로 측정할 수 없다. 심리학자는 연구 참가자의 행동과 발언, 자기 보고에 의존해 심리를 유추할 수밖에 없으며 이 과정에서 연구자의 주관이 섞여 들어가는 것은 불가피한 일이다. 그렇기에 심리학자는 연구 설계와 결과 해석에 최대한 객관적인 태도로 임해야 하며, 동료 학자들의 비평과 검증을 받아들여 균형과 정확성을 얻고자 노력해야 한다. 짐바르도의 스탠퍼드 교도소 실험에는 처음부터 끝까지 짐바르도 본인의 주관성이 개입되었으며, 그 메시지 또한 동료 학자들의 검증과 비판을 전혀 거치지 않았다. 그 메시지는 아부그라이브 교도소에서 이라크 포로를 학대한 미군 병사도, 유대인 학살을 저지른 나치도 사실은 모두 폭력적이고 강압적인 환경에 굴복한 평범하고 선량한 사람이라는 면죄부를 주었다. 우리의 사악한 행동은 우리가 악해서가 아니라 상황이 우리를 내몰았기 때문이라는 것이다. 잘못된 실험의 잘못된 결과가 대중에게 그대로 노출됐을 때, 우리 사회와 시스템은 걷잡을 수 없이 퇴보된 방향으로 나아갈 수 있다. 그런 의미에서 지난 40년간 개인과 환경의 관계, 형법 제도, 인간 본성이라는 중요한 주제에 절대적 영향력을 끼쳐 온 심리학자가 사실은 사기꾼일지도 모른다는 의혹에 많은 이들은 씁쓸함을 느끼고 있다.[73]

백소정이 정확하게 지적한 것처럼 스탠퍼드 교도소 실험은 제국주의적 침략의 필연적 부산물인 잔혹 행위를 변호하고 그것에 면죄부를 주는 학문적 도구로 악용될 수 있으며, 나아가 대중에게 인간 불신과 인간 혐오를 퍼뜨리는 역할을 할 수 있다. 객관적으로는 학문적 가치가 거의 없는 스탠퍼드 교도소 실험을 미국 심리학자들이 빈번히 인용하면서 호들갑을 떠는 것은 이런 이유 때문일 것이다.

선스타인이 자신의 저서에서 밀그램의 복종 실험과 짐바르도의 교도소 실험을 자세히 다루면서 그것을 집단 극단화 이론과 결부시키고 밀그램과 짐바르도의 익숙한 결론에 동의하는 것은 집단 극단화 이론이 인간 혐오의 전통을 충실히 계승하고 있는 반인간적, 비과학적 이론이라는 것을 보여 준다.

4) 본질이 어용 이론인 미국 심리학

일찍이 심리학자 에리히 프롬은 여러 가치 있는 저서들을 통해 현대 자본주의가 현대인을 정신적으로 병들게 만든다는 것을 논증했다. 그러나 미국 심리학은 이런 사실—대표적으로 병든 사회와 정신 건강 사이의 관계—은 철저히 외면한 채, 병적인 자본주의 사회에서 살아가고 있는 사람들을 대상으로 이런저런 실험들을 실시한 다음에 '봐라! 인간은 이렇게 악하고 한심한 존재다.'라고 떠들어 댄다. 이것은 사실 사람을 망쳐 놓고 나서 그 사람만

탓하는 파렴치한 짓이다. 독점 자본가 계급의 탐욕으로 인해 1대 99로 분할된 양극화 사회나 제국주의의 침략 전쟁과 지배 정책으로 쑥대밭이 된 사회 등은 사람에게 병적인 환경으로 작용한다. 이런 환경 속에서 살다 보면 사람들의 정신은 황폐해지기 마련이다. 그러면 미국의 심리학자들이 득달같이 달려들어 그런 사람들을 대상으로 이런저런 실험을 실시해 모든 사회악의 책임을 그들에게 돌린다. 이런 점에서 미국 심리학은 철두철미한 친자본가, 친제국주의 어용 이론이다.

미국 심리학이 본질적으로 어용 이론이라는 것은 우선 그들이 제국주의에게는 책임을 전혀 묻지 않고 일반 시민 탓만 하는 데서 찾아볼 수 있다. 선스타인은 "민족 분쟁을 원초적인 증오심이 바깥으로 끓어오른 것이라고 생각하기 쉽다. 그 증오심은 집단 극단화가 빠른 속도로 민족화를 촉진시킴으로써 낳은 결과인 경우가 많다. 민족 분쟁 중이거나 특정 민족에 대해 심한 반감을 가진 사람들 가운데는 아주 먼 과거의 일보다는 최근에 벌어진 일에 의해 결정적인 영향을 받은 경우가 많다. 그리고 정부가 나서서 국가 간 적대감을 키우고 유지시키는 경우도 많다. 한국 사람들은 태어날 때부터 일본에 대해 반감을 가진 게 아니라, 한국 정부가 일본인들에 대해 과거뿐만이 아니라 지금도 원수지간이라는 쪽으로 역사를 가르치기 때문에 그렇게 된 것이다. 따라서 많은 한국인이 나타내는 일본에 대한 증오심은 현재의 압력이 가져온 결과"[74] 라고 말하면서 한국인들이 반일 감정을 갖게 된 것은 기본적으로 한국 정부의 세뇌 때문이라고 주장한다.*

물론 선스타인의 말처럼 한국인들이 태어날 때부터 반일 감정을 가지고 태어나는 것은 아니다. 그러나 한국인이라면 누구나 알고 있듯이, 한국인들이 일본을 증오하도록 만드는 주요한 책임은 아직까지도 청산되지 않은 과거의 제국주의적 침략과 식민지 지배 그리고 그러한 과거를 반성하기는커녕 재침 야망에 사로잡혀 있는 극우적인 일본 정부에 있다. 선스타인은 이런 역사적 사실은 아예 언급조차 하지 않은 채 한국인들의 반일 감정이 한국 정부의 세뇌와 압력 혹은 잘못된 역사 교육에 의한 것이라고 생억지를 부리고 있다. 만일 그의 견해가 옳다면 한국 정부는 한국인들의 반일 감정을 없애기 위해 과거에 일본이 한국을 침략했던 역사를 한국을 부흥시켜 준 역사로 왜곡해서 가르쳐야 할 것이다(실제로 박근혜 정권이 이런 짓까지 하려고 하다가 탄핵당했다). 이런 선스타인의 견해에는 정부가 편향적인 정보를 제공하거나 역사 교육을 하면 민중은 그대로 세뇌당하는 멍청이라는 민중 혐오 사상이 바탕에 깔려 있다.

미국 심리학이 본질적으로 어용 이론이라는 것은 때로는 노골적으로 때로는 은근하게 미국식 민주주의가 제일이라는 체제 선전에 열을 올리고 있는 것을 통해서도 확인할 수 있다. 1990년대

---

* 원래 이 글에서 그는 한국이 아니라 조선민주주의인민공화국(북한)을 언급하고 있지만, 그것을 한국으로 바꾸어도 내용상으로 별 차이가 없고 읽기에 더 매끄러워서 한국으로 바꾸었다.

초에 사회주의 진영과 자본주의 진영 사이의 동서 냉전이 미국의 승리로 귀결되면서 미국은 명실공히 세계 유일 초강대국으로 등극했다. 그러자 미국을 중심으로 하는 서구의 지식인들은 사회주의 진영의 몰락으로 인해 이데올로기와 냉전의 시대는 끝났다면서, 미국식 민주주의가 최고의 정치 체제임이 증명되었다고 떠들어 댔다. 미국의 유일 초강대국 등극으로 기고만장해진 미국의 지식인들은 역사의 종말을 선언하면서, 목소리를 높여 서구의 자본주의 제도와 자유민주주의―사실상 미국식 민주주의를 의미한다―가 최상의 사회 제도라고 외쳐 대기 시작했던 것이다. 그런 류의 미국 지식인들 중에서 선두주자는 프랜시스 후쿠야마Francis Fukuyama라고 할 수 있는데, 그는 역사가 이미 자유민주주의의 승리로 끝났으므로 이제 더 이상의 의미 있는 역사적 변화는 있을 수 없다고 보는 탈역사적인 시각을 제안했다. 나아가 후쿠야마는 사회주의가 평등을 향한 열정 때문에 망했다고 주장하면서 "어느 정도의 우월 욕망은 삶 자체를 위해 필수적인 전제 조건이라고 보았던 니체의 믿음은 전적으로 옳았다"고 선언했다.[75] 한마디로 '평등을 향한 열정'에 기초하는 사회주의는 자연 혹은 인간의 본성에 반하는 것이어서 망했으며, 우월 욕망에 기초하는 자본주의는 자연 혹은 인간의 본성에 부합되는 최상의 사회이므로 영원할 것이라는 말이다. 린 데이비스는 "오늘날 다른 형태의 천년왕국설이 출현했는데, 후쿠야마가 『역사의 종말The End of History』(1992)에서 주장하기를 인류는 현재 이데올로기적 진화의 종착점에 도달하고 있으며 서구의 자유민주주의가 인류 정치 체제의 궁극적인 형태로 보편화된다고 했다. 이것은 위험한 생각이다. 미국에서와 같이, 자유민주주의가 유일하게 정통성 있는 정치 체제라는 가정과 결합될 때 이는 특히 위험하다"며 후쿠야마를 비판했다.[76]

서구 사회의 지식인들 중 하나인 집단 극단화 이론의 제창자 선스타인 역시 미국식 민주주의는 최고라고 치켜세우는 반면 다른 나라의 정치 체제는 독재 정권 혹은 압제 정권과 동일시한다. 그는 극단주의가 미국식 민주주의를 채택하지 않은 나라들에서 발생한다고 강조하면서 그 이유를 "이런 식으로 독재 국가에서는 시민들 사이에 '절름발이 인식'이 퍼지게 된다. 이와 달리 민주국가에서는 여러 정보들이 서로 경쟁하면서 존재하기 때문에 테러리스트들의 주장은 비논리적이라는 게 금방 드러나 무력화될 가능성이 크다"고 설명한다. 만일 미국을 비롯한 서구 사회에서는 다양한 정보들이 경쟁하기 때문에 극단주의가 발흥할 수 없다는 선스타인의 주장이 옳다면, 전 세계에 미국식 민주주의 제도를 심는 데 성공할 경우 극단주의나 테러리즘은 근절될 수 있을 것이다. 21세기에 미국을 비롯한 서구 제국주의 국가들은 리비아, 이라크 등을 공격해 서구의 자유민주주의와 유사한 정치 체제를 이식하는 데 성공—최소한 편향적인 정보만 제공하는 정부를 제거하는 데는 성공—했다. 그러나 이 나라들의 현실은 극단주의나 테러리즘이 줄어들기는커녕 오히려 더 증가했음을 보여주고 있다.

선스타인의 주장에 의하면 미국이나 영국 같은 나라들에는 극단주의나 테러리즘이 없어야 한다. 그러나 현실을 보면 미국이나 영국 같은 서구 나라들에서도 테러리스트가 자라나고 활동하고 있다. 이와 관련해 미국 심리학은 서구 사회 내에서의 극단주의나 테러리즘은 동질적인 집단이 모여 극단화되기 때문에 발생한다고 설명하는데, 그것은 미국식 민주주의가 극단주의나 테러리즘을 예방하는 데 별 도움이 안 된다는 자기 고백일 뿐이다. 어쨌든 미국식 민주주의 국가 내에서도 동질적인 집단이 모일 경우 집단 극단화로 인해 극단주의나 테러리즘이 발생할 수 있다면, 어떻게 해야 할까? 별다른 방법이 없을까? 선스타인의 해법이란 동질적인 사람들이 모이지 못하도록 원천 봉쇄하자는 것이다.

> 법과 정치에 몸담은 사람들은 테러 활동을 막는 가장 좋은 전략 가운데 하나는 같은 생각을 가진 사람들끼리 모이는 소굴을 원천적으로 차단하는 것임을 명심해야 한다.[77]

만일 동질적인 사람들이 모이지 못하도록 해야 한다는 선스타인의 파쇼적 주장을 미국 정부가 받아들여서 '동질적인 사람들 사이의 교류와 모임 금지법'이라도 만들면 어떻게 될까? 각종 동창회, 취미 모임, 노동조합, 정당, 군대 나아가 가족까지도 모조리 흩어 놓거나 해산시켜야 할 것이다.

제국주의를 대변하는 어용 지식인이 아닌 양심적인 지식인들은 서구의 자유민주주의, 특히 미국식 민주주의가 진정한 민주주의가 아닌 위선적 민주주의임을 꾸준히 지적하고 폭로해 왔다. 미국식 민주주의는 단지 무늬만 민주주의일 뿐 내용적으로는 극소수 지배층의 절대다수 민중에 대한 독재일 뿐이다. 나아가 미국식 민주주의는 제국주의적 침략을 당하는 나라에게는 도움이 되기는커녕 독으로 작용한다. 입만 열면 언론 자유와 다양한 정보를 강조하는 미국은 이라크 전쟁 당시에 미국의 선전과는 다른 견해를 방송하던 알자지라와 아부다비 텔레비전 방송국을 이라크의 해방과 언론 자유를 명분으로 내세우며 폭격했다. 미국식 민주주의란 제국주의적 침략의 상징이기 때문에 침략을 당하는 나라의 민중에게 미국식 민주주의란 '잔혹과 수탈의 동의어'로 받아들여지고 있다.[78]

미국 심리학자들은 마치 자신들이 객관적인 자료에 기초하는 중립적인 연구를 하는 것처럼 선전하고 있지만, 그들이야말로 자본가 계급과 제국주의의 편에 확고히 서 있는 당파성의 화신이다. 의식하든 의식하지 못하든 간에 미국 심리학자들은 민중 혐오와 같은 서구의 주류적 가치관에 기초해 가설을 세우고 실험을 설계하며, 그 가치관에 입각해 결과를 자의적으로 해석한다. 그리고 한국의 심리학계는 이런 미국 심리학을 비판하기보다는 무비판적으로 추종하며 그 뒤를 쫓기에 급급하다.

8. 무엇이 극단주의를 만드는가

극단주의의 기본 특징은 배타성이다. 그렇다면 이 배타성은 어디에서 기인하는 것일까? 외부 세계 혹은 외부 대상에 대한 배타성은 안전을 위협당할 때 전형적으로 초래된다. 외부 세계로부터 안전을 위협당하면 당연히 두려움을 느끼게 되어 외부 세계를 배타적으로 대하게 된다는 것이다. 이것은 극단주의의 첫째가는 원인이 안전에 대한 위협임을 의미한다.

1) 안전에 대한 위협

'안전에 대한 욕구는 근본주의 문헌에서 반복적으로 다루는 주제'라는 말이 보여 주듯, 극단주의 연구자들은 극단주의의 첫째가는 원인으로 안전에 대한 위협을 꼽아 왔다. 이와 관련해 스테판 부부Stephan and Stephan는 외집단outgroup에 대한 불안감을 고찰하기 위한 통합 위협 모델Integrated Threat Model을 제안했는데, 여기에서 그들은 외부의 위협을 다음의 두 가지로 구분했다.[79]

첫째, '실재적인' 위협. 실재적인 위협이란 정치적·경제적 권력 또는 신체적 안녕에 대한 위협을 의미한다. 외적의 침략으로 권력을 빼앗겨 식민지의 처지에 놓이는 것, 이민자의 급증으로 실업자가 되는 것, 경제 위기로 직장에서 해고당하는 것, 인종 청소로 인해 목숨을 위협당하는 것 등을 예로 들 수 있다.

둘째, '상징적인' 위협. 상징적인 위협이란 집단의 가치 체계, 신념 체계, 세계관 등에 대한 위협을 의미한다. 급격한 도시화 혹은 자본주의화로 인해 전통적인 농촌 공동체의 가치 체계, 신념 체계, 세계관 등이 무너지는 것을 예로 들 수 있다.

안전에 대한 위협을 두 가지로 구분하는 스테판 부부의 견해는 기본적으로 타당하다. 다만 나는 심리학적인 관점에서 볼 때에는 상징적인 위협보다는 '정신적인 위협'이라는 개념이 더 적합하다고 판단하기 때문에 안전에 대한 위협을 '실재적인 위협'과 '정신적인 위협'으로 구분하여 논의를 전개할 것이다. 정신적인 위협에는 기존의 가치 체계나 신념 체계, 세계관에 대한 위협만이 아니라 정신, 특히 정신 건강에 대한 위협도 포함된다. 예를 들면 자존감 손상, 극심한 무력감과 고립감, 정체성 상실 등이 정신적 위협에 포함될 수 있다.

현실에서는 실재적인 위협과 정신적인 위협이 밀접하게 얽혀 있다. 즉 실재적인 위협은 필연적으로 정신적인 위협으로 이어지며, 정신적인 위협은 실재적인 위협을 매개로 작동하면서 그것을 더욱 위협적으로 느끼게 하는 식으로 양자는 서로 밀접하게 관련되어 있다.

① 안전을 위협하는 사회적 조건: 실재적인 위협

오늘날 극단주의의 주요 원인인 안전에 대한 위협을 심각하게 증폭시키고 있는 사회적 조건은 자본주의, 특히 신자유주의적 자본주의다. '대부분의 극단주의와 테러리즘은 특수한 정치적·경제적·역사적 맥락 속에서만 이해될 수 있다'는 말처럼, 극단주의의 원인은 집단 극단화와 같은 허구적이고 협소한 개념이 아니라 사회 역사적 맥락 속에서 찾아야 한다.

사회 현상 혹은 집단 심리의 원인을 사회 역사적 맥락에서 찾는 연구의 첫 포문을 연 학자는 마르크스라고 할 수 있다. 일찍이 그는 『자본*Das Kapital*』에서 "그가 인격화된 자본인 한, 그에게 동기를 부여하는 힘은 사용 가치의 취득과 향유가 아니라 교환 가치의 취득과 증대다. 그는 가치의 증식에 광신적으로 전념하며, 그 결과 인류가 생산을 위해 생산하도록 가혹하게 강제한다"[80]고 말하며, 축적 혹은 이윤 추구 충동에 사로잡힌 자본가 계급의 극단주의(광신)가 자본주의 제도가 만들어 내는 강박 심리라고 주장한 바 있다.

자본주의 사회에서 자본가 계급은 다른 자본가들과 치열한 경쟁 관계에 있다. 만일 경쟁에서 패하면 그는 파산과 몰락 — 파산과 몰락은 실재적인 위협만이 아니라 정신적인 위협까지 초래한다 — 을 면치 못한다. 따라서 그는 항상 안전을 위협당하고 있다는 느낌에 시달린다. 자본주의 사회에서, 자본가를 포함하는 사람들은 시장, 나아가 경기 변동을 예측하지도 통제하지도 못한다. 이로부터 자본가는 이러다가 갑자기 경기가 나빠지면 망할 수도 있다는 두려움, 즉 안전을 위협당하는 느낌에 시달린다. 만성적으로 안전을 위협당하고 있는 자본가 계급은 어느 정도 돈을 벌어 놓더라도 쉽게 안심할 수가 없어서 미친 듯이 자본을 축적하려는 — 혹은 이윤을 추구하려는 — 강박적인 충동에 지배당하게 된다. 자본주의 국가의 지배층이 배타성을 특징으로 하는 극단주의나 국가 테러리즘에 취약한 것은 이런 자본가 계급의 심리와 관련이 있다.

자본주의의 모순은 한때 수정 자본주의 등으로 약간 개선되거나 완화되는 듯했으나, 1980년대부터 신자유주의적 자본주의가 보편화됨에 따라 한층 악화되고 심화되었다. 신자유주의적 자본주의의 모순은 2008년에 미국발 금융 위기로 폭발했다. 이때부터 현재까지 지속되고 있는 세계적인 경제 위기와 정치 위기 상황을 배경 삼아 미국, 유럽 등에서는 이주민 혐오 등에 기생하는 신나치 같은 극우 정치 세력이 급격히 부상했다. 이것은 미국의 이슬람권 침략이라는 변수를 제외한다면 극단주의의 발흥이 기본적으로 신자유주의적 자본주의의 위기와 맞물려 있는 사회 현상임을 시사해 준다. 신자유주의적 자본주의 사회인 한국 사회의 모습을 문화평론가 문강형준은 "오로지 생존을 위한 전쟁 같은 삶을 지탱시키기 위해서는 값싸고 쉬운 쾌락이 필요하며, 대중문화는 연예인들을 전면적으로 가동해 연일 즉각적이고 감각적인 엔터테인먼트 '콘텐츠'를 제공한다. 절망에 빠져 '루저'가 된 이들에게는 심리적이고 개인적인 차원의 달콤한 희망의 말들이 이런저런 '멘토'들에 의해 '힐링'이라는 이름으로 판매된다. 쾌락이나 돈이나 성공에 관한 '열정'을 제외한 모든 열정을 위험하게 여기는 이 시대에는 그래서 독재와 부패마저도 합리적으로 자행된다"[81]고 묘사하기도 했다. 한국인들은 각개로 고립되어 치열한 경쟁을 하는 반면 사회 안전망은 거의 없는 조건에서 살고 있기 때문에 파산이나 해고, 실업 등이 안전을 위협하는 정도가 그만큼 크다고 할 수 있다. 한국인들은 세월호 사건이나 건물 붕괴, 화재 사건 등을 반복적으로 경험하면서 재난을 당했을 때 국가는 아무런 도움도 주지 않는다고 믿게 되었다. 또한 어린 시절에는 왕따나 일진의 폭력을 경험하고 어른이 되어 사회생활을 하면서는 각종 갑질을 경험한다. 여기에 더해 나날이 각종 범죄까지 기승을 부려 홀로 으슥한 길을 걷기조차 두렵게 되었다. 이런 모든 것이 신자유주의 시대를 살아가는 한국인들이 경험하는 안전에 대한 위협 수치를 극한까지 끌어올리고 있다.

오늘날의 신자유주의 사회에서 일반인들은 최소한의 안전과 관련된 생존을 심각하게 위협당하고 있다. 즉 실재적인 위협에 무방비 상태로 노출되어 있다는 것이다. 실재적인 위협 중에서 논란의 여지가 전혀 없는 것은 미국의 무차별 폭격 등으로 육체적 생명을 위협당하는 것이다. 생명을 위협하는 대상에 대한 생명체의 전형적인 반응은 배타적인 태도, 적대감, 분노다. 자신을 죽이려고 하는 육식동물을 향해 초식동물은 격렬한 적대감과 분노를 표현한다. 나를 죽이려고 하는 대상을 배타적으로 대하고 그 대상에게 적대감과 분노를 표출하는 것은 지극히 정상적인 반응이라고 할 수 있다.

실재적인 위협은 필연적으로 정신적인 위협으로 이어진다. 제국주의의 침략과 지배에 시달리는 이슬람권 사람들은 육체적 생명에 대한 위협만이 아니라 세계관의 붕괴 같은 정신적인 위협도 경험한다. 이런 상황에서 극단주의가 사람들에게 일정 정도의 안전감을 보장해 줄 수만 있다면, 그들은 극단주의에 쉽게 빠져들 것이다. 평화운동가 실라 엘워디Scilla Elworthy와 가브리엘 리프킨드Gabrielle Rifkind는 근본주의 집단인 하마스Hamas에 동조하는 사람들을 연구한 결과에 근거해 안전에 대한 위협의 감소와 근본주의 사이에 직접적인 연관이 있다고 강조했다.

> 이러한 상황[안전이 위협당하는 상황]에서, 근본주의는 안전감을 줄 수 있는 두 가지를 제공한다. 첫째, 물질적인 안전망 제공이라는 면에서(과대평가할 수는 없지만) 적지 않은 복지 혜택. 둘째, 비록 내용이 극단적일지라도 불확실한 세계에서 확

실하다는 인상을 주는 확고한 철학.

- 엘워디와 리프킨드Elworthy and Rifkind, 2006 : 20 [82]

전쟁 같은 특수 상황을 제외한다면, 오늘날의 신자유주의 사회에서 가장 흔하게 경험할 수 있는 실재적인 위협은 경제적 곤란혹은 가난이다. 자본주의 사회에서 살아가는 사람들에게 생활비의 부족은 곧 사회적 생존이 불가능하다는 것을 의미한다. 경제적곤란이나 가난은 심각한 정신적 위협으로 이어지는데, 그중에서대표적인 것은 남들한테 차별당하거나 무시당하는 정신적 학대다. 이런 상황에서 일베나 광신교 집단 같은 어떤 극단주의 집단이 안전에 대한 위협—최소한 정신적인 위협이라도—을 어느 정도 감소시켜 줄 수 있다면, 사람들은 극단주의에 쉽게 빠져들 수있다.

② 치명적인 정신적 위협(상징적 위협)

실재적인 위협도 당연히 문제지만, 그 자체보다는 그것이 유발하는 정신적인 위협이 훨씬 더 치명적이다. IMF 경제 위기로 한국의 가장들이 대규모로 직장에서 쫓겨났을 때, 그들의 안전을 가장심각하게 위협했던 것은 무엇이었을까? 직장에서 해고당하는 것은 '실재적인 위협'이다. 돈을 벌지 못하면 당장 자신을 포함한 가족들의 생계가 위태로워지기 때문이다. 그러나 직장에서 해고당한 가장들을 더 심각하게 괴롭혔던 것은 미래에 대한 불안감, 가족에 대한 미안함, 무능력한 가장이라는 자책감 같은 정신적인 위협이었다. 지금부터는 실재적인 위협을 매개로 작동하는 정신적인 위협에 대해 살펴보기로 하자.

자존감 손상

자존감이란 자신의 가치에 대한 평가에 기초해 스스로를 존중하는 마음이다.[*] 사람은 사회적 존재이기 때문에 당연히 사회 속에 포함되어 살아가기를 바란다. 자신이 사회 속에 포함되어 있다는 느낌은 타인들로부터 존중받을 때 생겨난다. 통속적으로 말해 남들한테 존중받으면서 살아야 사람답게 살고 있다고 느낄 수 있다는 것이다. 만일 남들한테 존중받지 못하면 사회로부터 추방당했다거나 고립되어 있다고 느끼게 된다. 사람 대접을 받고 있고, 사람답게 살고 있지 않다고 느낀다는 것이다. 자존감이 대단히 중요한 것은 그것이 자신이 사람답게 살고 있는가 아닌가를 판가름하는 척도로 작용하기 때문이다. 사람은 타인들에게 존중받지 못하면 관계 혹은 사회로부터 추방당하거나 배제당했다고 여기는데, 이때 경험하는 대표적인 감정이 바로 굴욕감이나 수치감이다.

상대방에게 존중받지 못하면 필히 자존감이 손상되고 굴욕감이나 수치감을 경험하는데, 이때 손상된 자존감을 건강한 방식으

• 자존감에 관해 관심이 있는 독자는 『가짜 자존감 권하는 사회』(김태형, 2018, 갈매나무)를 참조하라.

로 회복시키려 하지 않고 상대방의 자존감을 파괴하기를 원하거나 상대방에게 자신이 당한 것과 똑같은 굴욕과 수치를 되돌려 주고 싶을 경우 보복 혹은 복수의 열망에 사로잡히게 된다. 부자가 가난한 노동자에게 갑질을 했다고 해 보자. 이 일을 당한 노동자가 계급 의식에 눈뜨게 되는 사상을 접하게 되어 자신의 손상된 자존감을 회복하는 길이 자본주의 제도를 변혁하는 데 있다고 믿게 된다면, 그는 노동 운동을 시작하거나 미국의 버니 샌더스 같은 정치인이 되려고 할지도 모른다. 이것은 손상된 자존감을 건강한 방식으로 회복하려는 시도에 해당된다. 그러나 만일 이 노동자가 부자들만 골라서 살인했던 1980년대의 지존파에 관한 정보를 접하게 되면―사실 여기에는 그의 정신 건강, 도덕성 등이 나쁘다는 전제가 필요하다―부자들을 무차별적으로 공격하거나 살해하는 범죄 집단을 만들어 부자들을 살해하려 할지도 모른다. 이것은 손상된 자존감을 병적인 방식으로 회복하려는 시도다. 앞의 예에서 극단주의는 후자에 해당된다고 할 수 있다. 즉 극단주의는 자존감 손상을 병적인 방식으로 회복하려는 시도와 관련이 있는 것이다. 엘워디와 리프킨드는 팔레스타인 문제를 논하면서 폭력을 사용해 명예와 자존심을 회복하려는 욕구와 굴욕의 장면 사이에는 '강력한 상관관계'가 있다고 주장했다. 사람들은 수치와 굴욕 속에서 사느니 차라리 존엄한 죽음을 택하겠다고 결심할 수 있다는 것이다. 이런 맥락에서 그들은 "자살 폭탄 공격을 줄이는 기본적인 방법은 존중감을 회복하도록 체계적인 노력을 시작하거나 일상적인 굴욕을 제거하는 것"이라면서 극단주의는 자존감 손상을 예방하면 줄일 수 있을 것이라고 제안했다.

수년 전부터 한국에서는 자존감이 뜨거운 화두가 되고 있는데, 이것은 다수의 한국인이 자존감 손상을 경험하고 있음을 반증한다. 나아가 이것은 만일 한국인들이 존중받지 못하면서 살아가는 현실이 유발하는 굴욕감이나 수치심 등을 건강하지 않은 방식으로 해결하려고 할 경우 극단주의가 한층 심해질 거라는 예상이 가능함을 의미한다.

타인들에게 존중받지 못하면서 살아갈 경우 자존감이 손상되어 열등감에 사로잡힐 위험이 커진다. 자신을 존중하지 못한다는 것은 곧 자신을 형편없는 열등한 존재로 인식하고 있다는 것을 의미한다. 열등감은 흔히 우월의 욕망을 낳는다. 이것은 일종의 복수심이라고도 할 수 있는데, 그것이 본질적으로 나를 열등하다고 무시했던 인간들보다 더 우월해져서 그들을 무시하겠다는 보복 심리이기 때문이다. 영국에서 이슬람 극단주의 조직에 참여했던 한 소년은 그 조직에 소속됨으로써 '차츰 소속감에 우월감이 더해졌다'[83]고 말했는데, 이것은 복수의 열망과 관련된 우월감이 사람들을 극단주의로 이끌어갈 수 있음을 보여 준다.

고립과 고독

안전에 대한 위협은 혼자일 때 극대화되기 마련이다. 이것은 공황(집단적 공포)에 관한 심리학 연구들을 통해서도 확인할 수 있다. 극장에 불이 났을 때에는 사람들이 차례차례 출입구를 통해 빠져나가야 생존 확률이 가장 높다. 그러나 극장에서 불이 나면 사람들은 대부분 공포에 질려 자기가 먼저 나가려는 마음에 출입구 쪽으로 한꺼번에 몰려드는데, 그 결과 출입구는 막히고 넘어진 사람들이 다른 사람들한테 밟혀서 죽는 등 희생자가 크게 늘어난다.

미국의 심리학자들은 공황을 합리주의 모델에 기초해 설명한다. 이 모델에 의하면 극장에 있는 사람들은 개인적인 차원에서 최선의 합리적인 판단을 했기 때문에 각자가 출입구를 향해 달려 나가지만 그것이 전체적인 차원에서는 재앙을 초래한다. 그러나 이런 설명에 대해 프로이트는 공황의 특징을 '상관의 어떤 명령에도 더 이상 귀를 기울이지 않고, 모든 개인이 나머지 사람들은 조금도 고려하지 않고 각자 자기 자신만 염려하는 것'으로 규정하면서, '미국 심리학의 합리적인 설명 방법은 여기서는 아주 부적절하다. 설명을 필요로 하는 문제는 공포가 왜 그처럼 커졌느냐 하는 것'이라고 지적했다. 즉 개인적 차원에서 다들 합리적인 사고를 하다 보니 공황이 발생한다는 따위의 헛소리는 집어치우고, 왜 개인들이 공포에 압도되어 진짜 합리적인 사고 ─ 개인을 중심에 두는 이기적인 사고가 아닌 전체를 중심에 두는 사고 ─ 를 할 수 없게 되었는지를 밝혀야 한다는 것이다. 비록 리비도라는 성욕설의 개념을 사용하고는 있지만, 프로이트는 공포가 극대화되는 원인이 개인적 고립이라고 정확히 지적했다.

남들과 감정적 유대를 맺고 있는 동안에는 아무리 큰 위험도 작아 보인다. 그러나 일단 개인이 공황에 빠지면 자기 혼자만 염려하기 시작하고, 그의 이런 행위는 감정적 유대가 더 이상 존재하지 않는다는 사실을 입증한다. 그는 이제 혼자서 위험에 직면해 있기 때문에, 필연적으로 위험을 전보다 더 크게 생각하는지도 모른다. 따라서 공황은 집단의 리비도적 구조가 이미 이완되었음을 의미하고, 그 이완에 대해 이치에 맞는 방법으로 반응하는 것이다.[84]

남들과 감정적 유대를 맺고 있다는 말은, 예컨대 극장 안에 있는 사람들이 하나의 집단으로 결속되어 있다는 말인데, 이럴 경우 사람들은 공포를 훨씬 적게 느끼며 타인들, 나아가 집단을 신뢰할 수 있다(물론 집단 극단화 이론은 유대감이 강해져서 집단이 동질화될 경우 공포가 더 커질 거라고 주장할 것이다). 그 결과 안내원의 지시에 따르는 것이 최선이라는 합리적인 사고를 할 수 있다. 반면에 극장 안에 있는 사람들이 개인으로 고립되어 있다면, 공포는 극대화되며 타인들 역시 신뢰할 수 없다. 따라서 사람들은 안내원의 지시에 따르지 않고 자기 혼자만 살겠다는 이기적인 사고를 하게 된다. 주제에만 집중해서 말하자면, 공황에 대한 연구들은 고립되어 있을 때 안전에 대한 위협이 가장 극대화된다는 것을 보여 준다.

외부에 동일한 객관적인 위험이 있다고 가정할 때, 개인이 고립되어 있지 않으면 안전에 대한 위협은 상대적으로 약해지는 반면 개인이 고립되어 있으면 안전에 대한 위협이 상대적으로 커진 다고 말할 수 있다. 외부의 위협과 고립 사이의 관계에 대해 프로이트는 "큰 위험이 닥치거나 감정적 유대(리비도 집중)가 사라지는 것은 개인에게 공포를 불러일으킨다. 감정적 유대가 사라지는 것은 신경증적 공포나 불안의 증세"라고 말했다.

지금까지의 논의를 통해 확인할 수 있는 것은 안전에 대한 위협은 혼자일 때 가장 심하므로 개인으로 고립되어 있는 사람은 혼자인 상황을 어떻게 해서든 피하려 할 것이라는 사실이다. 물에 빠진 사람은 지푸라기라도 잡는다는 속담이 말해 주듯, 고립의 정도가 심한 개인일수록 홀로됨을 피하고 소속감을 느낄 수만 있다면, 극단주의 조직에라도 가입하고 싶어 할 가능성이 그만큼 높을 것이다. 한때 이슬람 테러 조직에 몸담았던 후세인은 아시아계가 다수였던 초등학교로 전학했지만 행복하지 않았고 따돌림까지 당했다. 결국 그는 런던 동부에 있던 급진적인 모스크에 가면서 극단주의 조직에 발을 들여놓게 되었는데, 그 조직에 속하게 된 주요한 이유 중 하나가 바로 고립을 피하기 위해서였다. 그는 『이슬람주의자*The Islamist*』(2007)라는 저서에서 "이곳 사람들은 나에게 관심을 보여 주었다. 외톨이 남학생에게 이것은 중요했다"고 말했다.

에리히 프롬은 '나는 인간의 최대 공포는 개인적으로도 사회적으로도 집단으로부터의 완전한 고립, 완전한 추방을 당하는 일이라고 믿고 있다'[85]고 말한 바 있다. 사회적 존재인 인간이 절대로 견딜 수 없는 것을 꼽으라면 고립 혹은 고독을 첫손에 꼽아야 할 것이다. 오늘날의 한국인들은 절대 고독 상태에 놓여 있다고 표현해야 할 정도로 심각하게 고립되어 있는데, 그것의 결과가 바로 세계 최고의 자살률이다. 한국인들은 누구나 고립에서 벗어나고 싶어 하지만, 자신이 소속되기를 바라는 집단이나 조직을 찾아내기 어렵고, 마음에 드는 집단이 있더라도 그 집단이 자신을 받아들여 주지 않는다면 아무 소용이 없다. 이런 상황에서 극단주의 조직은 하나의 탈출구가 될 수 있다. 일반적으로 극단주의 조직의 문턱은 대단히 낮다. 극단주의 이념에 동조하고 극단적인 행동을 하면 충분하다! 한국에서도 극단주의 조직에 참여하는 사람들이 대체로 고립되어 있는 주변부의 인물들이라는 사실은 극단주의의 원인 중 하나가 고립 혹은 고독임을 강하게 시사해 준다. 예를 들면 한국에는 광신적인 종교 집단이 꽤 많은데 이런 집단의 문턱은 대단히 낮아서 다른 집단에는 낄 수 없던, 고립되어 있던 사람들도 쉽게 참여할 수 있다. 또한 일베에 참여하는 이들은 학교나 직장에서 동료 관계가 원만치 않은 사람들이 대다수고, 극우 단체에 참여하는 노인들 역시 가족 관계나 주변 관계가 원활하지 않은, 개인적으로 고립되어 있는 사람인 경우가 많다.

삶의 의미 상실

인간에게 삶의 의미가 필요하다는 것은 재론할 필요가 없을 것이다. 사람은 삶의 의미를 찾지 못하면 무엇보다 정신적 방황이나 혼란을 피할 수 없다. 삶의 의미를 찾으려면 올바른 세계관(인생관)과 정체성이 정상적으로 확립되어야 한다. 세상에 대해서만이 아니라 자신에 대해서도 잘 알아야 비로소 어떻게 살아야 하는가에 대한 답을 찾고 삶의 의미를 발견할 수 있기 때문이다.

일부 학자들은 정신적 혼란 혹은 애매모호함을 벗어나 확실한 답을 찾고자 하는 것을 '인지적 종결cognitive closure' 욕구로 정의하면서, 그것을 인간의 주요한 욕구 중 하나라고 강조한다. 인지적 종결 욕구는 안전이 위협당하는 사회, 특히 사회 구성원들이 세계관과 정체성의 혼란을 경험하고 있는 사회에서 더욱 커진다. 예를 들면 동남아시아를 무대로 삼고 있는 제마 이슬라미야Jemaah Islamiah라는 단체의 테러리스트들을 연구했던 라마크리슈나Ramakrishna는 세계화가 초래한 사회심리적 혼란으로 인해 특이하게도 비서구 사회에서 인지적 종결 욕구가 특정인에 한정되지 않고 엄청나게 보편화되었다고 주장했다.[86] 삶의 의미를 찾기 위해 반드시 필요한 정체성 확립이라는 주제가 극단주의와 연결될 수 있다는 것은 '나는 마침내 내가 누구인지 깨달았다. 나는 새로운 세계 질서 창조를 임무로 하는, 총명하고 이념으로 무장된 무슬림이다'[87]라는 한 테러리스트의 말을 통해서도 확인할 수 있다.

삶의 의미를 찾지 못하면 권태를 피할 수 없다. 권태는 흔히 쾌락주의로 연결된다. 삶의 의미를 발견하지 못해서 하루하루가 권태롭고 지겨운 사람들은 자신이 살아가야 할 이유를 말초적인 쾌락에서 찾는 경우가 많다. 인종주의에 심취해 있는 영국의 청소년들을 연구한 콕번에 의하면 이 청소년들에게 인종주의는 무료한 하루를 보내는 데 도움이 되는 하나의 '소도구'였다. 물론 그들의 심리 밑바탕에는 점점 커지는 이슬람의 현실적인 위협으로 인해 '백인 영국'의 가치가 쇠퇴한다는 문화적 불안감과 이민자들에 의해 위협받는 자신들의 경제적 지위 혹은 자본주의에 대한 전반적인 불안감이 깔려 있었다.**88**

수능 중심의 한국 교육은 청소년들의 세계관, 정체성 확립에 전혀 도움이 되지 않는다. 중·고등학교만이 아니라 대학에서도 세계관과 관련이 있는 철학 교육은 거의 실시되지 않고 있다. 나아가 철학을 접하는 경우에도 진보적인 철학은 거의 접하지 못한다. 더욱이 생존 불안에 사로잡혀 있는 한국의 청소년들, 청년들에게 철학적 사유나 세계관의 확립은 사치로 간주되므로 그들은 철학을 비롯한 근본적인 학문을 멀리한다. 수능 중심의 한국 교육으로 인해 청소년들은 정체성도 제대로 확립하지 못하고 있는 것이다. 정체성을 정상적으로 확립하려면 나 자신에 대한 인식과 사회에 대한 인식이 필수적이다. 그러나 한국의 교육 환경은 청소년들에게 대학 입시를 위한 공부 기계가 되라고 강요할 뿐 사회나 자신을 인식할 수 있는 기회는 거의 허락하지 않는다. 한국의 대학생들이 상담소에 와서 가장 많이 하소연하는 말이 "내가 누구인지 모르겠어요"라는 것은 한국의 젊은이들이 정체성 확립에 실패하고 있음을 뚜렷이 보여 주고 있다. 만일 세계관과 정체성 확립에 실패한 한국인들이 그로 인한 정신적 혼란과 권태를 극단주의를 통해 해소하려 할 경우 한국에서 극단주의 경향은 심해질 것이다. 한국의 일부 젊은이들이 일베를 비롯한 극단주의 조직에 참여하는 데에는 이런 정신적 혼란과 권태가 일정한 영향을 미치는 것으로 추측된다.

2) 극단주의의 길잡이, 권위주의적 성격

정신적인 위협이 극단주의로 이어지는 경로에서 특별히 주목을 받아야 할 것이 있는데, 그것은 바로 권위주의적 성격*이다. 권위주의적 성격에 가장 큰 영향을 미치는 감정은 무력감이다. 무력감이 심하면 그만큼 힘을 갈망하게 되고 이것이 그의 심리 전반을 규정하게 되는데, 그 결과 탄생하는 것이 권위주의적 성격이다. 권위주의적 성격은 동기 차원에서는 힘을 강력하게 갈망하고, 감정 차원에서는 힘을 사랑하는 반면 약함이나 무력함은 증오하며, 지식 차원에서는 모든 것을 힘이 있는 것과 무력한 것으로 구분하는 흑백 논리적인 사고를 한다.

위에서 언급했듯이 권위주의적 성격은 감정적으로 힘을 사랑

• 권위주의적 성격에 대한 자세한 논의는 『싸우는 심리학』(김태형, 2014, 서해문집)을 참조하라.

하는 동시에 무력함을 증오ㅡ여기에는 당연히 무력한 자기 자신에 대한 증오가 포함된다ㅡ하는 특징을 가지고 있다. 이런 감정적 경향은 아주 강렬해서 권위주의적 성격은 항상 강한 힘에는 열광하거나 굴종하지만 쇠퇴해 가거나 약해 보이는 힘은 잔인하게 공격한다. 예를 들면 히틀러는 '보다 큰 힘'이라고 생각되는 '신, 운명, 필연, 역사, 자연' 등에 대해서는 굴종적인 방식으로 반응한 반면 '힘없는 자'라고 생각된 '무력한 혁명가'ㅡ힘이 없는데도 감히 강력한 대영제국을 공격하려고 한 인도의 혁명가들ㅡ는 심하게 경멸했다.[89] 또한 그는 영국이 강하다고 생각되었을 때에는 영국을 사랑하고 찬미했지만, 영국이 약해졌다고 생각되자 영국을 경멸하면서 공격했다. 에리히 프롬은 힘에 대한 이런 양극단의 태도를 권위주의적 성격의 주요한 특징으로 규정했다.

> 이 이분법ㅡ상위의 힘에 대한 종속과 하위의 힘에 대한 지배ㅡ은 (…) 권위주의적 성격의 특징적인 태도이다.[90]

지금까지의 논의는 권위주의적 성격자에게 중요한 것은 이념이나 사상이 아니라 오직 힘이라는 것을 보여 준다. 권위주의적 성격자는 강한 힘을 등에 업고ㅡ권위주의적 성격자는 무력감의 화신이므로 강자를 뒷배로 삼는 것이 필수적으로 요구된다ㅡ약자를 공격하는 데 명수다. 이슬람 극단주의나 기독교 극단주의는 신이라는 강한 힘을 등에 업고 약자인 민간인을 공격한다. 마찬가지로 극우 극단주의자는 정치권력을 배경으로 약자를 공격하는데, 과거에 일베가 박근혜 정권을 등에 업고 약자들을 공격했던 것을 예로 들 수 있다.

권위주의적 성격이 극단주의와 밀접한 관련이 있는 것은 권위주의적 성격이 전형적인 흑백 논리의 포로이기 때문이다. 힘을 중심으로 사고하는 권위주의적 성격에게 세상 만물은 힘이 센 자와 힘이 없는 자, 이 두 가지로 명쾌하게 구분된다. 프롬은 "권위주의적 철학에 평등이란 개념은 존재하지 않는다. 권위주의적 성격자가 보기에 이 세계는 힘을 가진 자와 가지지 않은 자, 다시 말해 우월한 자와 열등한 자로 이루어져 있다"는 말로 이러한 권위주의적 성격의 흑백 논리를 설명했다.

권위주의적 성격이 힘을 기준으로 세상을 둘로 구분하여 사고하는 흑백 논리적 사고를 주요한 특징으로 포함하고 있다는 것은 권위주의적 성격이 극단주의로 안내하는 길잡이 역할을 할 것임을 시사해 준다. 자신은 무조건 백이고 남들은 흑이라는 식의 흑백 논리적 사고를 한다는 것은 그가 맹목적 신념 혹은 광적인 신념에 사로잡혀 있다는 것을 의미하고, 나아가 비판적 사고가 불가능하다는 말과도 같다. 이것은 권위주의적 성격이 극단주의의 특징 중 하나인 '광신'을 필수적으로 포함하고 있다는 것을 보여 준다. 권위주의적 성격은 세계 속의 모든 것을 힘 있는 강자와 힘없는 약자로 구분할 뿐 아니라, 강자가 약자를 지배하고 학대하는 것은 당연하다는 식의 약육강식 원리를 굳게 믿는다. 이들이 일반적으로 약육강식 사회와 동일시되곤 하는 자본주의를 옹호하고 지지하는 보수주의자가 되는 경향이 있는 것은 이와 관련이 있다.

흔히 신자유주의적 자본주의 사회를 1대 99의 사회로 부르는데, 이것은 신자유주의적 자본주의 사회가 권력과 부를 독차지하고 있는 1퍼센트의 지배층이 99퍼센트의 민초를 지배하고 착취하는 사회라는 의미다. 이런 사회에서 억압당하고 착취당하는 99퍼센트는 극심한 무력감에 시달릴 수밖에 없다. 만일 99퍼센트가 단결된 하나의 집단으로 결속되어 있다면, 무력감은 상대적으로 덜할 것이고 1퍼센트에 저항하는 민중 항쟁이 폭발할 가능성이 높아진다. 그러나 99퍼센트가 개인적으로 고립되어 있다면 얘기가 완전히 달라진다. 이런 조건에서는 무력감이 한층 심해지는 데 비해 무력감을 건강하게 극복할 통로는 사라지기 때문에 다수의 사회 구성원이 권위주의적 성격자가 될 가능성이 높아진다. 어떤 사회에서 권위주의적 성격자가 늘어난다는 것은 곧 강자에게는 아부·굴종하는 반면 약자에게는 잔인한 공격을 일삼는 사회 풍조가 널리 확산된다는 것을 의미한다.

인종 차별 시대의 남아프리카공화국에 관한 연구는 '아프리카계 남성들이 일터에서 당하는 굴욕과 야만성이 2선에 있는 여성에 대한 고강도 폭력으로 옮겨졌'음을 보여 주고 있다. 이런 식으로 100의 힘을 가진 사람은 90의 힘을 가진 사람을 학대하고, 90의 힘을 가진 사람은 80의 힘을 가진 사람을 학대하는 식의 공격이 확산되다 보면, 그 사회는 상호 학대가 촘촘히 얽혀 있는 '학대 위계 사회'가 되기 마련이다.

한 언론사가 여론 조사 업체에 의뢰해 실시한 설문 조사에서 '한국인은 자기 계층의 이익만 좇느냐'는 5점 척도의 질문에 4.17이라는 높은 수치로 '그렇다'는 답변이 나왔다. 오창익 인권연대 사무국장은 "최근까지 각종 혐오 문제에 대한 관심이 커지긴 했지만, 관련 어휘가 등장하지 않았을 뿐 가장 노골적 차별이 증가하고 있는 영역은 계층 갈등, 빈부 차별"이라며 "이른바 갑질로 표현되는 빈부 차별이 쉽게 눈에 띄지 않으면서도 일상에는 깊게 뿌리내린 심각한 상황"이라고 지적했다.[91]

나는 한국 사회가 그 누구도 학대에서 자유로울 수 없는 전형적인 학대 위계 사회로 전락했다고 생각한다. 사회학자 오찬호는 그의 저서 『우리는 차별에 찬성합니다』에서 대학생들의 학대 위계 사회의 한 단면을 이야기한다. 그는 요즘 대학생들은 과거보다 학교 서열에 민감하다고 말하며 학교를 단순히 등급으로 나눌 뿐 아니라 같은 학교 내에서도 학과에 따라 등급을 나누고, 정시로 입학한 학생과 수시로 입학한 학생, 특별전형으로 입학한 학생을 구분 짓는 사례를 든다. 오찬호는 이런 이십대들의 학력주의 행태를 '학력 위계주의'라고 부른다. 그들은 학력 위계주의로 각각의 차이를 구분하고 넘어오지 못하게 벽을 쌓는다. 명문대 학생들은 자신이 명문대 학생이라는 것을 과시하고, 자기가 다니는 학교보다 하위권 대학에 다니는 학생들을 멸시한다.

연세대는 서강대를, 서강대는 성균관대를, 성균관대는 중앙대를, 중앙대는 세종대를, 세종대는 서경대를, 서경대는 안양대를, 안양대는 성결대를 '무시'한다. 행여나 후자가 전자를 '비슷한 대학'으로 엮기라도 할라치면 그 순간 전자들은 "무슨 말도 안 되는 소리를 하냐"고 난리가 난다. 그렇게 4년제는 다시 2년제를, 2년제는 또 같은 기준에 근거해서 자기들 내부를 쪼개고 줄 세운다. 모두가 이렇게 같은 논리를 가지고 가해자 역할을 하며, 또 그래서 당연히 피해자 신분이 되는 상황에도 매우 능동적으로 기여하는 셈이다.[92]

학대 위계 사회에서 살아가는 사람들은 무력감(권위주의적 성격), 굴욕감(자존감의 손상), 고립과 고독(사회 혹은 관계로부터의 배제), 삶의 의미 상실 등을 반복적으로 또 만성적으로 경험하게 된다. 학대를 당하는 것은 곧 안전을 위협당하는 것이므로 학대 위계 사회는 사람들이 극단주의자가 될 가능성을 크게 부추기게 된다.

3) 안전을 위협하는 대상에 대한 혐오와 분노

사람은 자신의 안전을 위협하는 대상을 혐오하기 마련이라는 점에 대해서는 앞에서 이미 언급했다. 그것이 실재적인 위협이든, 정신적인 위협이든 간에 사람은 자신의 안전을 위협하는 대상을 혐오하거나 증오하게 되고, 그 대상을 향해 강한 분노를 표출하게 된다. 나아가 만일 사람이라는 존재 자체—무차별적 타인들—가 자신의 안전을 위협한다고 믿게 되면, 인간 자체를 혐오하는 인간 혐오 심리에 물들게 된다. 앞에서 교정 테러리즘으로 명명되었던 미국의 총기 난사범들은 왜 자기와는 아무 상관도 없는, 자신에게 직접 피해를 끼치지 않은 무차별적인 군중을 향해 총을 난사했을까? 이들의 행동은 인간 혐오 심리를 배제하고서는 이해할 수 없다.

무시당하거나 굴욕을 당하는 경험, 즉 학대당하는 경험이 반복되거나 만성화되면 인간 혐오, 인간 증오 심리를 갖게 될 위험이 커진다. 물론 처음에는 나를 무시하거나 괴롭힌 구체적인 사람만 혐오하거나 증오하는 것에서부터 출발하겠지만, 그로 인한 상처가 치유되지 않거나 유사한 경험이 반복되면 구체적인 몇몇 사람에 대한 혐오나 증오가 다른 사람들에게로 일반화되어 모든 인간을 혐오하거나 증오하게 된다는 것이다. 이쯤 되면 인간을 학대하거나 공격하는 짓을 할 수만 있다면 무엇이라도 괜찮다는 생각까지 하게 되는데, 이때 극단주의가 하나의 탈출구가 될 수 있다.

많은 심리학 연구가 이미 언급하고 있지만, 인간 혐오가 본질적으로 자기혐오에서 출발한다는 것을 간단히 언급하고 싶다. 인간을 신뢰하고 사랑할 수 있는 사람이 자신을 사랑하는 것은 필연이다. 나는 인간이므로, 인간을 사랑할 수 있는 사람은 당연히 나를 사랑할 수 있기 때문이다. 반대로 인간을 신뢰하지 못하고 사랑할 수 없는 사람은 자기 자신조차 사랑하지 못한다. 내가 인간이기 때문에 나를 신뢰할 수 없고, 사랑할 수도 없는 것이다. 인간에 대한 사랑의 능력은 인간인 자기 자신에 대한 사랑을 가능하게 해 주고 또 다른 인간인 타인들도 사랑할 수 있게 해 준다. 그렇기 때문에 심리학은 인간 혐오자는 본질에 있어서 자기혐오자라고 말하는 것이다.

인간에 대한 혐오와 분노가 극단주의의 원인으로 작용한다는 것과 관련해 실라 엘워디와 가브리엘 리프킨드는 『테러리즘 역사 만들기*Making Terrorism History*』(2006)에서 "테러리즘은 한정할 수 있는 적이라기보다 하나의 전술이다. 이 세계에는 몰아내거나 투옥하고 살해해야 할 테러리스트의 수가 정해져 있지 않다. 오히려 사람들이 테러리스트에게 가담하게 되는 분노와 증오의 수위에 따라 그 숫자가 달라진다. 진짜 다루어야 할 것은 분노와 증오다."[93]라고 말했다.

안전에 대한 위협은 안전을 위협하는 대상에 대한 배타적인 태도와 혐오 그리고 그 대상에 대한 강력한 분노를 유발한다. 테러리즘 연구자 패리스가 "이슬람 사람들 중 일부가 테러리스트가 되게끔 만드는 것은 바로 '통렬한 분노rage' ─ 우방국[이스라엘]은 떠받쳐 주고 나머지 국가는 약화시키는 미국의 중동 개입에 대한 분노 ─"라고 말한 것은 이 때문이다.[94] 그러나 좀 더 정확히 말하자면 단지 자신의 안전을 위협하는 대상에 대한 혐오나 분노만으로는 극단주의가 탄생한다고 보기 어렵다. 그것은 지극히 정상적이고 정당한 감정 반응이기 때문이다. 따라서 진정한 의미에서의 극단주의는 자신의 안전을 위협하는 특정 대상에 대한 혐오나 분노가 인간 자체에 대한 혐오와 분노로까지 확장될 때 비로소 탄생한다고 보는 것이 합리적일 것이다.

한국인들은 자신의 안전을 위협하는 대상이 무엇이라고 생각하고 있을까? 만일 한국인들이 자신의 안전을 위협하는 것이 병적인 사회라고 믿는다면 사회를 개혁하려 하겠지만, 자신의 안전을 위협하는 것이 이민자나 특정 정치 세력 등이라고 믿는다면 극단주의적 해결 방법에 매달리게 될 것이다.

4) 극단주의를 부추기는 지배층

만일 극단주의가 기승을 부리면 부릴수록 이익을 보는 집단이 있다면, 그 집단은 극단주의를 방조, 묵인하거나 심한 경우 조장하고 부추기려는 동기를 갖게 될 수 있다. 그렇다면 어떤 집단이 극단주의를 통해 이익을 볼까?

기독교 근본주의가 과학 기술의 발전을 신앙에 대한 위협으로 간주했음은 앞에서 살펴본 바 있다. 이와 유사하게 광신적인 종교 집단은 사람들이 합리적이고 비판적인 사고를 하면 신도를 구하기 힘들어져 교세가 위축될 것이므로 사회의 극단화를 반기고, 나아가 부추길 가능성이 있다. 돈독이 오른 사이비 종교 집단도 마찬가지다. 사이비 종교 집단은 사회가 극단적이지 않고 이성적이거나 합리적이면 그만큼 신도가 줄어들고 수입도 줄어든다. 따라서 사이비 종교 집단은 더 많은 사람이 극단주의자 혹은 광신자가 되기를 바랄 것이다. 미국과 달리 한국에서는 근본주의적 종교 집단보다는 오히려 돈독이 오른 사이비 종교 집단이 더 큰 문제라고 할 수 있다.

　빈익빈 부익부 사회인 자본주의 사회에서 계급적 갈등이나 계급 투쟁은 불가피하다. 이 때문에 자본주의 사회의 지배층(주로 독점 자본가)은 민중 항쟁이 발생할까 봐 노심초사하면서 살아간다. 민중의 계급적 분노나 항쟁을 원천적으로 차단하는 효과적인 방법 중 하나는 민중의 불만과 분노를 엉뚱한 대상에게 향하도록 만드는 것이다. 자본주의 이전 사회에서도 반민중적 지배층은 빈번히 '희생양 만들기'를 통해 통치 위기를 무마하곤 했는데, 그 대표적인 사례가 서구 사회의 '유대인 악마화'다.
　서구 기독교인들, 즉 유럽인들의 유대인에 대한 뿌리 깊은 혐오와 증오는 유대인이 예수를 죽이는 데 책임이 있다는 사실에서부터 출발한다. 잘 알려져 있듯이, 유대교도들은 예수를 메시아로 인정하지 않아서 그가 십자가에 못 박혀 죽게 만들었다. 기독교는 예수를 하느님의 아들로 간주하지만 예수의 죽음에 책임이 있는 유대교는 지금까지도 예수를 메시아로 인정하지 않는다. 아무튼 유럽인은 기독교로 개종하면서부터 이런 유대인을 혐오하고 증오했는데, 서구의 지배층은 이러한 유럽인의 유대인 혐오를 적극 활용했다. 1347년, 유럽 지역에서 페스트가 크게 번져 당시 인구의 3분의 1에 달하는 약 2천만 명이 사망했다. 서구의 중세 시기는 종교 권력이 지배하던 시기였는데, 봉건 권력과 결탁해 민중을 지배하고 착취해 왔던 종교 권력은 이 무렵에 면죄부를 팔아먹는 등 심하게 부패, 타락해 있었다. 당연히 종교 권력에 대한 민중의 불만 역시 폭발 일보 직전이었다. 이런 상황에서 페스트가 유행하자 종교 권력은 하느님이 타락한 교회에 벌을 내렸다고 생각하는 민중이 종교 권력을 향해 분노의 화살을 퍼부을까 봐 우려하게 되었다. 그래서 교황은 다음과 같은 칙령을 내렸다.

하느님이 저주를 내린 이유는 우리 속에 악마가 너무나 만연해 있기 때문이다. 따라서 우리 속의 악마를 제거하여 하느님의 저주를 푸는 것이 우리의 소명이다.[95]

유럽인들은 악마 하면 곧 유대인을 떠올릴 정도로 당시의 서구 사회에서 양자는 동일시되고 있었다. 교황이 희생양을 점찍어 주자 유럽인들은 그동안 쌓여 왔던 분노를 폭발시켜 유대인을 대량 학살했다. 페스트의 기세가 한풀 꺾인 뒤에는 마녀사냥이 시작되었는데, 이때에도 유대인들이 대량으로 학살당했다.

중세 시기까지만 해도 유럽에서 유대인과 악마는 동의어였다고 할 수 있다. 그러다가 루터에 의해 유대인은 악마보다는 조금 나은 존재로 격상되었다. 루터는 『악마론』 서문에서 "지구상에서 악마를 제외한 가장 사악한 적은 유대인"이라고 말했다.

물론 다른 이유들도 있기는 했지만, 히틀러의 유대인 대량 학살은 생뚱맞은 사건이 아니라 유럽인들의 뿌리 깊은 유대인 혐오를 계승하는 사건이라고 할 수 있다. 현재까지도 상당수의 유럽인들은, 적어도 무의식적으로는 유대인들을 혐오하는 심리를 가지고 있다.

　놀라운 솜씨로 부를 축적한 유대인들이 미국을 비롯한 제국주의 국가들의 권력과 자본을 장악함에 따라 제국주의 나라들의 유대인 악마화와 학살극은 일단 멈췄다. 그러자 제국주의 국가들은 사회주의를 새로운 희생양으로 지목했고, 사회주의 진영이 붕괴한 뒤에는 이슬람권을 새로운 희생양으로 지목했다. 물론 조지 부시가 이란, 이라크, 조선민주주의인민공화국을 악의 축으로 규정한 사실에서 알 수 있듯이 북한도 한때에는 미국의 희생양 명단에 이름을 올렸다. 그러나 북이 국가 핵 무력을 완성하자 미국은 북을 희생양 명단에서 제외시키고 협상을 통해 북과의 평화 공존을 모색 중이다. 과거 한국에서도 극우 세력은 통치 위기에 빠질 때마다 희생양을 만들어서 위기를 모면하곤 했다. 잊을 만하면 한번씩 크게 터져 마녀사냥의 광풍을 불러오곤 했던 간첩단 사건(내란 사건 포함)이나 북의 무장 도발 사건 등을 대표적인 예로 들 수 있다. 이것은 시대와 공간을 불문하고 반민중적 지배층이 희생양 만들기에 대한 유혹을 뿌리치기란 대단히 어렵다는 것을 보여 준다.

　자본주의 사회의 지배층이 민중 항쟁을 원천 봉쇄하기 위해서 희생양 만들기보다 더 자주, 더 일상적으로 사용하는 수법은 이간질 혹은 갈등 조장이다. 하나로 합쳐져 있는 나뭇가지 뭉치는 부러뜨리기 힘들지만 흩어져 있는 나뭇가지를 하나씩 부러뜨리기는 쉽다. 이런 상식에 기초해 반민중적 지배층은 '분할해서 통치한다'라는 통치술을 금과옥조처럼 여기면서 적극 애용해 왔다. 과거 한국 사회 지배층이 호남과 영남 사이의 지역 갈등을 적극 이용했다면, 오늘날의 한국 사회에서는 각종 사회 집단들을 모조리 이간질해 서로 반목하게 만드는 데 주력하고 있다. 노동자들을 사무직과 생산직으로, 정규직과 비정규직으로, 대공장 노동자와 중소공장 노동자 등으로 잘게 분할하여 서로 갈등하고 대립하게 만든다. 나아가 남성과 여성 사이를 이간질하고, 영세 자영업자와 아르바트생 사이를 이간질하며, SNS 집단들 사이를 이간질하는 등 민중끼리 서로 싸우도록 만든다.

사실 반민중적 지배층이 각종 사회 집단을 이간질시키는 방법은 아주 간단하고도 단순한데, 그것은 바로 '차별'이다.* 아버지가 3형제 중에서 첫째는 편애—편애는 건강한 사랑이 아닌 도구적 사랑이거나 상대적 우대일 뿐이다—하고 막내는 차별한다고 해 보자. 첫째는 아버지가 자기만 사랑하고 인정해 준다는 생각으로 우월감이나 특권 의식에 젖을 수 있다. 혹은 아버지가 자기만 사랑하고 막내는 차별하는 것에 대해 미안함이나 죄책감을 느낄

----

* 차별 대우가 집단을 분열시키는 주제에 관해서는 『트라우마 한국 사회』(김태형. 2013. 서해문집)의 '변방 트라우마'를 참조하라.

수도 있다. 어느 경우든 첫째는 결과적으로는 막내를 멀리하게 되고 막내를 차별하게 된다. 우월감에 젖을 경우에는 열등한 존재인 막내를 자발적으로 학대하게 되고, 미안함이나 죄책감을 갖게 되면 그것을 방어하기 위해 편견을 조작해 냄으로써 막내에 대한 차별을 합리화하기 때문이다. 막내는 첫째가 아버지의 사랑을 독차지한다는 이유와 아버지한테 빌붙어 자신을 멀리하거나 차별한다는 이유로 첫째를 증오—다른 편으로는 부러워할 수도 있다—하게 된다. 둘째는 첫째처럼 되고 싶고 막내처럼 되기 싫어서 아버지와 첫째 편에 붙어서 막내를 차별하거나 최소한 아버지와 첫째의 막내 차별을 수수방관한다. 그 결과 둘째와 막내 사이도 벌어진다. 아주 단순화시켜서 설명했지만, 차별 대우가 사람들 사이나 집단들 사이를 갈가리 찢어 놓는 역할을 매우 효과적으로 수행한다는 점은 쉽게 확인할 수 있다.

한국인들을 지배하는 중요한 감정 중의 하나는 '억울함'이다. 억울함은 차별 대우를 받을 때 체험하는 전형적인 감정이다. 물론 한국인들의 억울함은 본질적으로 차별의 주체인 지배층에 의해서 생겨난 것이다. 그러나 상당수의 한국인들은 자신의 억울함을 지배층이 아니라 자기보다 덜 억울한 이웃이나 집단을 향해 분출한다. 이것은 절대 강자인 지배층에게 분노를 표출하는 것이 두려워서—이 지점에서 권위주의적 성격이 중요한 역할을 한다—이기도 하고, 사회의식이 낮아서이기도 하다. 한국인들은 대기업 노동자들이 파업을 하면, 마음속으로 '월급도 많이 받는 것들이 왜 지랄이야. 내가 더 억울해!'라고 외치면서 파업을 반대한다. 이런 식으로 자신의 억울함을 자기보다 조금이라도 덜 억울하다고 믿는 이웃이나 집단의 발목을 잡거나 그 집단을 공격함으로써 보상받으려 한다. 여성 운동을 적대시하는 남성들의 경우 대부분 '역차별'을 거론하는데, 이것은 여성 해방 반대에도 '내가 더 억울해. 그런데 왜 너희들이 난리야'라는 식의 억울함이 한몫하고 있음을 명확하게 보여 주고 있다.

제국주의 국가들은 식민지 지배를 할 때 반드시 분할 통치 기법을 활용한다. 그것 이상으로 민중 항쟁을 원천 봉쇄하는 데 효과적인 통치술은 존재하지 않기 때문이다. 이 때문에 한때 식민지로 전락했던 나라들은 독립과 해방을 쟁취한 후, 고질적인 인종 갈등이나 집단 갈등을 경험하게 되었다. 즉 제국주의 침략이 있기 전에는 사이좋게 살던 사람들이 제국주의의 분할 통치를 경험한 이후에는 서로 원수지간이 되어 버리는 현상이 보편적으로 발생한다는 것이다. 지배층이 분할 통치, 쉽게 말해 차별 정치를 지속해 온 결과 한국 역시 개인 간 갈등은 물론이고 집단 간 갈등이 위험 수위에 도달했다.

개인 간, 집단 간 갈등과 혐오가 고조되면 배타성 등을 특징으로 하는 극단주의가 심해지고 그것은 다시 갈등과 혐오를 고조시킨다. 이런 점에서 극단주의는 반민중적 지배층의 친구이자 구원자라고도 할 수 있다. 반민중적 지배층이 말로는 극단주의를 비판하면서도 내심으로는 극단주의 퇴치에 소극적인 이유가 바로 여기에 있다.

한국 사회의 경우 극단주의를 묵인하거나 부추기는 사회적 조건이 거의 성숙되어 있다고 말할 수 있다. 우리 사회를 70여 년 넘게 지배해 오고 있는 극우 세력 자체가 극단주의 집단이고, 그들이 분할 통치와 차별 정책을 통해 사람들 사이의 갈등과 혐오를 끊임없이 조장하고 부추겨 온 결과 극단주의 경향은 지배층의 울타리를 넘어 전 사회적 범위로 널리 확산되고 있으며, 돈독이 오를 만큼 오른 사이비 종교 집단들까지 가세하면서 한국에서의 극단주의 경향은 날이 갈수록 심해지고 있다.

9. 한국에 퍼지고 있는 극단주의와 혐오

극단주의는 기본적으로 신자유주의적 자본주의의 위기에서 비롯된 것이다. 한국은 1990년대를 지나면서 신자유주의 체제로 재편되었고 그에 따라 한국에서도 극단주의가 자라나기 시작했다. 다만 한국에서 극단주의가 서구 사회처럼 빠른 속도로 대중화되지 못했던 것은 2017년의 촛불 항쟁이 보여 주듯이, 한국인들이 분노를 건강한 방식으로 표출할 수 있는 통로를 주기적으로 개척해왔기 때문이다. 앞에서도 지적했듯, 자신의 안전을 위협하는 것이 병적인 사회라고 인식할 경우 사람들은 극단주의가 아닌 건강한 해결책을 추구할 수 있으므로 극단주의 경향은 약화된다. 한국이 상대적으로 극단주의에 대한 내성을 갖고 있는 사회라고는 해도 이명박-박근혜 정권을 거치면서 한국에서 극단주의 경향이 한층 심해졌다는 사실을 부인하기는 어렵다.

우리 사회에서 극단주의는 특히 개인 간, 집단 간 갈등 속에 뿌리를 내리고 무럭무럭 자라나고 있다. 촛불 항쟁으로 탄생한 문재인 정부가 최저 임금을 인상하자 영세 자영업자들이 들고 일어났다. 사실 영세 자영업자들의 안전을 위협하는 것은 높은 임대료와 로열티, 카드 수수료 등이다. 그러나 힘이 없는 영세 자영업자들이 건물주, 대기업인 체인점 본사나 카드 회사 등을 공격하기란 어려운 일이므로 이들은 자기들보다 더 힘이 없는 노동자나 아르바이트생을 공격했다. 영세 자영업자의 반발을 앞세운 자본가 계급이 최저 임금을 계속 문제시 하자 결국 문재인 정부는 최저 임금을 산정하는 방식을 변경함으로써 임금 인상 효과를 무력화시켰다. 최근의 최저 임금 인상을 둘러싼 사태는 강자는 건드리지 못하는 약자가 서로 치고받다가 강자 좋은 일만 시켜 주는 한국 사회의 병폐를 극명하게 보여 주었다.

반복해서 강조하지만, 한국 사회는 차별이나 무시로 대표되는 학대가 마치 그물망처럼 얽혀 있는 학대 위계 사회다. 많은 한국인이 한국을 갑질 사회라고 부르고 있는 것도 같은 맥락이다. 한국의 엘리트들은 사무직 노동자들을 차별하고 무시한다. 사무직 노동자들 중에서도 대기업 노동자들은 중소기업 사무직 노동자들을 차별하고 무시한다. 또한 사무직 노동자들은 생산직 노동자들을 차별하고 무시한다. 생산직 노동자들 중에서도 대공장 노동자들은 중소 영세 기업 생산직 노동자들을 차별하고 무시한다. 정규직 노동자들은 비정규직 노동자들을 차별하고 무시한다. 비정규직 노동자들은 실업자를 차별하고 무시한다. 이런 식으로 한국 사회는 위층이 아래층을 학대하고 같은 층 안에서도 서로를 학대하는 식의 끔찍한 학대 위계 사회로 전락했다. 이런 점에서 한국 사회는 마치 100층 건물에서 100층은 99층을, 99층은 98층을 차별하고 무시하는 거대한 '학대 빌딩'이라고도 할 수 있다. 이 학대 빌딩에서 살고 있는 한국인들은 서로를 학대하게 만드는 건물주에게는 저항하지 못한다. 단지 건물 안에 있는 다른 사람들만 학대하면서 서로 싸운다. 이것이 오늘날 한국의 현실이다. 이런 학대 위계 사회에서 극단주의가 심해지지 않는다면 그것이 오히려 이상한 일일 것이다.

약자를 공격하고 싶은 충동 혹은 욕망은 권위주의적 성격의 전유물만은 아니다. 누군가에게 학대당한 사람은, 자신이 학대당한 고통과 분노를 어떻게 해서든 분출해야 한다. 그러나 분노가 위쪽에 있는 강자를 향하는 것은 위험하므로 그것은 대체로 아래쪽에 있는 약자를 향하기 마련이다. 한국 사회에서 약자에 대한 혐오와 공격이 날로 심해지고 있는 것은 이와 큰 관련이 있다.

한국 부모들의 극단주의

한국 사회에서 최고의 약자는 과연 누구일까? 어쩌면 아이들이 아닐까? 회사에서 학대당한 남성은 부하 직원, 배우자나 자식 등을 향해 분노를 분출할 수 있다. 그러면 남편이나 애인에게 학대당한 여성은 누구를 향해 분노를 분출할 수 있을까? 아마 힘을 기준으로 따져 보면 어린이가 첫손에 꼽힐 것이다. 학대 위계 사회의 최말단에 위치하고 있다는 이유로 한국의 아이들은 끔찍한 학대를 당하면서 자라고 있다. OECD(경제협력개발기구) 회원국 중에서 한국 아동·청소년의 행복 지수는 6년째 꼴찌다. 반면 학업 스트레스나 공부 스트레스는 세계 1위다. 청소년 사망 원인 중 1위가 자살이고, 청소년 5명 중에서 1명이 자살 충동을 경험하고 있다. 이 지구상에서 성적 때문에 아이들이 자살까지 하는 나라가 한국 말고 또 있을까?

한국 아동·청소년들의 이 모든 고통과 불행 뒤에는 부모들의 공부 강요가 있다. 한국의 부모들은 자식이 열심히 공부하지 않으면 화를 내거나 냉정한 반응을 보이고, 공부를 잘하지 못하면 사랑해 주지 않는다고 느끼게끔 행동한다. 아이들은 공부를 잘하지 못하면 부모의 사랑을 받지 못한다는 끔찍한 현실에 절망하여 성적에 집착하게 되고 성적이 떨어지면 자살까지 한다. 한국은 이미 국제 사회에서 아동 학대 국가로 낙인찍힌 지 오래다.

나는 적어도 아이들을 대하는 한국 부모들의 태도가 극단주의에 포함될 수 있다고 생각한다. 한국 부모들은 공부 못하는 자식 (정확히 말하자면 미래에 돈을 많이 벌지 못하는 가난한 사람)에 대한 '배타성', 공부를 못해서 좋은 대학에 못 가고 좋은 직장에 취직하지 못해서 가난하게 살면 행복할 수 없다는 근거 없는 미신에 대한 '광신', 자식이 원하는 인생이 아닌 부모가 원하는 인생을 살라는 '강요', 부모의 요구와 기대에 부응하지 못하는 자식에 대한 '혐오'를 가지고 있다. 이것은 한국 부모들의 자식 학대, 아동 학대가 전형적인 극단주의에 해당한다는 것을 의미한다.

한국의 부모들은 아이들을 학대하는 학대자가 아니라 아이들을 보호하는 보호자가 되어야 한다. 부모들이 자식에게 공부를 강요하는 것은 자식이 훗날에 차별과 무시를 당하면서 살까 봐 불안해서다. 즉 사람 대접받지 못할까 봐 두려워서다. 이것은 아이들에게 공부를 강요하는 원인, 획일적인 인생을 강요하는 원인이 자식이 아닌 부모에게 있음을 의미한다. 즉 그것은 본질적으로 현실에서 계속 차별과 무시를 경험해 온 부모들이 자신들의 불안이나 두려움을 스스로 해결하지 못하고 엉뚱하게 자식들에게 전가한 결과 발생하는 병리 현상이라는 것이다. 하루라도 빨리 한국의 부모들이 현실을 직시하고 극단주의적 입장에서 벗어나 아이들을 충분히 사랑해 주고 위해 주고 지지해 줌으로써 아이들이 훗날에 험악한 세상을 꿋꿋이 헤쳐 나갈 수 있는 마음을 가지고 성장할 수 있게 해 주기를 간절히 바란다.

한국 아이들의 엄마 혐오

부모들이 자식을 학대하면, 학대당한 아이들은 피학대로 인한 고통과 분노를 누구를 향해 표출해야 할까? 한국 사회에서 아이들보다 더 약한 존재를 찾기란 쉽지 않다. 그 결과 아이들의 분노는 (약한 친구를 괴롭히는 것을 제외한다면) 자신을 사랑해 주고 지지해 줘야 마땅하건만 실제로는 자신을 괴롭히는 존재, 세상 사람들 중에서 그나마 상대적으로 약하다고 생각되는 엄마를 향한다. 이와 관련해 경희대학교의 임옥희 교수는 "한국 사회에서 아이들이 이처럼 불행하다면, 아이의 양육을 거의 전적으로 도맡고 있는 엄마가 아이의 깊은 무의식 가운데 어떻게 애증의 대상이 되지 않을 수 있겠는가."라고 탄식했다.[96]

사실 오늘날의 한국에서 자식을 건강하게 사랑하지 못하고 존중해 주지 않는다는 점에서 아버지와 어머니 사이에 의미 있는 차이는 없다. 그러나 아이에게 공부를 강요하면서 아이를 족치는 역할은 대부분 아빠가 아닌 엄마가 담당하고 있다. 더욱이 한국 사회에서 엄마의 존재 가치 혹은 사회적 가치는 아이의 성적에 의해서 평가된다. 공부 잘하는 아이의 엄마는 좋은 엄마, 공부 못하는 아이의 엄마는 나쁜 엄마로 간주되고 있다는 것이다. 이것은 강력한 사회적 압력이므로 엄마는 자신의 존재 가치를 입증하기 위해서라도 아이에게 공부를 강요하게 된다. 그리고 한국 사회에서 엄마가 아이를 학대하는 역할을 떠맡고 있는 이상 아이의 분노와 적개심은 엄마를 향해 집중될 수밖에 없다.

엄마에 대한 아이들의 분노가 얼마나 큰지는 무엇보다 엄마와 관련된 욕을 통해서 확인할 수 있다. 학교 선생님들에 의하면 요즈음의 아이들은 '엄마'와 관련된 욕을 놀라울 정도로 많이 사용하며, 아이들 사이에서는 '엄마'가 기본적으로 나쁜 의미로 통용되고 있다.

엄마라는 존재는 사회에서는 '맘충'이고 교실에서는 '느금마', '니애미'다. 괴롭히고 싶은 학생이 있으면 그 학생의 엄마 이름을 알아내 나쁜 의미를 담아 'ㅇㅇ(엄마 이름)스럽다'고 말한다. (…) 누가 학창 시절을 낙엽만 굴러가도 웃는 나이라고 했나. 지금 교실에서는 낙엽 대신 패드립 한마디면 분위기를 주도할 수 있다. 방학 중 있었던 일을 나누는 자리에서 미국을 다녀왔다는 학생이 갔던 곳을 얘기하다가, 마이애미 지명에서 '애미'를 강조해 말하면 학생들은 자지러진다.

서울 ㄴ중학교의 28년차 교사 오희경 씨(가명·53)는 "엄마들이 학교에서 자신들이 어떻게 취급받고 있는지 알면 정말 놀랄걸요."라고 말했다. 어머니와 관련된 문학 작품을 가르치는 일도 어렵다. 학생들은 패드립이 떠올라서 집중 못하겠다는 말을 공공연히 한다. 학기 초에 시 창작 과제를 내줬더니 '우리 집에는 아빠가 있고 / 니애미가 있고'라고 써 온 학생도 있었다. 자기소개를 하는 시간에는 "'엄마지만' 나에게 잘해 준다."라고 말하기도 한다. 엄마가 '좋은 사람'이면 이상하다는 문화가 교실에 만연해 있다. 애초 패드립이 상대방을 모욕하기 위해 시작됐다면 이제는 자해하듯이 자신의 엄마까지 모욕하는 분위기로 번졌다.

"이 사회에서 돌봄 노동을 여성이 주로 하고 있다고 생각하면 이상할 것도 없어요. 훈육이 여성을 통해서 이뤄지다 보니 자연스럽게 '여성＝억압하는 사람'이 되는 거 같아요. 게임하지 마라, 공부해라……. 이런 말하는 사람이 얘네 입장에서는 다 여자거든요. 그러다 보니 엄마를 대상으로 한 모욕적인 말이 쿨하고 멋있는 것처럼 된 거예요."(오희경 교사)**97**

오늘날 한국의 아이들은 엄마와 관련된 욕인 '니애미, 느금마, 엠창' 등을 일상적으로 사용한다. '니애미'를 마치 추임새처럼 사용하며, 누군가 실수를 하거나 잘못을 하면 "애미 터졌냐(인성이 나쁘다는 뜻의 '인성 터졌다'와 비슷한 말)"고 면박을 주기도 한다.**98** 엄마 혐오 현상은 10여 년 전까지만 해도 일부 초등학생들이 '안티 엄마' 카페를 개설해 엄마 욕을 해 대는 정도에 머물렀으나 지금은 초·중·고생들 대부분이 '엄마'를 부정적인 의미로 사용하는 지경까지 이르렀다.

과거에 맘충은 공공장소에서 예의를 지키지 않거나 개념 없는 행동을 하는 일부 몰지각한 주부를 비하하는 신조어로 사용되었다. 예를 들면 카페에서 뛰어다니는 아이, 지하철 의자에 신발 신고 올라가는 아이를 제지하지 않거나 식당에서 아기 기저귀를 갈고는 그것을 그 자리에 버리고 가는 엄마들을 맘충이라고 불렀다. 그런데 최근에는 이 맘충이 일부 몰지각한 엄마만이 아니라 엄마 전체를 비하하는 용어로 사용되고 있다.

내가 아이들의 엄마 혐오에 대해 비교적 상세히 다룬 것은 그것이 의미하는 바가 대단히 중차대하기 때문이다. 엄마는 사람에게 최초의 인간관계 대상이자 사람의 삶에서 매우 중요한 어린 시절의 기본적인 인간관계 대상이다. 따라서 엄마와의 인간관계 경험은 인간에 대한 견해와 감정을 크게 좌우하기 마련이다. 만일 아이가 엄마를 미워하게 된다면, 그 아이가 인간을 사랑할 수 있는 능력을 획득하기란 거의 불가능해진다. 즉 엄마 혐오가 인간 혐오로 이어질 가능성이 높다는 점에서 엄마 혐오는 모든 혐오 현상의 출발점이자 기초라고 말할 수 있다. 아이들이 어려서부터 엄마 혐오, 나아가 인간 혐오 심리를 가슴속에 품은 채 성장한다면 한국 사회에서 극단주의 예방은 정말이지 힘들어질 수밖에 없다.

참고로, 요즘 아이들이 엄마는 미워하지만 아버지는 좋아하는가 하면 그렇지도 않다. 상당수의 한국 젊은이들은 단지 노인들만이 아니라 아버지도 통상 '꼰대'라고 지칭하는데, 그들이 아버지를 이런 호칭으로 부른다는 것은 자식들의 아버지에 대한 혐오 역시 엄마 혐오만큼이나 심각하다는 것을 시사해 준다. 다만, 공부를 강요하고 진로에 간섭함으로써 아이들의 자유와 자기 결정권을 박탈하는 악역을 주로 엄마들이 떠맡다 보니 엄마 혐오가 전면에 부각되고 있을 뿐이다.

엄마 혐오는 인간 혐오로 이어지고 그것을 매개로 윗세대, 기성세대에 대한 혐오 등으로 무한 확장될 개연성이 크다. 즉 엄마 혐오가 심할수록 기성세대 혐오만이 아니라 젊은 세대의 각종 혐오 현상이 심해질 것이라는 말이다.

한국 사회에서 부모 세대는 자식 세대를 학대하고, 그런 부모 세대에게 자식 세대가 혐오로 맞대응하는 현상은 '가족판 분할 통치'의 결과물이라고 할 수 있다. 한국의 지배층은 한국 사회를 돈을 매개로 서로가 서로를 차별하고 무시하는 학대 위계 사회로 만들었다. 학대 위계 사회에서 살아가는 과정에서 한국 부모들은 '돈이 없으면 무시당한다, 존중받지 못한다, 사람대접 받지 못한다'는 공포에 압도당하게 된다. 속칭 '돈 없는 설움'을 뼈저리게 경험하면서 살고 있는 부모들은 자식들이 나중에 돈을 벌지 못해서 자기처럼 무시당하면서 살까 봐 극도로 두려워하게 되었고, 그 결과 자식들에게 강박적으로 공부를 강요한다. 부모한테서 사랑받기는커녕 학대당한 자식들은 부모를 원망하고 미워한다. 지배층의 분할 통치로 인해 정규직과 비정규직이 연대하여 자본가에게 대항하지 못하고 서로 싸우는 것처럼 부모와 자식이 단결하여 병적인 세상에 저항하지 못하고 서로 싸우는 것은 본질적으로 동일한 현상이다. 단지 전자의 분할 통치 결과가 계급적 판도에서 나타나는 반면, 후자는 그것이 가족적 판도에서 나타난다는 차이가 있을 뿐이다.

약자 혐오와 극단주의 확산

한국 사회에서는 사회적 약자, 소수자에 대한 혐오도 지속적으로 확산되고 있다. 한마디로 자기보다 약하거나 못난 사람을 혐오하고 공격하는 것이 자연스러운 사회 현상이 되어 가고 있는 것이다. 오늘날의 한국 사회에서 약자로 간주되는 집단에는 종북 세력, 여성, 성소수자, 이주민만이 아니라 전교조와 민주노총 등의 노동 운동 단체, 심지어는 세월호 사건의 진상 규명을 요구하는 유가족까지 포함된다. 그중에서 여성 혐오에 대해서만 간단히 언급하고 넘어가기로 한다.

최근에 한 인터넷 사이트에 악질 흉악범인 조두순에게 성폭행 당한 여학생을 조롱하는 다음과 같은 게시글 제목들이 올라와 사람들을 큰 충격에 빠뜨렸다.

"ㄹㅇ 차라리 고소당해서 벌금형 받고 노역 가서 두순햄 썰이나 함 시원"
"수현(가명)*이 수시로 의대 가면 조두순은 쑤시로 의대 따라감 ㅋ ㅋㅋㅋ"
"조두soon 컴백 2년 남음 ㅋㅋㅋㅋ"**99**

대다수 게시 글 제목이 너무나 참혹해서 일부만 옮겼는데, 이런 게시 글들은 한국 사회의 약자 혐오나 여성 혐오가 어느 지경에 이르렀는지를 여실히 보여 주고 있다.

극단주의의 관점에서 여성 혐오 현상을 살펴보면 그것 역시 기본적으로 안전에 대한 위협에서 비롯된 것임을 알 수 있다. 마치 이주민이 자신의 일자리를 빼앗을까 봐 걱정하는 내국인들처럼,

---

• 게시판에는 여학생의 이름이 실명으로 거론됐지만, 이 책에서는 가명으로 표기했다.

여성의 사회 진출이 활발해지자 일부 남성들은 여성이 자신의 일자리 혹은 지위를 빼앗을까 봐 걱정하게 되었다. 여성 혐오가 안전에 대한 위협과 관련이 있다는 것은 여성 혐오가 본격화된 것이 여성의 사회 진출이 활발해진 시점과 일치한다는 사실을 통해서도 미루어 짐작할 수 있다.

학대 위계 사회인 한국에서 지배층에게 학대당하는 일부 남성들은 피학대의 고통과 분노를 약자인 여성들에게 분출하거나 피학대 과정에서 생긴 열등감을 여성에 대한 우월감을 통해 보상하면서 근근이 버텨 왔다. 이런 상황에서 여성이 남성과 대등한 위치에 서는 것은 학대의 위계에서 그나마 자기 아래에 있던 분풀이 대상을 상실하는 것이자 우월감을 지탱해 주던 기둥을 상실하는 것이다. 심지어 그 일부 남성들은 어제는 몸종이었던 사람이 나와 동등한 위치에 서거나 내 위에 섰을 때에 경험하는 쓰디쓴 굴욕감을 맛볼 수도 있다. 파키스탄에서의 여성 혐오에 대한 연구는 남자들의 지위를 위태롭게 하는 것이 여성 혐오 현상에서 중요한 역할을 차지한다고 보고하고 있다.

여기에 더해 상당수의 남성들은 자신의 억울함을 자기보다 덜 억울하다고 믿고 있는 여성들에 대한 혐오를 통해 보상받으려고 한다. 이들은 남성은 그 끔찍한 군대도 갔다 와야 하고, 힘들고 무거운 짐도 옮겨야 하며, 가족을 부양하기 위해 경쟁 사회에서 생고생해야 하는데 여성은 군대도 안 가고, 힘든 일도 안 하고, 외벌이 가정의 경우 남편이 벌어 오는 돈으로 집에서 살림이나 하므로 남성이 여성보다 훨씬 더 억울하다고 믿는다. 따라서 이들은 대기업 노동자들의 임금 인상을 반대하는 영세 자영업자들처럼 여성 해방이나 여성 운동을 배부른 자들의 투정으로 간주하며 반대한다. 이런 일부 남성들의 심리는 자신의 고통을 주관적으로 부풀리는 것, 즉 '내가 이 세상에서 제일 힘들어'의 전형이라고 말할 수 있다. 그러나 여기에서 주목해야 하는 것은 고통이 심한 사람일수록 남들의 고통은 과소평가하고 자신의 고통은 과대평가하기가 쉽다는 사실이다. 즉 남성들이 그럭저럭 견딜 만한 정도의 고통을 경험하고 있었다면, 이들이 여성들의 고통은 별것이 아니고 남성들의 고통이 훨씬 더 심하다는 식의 주관적 왜곡은 하지 않았을 거라는 말이다.

극단주의가 안전에 대한 위협에서부터 자라난다는 점을 고려하면, 개인 단위로 고립되어 있는 한국인들은 자신의 안전 ― 육체적 안전과 정신적 안전 ― 을 위협하는 대상에 대해서는 거의 조건 반사적으로 혐오를 표현할 가능성이 있다고 예상할 수 있다. 예를 들면 자기 집단의 안전, 특히 경제적 이익이 침해당한다고 믿을 경우 택시 노동자들은 버스 노동자들에게 유리한 정책을 반대하고 버스 노동자들은 택시 노동자들에게 유리한 정책을 반대할 수 있다. 마찬가지로 남성들은 군 가산점 철폐를 반대하고 여성들은 군 가산점 철폐를 지지할 수 있다. 그리고 이런 식의 갈등이나 대립이 해결되지 않으면 상대 집단을 배타적으로 대하면서 혐오하는 심리가 굳어짐으로써 극단주의가 대두될 수 있다.

특정 집단에 대한 혐오는 필연적으로 극단주의를 낳는 역할을 한다. 배타성이 혐오로 이어지는 것처럼 혐오 역시 배타성으로 이어진다. 어떤 집단을 혐오하면 그 집단을 '배타'하면서, 그 집단을 배척하거나 혐오하는 데 유리한 정보만을 편향적으로 받아들이는 '광신'에 사로잡히고, '강요'를 통해서 혐오 대상을 지배하고 굴복시키거나 절멸시키려 할 수 있다. 이렇게 혐오는 필연적으로 극단주의의 모든 특징들을 초래함으로써 극단주의를 자라나게 하고 확산시키는 역할을 한다. 따라서 한국 사회에서 그것이 어떤 것이든, 혐오 현상이 줄어들지 않으면 극단주의를 효과적으로 예방하기란 매우 힘들어질 것이다.

10. 극단주의, 어떻게 예방하고 없앨 것인가

극단주의의 예방이나 퇴치는 미국 심리학이 조언하는 것처럼 동질적인 사람들끼리 모이지 못하게 한다거나 미국식 민주주의를 받아들임으로써 가능해지는 것이 아니다. 오직 사회적 차원의 근본적인 대수술만이 극단주의를 근절하거나 예방할 수 있고, 세상을 더 아름다운 곳으로 만들 수 있다.

1) 안전한 사회

극단주의의 근본적인 원인은 안전에 대한 위협이므로 안전한 사회를 만들지 못한다면 극단주의를 예방하거나 퇴치할 수 없다. 앞에서 살펴보았듯이 안전에 대한 위협은 실재적인 위협과 정신적인 위협, 이 두 가지로 구분된다. 사람은 단순한 생물학적 존재가 아닌 사회적 존재이므로 단지 생계비를 벌 수 있다고 해서 안전하다는 느낌을 받는 것은 아니다. 사람이 안전하다고 —'안전한 사회'라고— 믿을 수 있으려면 여러 정신적인 위협에서도 반드시 해방되어야 한다. 이 중에서도 '사회로부터 존중받지 못한다' 혹은 '사회로부터 배제당한다'와 관련된 위협이 특별히 중요하다. 사회적 존재인 인간은 타인들(사회)에게 받아들여지고, 타인들(사회)로부터 사랑과 존중을 받을 때 비로소 자신이 안전하다고 느낄 수 있기 때문이다.

실재적인 위협으로부터의 해방

제국주의 국가로부터의 침략이나 인종 분쟁 같은 문제들을 제외한다면, 한 사회 내부에서 발생하는 실재적인 위협은 대체로 생존 불안과 관련이 있다. 따라서 한 사회 내에서 안전에 대한 실재적인 위협이 해소되려면 무엇보다 사회 구성원들의 생존 불안부터 해결되어야 한다. 국내 범위에서만 살펴볼 경우 절대다수의 생존 불안 해결은 직업과 상관없이 최소한의 사회적 삶을 유지할 수 있는 소득이 보장될 때 가능해진다. 즉 직장에서 해고당하거나 사업을 하다 파산했을 때에도 소득이 보장되어야만 생존 불안에서 해방될 수 있다는 것이다. 이런 점에서 사회안전망의 확립, 나아가 기본소득제 도입을 시급히 고려해야 한다.

　과학 기술이 급속도로 발전하고 있는 현 시대에 인류가 당면하고 있는 주요한 과제는 생산력 발전이나 경제 성장이 아니다. 이미 인류는 최소한의 노동 혹은 일정한 시간의 노동으로도 전체의 의식주를 해결할 수 있을 정도의 생산력 혹은 과학 기술 수준에 도달했다. 따라서 현 시점에서 인류의 과제는 지금까지 달성한 고도의 생산력에 부합하는 효율적이고 인간적인 사회 제도의 창출이다. 자본가들 스스로는 절대로 통제할 수 없는 자본가 계급의 무제한적이고 강박적인 이윤 추구 욕망을 위해 끊임없이 지구의 자연 자원을 파괴하고 생산물을 과잉 생산하는 환경 파괴적이고 낭비적이며, 궁극적으로 반인간적인 자본주의 제도를 새로운 사회 제도로 교체해야 한다.

현재의 과학 기술이나 생산력을 효율적으로 활용하기만 하면 인류가 하루에 대여섯 시간 정도─당연히 이 노동 시간은 점점 더 짧아질 것이다─만 일해도 전체의 생존이 가능하다. 즉 현재의 과학 기술이나 생산력은 이미 모든 인류가 먹고사는 문제를 해결할 수 있는 수준에 도달해 있음에도 불구하고 잘못된 사회 제도로 인해 절대 다수가 생존 위협에 시달리면서 살고 있기 때문에 시대착오적이고 불합리한 사회 제도를 뜯어고치는 것이 우선시되어야 한다는 것이다. 1퍼센트가 대부분의 부를 독식하고 나머지 99퍼센트는 생존 위협을 경험해야만 하는 사회는, 극소수의 지주가 쌀을 독차지하고 절대다수의 소작인들은 굶주림에 시달려야만 했던 과거의 부조리한 봉건 사회와 본질적으로 다르지 않다. 과거의 인류가 부조리한 봉건 제도를 개혁했듯이, 오늘날의 인류 역시 부조리한 자본주의 제도를 과감히 개혁해야 한다. 즉 기본 소득제 등을 통한 부의 재분배만이 아니라 아예 새로운 사회 제도를 상상하고 그것을 현실로 만들기 위한 노력이 필요하다는 것이다.

정신적인 위협으로부터의 해방

안전에 대한 위협이 해소되려면 정신적인 위협에서도 해방되어야 한다. 오늘날의 한국인들이 경험하고 있는 최악의 정신적 위협은 무시당하는 고통 혹은 존중받지 못하는 고통이다. 이것은 본질적으로 학대당하는 고통이라고 할 수 있다. 사람은 타인들로부터 존중받지 못하면 사회 혹은 관계로부터 추방당했다고 느낀다. 한마디로 사회적 존재로서의 삶을 부정당하고 사회적 존재로서의 죽음을 경험하는 것이다. 만성적으로 학대당하며 살고 있는 한국인들은 자신이 타인들로부터 학대당하는 주요한 이유와 학대에서 벗어나는 방도를 돈에서 찾고 있다. 돈이 없어서 무시당하는 것이니까 돈을 벌면 무시당하지 않을 수 있다, 즉 존중받을 수 있다고 믿는 것이다. 그러나 한국은 학대 위계 사회여서 돈을 아무리 많이 벌어도 무시당하는 고통, 존중받지 못하는 고통에서 해방될 수 없다. 만일 100층짜리 학대 위계 건물에서 80층까지는 학대 현상이 지배하지만 80층 이상부터는 그런 현상이 없다면, 돈을 많이 벌어 80층 이상에서 살게 되면 무시당하는 고통에서 해방될 수 있을 것이다. 그러나 앞에서도 강조했듯이, 한국은 맨 위층부터 맨 아래층까지 내리 학대하며 같은 층 안에서조차 상호 학대를 하는 학대 위계 사회다. 이런 사회에서는 80층 아래쪽에서 살건 80층 위쪽에서 살건 학대당하는 고통

에서 해방될 수 없다. 즉 그 누구도 정신적 위협에서 자유로워질
수 없는 것이다.

현재 상황에서 한국인들이 학대에서 해방되는 가장 빠른 해결
책은 격차를 줄이는 데 달려 있다고 해도 과언이 아니다. 한국 사
회에 만연해 있는 각종 격차는 차별과 무시 현상, 즉 학대 현상의
주요한 근원과 객관적 기초로 작용하고 있다. 격차가 벌어지면 사
람들 사이의 관계는 악화되고 학대 현상이 심해지는 반면 격차가
줄어들면 관계가 호전되고 학대 현상은 줄어들기 마련이다. 이것
은 개개인의 소득이 지속적으로 늘어나더라도 격차가 줄어들지
않으면 서로를 학대하는 병적인 현상은 사라지지 않지만, 개개인
의 소득이 다소 천천히 늘어나더라도 격차가 줄어들면 사람들 사
이의 관계가 회복되고 학대 현상이 줄어들 수 있음을 의미한다.
공부를 못해도 무시당하지 않을 것이고 나아가 존중받을 수 있다
는 믿음, 어떤 직업을 가지더라도 ― 실업자라 할지라도 ― 무시당
할 위험이 없다거나 존중받을 수 있다는 믿음을 가질 수 있다면
한국인들을 괴롭히는 정신적인 위협은 큰 폭으로 줄어들 것이다.
따라서 한국 사회는 철 지난 성장 타령에서 벗어나 하루빨리 각종
격차와 그에 따른 차별을 해소함으로써 관계를 회복하는 쪽으로
방향을 전환해야 한다.

2) 정신적 위협에서 벗어나기 위한 노력

한국인들이 각종 정신적 위협에서 해방되려면 기층 민주주의가 실현되어야 한다. 약간 농담조로 표현해 보면, 한국인들은 자기 마음에 들지 않으면 대통령은 바꿀 수 있지만 CEO나 재단 이사장은 바꿀 수 없다. 한국 전쟁 이후의 시기만 놓고 보더라도, 한국인들은 더 이상 참지 못하는 임계점에 도달하면 거리로 나가 반민중적인 대통령을 권좌에서 끌어내렸던 빛나는 민중 항쟁의 전통을 가지고 있다. 그렇지만 한국인들은 임계점을 훨씬 넘어서는 경우에도 자신이 다니고 있는 회사의 직장 상사 혹은 CEO를 바꿨던 경험이 거의 없으며, 그들을 제대로 견제해 본 적도 없다.

한국의 경우 국민이 대통령을 직접 선거하게 되는 등 상층 민주주의는 일정 정도 실현되었지만 기층 민주주의는 전혀 실현되지 않았다. 기층 민주주의란 민중이 몸담고 있는 기층 단위나 조직을 그곳에 있는 사람들이 주인이 되어 운영하는 것을 의미한다. 예를 들면 노동자들은 최소한 기업의 경영에 참여하는 식으로 기업 경영의 주인이 되어야 하고, 학생과 교사와 학부모는 학교 운영위원회에 참여하는 식으로 학교 운영의 주인이 되어야 한다는 것이다. 기층 단위들에서 민중의 민주주의적 권리가 보장될 때 기층 민주주의가 실현되었다고 말할 수 있는데, 이런 견지에서 보면 한국은 기층 민주주의의 불모지라 할 수 있다. 그 결과 학생들은 선생한테, 선생들은 재단 이사장이나 교장한테, 직장인들은 CEO나 직장 상사한테, 병사들은 장군이나 상관한테 꼼짝없이 지배당하고 학대당하면서 살아왔다.

한국인들이 촛불을 들고 광장에 나갔을 때에는 일시적으로는 민주주의의 주인, 국가의 주인이 되지만 일상에서는 노예살이 신세를 면치 못하고 있는 것은 기층 민주주의가 실현되지 않아서다. 즉 지금까지 한국 사회에서 기업주, 재단 이사장 같은 기층 단위나 조직의 소유자 또는 책임자가 아랫사람들을 마치 노예 부리듯 대하며 학대를 일삼아 올 수 있었던 것은 민중이 기층 단위에서는 아무 권리도 가지지 못하는 노예 처지에 놓여 있었기 때문이라는 말이다.

다른 문제는 제외하더라도 기층 민주주의의 실현은 학대를 예방하고 근절하는 데 결정적일 정도로 중요하다. 한 신문은 '아침엔 교수 아들 등원, 밤엔 대리운전 ⋯ "오늘도 '노비'가 됩니다"'라는 제목의 기사에서 교수들이 대학원생들을 학대하는 현상을 고발하며 이렇게 물었다.

오랜 시간과 각고의 노력을 쏟아 부어 학계에 발자취를 남기고도 정당한 노동의 대가를 받기는커녕, 연구비 횡령으로 대표되는 인건비 상납 생태계를 그저 바라볼 수밖에 없는 연구자들. 학생 신분이지만 어엿한 사회인이며 몇몇은 누군가의 부모이기도 한 대학원 연구생들은 어째서 부조리 앞에 이토록 무기력한 것일까.[100]

이런 질문에 한 대학원생은 다음과 같이 대답했다.

"석·박사 과정에 입학하는 순간 자발적으로 '노비 문서'에 도장을 찍는 셈이니까요. 교수님이 졸업과 취업 권한을 쥐고 있으니, 반발하는 건 근본적으로 불가능한 일이죠." 아무나 할 수 없는 전문 영역의 일을 해내니 고급 인력 아니냐고 되묻자 "그렇다면 고급 노비쯤 되겠다"고 자조했다.[101]

이 대학원생의 대답에는 한국 사회에서 왜 학대 현상이 만연할 수밖에 없는지, 그 이유가 분명하게 제시되어 있다. 즉 윗사람이 아랫사람의 생존권 혹은 생사여탈권을 전적으로 쥐고 있는 것이 학대 현상의 근본 원인이라는 것이다. 윗사람이 자신(물론 가족도 포함된다)의 생사여탈권을 쥐고 있음에도 자신에게는 윗사람을 견제하거나 탄핵할 수 있는 어떤 힘도, 수단도 없다면 학대를 면하기란 원천적으로 불가능하다. 이런 점에서 기층 민주주의의 핵심이라고 할 수 있는 노동조합 ─ 기층 민중의 이익을 대변하는 모든 조직을 의미한다 ─ 의 권리는 철저히 그리고 무조건적으로 보장되어야 한다. 그리고 이 노동조합의 권리에는 단지 임금 인상을 요구할 권리만이 아니라 기층 단위의 경영이나 운영에 참여하고 책임자나 상급자를 탄핵할 권리까지 포함되어야 한다. 유럽의 상당수 나라에서는 노동조합의 경영 참여를 법으로 보장해 주고 있는데, 한국도 당연히 그런 법이나 제도를 도입해야 한다.

민중은 일상생활을 영위하고 있는 기층 단위에서 그들의 이익을 대변하고 수호하는 조직을 만들고, 기층 단위에서부터 주인으로서의 권리를 누릴 수 있게 되어야만 지긋지긋한 학대에서 해방될 수 있고 노예살이 신세를 면할 수 있다. 노동조합이 경영에 참여하게 되면 비자금 조성이 원천적으로 불가능하게 된다. 그러면 기업들이 정치권에 정치 자금을 제공하는 것이 불가능해지므로 정경유착이나 금권 정치에도 제동이 걸린다. 노동조합의 경영 참여를 법으로 보장하고 있는 나라들의 정치가 정경유착에서 상대적으로 자유롭고 그 결과 정치에 대한 국민들의 신뢰도가 높은 것은 이와 관련이 있다.

기층 민주주의가 실현된다는 것은 민중이 기층 단위의 주인이 됨으로써 일상적인 삶을 민중 스스로 통제할 수 있게 된다는 것을 의미한다. 이럴 경우 학대 현상을 근절시키는 효과와 더불어 무력감 등도 크게 줄어들게 된다. 앞에서 살펴보았듯이 무력감은 권위주의적 성격의 기초고 권위주의적 성격은 극단주의와 밀접한 관련이 있다. 이것은 기층 민주주의의 실현이 극단주의를 예방하는 데 큰 도움이 된다는 것을 의미한다.

3) 왜 국가 차원의 공동체 건설이 필요한가

작은 단위에서의 관계 회복이나 작은 공동체 건설도 중요하지만, 국가 차원의 공동체를 건설하지 못하면 학대 현상, 나아가 극단주의를 근절시키기란 어려울 것이다. 어떤 작은 공동체 안에서 사람들이 서로를 위해 주고 협력하면서 살아가는 것은 분명 의미 있는 일이다. 그러나 그 공동체가 다른 공동체나 공동체 외부의 사람들을 배타적으로 대한다면, 그 공동체는 오히려 극단주의의 온상이 될 수도 있다. 예를 들어 광신도 공동체도 공동체 성원끼리는 잘 지낼 수 있다. 하지만 이 광신도 공동체 성원들이 자기들끼리만 잘 먹고 잘 살다가 자기들만 구원받고 나머지 인류는 다 죽게 되기를 바란다면, 그런 공동체는 극단주의 예방에 도움이 되기는커녕 극단주의의 온상이 될 수 있다는 것이다. 이와 관련해 테러리즘 연구자인 센은 주민들끼리 서로를 위해서는 대단한 일을 하는 '잘 통합된' 공동체가 벽돌을 던져 이주민이 사는 집 창문을 깨뜨리는 집단이 될 수도 있다고 경고한 바 있다.

극단주의 예방 교육에 관해 연구해 온 린 데이비스는 여러 연구 결과에 기초해 "언제나 '피상적 만남sightseeing'을 넘어서서 의미 있는 교우 관계를 만들어 가는 능력을 가지고 있어야만 관계들이 형성되어 왔다. 이에 더해 분열된 집단들이 접촉 상황 속에서 자신들이 동등한 지위에 있다고 생각할 필요가 있다(야블론도 지적한 점이다). 그리고 그 집단들은 공유된 목표를 향해 함께 일해야 한다"면서 이런 조건들이 충족되어야 교육 현장에서 극단주의 경향을 예방할 수 있다고 강조했다.[102]

비록 교육 현장에 관한 연구에 기초하고 있는 제안이기는 하지만 그의 결론은 전체 사회에도 적용될 수 있다고 판단된다. 데이비스의 주장을 다시 정리하면 다음과 같다.

첫째, 피상적 관계가 아닌 (갈등 관계에 있는 집단 구성원들끼리의) 의미 있는 관계가 필요하다. 갈등 관계에 있을 경우 피상적 접촉 만으로는 서로에 대한 이해나 화해가 촉진되지 않는다. 그것은 오히려 갈등을 부추기는 역할을 할 수도 있다. 즉 여성 혐오 집단과 남성 혐오 집단 사이의 피상적인 접촉은 오히려 서로의 관계를 악화시킬 수도 있다는 것이다.

둘째, 갈등 관계에 있는 집단은 서로를 존중하는 평등한 관계 속에서 접촉해야 한다. 서로를 존중하지 않는 접촉은 필연적으로 갈등을 증폭시키게 되는데, 서로를 존중하기 위한 전제 중의 하나가 바로 평등한 관계다. 부자들과 빈자들 사이의 접촉은 대체로 불평등한 관계 속에서 이루어진다. 그리고 이 과정에서 빈자들은 부자들에게 존중받기보다는 학대나 굴욕을 경험할 가능성이 높다. 따라서 이런 접촉은 당연히 부자들과 빈자들 사이의 갈등을 완화시키는 것이 아니라 증폭시킬 것이다.

셋째, 공유된 목표를 향해 함께 일해야 한다. 갈등하는 관계에 있는 집단들이 공유된 목표를 가질 수 있고 그것의 실현을 위해 함께 협력하면서 일할 수 있다면 갈등은 줄어들 것이다. 작게는 모두가 한마음이 되어 월드컵 경기 응원을 하는 것, 크게는 외부의 적이 침략해 오자 갈등 관계에 있던 여러 집단이 힘을 합쳐 공동으로 대응하는 것을 예로 들 수 있을 것이다.

어떤 이들은 공유된 목표의 중요성을 부정하면서 다양성 혹은 다름을 인정하고 장려하는 것이 극단주의 예방에 도움이 될 거라고 주장하는데, 다문화 정책에 대한 연구들에 의하면 '다름에 초점을 둔 다문화 정책은 실패했을 뿐만 아니라, 도리어 분열을 고착시켰다.'[103] 다름을 강조하는 것은 작은 공동체들의 권리를 보장하는 데에는 도움이 될 수 있지만, 사회 통합의 관점에서 보면 분열이나 갈등의 원인이 될 수 있다. 북부 영국의 백인 극우파를 지지하는 청소년들을 연구했던 콕번은 그곳에 인종적으로 분리된 학교 교육이 없었고 그 결과 학생들은 반인종주의와 다양성 의식을 접해 왔음을 상기시키면서, "타 문화에 대한 의식 혹은 근접성 proximity은 문화적 통합을 촉진하는 데 충분치 않고, 어쩌면 저해할 수도 있는 것 같다"는 결론을 내렸다. 슈타니어-캄시와 스프린도 그들의 연구 결과에 기초해 "문화 다양성, 인종 및 민족 관계에 대한 청소년들의 의식이 부족한 것이 아니라 오히려 과잉이다."라고 지적했다. 이런 연구들은 다름이나 다양성에 관한 교육이 부족해서 청소년들이 극단주의에 빠지는 것이 아니라는 것을 보여 준다.

나아가 다름이나 다양성을 강조하는 교육은 때때로 역효과를 낼 수도 있다. 콕번은 "학생들은 '우리는 모두가 다르다'는 메시지를 줄곧 듣는데 지쳐, 교사들이 '다른 주제로 넘어가기'를 바라고 있었다"고 말한 뒤 "연구자들은 유색인종 아이들과 백인 아이들 모두가 교육 과정에서 '다른' 문화를 많이 다루는 것을 의아하게 생각한다는 데 주목했다. 유색인종 아이들은 당혹스러워하는 한편, 백인 아이들은 소수민족 문화는 내놓고 치켜세우면서 자신들의 문화는 깎아내리는 데 분개한다"고 지적했다.[104] 이렇게 다

름이나 다양성을 인정하고 장려하는 것이 극단주의를 예방하는
데에는 별 효과가 없으며, 오히려 역효과를 내기도 한다는 연구
결과들 때문에 데이비스를 비롯한 여러 연구자들은 다문화 정책
보다는 공유된 목표가 기본이 되어야 한다고 강조한다.

전체 사회 구성원들이 공유된 목표를 위해 협력할 수 있으려면
국가 공동체의 재건이 필수적이다. 진정한 국가 공동체의 재건은
히틀러 방식으로는 불가능하다. 갈등하는 집단이 국가적인 차원
에서 목표를 공유하고 서로 협력하게 만들려면 무엇보다 국가가
국민들을 차별 대우하지 말아야 한다. 과거의 역사를 돌이켜 보
면, 임진왜란 시기에 일부 백성들은 일본군에게 협력하거나 일본
군에 합세해서 정부군을 공격하기도 했다. 그들이 적을 도왔던 이
유는 평소 조선 사회 지배층에 의해 억압과 수탈을 당해 왔기 때
문에 국가 수호라는 공동의 목표에 동의하지 못해서였다. 이것은
국가적인 차원의 공유된 목표는 차별과 학대가 사라진 정의롭고
공정한 사회에서만 비로소 가능해진다는 것을 보여 준다. 학대
위계 사회인 한국 사회가 한순간에 갑자기 화목한 국가, 화목한
사회가 될 수는 없을 것이다. 그러나 정의가 실현되고, 격차가 해
소되어 차별과 학대가 사라지고, 국가가 공정한 기준에 따라 사
람들을 평가하고 존중해 주기 시작한다면 우리는 희망을 되찾고
미래를 낙관하면서 서로 힘을 합칠 수 있을 것이다. 물론 이를 위
해서 적폐 청산은 필수적이다.

갈등하는 개인 혹은 집단으로 갈기갈기 찢어져 있는 한국 사회 그리고 서로가 서로를 학대하는 학대 위계 사회인 우리 사회에서는 사람들이 서로 접촉을 많이 한다고 해서 갈등과 학대 현상, 나아가 극단주의 경향이 줄어들 가능성은 별로 없다. 그것이 가능해지려면, 데이비스의 제안처럼 전 사회적 범위에서 사람들이 평등한 관계를 전제로 의미 있는 접촉을 할 수 있게 되어야 하는데, 이를 위해서도 격차 해소를 통한 관계 회복은 필수적이다. 또한 이럴 경우에만 국가적 차원의 공유된 목표를 중심으로 국가 공동체를 재건할 수 있고 미래로 나아갈 수 있다. 이것은 국가 대개조 없이 작은 공동체들을 복원하거나 건설하는 것만으로는 극단주의 경향을 비롯한 여러 문제를 해결할 수 없다는 것을 의미한다.

국가 공동체를 재건하는 데 가장 시급한 과제는 국가보안법 체제, 즉 냉전 체제를 해체하고 평화 체제로 전환하는 것이다. 국가보안법은 한국에서 민주주의의 발전을 가로막는 주범 역할을 해 왔다. 절대다수 국민의 이익이나 권리를 진정으로 대변하려는 시도들이 국가보안법에 의해 빨갱이, 종북으로 낙인찍혀 원천적으로 차단당해 왔다. 과거에 회자되었던 '말이 많으면 빨갱이'라는 유행어는 국가보안법 체제 하에서 입을 꾹 다물고 참고 살아야만 했던 민초들의 처지를 집약적으로 표현하고 있다.

국가보안법은 극단주의를 대표하는 악법이기에 국가보안법 체제 하에서 살아온 한국인들은 대북 문제, 이념 문제에 있어서

만큼은 철저히 극단주의적인 입장을 갖게 되었다. 국가보안법은 극우 세력에게 순종하지 않는 사람들을 종북으로 낙인찍어 적대시하는 '배타성', 극우적 신념이나 주장에 대한 무조건적이고 맹목적인 믿음인 '광신', 전체 국민에 대한 극우적 신념과 체제의 '강요', 극우 세력에 의해 종북으로 낙인찍힌 집단에 대한 '혐오' 등 극단주의의 특징들을 두루 갖고 있는 전형적인 극단주의 악법이다. 나아가 국가보안법은 민주주의, 특히 기층 민주주의의 실현을 원천 봉쇄함으로써 학대 현상을 만연시키고 부추겨 왔고 그 결과 한국 사회에서 극단주의 경향이 날로 심해졌다. 이것은 국가보안법 체제를 해체하고 평화 체제로 전환하는 것이 한국 사회의 발전은 물론이고 극단주의 예방과도 관련 있는 중요한 과제임을 의미한다.

결론적으로 한국이 냉전 체제를 해체하고 사상의 자유를 비롯한 민주주의적 권리를 철저히 보장하는 민주 국가로 전환되고, 격차가 해소되어 차별과 무시 등의 상호 학대가 아닌 사랑과 협력이 가능해질 때 극단주의는 더 이상 발을 붙이지 못하게 될 것이다.

차별과 학대가 사라지고, 공정한 기준에 따라
사람들을 평가하고 존중한다면
우리는 희망을 되찾을 수 있을 것이다.

©Md. Zahid Hasan Joy

나가는 글

축구 선수들이 팀 승리라는 목표를 공유할 수 있으려면, 축구팀이 선수들을 사랑하고 존중해 줄 뿐만 아니라 팀 승리의 결과물이 공정하고 평등하게 분배된다는 믿음을 가질 수 있어야 한다. 이런 조건이 충족되면 선수들은 서로를 사랑하고 존중하고 위해 주면서 팀 승리라는 공동의 목표를 위해 힘을 합칠 수 있다. 우리 사회가 지금처럼 파편적인 집단들 혹은 개인들로 찢어져 서로 치고받기를 계속한다면 극단주의의 창궐은 물론이고 국가의 멸망이 불가피하다. 한국은 하루라도 지체하지 말고 국가 공동체를 재건하기 위한 길로 나아가야 한다.

극단주의는 부분적인 교육 개혁이나 극단주의 예방 프로그램 등을 통해 예방하거나 근절할 수 있는 것이 아니다. 극단주의의 예방과 근절은 자본주의 사회를 더 건강한 사회로, 더 살기 좋은 사회*로 교체하는, 전체 인류가 직면하고 있는 역사적인 과업과 분리될 수 없다. 극단주의란 본질적으로 현 자본주의 사회의 위기의 산물이기 때문이다.

• 이 주제에 관해서는 『싸우는 심리학』(김태형, 2014, 서해문집)을 참조하라.

참고문헌

- 김태형, 『새로 쓴 심리학』, 2009, 세창출판사
- 헨리 글라이트만, 장현갑 외 공역, 『심리학』, 2003, 시그마프레스
- 린 데이비스, 강순원 역, 『극단주의에 맞서는 평화교육』, 2014, 한울
- 대니얼 웨그너 외, 민경환 외 역, 『심리학 개론(*Psychology*)』, 2011, 시그마프레스
- 헨리 글라이트만, 장현갑 외 6인 공역, 『심리학』, 2003, 시그마프레스
- 캐스 R 선스타인, 이정인 역, 『우리는 왜 극단에 끌리는가』, 2011, 프리뷰
- 윤보라 외, 『여성 혐오가 어쨌다구?』, 2015, 현실문화
- 이희수, 『이슬람 학교 2 : 이슬람 문명, 문화, 극단주의와 테러 그리고 석유』, 2015, 청아출판사
- 알베르토 토스카노, 문강형준 역, 『광신(*Fanaticism On the Uses of an Idea*)』, 2013, 후마니타스
- 지그문트 프로이트, 「집단 심리학과 자아분석」, 1921, 『프로이트 전집 제12권』, 2003, 열린책들
- 에리히 프롬, 황문수 역, 『인간의 마음(*The Heart of Man*)』, 2002, 문예출판사
- 에리히 프롬, 원창화 역, 『자유로부터의 도피(*Escape From Freedom*)』, 2006, 홍신문화사

- 에리히 프롬, 황문수 역, 『사랑의 기술(The Art of Loving)』, 2006, 문예출판사
- 에리히 프롬, 최혁순 역, 「인본주의적 정신분석의 마르크스 이론에의 적용」, 1963, 『프로이트와 정신분석』,1994, 홍신문화사
- 오찬호, 『우리는 차별에 찬성합니다』, 2013, 개마고원.
- 스콧 매클렐런, 김원옥 역, 『거짓말 정부』, 2008, 엘도라도

주

1 린 데이비스 저, 강순원 역, 『극단주의에 맞서는 평화교육』, 2014, 한울, 31~32쪽

2 린 데이비스 저, 강순원 역, 『극단주의에 맞서는 평화교육』, 2014, 한울, 10(역자 서문 중에서)

3 한국 사회 배타성 극심 … "10년 전이 현재보다 나은 사회", 「동아일보」, 2017년 3월 16일 자 기사

4 제주 예멘 난민에 국민 청원 '봇물' … '난민 수용 반대', 「연합뉴스」, 2018년 6월 18일자 기사

5 예멘 난민 반대 2차 집회 … "난민법 폐지 청원, 청와대 응답해야", 「서울신문」, 2018년 7월 14일자 기사

6 린 데이비스 저, 강순원 역, 『극단주의에 맞서는 평화교육』, 2014, 한울, 18

7 린 데이비스 저, 강순원 역, 『극단주의에 맞서는 평화교육』, 2014, 한울, 161

8 알베르토 토스카노 저, 문강형준 역, 『광신(Fanaticism On the Uses of an Idea)』, 2013, 후마니타스, 61

9 알베르토 토스카노 저, 문강형준 역, 『광신』, 2013, 후마니타스, 410

10 린 데이비스 저, 강순원 역, 『극단주의에 맞서는 평화교육』, 2014, 한울, 109

11 린 데이비스 저, 강순원 역, 『극단주의에 맞서는 평화교육』, 2014, 한울, 67

12 알베르토 토스카노 저, 문강형준 역, 『광신』, 2013, 후마니타스, 352

13 린 데이비스 저, 강순원 역, 『극단주의에 맞서는 평화교육』, 2014, 한울, 42

14 알베르토 토스카노 저, 문강형준 역, 『광신』, 2013, 후마니타스, 274

15 국민일보, 2018년 10월 28일자 기사

16 린 데이비스 저, 강순원 역, 『극단주의에 맞서는 평화교육』, 2014, 한울, 20

17 린 데이비스 저, 강순원 역, 『극단주의에 맞서는 평화교육』, 2014, 한울, 21

18 린 데이비스 저, 강순원 역, 『극단주의에 맞서는 평화교육』, 2014, 한울, 172

19 정욱식, 『프레시안』, 정욱식 칼럼 "사상의 자유를 묵살한 '종북몰이'의 섬뜩한 귀결", 2014년 12월 11일

20 '심리연구소 함께' 카페 게시글(https://cafe.naver.com/psykimcafe/141)

21 알베르토 토스카노 저, 문강형준 역, 『광신』, 2013, 후마니타스, 414

22 알베르토 토스카노 저, 문강형준 역, 『광신』, 2013, 후마니타스, 22

23 알베르토 토스카노 저, 문강형준 역, 『광신』, 2013, 후마니타스, 32

24 알베르토 토스카노 저, 문강형준 역, 『광신』, 2013, 후마니타스, 357

25 린 데이비스 저, 강순원 역, 『극단주의에 맞서는 평화교육』, 2014, 한울, 27

26 이희수, 『이슬람 학교 2 : 이슬람 문명, 문화, 극단주의와 테러 그리고 석유』, 2015, 청아출판사, 16

27 매클렐런 스콧 저, 김원옥 역, 『거짓말 정부』, 2008, 엘도라도, 178~179

28 매클렐런 스콧 저, 김원옥 역, 『거짓말 정부』, 2008, 엘도라도, 179

29 캐스 R 선스타인 저, 이정인 역, 『우리는 왜 극단에 끌리는가』, 2011, 프리뷰, 123

30 린 데이비스 저, 강순원 역, 『극단주의에 맞서는 평화교육』, 2014, 한울, 94

31 캐스 R 선스타인 저, 이정인 역, 『우리는 왜 극단에 끌리는가』, 2011, 프리뷰, 12~13

32 캐스 R 선스타인 저, 이정인 역, 『우리는 왜 극단에 끌리는가』, 2011, 프리뷰, 21

33 캐스 R 선스타인 저, 이정인 역, 『우리는 왜 극단에 끌리는가』, 2011, 프리뷰, 29

34 캐스 R 선스타인 저, 이정인 역, 『우리는 왜 극단에 끌리는가』, 2011, 프리뷰, 31

35 캐스 R 선스타인 저, 이정인 역, 『우리는 왜 극단에 끌리는가』, 2011, 프리뷰, 18

36 캐스 R 선스타인 저, 이정인 역, 『우리는 왜 극단에 끌리는가』, 2011, 프리뷰, 119

37 캐스 R 선스타인 저, 이정인 역, 『우리는 왜 극단에 끌리는가』, 2011, 프리뷰, 59~60

38 캐스 R 선스타인 저, 이정인 역, 『우리는 왜 극단에 끌리는가』, 2011, 프리뷰, 56

39 캐스 R 선스타인 저, 이정인 역, 『우리는 왜 극단에 끌리는가』, 2011, 프리뷰, 156

40 캐스 R 선스타인 저, 이정인 역, 『우리는 왜 극단에 끌리는가』, 2011, 프리뷰, 114

41 캐스 R 선스타인 저, 이정인 역, 『우리는 왜 극단에 끌리는가』, 2011, 프리뷰, 116

42 린 데이비스 저, 강순원 역, 『극단주의에 맞서는 평화교육』, 2014, 한울, 94

43 알베르토 토스카노 저, 문강형준 역, 『광신』, 2013, 후마니타스, 78

44 캐스 R 선스타인 저, 이정인 역, 『우리는 왜 극단에 끌리는가』, 2011, 프리뷰, 188

45 캐스 R 선스타인 저, 이정인 역, 『우리는 왜 극단에 끌리는가』, 2011, 프리뷰, 24

46 린 데이비스 저, 강순원 역, 『극단주의에 맞서는 평화교육』, 2014, 한울, 156

47 린 데이비스 저, 강순원 역, 『극단주의에 맞서는 평화교육』, 2014, 한울, 61

48 캐스 R 선스타인 저, 이정인 역, 『우리는 왜 극단에 끌리는가』, 2011, 프리뷰, 24

49 헨리 글라이트만 저, 장현갑 외 6인 공역, 『심리학』, 2003, 시그마프레스, 817

50 캐스 R 선스타인 저, 이정인 역, 『우리는 왜 극단에 끌리는가』, 2011, 프리뷰, 51

51 캐스 R 선스타인 저, 이정인 역, 『우리는 왜 극단에 끌리는가』, 2011, 프리뷰, 9

52 알베르토 토스카노 저, 문강형준 역, 『광신』, 2013, 후마니타스, 149

53 알베르토 토스카노 저, 문강형준 역, 『광신』, 2013, 후마니타스, 155

54 김태형, 『새로 쓴 심리학』, 2009, 세창출판사, 386~387

55 알베르토 토스카노 저, 문강형준 역, 『광신』, 2013, 후마니타스, 347

56 알베르토 토스카노 저, 문강형준 역, 『광신』, 2013, 후마니타스, 79

57 알베르토 토스카노 저, 문강형준 역, 『광신』, 2013, 후마니타스, 72

58 알베르토 토스카노 저, 문강형준 역, 『광신』, 2013, 후마니타스, 349

59 로레타 나폴레오니 저, 이종인 역, 『모던 지하드』, 2004, 343

60 지그문트 프로이트, 「집단 심리학과 자아분석」, 1921, 지그문트 프로이트, 『프로이트 전집 제12권』, 2003, 열린책들, 137

61 지그문트 프로이트, 「집단 심리학과 자아분석」, 1921, 지그문트 프로이트, 『프로이트 전집 제12권』, 2003, 열린책들, 81

62 김태형, 『새로 쓴 심리학』, 2009, 세창출판사 387

63 알베르토 토스카노 저, 문강형준 역, 『광신』, 2013, 후마니타스, 422

64 캐스 R 선스타인 저, 이정인 역, 『우리는 왜 극단에 끌리는가』, 2011, 프리뷰, 169

65 캐스 R 선스타인 저, 이정인 역, 『우리는 왜 극단에 끌리는가』, 2011, 프리뷰, 176~177

66 알베르토 토스카노 저, 문강형준 역, 『광신』, 2013, 후마니타스, 17

67 지그문트 프로이트, 「집단 심리학과 자아분석」, 1921, 지그문트 프로이트, 『프로이트 전집 제12권』, 2003, 열린책들, 85

68 알베르토 토스카노 저, 문강형준 역, 『광신』, 2013, 후마니타스, 20~21

69 지그문트 프로이트, 「집단 심리학과 자아분석」, 1921, 지그문트 프로이트, 『프로이트 전집 제12권』, 2003, 열린책들, 90

70 캐스 R 선스타인 저, 이정인 역, 『우리는 왜 극단에 끌리는가』, 2011, 프리뷰, 108

71 캐스 R 선스타인 저, 이정인 역, 『우리는 왜 극단에 끌리는가』, 2011, 프리뷰, 95

72 캐스 R 선스타인 저, 이정인 역, 『우리는 왜 극단에 끌리는가』, 2011, 프리뷰, 107

73 [과학향기] 스탠퍼드 감옥 실험의 진실, 『브레이크뉴스』, 2018년 7월 10일자 기사

74 캐스 R 선스타인 저, 이정인 역, 『우리는 왜 극단에 끌리는가』, 2011, 프리뷰, 145

75 알베르토 토스카노 저, 문강형준 역, 『광신』, 2013, 후마니타스, 95

76 린 데이비스 저, 강순원 역, 『극단주의에 맞서는 평화교육』, 2014, 한울, 41

77 캐스 R 선스타인 저, 이정인 역, 『우리는 왜 극단에 끌리는가』, 2011, 프리뷰, 166

78 알베르토 토스카노 저, 문강형준 역, 『광신』, 2013, 후마니타스, 361

79 린 데이비스 저, 강순원 역, 『극단주의에 맞서는 평화교육』, 2014, 한울, 75

80 알베르토 토스카노 저, 문강형준 역, 『광신』, 2013, 후마니타스, 334

81 알베르토 토스카노 저, 문강형준 역, 『광신』, 2013, 후마니타스, 426

82 린 데이비스 저, 강순원 역, 『극단주의에 맞서는 평화교육』, 2014, 한울, 73

83 린 데이비스 저, 강순원 역, 『극단주의에 맞서는 평화교육』, 2014, 한울, 66

84 지그문트 프로이트, 「집단 심리학과 자아분석」, 1921, 지그문트 프로이트, 『프로이트 전집 제12권』, 2003, 열린책들, 105

85 에리히 프롬 저, 최혁순 역, 「인본주의적 정신분석의 마르크스 이론에의 적용」, 1963, 에리히 프롬, 『프로이트와 정신분석』, 1994, 홍신문화사, 238

86 린 데이비스 저, 강순원 역, 『극단주의에 맞서는 평화교육』, 2014, 한울, 80

87 린 데이비스 저, 강순원 역, 『극단주의에 맞서는 평화교육』, 2014, 한울, 69

88 린 데이비스 저, 강순원 역, 『극단주의에 맞서는 평화교육』, 2014, 한울, 61~62

89 에리히 프롬 저, 황문수 역, 1956, 『사랑의 기술(The Art of Loving)』, 2006, 문예출판사, 38

90 에리히 프롬 저, 원창화 역, 1941, 『자유로부터의 도피(Escape From Freedom)』, 2006, 홍신문화사, 67

91 파편사회서 공감사회로 ② 혐오와 차별의 난장, 「한국일보」, 2019년 1월 2일자 기사

92 오찬호, 『우리는 차별에 찬성합니다』, 2013, 개마고원, 125쪽

93 린 데이비스 저, 강순원 역, 『극단주의에 맞서는 평화교육』, 2014, 한울, 22

94 린 데이비스 저, 강순원 역, 『극단주의에 맞서는 평화교육』, 2014, 한울, 169

95 이희수, 『이슬람 학교 2 : 이슬람 문명, 문화, 극단주의와 테러 그리고 석유』, 2015, 청아출판사, 114

96 윤보라 외, 『여성 혐오가 어쨌다구?』, 2015, 현실문화, 84

97 여성 혐오, 교실을 점령하다, 『시사IN』, 제520호(2017년 9월 4일) 기사

98 [창간 기획-혐오를 넘어] ① '엄마'를 욕하며 노는 아이들… 교실이 '혐오의 배양지'가 되었다, 「경향신문」, 2017년 10월 1일자 기사

99 디시 인사이드의 야구 갤러리 게시 글 제목들, 2018. 10. 31

100/101 아침엔 교수 아들 등원, 밤엔 대리운전… "오늘도 '노비'가 됩니다", 「한국일보」, 2018년 9월 17일자 기사

102 린 데이비스 저, 강순원 역, 『극단주의에 맞서는 평화교육』, 2014, 한울, 158

103 린 데이비스 저, 강순원 역, 『극단주의에 맞서는 평화교육』, 2014, 한울, 146

104 린 데이비스 저, 강순원 역, 『극단주의에 맞서는 평화교육』, 2014, 한울, 151

찾아보기

백제 사찰건축의 조형과 기술

이왕기

도서
출판 주류성

백제 사찰건축의 조형과 기술

저   자 : 이 왕 기
저 작 권 자 : (재) 백제문화개발연구원
발   행 : 도서출판 주류성
발   행   인 : 최 병 식
인   쇄   일 : 2006년 7월 3일
발   행   일 : 2006년 7월 10일
등   록   일 : 1992년 3월 19일 제 21-325호
주   소 : 서울특별시 서초구 서초동 1305-5 창람(蒼藍)빌딩

T   E   L : 02-3481-1024(대표전화)
F   A   X : 02-3482-0656
HOMEPAGE : www.juluesung.co.kr
E - M A I L : juluesung@yahoo.co.kr

값 10,000원

잘못된 책은 교환해 드립니다.
ISBN 89-87096-62-9

본 역사문고는 국사편찬위원회를 통한 국고보조금으로 진행되는
3개년 계획 출판사업입니다.

▲ 부여 정림사지 근경(강당건립 전)

▲ 부여 정림사지 근경(강당건립 후)

◀ 부여 정림사지 강당 복원모습

◀ 부여 정림사지 5층석탑

▲ 멀리서 본 부여 능사

▲ 멀리 미륵사 후면에서 바라본 익산 미륵사지

▼ 익산 미륵사 동원 석탑 복원모습

▲ 부여 능사 중문 초석 지반의 판축모습 　▲ 익산 미륵사 강당계단
　　　　　　　　　　　　　　　　　　발굴모습

▼ 익산 미륵사 서원 석탑

▲ 부여 능사 서측 배수로에 세웠던 나무다리 흔적

▲ 부여 능사 발굴당시 항공사진

▲ 부여 능사 복원조감도

▲ 부여 왕흥사지 전경

▶ 부여 군수리 절터 전경

▲ 부여 동남리에서 출토된 금동탑에 하양식으로 보이는 공포가 조각되어 있다.

▶ 재현된 능사 5층목탑 하양식 공포 상세

▲ 부여 백제역사촌에 재현된 능사 5층목탑의 하양식 공포

▼ 부여 정림사지 복원 강당에 올린 치미

▲ 부여 궁남지 출토 목재면에 남아 있는 대패 치목흔적

▲ 부여 관북리 출토 목재면에 남아 있는 대패 치목흔적

▼ 부여 군수리절터 합장식 와축
기단

▲ 부여 금성산절터 외축기단

▲ 부여 금성산절터 방형 초석

▲ 익산 미륵사 서탑의 기둥은
아래가 넓고 위가 좁은 민
흘림기둥이다.

▲ 익산 미륵사 중원 금당 기단석 모습

▶ 익산 미륵사지 서
금당 초석은 밑에
초반(礎盤)을 받쳐
두었다.

▼ 부여 정림사 5층석탑 기단부

▲ 부여 궁남지에서 출토된 목부재의 자귀흔적

▼ 부여 궁남지에서 출토된 목
부재에 톱 사용흔적(위)

▲ 부여 관북리에서 출토된 목부재의
자귀흔적

▼ 부여 능사에서 출토된 백제 도끼

▲ 부여 능사에서 출토된 백제 도끼
부분

◀ 부여 궁남지에서 출토된 목부재에
톱 사용흔적(옆)

▲ 부여 궁남지에서 출토된
백제의 목메(2) 타격면

▲ 부여 궁남지에서 출토된
백제의 목메(2) 등대기면

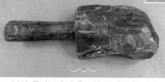

▲ 부여 궁남지에서 출토된 백제의 목메(1)

▲ 부여 합송리에서 출토된 백제 끌은 주조품으로 통끌
이다.

백제

사찰건축의 조형과 기술

머리말

이 세상에 지금까지 남아 있는 백제의 목조건축은 하나도 없다. 그러나 백제의 건축이 우수하다는 역사적 사실은 알고 있다. 『삼국사기』나 『일본서기』와 같은 고문헌에 기록이 남아 있기 때문이다. 그런데 문헌만 믿고 눈으로 보지 못한 백제의 건축문화가 우수했다고 말해도 되는 것일까?

우수한 건축문화란 두 가지 측면에 가치가 인정되어야 한다. 하나는 '기술'이고, 다른 하나는 '조형성'이다. 아무리 기술이 뛰어나도 조형성이 떨어지면 가치가 발휘될 수 없거니와, 조형성이 아무리 뛰어나도 기술이 모자랄 때는 건축의도가 제대로 살아나지 못한다. 그러므로 '기술'과 '조형'은 항상 붙어 다니는 동반자인 것이다. 백제가 주변나라에 건축문화를 전파할 수 있었던 것은 바로 이 두 가지 건축문화가 우수했기 때문이 아닐까?

이 글은 지금 실존하지 않은 백제의 건축이야기다. 두개의 주제에 관심을 두고 글을 전개할 참이다. 하나는 현존하는 백제유적에서 백제건축의 실체를 찾아내는 것이고, 다른 하나는 백제사람들은 건축을 통해 무엇을 보여주려 했는가 이다. 이와 더불어 백제사람이 건축에 담고자 했던 의도가 무엇이었는지를 생각해 보려는 것이었다. 글의 내용은 먼저 백제의 대표적인 사찰건축에 담긴 조형성을 고찰하고, 두 번째는 사찰건축이 어떤 조영기법(造營技法)으로 건립되었는지 살펴보았다. 세 번째는 이러한 백제건축은 어떤 연장을 써서 만들었는지 당시 출토된 유물을 통해 치목기술을 고찰해 보았다. 마지막으로 같은 시기 중국의 육조시대 건축을 살펴봄으로써 백제건축의 조형적 의미를 객관적으로 관조했다.

원래 건축이야기는 실존하는 건물을 대상으로 할 때 재미가 있는 법이다. 그런데 존재하지 않는 백제건축을 이야기 한다는 것은 여간 어려운 일이 아니다. 백제건축이 설령 남아 있다고 해도 그 실체를 이해하기가 어려울 터이다. 하물며 다 없어진 건축의 희미한 흔적만을 가지고 1500년 전의 건축을 말한다는 것은 그야말로 무에서 유를 창조하는 것만큼이나 어려운 일이다. 그래서 백제건축이 더 신비스럽게 느껴지는지도 모른다.

백제건축 연구는 그동안 주로 문헌연구나 현존하는 석조건축, 좀더 나아가 발굴조사로 드러난 사찰유구 등을 대상으로 진행되어 왔던 것은 사실이다. 그러다보니 현상적인 실체를 확인하거나 건물터를 대상으로 하는 추정 복원연구와 같은 초보적인 범위를 크게 벗어나지 못했다. 근 700여 년에 가까운 백제의 건축역사가 면면히 이어졌다는 사실을 생각해 볼 때 이같은 백제건축 연구는 너무나 미미한 것이었다. 그럼에도 백제건축 연구를 이야기할 때는 장경호 기전문화재연구원장의 선구적인 연구 성과를 기억하지 않을 수 없다. 백제 건축연구의 큰 발판을 마련한 공로를 잊어서는 안 될 것이다.

필자의 글 중에서 백제 건축기술에 대해 쓴 부분은 백제건축이 700년 동안 축적해 온 기술의 역사에 비해서는 보잘것 없는 것이다. 그러나 일부 내용은 지금까지 누구도 다루지 않은 것이어서 조심스럽고 신중하게 접근할 수밖에 없었다. 백제문화의 다른 분야에 비해 건축연구는 활발하지 못했던 것도 사실이다. 특히 백제 건축기술에는 아무도 접근하지 못하고 있다. 이렇게라도 백제 건축기술에 접근을 시도하게 된 것은 백제건축이 남긴 여러 사실(史實) 가운데 혹시 찾아내지 못한 다른 흔적 한가닥이라도 밝혀보려는 막연한 의무감인지도 모른다. 누가 해도 백제건축 연구는 계속되어야 하는 것은 물론이다. 이번 필자의 연구가 또 하나의 단초를 제공하는 계기가 되기를 기대하는 마음이 크다.

백제건축이 영토에서 자생되어 발전한 것이냐? 아니면 교류과정에서 백제적 특성을 지니면서 정제되어 나타나는 것이냐? 하는 문제도 연구에 수반되어야 할 과제이다. 이는 동시대 주변국가의 건축을 포괄적으로 이해할 때 좀 더 객관적인 해답이 나올 것이다. 그래서 이 글의 후반부는 당시 교류가 빈번했던 이웃나라의 건축조형 고찰에 할애했다. 이는 백제의 건축조형을 객관적으로 이해하기 위해서는 반드시 짚고가야 할 부분이기도 하다.

필자가 백제건축에 관심을 가지게 된 것은 중국건축을 연구하기 시작한 1985년경이다. 중국은 역사적으로 한반도와 오랫동안 관계를 유지해 왔고, 더구나 삼국시대에는 자의거나, 타의거나를 떠나 교류관계는 계속되었다. 이는 다른 문물과 함께 건축문화 교류도 부추겼을 것이다. 이같은 고대사 속에 나타난 문화교류 현상 가운데 건축부문이 필자에게 연구주제를 제공해 주었다. 그래서 1990년대에 들어 「고대 한국·중국 건축관계사 연구(건축역사연구)」라는 제목의 논문을 발표하기에 이르렀고, 연구를 본격화한 계기가 되었다. 이후 백제시대 건축과 관련한 여러 편의 논문을 발표하는 동안 이 분야에 매료되어 지금까지 연구를 계속하고 있다.

인간의 지능과 역량을 함축한 공간적 조형물로 대표되는 건축은 모든 문화현상이 그런 것처럼 교류를 거쳐서 조화할 수밖에 없다. 건축기술이 어떤 시기나 지역을 막론하고, 독자적으로 발생했을 지라도 주변에 전파되었을 때는 반드시 더 유용한 방향으로 발전하게 마련이다. 더구나 건축은 인간의 삶을 담아내는 생활공간이라는 점에서 더욱 변화가 빠르다. 그러나 건축은 영원한 조형물도 아니어서, 흥망성쇠를 거듭하는 역사의 갈피 속으로 접혀 들어가 사라지기도 한다. 백제의 건축도 예외가 아니었다. 그래서 역사의 갈피를 훌쩍 벗겨내고, 백제건축의 실상을 밝히는 일이 참으로 어려웠다.

그럼에도 이를 들추어 탐구하는 소명은 이 땅에 사는 후손들이 해야 할 몫이다. 이에 사명감을 가지고, 백제건축에 매달려 나름대로 집념을 불태웠다. 그러나 이 책이 처음 의도했던 대로 완성되었는지 걱정이 앞선다. 아무쪼록 백제건축 연구에 조금이라도 보탬이 되었으면 하는 마음 간절하다.

백제건축을 좀 더 다른 차원에서 관조할 기회를 주신 백제문화개발연구원의 조부영 원장님, 신병순 사무국장님, 연구원 관계자 여러분께 감사드립니다. 그리고 정성을 담아 출판해 주신 주류성의 최병식 사장님과 직원 여러분께도 고마운 마음을 전합니다.

2005년 12월
도안동 연구실에서
이왕기 識

차 례

차 례

차 례

백제건축의 사회문화적 배경

1. 역사적 배경

한강과 임진강 유역을 포함한 한반도 중부와 서남부 해안에는 54개의 작은 고대 부족국가들이 자리를 잡았다. 이른바 마한이라고 부르는 소국이 일찍 존재했던 것이다. 그런데 북방의 고구려 시조 주몽의 아들로 왕위를 계승할 수 없게 되었던 온조가 형 비류(沸流)와 함께 오간(鳥干)·마려(馬黎) 등 10명의 신하를 거느리고 남쪽으로 내려와 마한 소국이 먼저 자리를 잡은 지금의 한강 주변에 새로운 둥지를 틀었다. 그리고 두 형제는 이내 갈라져서 비류는 미추홀(지금의 인천지역)에 정착하였고, 온조는 하북위례성(河北慰禮城)에 터를 잡아 나라를 세운 다음 국호를 십제(十濟)라 하였다. 이때가 기원전 18년이다.

한강유역은 비교적 기후가 좋고, 토지가 비옥하여 경제기반을 닦기가 유리한 지역이었다. 이같은 입지조건은 십제의 국력을 키우는 기반이 되었다. 그리하여 초고왕(166~214)대에 이르러 도읍을 하북위례성에서 하남위례성으로 옮기고, 국호를 백제(百濟)로 고쳤다. 이와 더불어 미추홀에 자리를 잡았던 비류백제 세력까지 흡수하여 강력한 고대 국가로 거듭나게 되었다. 고이왕(234~286)대에 이르러서는 마한의 맹주였던 목지국을 병합하면서 마한지역의 새로운 세력집단으로 군림하였다. 이를 기반으로 영토를 넓혀 동으로는 춘천, 남으로는 안성, 서북으로는 예성강까지 다달았다. 이로써 백제는 한반도에서 또 다른 고대국가의 면모를 구축하게 되었다.

백제가 중앙집권적인 귀족국가로서의 체제를 갖추게 된 것은 근초고왕(近肖古王, 346~375) 때로 추측된다. 그리고 371년에는 고구려의 평양성까지 치고 올라가 고국원왕이 전사하기에 이른다. 이에 따라 백제는 현재의 경기·충청·전라도를 차지한데 이어 강원도와 황해도 일부까지를 영토로 끌어들였다. 그리고 바깥으로는 서쪽의 동진, 남쪽의 倭와 통하여 국제적인 지위를 확고히 다졌다.[1]

그리고 384년 침류왕대에는 불교를 받아들여 새로운 관념체계를 세우게 되었다. 이는 사원건축문화라는 새로운 문화의 장을 여는 계기로 작용하였다. 4세기 말에 이르러서는 고구려의 광개토대왕과 장수왕의 세력에 대항하여 대륙의 송(宋)과 위(魏)의 남북조와 통하고, 신라와 동맹을 맺었다. 그러나 475년에는 고구려세력의 남진에 밀려 수도 한성이 함락되고, 문주왕은 지금의 공주인 웅진으로 도읍을 옮겼다. 538년 성왕은 도읍을 다시 옮겨 지금의 부여인 사비로 천도하였다. 이때 백제의 불교는 진흥기를 맞아 일본에까지 불경·불구(佛具)·불상 등을 보내서 불교를 전하였고, 이와 함께 백제의 우수했던 건축문화가 일본에 들어가게 되었다.

수도의 위치를 기준으로 백제사의 시기는 3기로 구분된다. ① 한성시대(B.C. 18~A.D. 475), ② 웅진시대(475~538) ③ 사비시대(538~660)가 그것이다. 이 가운데 첫 번째 한성시대는 493년간이나 되어 백제역사 전체의 대략 4분의 3을 차지한다. 이는 단일 시기로서는 너무나 장구한 기간이다. 더욱이 한성시대에 백제는 큰 변화를 겪었다. 왜냐하면 마한의 자리를 비집고 탄생한 백제가 차츰 성장하여 종주국인 마한을 압도한 끝에 마침내 마한사회 전체를 통일했기 때문이다. 그러므로 백제의 마한통일을 전후하여 한성시대를 두 시기로 나누는 것이 합리적이다. 이렇게 되면 백제사는 다음과 같이 모두 네 시기로 정리해 불 수 있다.

제1기 한성시대 전기	B.C. 18~A.D. 369
제2기 한성시대 후기	A.D. 369~475
제3기 웅진시대	A.D. 475~538
제4기 사비시대	A.D. 538~660

제1기는 백제가 한강 하류를 터전으로 조그만 성읍국가로 출발하여 차츰 주변국가를 아울러 연맹왕국을 형성했다가 마침내 마한 제국을

야금야금 정복하여 큰 나라가 되기까지의 기나긴 과정이다. 제2기는 고구려의 침략을 받아 한성이 함락되어 웅진으로 수도를 옮기기까지의 약 1백년간이다. 제3기 웅진시대는 국가의 기반이 몹시 취약해진 상태에서 힘겹게 나라의 명맥을 이어가면서 국력 회복을 위해 몸부림치던 시대였다. 제4기 사비시대는 삼국간의 항쟁이 한껏 고조된 극심한 전란기였다. 백제는 이 시기에 성왕의 돌연한 전사로 말미암아 국가적 위기에 직면했으나, 그 뒤 무왕(武王) 때에 이르러 국력이 크게 회복되는 등 한때 희망적인 시기도 있었다. 그러나 쉴 사이 없이 전개된 신라에 대한 보복전쟁으로 말미암아 국력이 몹시 피폐해졌고, 더욱이 전제왕권의 암영 속에 지배체제가 크게 망가져 멸망에 이르는 비운을 맞게 되었다.[2]

　백제의 중앙정치기구는 6좌평(佐平)을 비롯한 22관부(官府)로 잘 정비된 상태였다. 그리고 중국식 명칭의 16관등을 두어 상당히 체계적인 관등제를 갖추었다. 중앙통치체제는 왕경을 5부(部)로 나누고, 각 부는 5항(巷)으로 편제하여 각 부에는 방령(方領) 1인과 병사 500명씩을 두어 치안을 담당하였다.[3] 지방통치조직은 한성시대와 웅진시대의 담로체제가 근간을 이루었다. 담로체제는 지방의 중요한 성에 왕의 자제나 왕족을 파견하여 그 주위의 10여 개의 성과 촌을 다스리게 한 제도이다. 담로체제는 사비시대에 방군제(方郡制)로 개편되는데, 전국을 5방으로 나누어 그 중심지인 방성(方城)에는 제2관등의 달솔(達率)로 임명된 방령이 700～1,200명의 군대를 거느렸다. 또 방 밑에는 6～10개의 군을 두어 각 군마다 제4관등의 덕솔(德率)로 임명되는 군장(郡將) 3인으로 하여금 다스리게 하였다. 그 외의 여러 성에는 도사(道使)가 파견되었다. 백제의 지방통치조직은 고구려나 신라와 마찬가지로 행정조직 보다는 군사조직으로서의 성격을 강하게 띠었다.[4]

2. 문화적 배경

백제의 문화적 특성을 밝힐 수 있는 문헌이나 유적자료는 삼국 중에서 가장 빈약하다. 일반적으로 백제 문화는 크게 3기로 구분된다. 초기가 한강을 중심으로 한성시대이고, 그 다음 공주로 천도한 웅진시대, 마지막으로 부여로 천도한 사비시대로 이어졌다.

이들 3기 중에서도 특히 한성시대는 자료가 빈약하다. 이 시기는 주변으로부터 문화를 수용하는 초기단계였을 것이다. 한강유역은 철기시대에 들어와서 넓은 충적평야와 농경에 적합한 기후조건을 바탕으로 철제농구까지 사용되어 본격적인 농경이 이루어진 지역이었다. 이러한 문화기반을 토대로 이 지역에는 일찍부터 여러 읍락집단들이 형성되었다. 이같은 여건 속에 보다 선진적인 철기문화를 가진 온조집단이 이주해 들어와 백제국 건국을 더욱 부추기게 되었다.[5]

웅진시대는 여러 분야에서 백제문화를 새롭게 정착시키는 단계였다. 백제가 마한 50여 개 소국을 정복하여 마한사회 전체를 얼마만큼 통치하게 된 시기는 대체로 근초고왕(346~375) 때의 일로 짐작된다. 백제는 반도의 중서부지역을 통치의 거점으로 삼으면서, 넓은 평야지대의 농토와 노동력을 확보하게 되었다. 이는 토지개간, 관개수리, 제방축조 등 농업생산을 확대하는 토목사업으로 이어졌고, 이러한 경제적 기반은 왕권 신장을 부추겼던 것이다. 한편 금강을 거쳐 서해로 나가 중국과 교류하는 바다의 길을 열었다. 이같은 공세적 입장의 대외교류는 주변 여러 나라에도 파급되었다.

성왕의 사비천도는 그 전에 단행된 웅진천도와는 성격이 달랐다. 웅진천도는 고구려의 침공이 원인이었다면, 사비천도는 왕권의 강화를 위한 의도적이었던 것이다. 이때부터 왕권은 크게 강화되었고, 백제의 문화를 성숙시키는 계기가 되었다. 사비시대는 웅진시대의 문화를 바탕으로 백제 특유의 문화로 성숙되어 제자리를 잡았고, 주변의 여러 나라에 크게 영향을 끼치는 독자적 성향을 드러내기 시작하였다.

초기의 백제는 고구려와 같은 종족으로 출발하여 그 문화적 특성이 고구려와 거의 유사한 것으로 추측된다. 이 당시의 백제유적에서 출토된 공예적 특징은 선이 굵고 직선적인 북방적 요소가 표현되었다. 이후 백제가 세력을 남쪽 금강유역으로 옮기면서, 차츰 독자적이고 독특한 문화요소를 가미하였다. 이 당시의 예술문화적 특징은 고구려에 비해 온화하고 유연하여 부드럽고 격조 높게 승화되었다. 웅진으로 천도한 이후의 백제문화는 동진·송·제·량·진 등 중국 남조문화의 영향을 받았고, 이를 바탕으로 백제문화는 독자적으로 발전되었던 것이다.

백제의 문화는 5세기 말에서 7세기 초 사이에 황금기를 이루었다. 특

히 불교문화는 신라와 일본에까지 크게 영향을 주어 선구적인 역할을 담당하였다.[6)

백제는 산악지대가 국토의 주류를 이룬 고구려나 신라와는 달리 넓은 평야지대와 큰 강을 끼고 있고, 서쪽으로는 남북이 긴 해안선이 형성되어 있었다. 이 해안선은 또한 동해안과 달리 어디든지 항구를 만들기 쉬운 조건을 지닌 이른바 리아스식 해안이었다. 이와 같이 넓은 평야와 큰 강, 정박하기 쉬운 해안선은 백제의 농업생산을 풍요롭게 하였고, 수상 교통로를 거쳐 해양으로 나가는 교역의 활로를 열어주었다. 이같은 지정학적 입지는 백제가 외부와 교류를 하는데 더할 나위 없는 조건이 되어 백제문화를 꽃피우게 하는 요인으로 작용하였다.

백제사람들이 즐긴 풍류와 삶의 여유는 『삼국사기』의 다음과 같은 기록에서도 찾아볼 수 있다. 진사왕 7년(391)에 궁실을 중수하고, 인공산을 둔 못을 만들어 진기한 짐승과 화초를 길렀다. 웅진으로 천도한 후인 동성왕 22년(500)에는 높이가 다섯 길이나 되는 임류각을 궁성 동쪽에 세우고, 연못을 판 다음 기이한 새들을 길렀다. 사비시대로 들어와 무왕 때에는 궁전 남쪽에 연못을 파고, 20리에서 물을 끌어들였다. 그리고 사방호안에는 버드나무를 심고, 물 가운데 만든 섬이 마치 방장선산과 같다라고 하여 여유롭고 풍요한 문화를 즐겼던 백제사람들의 심성을 알 수 있다.

그동안 출토된 백제의 문화유물에서도 당시 다른 나라와 비교하여 정교한 멋이 한껏 우러난다. 백제인의 정신세계가 유물에 그대로 담긴 것이다. 기술문화도 다른 나라에 비해 훨씬 앞섰다는 사실이 여러 문헌에서 보인다. 백제의 문화가 다른 나라보다 우수하고 풍요로웠던 것은 백제의 개방적인 자연환경과 진취적 문화흡입력에서 비롯되었을 것이다.

3. 백제불교의 시작과 불교사원

삼국시대 들어 불교가 전래된 초기에는 기존 건축물에 의존하여 예불을 치렀을 것이다. 그러나 불교가 공인되어 정착한 이후에는 불교사원 건립이 본격적으로 이루어지기 시작했다. 불교사원 건립은 단순히 건축물 건립하는 것에 머무르지 않았다. 대외문화교류를 통하여 건축기술을 발전시켰고, 이를 다른 지역의 건축물에 영향을 끼치는 가운데 상호보완적으로 진화적인 발전을 거듭했던 것이다. 백제의 사비시대 불교사원은 중국 남조와의 활발한 교류과정에서 축적된 기술문화를 바탕으로 백제적인 건축으로 승화되었다. 이는 결국 삼국 중에서 백제의 건축문화가 가장 앞서는 결과를 낳았다. 이후 백제의 건축기술은 신라와 일본에 전파되는 등 동북아지역의 건축기술을 선도하는 건축기술 선진국으로 우뚝 서게 되었다.

백제에 불교가 처음 들어온 것은 고구려가 불교를 받아들인 지 12년 후인 침류왕 원년(384)이다. 중국 동진(東晉)의 마라난타(摩羅難陀)에 의해서이다.[7] 그러나 불교가 크게 번성한 시기는 성왕대(523~553)부터 시작하여 위덕왕(554~597), 법왕(599)을 거쳐 무왕대(600~640)에 이르는 100여 년 간이었다. 불교가 전래된 침류왕 2년에는 한산(漢山)에 불사가 조영되었다. 이때의 사찰이 어떤 형태로 지어졌는지, 또 다른 사찰은 없었는지 더 이상 상세한 기록은 없다. 이후 백제가 도읍을 웅진(공주)을 거쳐 사비(부여)로 옮기고 나서 성왕대에 양(梁)으로부터 공장(工匠)과 화사(畵師)를 초청하는 등 불사 조영이 활기를 띠는 가운데 일본에 불교를 전해주는 등 활약이 컸던 것으로 믿어진다. 한성시대에 불교가 들어오기는 했지만, 초창기에는 사원 조영(造營)이 활발하게 이루어지지 않았던 것 같다. 웅진시대를 거치면서 불사 조영이 조금씩 이루어지기 시작했고, 성숙한 건축기술을 바탕으로 한 본격적인 불사 조영은 사비시대에 이르러 비로소 전성기를 맞는다. 백제의 절터가 대부분 부여와 인근지역 또는 사비시대 다른 지방에서 발굴되는 것도 이 때문이다.

문헌기록에 전하는 백제 사원과 조사를 거쳐 추정되는 백제 절터는 많이 있으나 발굴조사를 거쳐 백제 절터로 확인된 유적은 주로 부여지방이 많고 공주와 익산지역에는 몇 군데에 불과하다. 이들 절터 중 기록에 보이는 지역은 다음 〈표1〉과 같다.

백제의 초기 사찰은 한성시대에 조영되었다고 생각하지만, 당시 사원의 이름이나 위치, 규모, 형태 등에 대해서는 전혀 알려진 바가 없다.

백제가 도읍을 웅진으로 천도한 이후 비로소 사찰에 대한 기록과 유적들이 나타나게 된다. 〈표1〉에서와 같이 지금까지 기록에 나타난 사찰 중에는 웅진시대의 대통사, 흥륜사, 수원사, 서혈사가 있다. 그리고 사

〈표 1〉 문헌기록에 나타난 백제의 불사

寺 名	所 在	文 獻	內 容
대통사 大通寺	공주 반죽동	삼국유사 (성왕 5)	현존유구로 추정 강당터와 당간지주·石槽 등이 있다. "大通寺"라는 명문기와가 출토. 발굴결과 위치불명확
흥륜사 興輪寺	공주	동국여지승람 이능화 불교통사	聖王 代에 謙益이 律典을 번역
서혈사 西穴寺	공주 웅진동	동국여지승람	조사된 바 탑자리와 건물터 노출, 절터 북쪽 약 100m 거리에 석굴이 있음. '西穴寺' '三寶' 銘 기와편 출토.
수원사 水原寺	공주 옥룡동 월성사	삼국유사 동국여지승람	1978년 탑자리 확인, 蠟石製 小塔 및 통일신라시대 瓦片 출토.
왕흥사 王興寺	부여 규암면	삼국유사 삼국사기	절터 중심부에 방형 초석 잔존, 고려시대의 '王興' 銘 기와 출토.
호암사 虎岩寺	부여 규암면	삼국유사 동국여지승람	방형초석, 백제 기와 등 발견.
鳥會寺		삼국사기	통일신라시대의 거찰 聖住寺址에서 5~6세기 백제 와당이 출토되어 백제의 사지였음이 확인. 鳥會寺, 鳥含寺로 추측.
鳥含寺		삼국유사	
漆岳寺	부여?	삼국사기	금강사터와 같은 것으로 보는 학설이 있음.
道讓寺	불명	삼국사기	"…風雨暴至 震天王道讓二寺塔 又震白石寺講堂"이라 함 "天王" 銘 기와가 동남리와 구아리에서 나왔다 함.
資福寺	불명	삼국유사	
제석사 帝釋寺	익산 금마	동국여지승람 觀世音應驗記	현 王宮里石塔 서쪽 약 1km 거리에 절터가 있고 塔자리 心礎가 있음.

寺 名	所 在	文 獻	內　　容
오금사 五金寺	익산 금마	동국여지승람 臥遊錄	武王이 어렸을 때 마를 캐다 金을 얻어 붙여진 이름이며 報德城 남쪽에 있다고 하는데 그 위치 불명.
北部 修德寺	충남 예산	삼국유사	현 수덕사 근처로 보고 있으며 여기에서 백제기와가 출토되었음.
普光寺	전주	동국여지승람	백제의 대가람이라 하나 불명.
미륵사 彌勒寺	익산 금마	삼국유사 삼국사기	문헌과 출토유물로 확인됨. 1탑1금당식 가람이 3곳 나란히 배치된 三院竝列式 배치로 확인.
사자사 獅子寺	익산 금마	삼국유사 동국여지승람	현재 獅子庵에서 '至治二年獅子寺造瓦'라는 銘文瓦가 발견되어 獅子寺로 추측.(지치 2년은 1322년으로 고려때임)
암 사 岩 寺	서울 암사동	동국여지승람	암사동 수원지 근처 절터에서 고려 와당과 백제 초기 와당이 발견되어 백제절터였을 것으로 추측됨.

비시대에는 칠악사, 왕흥사, 미륵사, 사자사, 자복사 등 많은 사찰이 있다. 이밖에 공주지역에는 주미사(舟尾寺), 남혈사(南穴寺), 동혈사(東穴寺), 동혈사(銅穴寺), 북혈사(北穴寺), 만일사(晩日寺), 정지사(艇止寺), 반룡사(盤龍寺) 등이 보인다. 부여지역에는 군수리절터, 동남리절터, 가탑리절터, 구아리절터, 용정리절터, 부소산절터, 동산리절터, 쌍북리절터, 구교리절터, 외리절터와 더불어 정림사, 임강사, 금강사, 관음사,

경룡사, 천왕사, 도양사, 백석사, 오금사 등이 있다. 이밖에 익산지역에 6개소, 서산·태안지역에 4개소, 보령지역에 1개소가 있다. 이 모두가 백제 때의 절터로 볼 수 없지만, 이 중에는 백제 때의 절터로 생각되는 것이 많이 있다.

지금까지 알려진 백제의 사찰은 문헌상에 나타난 사찰과 발굴에 의해 드러난 사찰로 구분된다. 문헌에 나타난 사찰의 경우 창건 연대가 밝혀지기도 하지만, 문헌에 나타나지 않으면서 발굴조사를 거쳐 확인된 사찰의 경우 거의 대부분 창건 연대를 알 수가 없다. 그러나 대통사, 왕흥사, 호암사, 미륵사, 사자사 등 몇 개의 사찰은 문헌자료와 고고학적 자료가 일치되기도 한다. 한편 부여 능사와 같이 문헌에 나타나지 않지만, 출토유물에 의해 창건 시기가 밝혀지는 것도 있다. 따라서 백제의 사찰건축은 유적이 드러나지 않은 한성시대를 제외하면, 웅진시대와 사비시대로 나뉜다.

백제 사찰건축의 조형

　백제에 불교가 전래된 것은 한성에 도읍을 둔 시기이지만, 이 무렵의 사찰은 어디에서도 흔적을 찾아볼 수가 없다. 웅진으로 천도한 이후 비로소 사찰 흔적이 확인되지만, 이 시기 사찰 또한 불확실한 것이 많다. 웅진시대의 대통사의 경우 절터로 알려져 온 지역에서 '대통사(大通寺)'라고 새긴 명문 기와편이 발견되어 시굴조사가 이루어졌다. 그러나 사찰의 배치구조를 확인하기 어려웠고, 이밖에 공주지역의 여러 사찰에 대한 발굴조사에서도 확실한 백제 사찰은 찾기 어려웠다. 다만 기록과 전해오는 말을 빌려 웅진시대의 사찰로 언급하고 있을 뿐이다. 그러나 사비시기에 이르러서는 기록에 의한 사찰 뿐만 아니라, 기록에 나타나지 않는 사찰까지도 고고학적 성과에 의해 확인이 되고 있다. 사비시대 사찰은 주로 부여지역에 집중되었고, 익산에서도 미륵사와 같은 거대한 사찰을 지었다.

　기록에 의하면 사비시대 백제는 국내에 국한하지 않고, 신라와 왜에까지 진출하여 사찰을 지어주었다고 한다. 이는 문화적으로 우수했다는 것을 말해줄 뿐만 아니라 기술 수준이 선진적이었다는 것을 뒷받침해주는 것이다. 말하자면 사비시대의 건축술은 당시 동북아시아 지역에서는 가장 수준 높은 것이었다는 사실을 입증하는 것이다.

1. 웅진시대의 사찰

1) 대통사(大通寺)

백제 성왕 5년(538)에 왕이 양나라의 무제를 기리기 위해 웅천에 창건한 불사이다. 『삼국유사』 원종흥법조에 이야기가 적혀 있다.[1] 공주시 반죽동의 평지에 조영된 가람으로서 그동안 정확한 발굴조사가 이루어지지는 않았다. 다만 금당, 강당, 탑지의

사진 1. '大通' 글씨 기와조각

일부만 노출되었다고 보고된 절터이다.[2] 이 절터에서 발견된 것으로 알려진 '大通'명 기와조각이 절터로 확신한 근거이기도 하다. 이후 1999년 11월에서 12월에 걸쳐 약 30일간 발굴조사가 이루어졌으나, 조사결과 이 위치는 절터가 아니라는 사실이 밝혀졌다.[3] 당간지주와 석조(石槽)가 현존하고 있어 절터로 짐작되었으나, 조사결과 이 당간지주와 석조가 애초부터 이 자리에 존재했는지를 단언하기 어렵다는 것이다. 또한 사찰구역을 확인하는데 결정적인 자료가 되는 탑자리 유구도 정확

하게 확인되지 않았다는
것이다. 즉 대통사를 확신
하고 발굴조사를 했으나,
당간지주 지반에서 처음부
터 의도적으로 터를 다진
흔적을 찾아내지 못했다는
것이다. 조사자는 주변에
있던 당간지주와 석조를
언젠가 이곳으로 가져와
세워두었던 것으로 보았
다. 이에 따라 대통사라는
절은 이곳이 아닐 가능성
이 커지게 된다. 그간의 자

사진 2. 일제시기 대통사 당간지주

료를 근거로 대통사의 가람배치는 문, 탑, 금당, 강당이 일직선상에 배
열되는 일탑일금당식 가람이었다는 것이다.[4]

  절터로 알려진 자리는 이미 오래전부터 민가가 들어선 지역이었다.
이에 지하 일부는 유적이 교란되었을 가능성도 있었다. 당간지주가 보
이는 이 일대 약 2,000여 평을 매입하여 일제시대에 발굴조사를 실시하
게 되었다. 이때 발견한 유물 파편의 도면은 1946년 일본에서 간행한
『백제미술』에 발표되었다. 그런데 발굴현장에서는 백제시대 사찰건물
유구로 보이는 흔적을 확인할 수가 없었다. 석조도 이미 오래전에 박물

관으로 옮겨져 발견된 위
치를 알 수 없는 데다가 당
간지주 하부구조를 조사한
결과 처음부터 당간지주를
세우기 위한 어떤 구조도
드러나지 않았다. 그래서
명문기와에 나타난 '대통'
은 다른 지역일 가능성이
크다.

2) 서혈사(西穴寺)⁵⁾

서혈사는 공주시 웅진동
쉬엇골 해발 260m의 망월
산 중턱에 자리했다. 망월

사진 3. 현재의 대통사 당간지주(충청남도 문화재대관,
1996)

산 동편 구릉에 동서 9.5m, 남북 5.85m 정도의 건물터를 조성하고, 정
남향으로 작은 불당을 지었다. 이 자리에서 백제의 연화문와당과 "서혈
사(西穴寺)"·"삼보(三寶)"라는 글자가 새겨진 명문 기와가 출토되어 백
제의 절터로 밝혀졌다. 이 절터에서는 또한 각종 초석도 발견되었다.
그러나 초석의 조각 기법으로 보아 백제의 것이라기보다는 후기신라기
에 만들어진 것으로 보인다. 절터에서는 고려 때의 수막새도 출토되어
고려 때 언젠가에 중수되었다는 사실을 알 수 있다. 따라서 이 절은 서

사진 4. 공주 서혈사터 전경(충청남도 문화재대관, 1996)

혈사라는 이름으로 백제 때 창건되
었으나, 백제가 멸망한 다음 후기
신라와 고려를 거치는 동안 크게
중수한 것으로 추정되었다. 그러나
폐사된 시기는 알 수가 없다. 절터
뒤에는 석굴이 남아 있다. 절터 북
방 약 100m 거리의 해발 180m지
점에 위치한 석굴은 편마암의 절리
작용에 의해 현재와 같은 모습으로

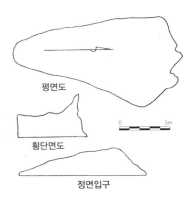

그림 1. 서혈사 석굴 평·단면

형성된 동굴로 생각된다. 굴 내부는 약 50여 평 정도의 수도장과 함께 불상을 안치한 자리로 생각되는 좌대가 북쪽에 있다. 인공적으로 잘 정리된 광장을 동쪽으로 마주한 동굴은 동서로 10m, 남북으로 19m에 이른다.

3) 남혈사(南穴寺)

서혈사터가 자리한 망월산에서 동남방향으로 약 2㎞ 떨어진 지점에 석굴이 딸린 남혈사 절터가 발견되었다. 명확히 백제 불사로 밝혀지지는 않았지만, 1928년 이곳에서 백제 양식의 작은 불상이 발견되었다고 전해진다.[6] 이 절터에서도 후기신라 때의 와편이 발견되었고, 서혈사와

사진 5. 공주 남혈사터 전경(충청남도 문화재대관, 1996)

같은 방위를 지닌 절이 축조되었던 것으로 보인다. 그래서 비록 기록에는 없지만, 백제의 불사가 아닌가 추측된다.

이 외에도 망월산 주위에는 석굴이 딸린 절터로 동혈사(東穴寺)터와 주미사(舟尾寺)터가 있으나 명확히 백제의 절터로 밝혀지지는 않았다. 이러한 불사와 관련된 석굴은 처음부터 일정한 방향은 아니고 지형에 따라 향이 달라지고, 규모도 대개 조그만 것이었다. 절터는 대개 3단의 단층을 만들고, 금당, 석탑, 석등 등의 시설을 갖추었다. 이처럼 석굴을 수반하는 산지가람의 경영은 공주지역에서만 보이는 현상이다. 따라서 인도의 석굴사원이 중국을 거쳐 백제에 영향을 준 것으로 추측된다.

2. 사비시대 사찰

백제는 사비천도를 계기로 관제정비 작업에 착수하여 왕권을 강화시키는 제도적 장치를 마련한다. 이와 동시에 왕실의 권위를 회복하고, 왕권강화를 도모하는 이념 기반도 모색하였으리라 믿어진다. 이와 관련해 불교이념이 지배질서를 확립하면서, 사상통일과 국력집결에도 중요한 기능을 수행했던 것으로 짐작된다. 왜냐하면 사비천도를 단행한 성왕 자신이 열렬한 봉불론자였거니와, 제도적 정비작업을 추진한 군주로 알려졌기 때문이다.[7]

사비시대 사원유적은 웅진시대에 비해 자료는 물론 유구도 많다. 사비시대 사찰 역시 웅진시대처럼 중앙에 탑을 하나 세워 중심축선을 설정한 다음 후면에 금당·강당을 놓고, 주위를 회랑으로 둘러싸는 일탑 일금당식 가람배치이다. 그 대표적인 사례로 정림사, 왕흥사, 금강사, 군수리절터, 능사, 동남리절터가 있다. 그리고 왕경 바깥의 익산 미륵 사는 일탑일금당식 가람 3개를 병렬한 대규모 사원으로 조영되었다. 이 는 백제 불교건축의 완성된 모습을 보여주는 것이라 하겠다.

1) 정림사(定林寺)

(1) 연혁

이 절이 언제 누가 창건했는지, 그리고 창건 당시 절 이름이 무엇인지는 문헌상 으로 알려지지 않았다. 다만 백제시대에 창건한 것은 확실하나, 고려시대에 들어 와 정림사라는 절 이름을 썼다는 것이 출 토유물로 확인되었다. 1942년과 1943년에 걸쳐 일본인 후지사와(藤澤一未)에 의하여 부분적으로 발굴조사되었는데, 당시 '태

사진 6. 정림사출토 명문기와조각

평팔년무진정림사대장당초(太平八年戊辰定林寺大藏當草)'라는 명문기 와가 출토되어 정림사터라는 것을 알 수 있었다. 절터에는 5층석탑과 함께 북쪽 강당터에는 고려시대의 것으로 보이는 석불좌상이 남아 있 다. 그리고 1979년과 1980년에 이루어진 본격적인 발굴조사에서 가람

의 성격을 파악하게 되었다.[8]

출토유물은 6세기에 속하는 초창기의 것으로 추정된다. 그러나 석탑의 양식으로 보아서는 7세기에 세운 것으로 추정되는 익산 미륵사석탑보다 시대가 앞서지는 않았다. 이 때문에 이 석탑은 정림사 초창기의 것이 아니라는 추정도 나오고 있으나 신빙성은 적다. 만약 석탑이 초창 당시의 것이 아니라면 초창 때에는 목탑을 세웠다가 중창하면서 목탑 대신 석탑을 세운 것으로 추정되기도 한다. 아마

사진 7. 정림사5층석탑

가람의 규모에 비해 탑의 규모가 작아 이러한 이야기가 일부에서 거론된 것이 아닌가 생각된다.

(2) 입지환경

이 절터는 부여읍 중심부에 자리 잡고 있다. 입지조건으로 보아 사비도성을 조성할 당시 절터도 동시에 마련했던 것으로 보인다. 당시 도성을 조성할 때는 주변의 입지조건이 고려되었다. 외적으로부터 안전한 방어선을 구축할 수 있는지, 경제적 자립성을 위한 경작지는 충분한지, 유사시 항전할 수 있는 전략적 위치인지, 그리고 궁성위치 및 관청위

사진 8. 정림사터 원경(충청남도 문화재대관, 1996)

치, 관료들과 백성들의 주거지 문제, 종교시설 위치 등이 그것이다. 정림사지가 사비도성 내의 남북을 중심축으로 부소산을 배경에 두었던 것은 처음부터 의도적으로 마련한 도성의 배치계획과 부합하는 것이다. 정림사는 지형적으로 평지에 자리를 잡았다. 그리고 동으로 금성산, 서로는 평탄지로 이어지다가 백마강과 만난다. 또 남으로는 평탄지와 구릉지가 이어지다가 궁남지와 화지산을 만나고, 남쪽으로 더 나가서는 넓은 들이 나오는데, 이 지역이 대왕펄이다. 대왕펄은 곧이어 백마강변을 만나 끝을 맺는다. 서에서 감돌아 온 백마강은 대왕펄에서 동으로 흘러간다. 북으로는 시가지가 형성되었고, 북으로 더 나아가면 부소산이 우뚝 솟아 백마강과 이어진다.

정림사지에 인접하여 북으로는 낮은 구릉이 막아주고, 동으로 금성산 자락이 내려와 슬며시 평지로 이어진다. 남쪽과 서쪽은 막히지 않은 채 넓게 터져 있다.

(3) 배치계획

남향한 일탑식 가람으로 이루어졌다. 남쪽에서부터 중문과 5층석탑, 금당, 강당 등이 남북축선상에 놓인데 이어 강당 좌우에는 작은 건물이 각 한 개씩을 배치했던 것으로 보이나 확실한 흔적은 남아 있지 않다. 중문과 강당 좌우 건물터 사이로 회랑이 연결되었다. 또 중문 남쪽에는 남문이 자리했었고, 그 앞에서 연못자리가 노출되었다.

연못은 좌우로 2개가 나란히 조성되었던 흔적이 드러났다. 중심지역의 규모는 동서 폭이 고려척(약 35.5㎝)으로 130자, 중문에서 강당까지의 중심거리가 220자로 비교적 좁은 폭으로 길게 구획되었

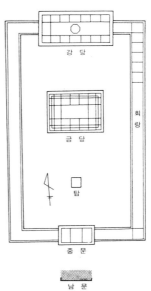

그림 2. 정림사 배치도

다. 중문에서 석탑까지의 중심거리는 고려척으로 55자이고, 석탑에서

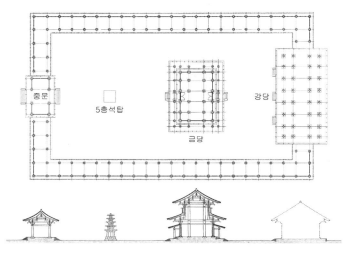

그림 3. 정림사 중심구역 평면 및 단면(복원도)

금당 사이 중심거리는 75자로 다른 사찰에 비해 탑에서 금당까지의 거리가 더 길다. 또 금당에서 강당까지의 중심거리는 90자에 이르러 거리의 비례는 1:1.36:1.64가 되기 때문에 썩 좋은 비례라고 보기는 어렵다. 이 때문에 혹시 석탑이 창건 때의 것이 아니라 나중에 새로 만들면서 위치가 바뀐 것이 아닌가 추정하게 된 것이다. 그러나 이러한 이론을 뒷받침할 만한 이론적 근거는 아직까지 확인되지 않고 있다.

만일 중문과 탑과 금당의 각 중심거리를 같게 수정한다면, 그 비가 1:1:1.4로서 조화를 이룰 것이다. 발굴조사 자료를 바탕으로 각 건물의 건축계획을 보면 다음과 같다.

(4) 건축계획

① 중문

석탑에서 남쪽으로 19.98m의 거리에 건물의 중심을 두었다. 초석은 발견되지 않았으나, 초석 밑에 깔았던 적심은 거의 그대로 발견되었다. 적심은 지표면에서 20~30㎝ 깊이에 묻었다. 기단으로 추정되는 흔적이 발견되었으나, 흔적을 그대로 인정하여 기단 크기를 설정할 경우 너무 크기 때문에 이는 중문의 기단으로 보기가 어렵다. 금당의 기단 폭을 중문에 적용하면, 폭은 기둥 중심에서 약 3자 정도가 된다. 이 수치를 적용하면, 기단의 크기는 동서 길이 약 13.1m, 남북 너비 약 7.7m에 이른다. 건물의 크기는 정면 3칸에 11.3m, 측면 1칸에 5.3m이다.

② 금당

석탑 중심에서 북으로 26.27m 떨어져 금당의 중심이 자리잡고 있다. 다만 건물의 남북 중심선이 서쪽으로 24㎝ 치우쳐 있다. 기단은 2중기단으로 조성된 것으로 추정되었다. 즉 하단에 기단을 만든 적심석이 발견되었는데, 다시 그 위에 흙을 쌓아 기단을 만들었던 흔적이 남아 있다. 2중기단이란 초층 기단과 함께 상층 기단에도 초석을 배치하는 기법을 말하는 것인데, 유독 백제유적인 부소산성 건물터와 은산의 금강사 목탑터에서 발견되었다. 이와 같은 2중기단이 백제건축의 특징이 아닌가 생각된다.

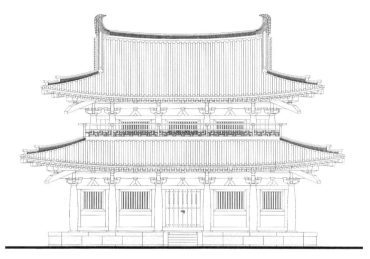

그림 4. 정림사 금당 정면복원도(장명학 안)

금당 기단 중 상층 기단은 훼손되어 규모를 알 수 없다. 그러나 하층 기단은 적심석이 발견되어 규모를 가늠할 수 있다. 정면은 7칸에 18.75m이고, 측면은 5칸에 13.8m이다. 만약 하층 기단의 적심석이 건물의 사방으로 돌아가면서 퇴칸으로 조성한 외진주였다면, 내부는 한 단을 높여 기단을 조성했을 가능성도 있다. 이럴 경우 사방의 퇴칸은 벽이 없는 회랑과 같은 구조일 가능성도 조심스럽게 검토해 볼 수 있을 것이다. 하층 기단의 적심석을 기준으로 기단의 크기를 추정해 보면, 동서 20.55m에 남북은 15.6m가 될 것으로 보인다.

<table>
<tr><td colspan="8">〈표 2〉 금당 적심석을 기준으로 추정한 각 각칸 간격(단위: m)</td></tr>
</table>

정면 : 7칸, 길이 : 18.75

	서협칸	서측1칸	서측칸	어칸	동2칸	동1칸	동협칸
전면	1.70	2.53	불명	불면	3.35	2.65	1.70
후면	1.72	2.68	3.25	3.35	3.36	2.57	1.83

측면 : 5칸, 길이 : 13.8

	북협칸	북1칸	어칸	남1칸	남협칸
동측면	1.98	2.43	4.93	2.67	1.82
서측면	2.00	2.58	불명	불명	불면

③ 강당

강당은 금당에서 북쪽으로 31.7m 떨어진 지점에 건물의 중심을 두었다. 석탑으로부터는 57.97m 떨어졌다. 그러나 석탑으로부터 남북 중심축선을 그으면, 동편으로 약 20㎝를 벗어나 있다. 금당은 중심축선에서 서편으로 약간 치우친 반면 강당은 동편으로 치우친 것이 특이하다. 강당은 고려시대에 들어와 중창한 것이다. 강당지 중심에 고려시대에 조성한 석불좌상이 자리 잡았다는 사실은 이를 입증한다. 더구나 석불 주변에서 화강석으로 만든 방형 초석이 드러나 고려시대 언젠가에 건물이 중창되었다는 것을 분명하게 알 수 있다. 기단의 구성으로 보아 원래 백제시대 강당이 있었으나 폐허된 후 고려시대 재건하면서 기단을 새로 조성할 때 백제시대 적심석을 사용했던 것으로 보인다. 발굴결과 고려시대 기단 하부에서 백제시대 적심석 일부가 출토되었다. 고려시대 강당은 백제 때의 강당 크기를 거의 그대로 적용한 것으로 보인다.

사진 9. 정림사 강당터에 재건한 불상보호각

고려시대 강당 적심석을 기준으로 건물의 크기를 보면 정면은 7칸 24.64m에 측면은 3칸 10.7m에 이른다. 근래 들어 이 건물터에 자리잡고 있는 석불을 보호하기 위하여 강당 규모에 맞춰 불상보호각을 건립했다. 이 건물은 구조적으로 완벽하지는 않지만, 백제건축에 대한 연구가 부족한 현실을 고려할 때 백제건축에 근접하는 학습과정이라는 의미를 부여할 수 있다.

백제 기단을 밝히기 위한 발굴조사 결과 전면 기둥 중심에서 약 120㎝ 떨어진 지점에서 백제 기단 끝부분이 확인되었다. 높이는 약 50㎝이고, 기단 폭은 약 130㎝ 정도에 이른다. 이를 기준으로 볼 때 건물의 기단 전체 크기는 정면이 약 27.3m, 측면 약 13.3m로 추정되었다.

④ 회랑

석탑과 금당을 에워싼 회랑은 동서 길이 52.2m이고, 남북 길이는 83.5m이다. 절터의 중심 축선에서 동회랑 서회랑 중심선까지를 각각 재보면 동서가 조금 다르다. 중심선에서 동회랑까지는 22.5m이고, 서회랑 중심까지는 22.57m로 거의 유사하다. 이 정도면 오차 범위 안에 드는 수치이다.

강당과 금당 사이의 동편 회랑터에서 11개소의 적심석이 발견되었다. 이를 기준으로 도리칸이 3.85m, 보칸이 4.2m로 추정된다. 동회랑터 남단은 훼손되어 기둥 간격은 알 수 없다. 서회랑터는 석탑과 금당 사이 부분의 기단이 비교적 잘 남아 기단 폭은 약 5m 정도로 조사되었다. 동회랑의 적심석 보간 길이는 4.2m에 이른다. 이를 서회랑에 적용하면,

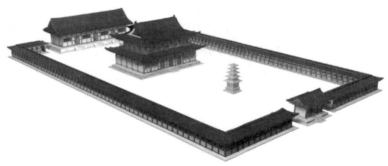

그림 5. 정림사 복원예상도

기둥 중심에서 양 기단 끝까지는 각각 40㎝ 정도가 될 것으로 추정된다. 따라서 동회랑의 기단 폭도 약 5m 정도로 보게 되었다.

(5) 출토유물

출토된 와당 문양은 백제시대의 단판8엽연화문과 통일신라시대의 복판(複辦)연화문이 주류를 이룬다. 그리고 서까래기와, 암막새, 치미편 등 많은 유물과 앞에서 말한 명문와도 출토되었다. 와당은 금강사터의 것과 거의 시대를 같이하는 것들로 추정되거나, 이보다 약간 앞서는 것도 포함되었다. 이들의 창건 시기가 크게 다르지 않을 것으로 믿어진다.

2) 왕흥사(王興寺)

(1) 연혁

왕흥사는 『삼국사기』에 창건 내용을 포함한 몇 개의 기록이 나오고[9] 『삼국유사』에는 왕흥사와 관련한 여러 기록이 있다.[10] 문헌상으로 확인된 백제 사찰이 분명하다. 부여 규암면 신구리 속칭 왕은리에 자리하고 있다. 이 지역에서 1934년 '왕흥(王興)'이라는 명문기와가 발견되어 왕흥사 절터였음이 확인되었다. 따라서 문헌과 고고학적으로 왕흥사의 위치가 확인된 셈이다.

백제 왕실사찰인 왕흥사는 법왕 2년(600)에 창건되어 그 다음왕인 무왕 35년(634)에 완공된 사찰이다. 무려 35년에 걸쳐 지은 절이다. 무왕

때에는 익산의 미륵사도 건
립되었는데, 미륵사 창건설
화 역시 『삼국유사』에 자세히
기록되었다. 무왕 때 대가람
미륵사를 건립하면서 왕흥사
도 함께 건립한 셈인데, 무왕
때의 왕실재정이 비교적 든
든했던 것으로 보인다. 이 절
은 미륵사라고 불렀다는 내

사진 10. '王興'명 기와조각

용이 기록에 보여 익산 미륵사와 혼돈될 수도 있다. 그러나 왕흥사와
미륵사는 위치가 전혀 다르고, 또한 건립 연대가 분명치 않은 미륵사에
비해 왕흥사는 건립 연대가 명확하게 나온다. 이로 미루어 왕흥사를 미
륵사라고 부른데는 어딘가에 착오가 있었던 것으로 짐작된다. 그러나
기록에 엄연히 나타나 혹시 법왕 때 왕흥사의 별칭을 미륵사로 했다가
익산에 미륵사를 지은 후에 이 별칭을 삭제한 것이 아닐까 하는 생각도
든다.

왕흥사는 웅진에서 사비로 천도한 후 왕권을 강화하기 위하여 법왕이
왕실의 원찰로 창건했던 절이다. 그러난 법왕은 창건과 동시 사망하고,
뒤를 이은 무왕이 불사를 마무리했다. 무왕은 미륵사 창건에 몰두한 나
머지 왕흥사 건립은 더디게 이루어졌다. 그래서 불사가 이루어진지 35
년 만인 무왕 35년에 왕흥사를 완공하게 되었던 것이라 생각된다. 어떻

든 사비시대 부여는 왕권이 강화되면서 백제의 불교문화가 한껏 꽃피운 시기였다.

이 절은 외교정책의 실패로 백제가 멸망하자, 융성했던 황실사찰 본래의 모습이 점차 쇄락의 길로 접어들다가 고려조에 들어 거의 사라지는 운명을 맞았다. 그러나 조선시대의 유물도 출토되는 것으로 보아 조선 초기까지 사찰의 명맥을 유지했던 것으로 보인다. 그러나 이때는 아주 작은 암자의 형태로 간신히 명맥만 유지했던 것이 아닌가 생각된다. 국립부여문화재연구소에서 2000년부터 수차에 걸쳐 발굴조사를 실시하였는데, 2001년 조사 당시 고려시대에 건물터가 확인되었다. 이어 2002년도에는 '왕흥(王興)'이라는 글자가 새겨진 기와가 발견되었고, 고려 때 유물이 출토되어 고려시대에도 큰 절은 아니지만, 왕흥사라는 이름의 절이 존재했던 것을 알 수 있다.

(2) 입지환경

절은 부소산성의 서북쪽 백마강 건너편에 자리 잡고 있다. 드무재산(해발 131m)을 중심으로 주위에는 높고 낮은 산과 구릉으로 둘러싸인 남사면한 아늑한 지역에 자리잡고 있으며 이곳 왕흥사에서 부소산이 바라다 보인다. 그리 넓지도 않고, 좁지도 않은 골은 동남방향으로 시야가 터져 전면에는 넓지 않은 들이 펼쳐있다. 그 남쪽으로 백마강이 흐르고, 강 건너에는 부소산이 솟았다. 절터에서 서남방향으로 1.5km 지점에는 부산(浮山)이 솟아 이 지역의 입지를 가늠할 수 있다.

사진 11. 왕흥상지 및 주변경관(왕흥사발굴중간보고서)

 왕흥사 주변에는 수많은 역사유적들이 산재했는데, 서북 후면의 드므재산의 울성산성(蔚城山城)에 이어 북서쪽 1.5km에는 호암사지가, 북편 강기슭 바위에는 천정대(天政臺)가 있다. 서남쪽의 부산에는 산성이 자리했고, 부산에서 남쪽으로 1km 떨어진 백제대교 건너편의 규암면 외리 인근에는 백제문양전이 출토된 외리절터와 외리산성이 있다. 왕흥사 정면의 백마강 건너편에는 부소산성을 비롯하여 수많은 유적과 함께 백제왕궁이 자리 잡았던 도성이 있다. 왕실의 융성을 갈망하면서 창건된 이 절은 백제왕과 왕족들이 강을 건너와서 예불을 드렸던 기록이 보인다. 따라서 강안 어딘가에는 배를 대었던 나루시설이 있었을 것으로 짐작된다.

(3) 배치계획

왕흥사는 부여문화재연구소가 2000년 9월부터 2004년 6월까지 5차에 걸쳐 발굴조사에 나섰다. 아직 전체 발굴조사가 끝나지 않은 상태이다. 발굴조사가 좀더 이루어지면 전모가 밝혀지겠지만, 부분적으로 목탑, 금당, 강당, 회랑자리로 추정되는 흔적을 찾아냈다. 현재까지 이루어진 발굴조사에 따르면 탑과 금당, 강당이 남북 중심축을 기준으로 나란히 배치되었던 것으로 밝혀졌다. 그리고 주위를 회랑이 둘러싼 1탑1금당식 가람이었던 것으로 추정된다. 절의 규모는 회랑의 동서 폭이 58.7m이고, 남북 길이는 80여 m에 이르는 것으로 알려졌다. 또 중문 자리로 추정되는 위치에는 동서로 길게 축대를 쌓은 흔적도 확인되었다.

서회랑지와 부속건물터에서는 기와를 쌓아 만든 와축기단(瓦築基壇)의 흔적을 확인했다. 왕흥사의 와축기단은 하단부에 지대석을 1~2단 깔고, 그 위에 평기와를 종방향으로 나란히 쌓는 기법을 사용하였다. 이는 돌 대신에 기와만 쌓아 만든 금성산 건물터나, 'ㅅ'자 모양의 합장식

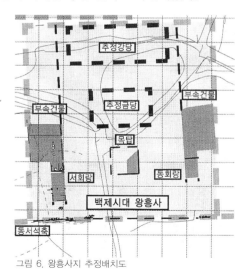

그림 6. 왕흥사지 추정배치도

사진 12. 왕흥사지 출토 백제 및 고려시기 기와조각

으로 쌓은 군수리절터의 사례와는 사뭇 다른 것이다. 당시 백제의 와축 기단이 일반적으로 사용한 건축기술의 하나였으나, 쌓는 방법은 조금 씩 달랐다는 것을 알 수 있다.

왕흥사는 아직 완전한 발굴이 이루어지지 않아 탑, 금당, 강당의 크기 를 알 수 없다. 왕실의 후원으로 지은 사찰이라면, 규모나 조형이 초라 하지는 않았을 것으로 추정된다. 왕흥사 절터에서 백제시대와 고려시 대의 것으로 보이는 기와조각이 출토되어 백제 뿐만 아니라 고려 때까 지도 활발한 불사가 이루어졌음을 알 수 있다.

3) 금강사(金剛寺)

(1) 연혁

금강사는 부여군 은산면 금공리에 위치하고 있다. 언제 창건되었는지 그 연혁을 알 수 있는 근거는 없다. 다만 백제유물이 출토된 것을 근거로 백제 사찰로 추정하고 있을 뿐이다. 금강사는 문헌에 나타나지 않으나, 이곳에서 고려시대의 것으로 보이는 '금강사(金剛寺)' 명 기와편이 출토되었고, 절 앞의 강이름이 금강천이다.[11] 이밖에 금강이라는 명칭과 지명이 이 근처에 남아 있다는 사실을 근

그림 7. '金剛寺' 명 기와조각

거로 금강사로 보고 있다. 그러나 금강사라는 절 이름이 백제 때부터 사용한 것이 아니라 후대에 붙인 이름일 가능성도 배제할 수 없다. 백제 멸망 후 신라가 이 지역을 점령하면서 금당과 탑을 중건했을 것으로 보인다. 후기신라 때의 유물과 중건 흔적이 거의 동시에 나타나는 것으로 보아 2차 중건은 후기신라였음을 알 수 있다. 이 사찰은 고려 때에도 경영되었던 흔적이 확인되었다. 탑터에서 기존의 기단 위에 조잡하게 잡석을 쌓아 만든 흔적과 고려시기 청자편이 함께 출토되어 고려 때 3차 중건이 이루어졌음을 뒷받침한다. 따라서 이 절은 고려 때까지 경영되다가 폐사된 후 다시 중건되지 못한 채 오늘에 이르게 되었다.

(2) 입지환경

칠갑산에서 발원한 칠갑천이 남으로 흐르면서 장평을 거쳐 은산면에 이르면, 이름이 금강천(錦江川)으로 바뀐다. 이 금강천은 금강사 절이

사진 13. 금강사터 전경(충청남도 문화재대관, 1996)

자리한 금공리(琴公里)에서 조금 더 흐르다가 줄기를 동으로 틀면서 부
소산 북편에 이르러 백마강과 합수한다. 금강사는 금강천 중류 쯤의 은
산면 금공리 금강천 서편에 자리 잡고 있다. 북에서 남으로 금강천이
휘돌아 흐르고, 강 건너로는 해발 200m에 이르는 망월산이 남북으로
길게 이어진다. 절터의 서측으로는 해발 약 100m 정도의 낮은 월미산
이 남북으로 길게 절터를 감싸듯 솟았고, 그 앞으로 금강천이 흘러지나
간다. 금강사가 앉은 자리는 금강천이 흘러 지나가는 남북으로 시야가
터졌고, 동서로는 산이 가로 막고 있다. 이러한 지형조건으로 절터는
서쪽에 배산을 두고, 동을 향한 배산임수 형국이다.

1964년과 1966년 2차에 걸쳐 국립중앙박물관이 발굴조사에 나섰다.[12] 이때 건물이 동향으로 배치되었다는 사실이 밝혀졌다. 이는 백제의 다른 사찰배치와 구별되는 특징이라 하겠다. 이렇듯 동향으로 가람이 배치된 것은 이 지역의 지형조건 때문인 것으로 보인

그림 8. 금강사 입지 및 주변지형도

다. 만약 남북방향으로 절을 배치할 경우 배산임수의 형국을 만들어내기가 어려웠을 것이다.

(3) 배치계획

발굴조사에서 건물의 주칸을 확인하는 초석 일부와 적심석, 돌을 가공해 만든 가구식 기단석 일부가 드러났다. 건물의 배치는 동서를 중심축으로 가운데 탑과 금당을 두었다. 그리고 정면에 중문, 후면에 강당을 배치한 1탑1금당식의 가람구조로 확인되었다. 중문에서 금당까지는 탑과 금당 주위를 에워싸는 회랑을 둘렀고, 회랑의 동북쪽과 서쪽 강당 외곽에서는 승방 자리가 확인되었다.

남북 150m, 동서 170m에 이르는 넓은 대지 위에 건물을 배치했는데, 절터 중심곽의 규모는 고려척(약 35.5cm)으로 환산하여 남북 폭이 약 215자이다. 그리고 중문에서 강당터까지의 중심거리가 약 290자로 부

여 군수리 절터의 중심곽 규모와
비슷하다. 중문에서 탑자리까지의
중심거리는 67자이다. 금당터의
유구는 후대의 것과 중첩되었다.
또 탑자리와 초창기 금당터까지의
중심거리는 65자이어서 역시 이
두개의 거리가 거의 같다는 사실
을 추적해 낼 수 있었다.

금당터와 강당터의 중심거리는
고려척으로 135자로 밝혀져 동에
서부터 건물간의 거리의 비례는

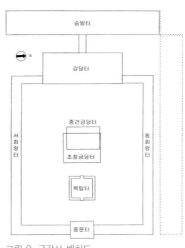

그림 9. 금강사 배치도

1:1:2로 나타났다. 탑자리는 여러 번 중창되었음을 알 수 있다. 이 절터
에서는 중문과 강당 양측으로 회랑이 연결되었는데, 강당 옆에 종루(鐘
樓)나 경루(經樓)를 두지 않고, 화랑을 직접 강당에 연결한 것이 특징이
다. 금당 기단의 규모는 고려척으로 환산하여 남북 길이가 54자, 동서
폭이 40자로 밝혀져 2변 길이의 비례가 1.35:1로 확인되었다. 이는 미
륵사 중금당 상층 기단 크기와 거의 비슷한 규모여서 미륵사 중금당과
같은 정면 5칸, 측면 4칸이었을 것으로 추정된다.

강당 기단은 길이가 고려척으로 환산하여 130자이고, 폭이 54자이다.
강당 후면 중앙에서는 뒤에 가로놓인 승방터와 연결되는 듯한 회랑자
리가 노출되었다. 승방터는 길이가 250자, 폭이 40자로 환산되어 그 규

모가 상당히 크다는 것을 알 수 있다. 창건 당시 건물 기단 사이 거리는 중문-탑 기단 사이는 41자, 탑-금당 기단 사이는 28자, 금당-강당 기단 사이는 103자이다. 이 중에서 탑-금당의 중심간 거리는 81자이다. 이 81자를 기준으로 가람 내 각 건물의 거리를 비교할 때 중문-탑 중심 거리는 1배, 금당-강당 중심거리는 2배, 중문-탑 기단 사이는 0.5배, 탑-금당 기단 사이는 0.3배, 금당기단-좌우회랑 사이는 1배, 강당 기단-좌우 회랑 사이는 0.5배의 차이를 보인다. 이는 건물의 배치가 계획적으로 이루어졌음을 보여주는 것이다.

탑과 금당을 조사한 결과 창건 이후 2차에 걸쳐 중수한 것으로 밝혀졌다. 이 절 또한 백제가 멸망한 이후 쇠퇴하면서 초창 당시의 기단이 크게 훼손되었다.

(4) 건축계획

① 금당

금당은 창건 당시의 판축흔적이 남았으나, 심하게 훼손된 가운데 건물이 들어서면서 뒤쪽으로 약 14자 옮겨 창건 당시의 규모보다는 축소된 크기로 건물을 세운 흔적이 확인되었다. 초창기의 기단은 황갈색의 점질토를 이용하여 판축을 했는데, 한 켜의 두께는 1~6cm에 이른다. 그리고 판축의 흔적으로 보아 다짐봉의 지름은 약 3~4cm 정도로 추정되었다. 기단의 규모는 한 변이 고려척으로 환산하여 약 40자이고, 판축

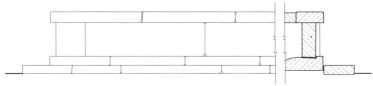
그림 10. 금강사 금당 기단복원도

두께는 6자로 밝혀졌다. 금당터에는 기단 지대석 일부가 원형대로 남아 있었다. 이 기단석은 익산 미륵사의 것과 같이 지대석 상면에 면석을 세워놓은 턱을 안쪽으로 깎아내고, 또 기단의 모서리에만 귀기둥을 세웠던 흔적이 확인되었다. 이후 신라가 점령하면서 금당 위에 새로운 건물을 건립했던 것으로 보인다. 새로 지은 건물은 기존의 금당 기단을 약간 후면으로 옮기고, 규모는 창건 당시의 크기와 거의 같게 하였다. 금당의 3차 중건은 언제인지 확실치 않으나, 2차 중건된 기단에 보토를 하여 다시 중건한 것으로 보인다. 이때 개수한 기단의 흙은 불순물이 많은 흑색토를 사용하였는데, 중건한 기단 위에 1자 이상 두께로 다져 만들었다. 이후 금당이 소실된 흔적 외에는 다시 중건한 흔적은 찾아내지 못했다.

② 목탑

지표 밑에서 심초로 보이는 자연암이 확인되었다. 이 자연암은 지름이 약 6.6자인데, 가운데 뚫어놓은 지름 약 4자, 깊이 2.2자 정도의 기둥구멍이 보인다. 탑은 신라가 백제를 점령한 뒤 금당을 1차로 중건할 당시 기존의 기단을 보축하여 중건한 것으로 보인다. 탑의 3차 중건 역시 2차로 중건한 기단을 잡석으로 손질한 다음 탑신을 다시 앉혀 지은 것이다. 잡석 사이에서 고려시대 청자편이 출토되어 고려 때 3차 중건이 이루어졌음을 알 수 있다. 이 목탑의 초창 기단은 고려척으로 환산하면, 한 변이 약 40자 정도에 이른다. 이를 근거로 주칸을 추정하면, 일반 건물보다 주칸의 길이가 좁았다. 그래서 기단 내밀기를 제외한 각 주칸의 길이는 약 6자 내지 7자 내외였다. 이에 따라 정면과 측면이 각각 5칸이었던 것으로 추정된다.

③ 강당

기단의 크기는 고려척으로 가로 세로가 각각 130자와 54자이다. 이 크기는 익산 미륵사 강당 보다 작고, 군수리 절터의 강당과는 비슷하다. 그러나 주칸의 길이를 알 만한 초석이나 적심석이 확인되지 않아 건물의 칸 수를 확인하기가 어렵다. 또한 기단의 지대석존재는 밝히지 않았지만, 회랑에 지대석이 있었을 것으로 짐작된다. 그리고 지대석 위에 판석을 세우고, 갑석을 덮었을 것으로 추정된다. 이는 화강석을 잘 가공하여 짜 맞추어 격식을 갖춘 가구식 기단으로 높이는 3자 이상이었을 것으로 추정된다.

④ 중문

길이가 고려척으로 40자이고, 폭은 30자이다. 이는 미륵사 중원의 중문보다는 작고, 미륵사 동·서원 중문보다는 약간 큰 것이다. 이로 미루어 금강사 중문은 정면 3칸, 측면 2칸이었을 것으로 추정된다.

이 절의 회랑과 강당터에서 발견한 초석은 둥근 형태로 밑면이 뾰족한 팽이 모양을 하고 있다. 그리고 밑에 적심석을 받쳐 놓았는데, 판축의 표면 위에만 놓아 그리 두껍지 않게 깔려 있었다. 이와 같은 둥근 초석은 익산 미륵사의 것과 같이 유사한 것으로 보아 이같은 정초기법이 당시에 흔히 사용되었던 것을 알 수 있다.

(5) 출토유물

이 절터 발굴조사에서 출토된 와당은 8판연화문의 판 가장자리 중앙에 꽃잎이 반전된 것과 반전되지 않은 꽃잎을 도두룩하게 둥글린 것이 있다. 이와 함께 고구려계통으로 보이는 뾰족한 꽃잎 등 여러 종류가 나왔는데, 자방 중심부에 한 개의 연밥을 놓은 다음 주위에 5~8개의 연밥을 둔 와당도 포함되었다. 이 중에는 연판을 선각(線刻) 한 것과 주연에 주문을 한 것도 보인다. 이밖에 암막새기와와 연목와가 출토되었다. 탑터에서는 고려시대 자기편이 나왔다.

4) 군수리 절터

(1) 연혁

부여읍 군수리에 자리한 이 절터는 1935~36년 일본인 이시다(石田茂

作)에 의해 발굴조사되었다.[13] 이 절 역시 언제 누가 창건하였는지 확인되지 않았다. 그리고 언제 어떻게 훼손되었는지를 밝힌 기록도 없다. 2005년부터 다시 발굴이 진행되어 추후 그 성격이 밝혀질 것으로 기대되지만, 그 연혁이 드러날지는 여전히 숙제로 두고봐야할 것이

그림 11. 군수리절터 초기발굴 배치도

다. 절터에서는 다른 건물 흔적이 보이지 않는 것으로 미루어 창건 이후 폐사될 때까지 중건한 적이 없는 것으로 추정되었다.

(2) 입지환경

부여읍 남쪽에 궁남지가 있고 궁남지에서 서쪽으로 약 200m 떨어진 거리에 있다. 주변은 평지여서 주택지와 농경지가 형성되었다. 동쪽으로는 화지산과 궁남지가 보이고, 서쪽으로 주택이 들어섰다. 그리고 남쪽으로는 넓은 농경들이 펼쳐진데 이어 백마강이 서에서 동으로 흐른다. 대왕포라고 하는 강변이 이 근처에 있다. 북으로는 농경지를 사이에 두고 부여읍 중심부가 자리 잡았는데, 부소산이 중심부의 북편에 자

사진 14. 군수리절터 전경

리잡고 있다. 절터 후면 가까이가 구릉이지만, 높지 않기 때문에 절은
평지에 자리 잡은 것처럼 보인다. 현재 절터 주변은 소나무가 숲을 이
루고 있다.

(3) 배치계획

2005년 8월부터 재발굴 조사가 이루어지고 있다. 이미 일제 강점기 때
발굴조사가 한차례 이루어졌던 터라 이번 발굴조사에서 보다 상세한
내용이 밝혀지기를 기대해 본다. 일제 때 발굴에서는 남향한 일탑일금
당식 가람으로 밝혀졌다. 남쪽에서부터 중문, 탑, 금당, 강당이 남북축

에 맞추어 배열되었다. 그리고 탑과 금당을 가운데 두고 중문과 강당 좌우로 이어지는 동서 양쪽을 회랑이 감싸고 있다. 강당 동서에는 각각 종루, 경루터로 추정되는 방형 건물터가 각 한 개씩 조사되었고, 회랑은 이들 건물터와 이어졌다. 그러니까 백제의 전형적인 1탑1금당식 가람으로 확인되었던 것이다.

그림 12. 군수리절 배치계획도

동편회랑 바깥에 작은 건물터가 있었던 것으로 확인되었는데 이 건물의 용도는 무엇인지 알 수 없다.

중문 중심에서 탑 중심까지는 당시 사용했던 고려척으로 약 70자, 탑에서 금당까지의 중심거리 역시 70자, 금당에서 강당까지는 100자에 이르러 거리의 비는 1:1.43으로 조사되었다. 또 중심부를 에워싼 좌, 우 양측 회랑간의 거리는 약 200자이고 중문에서 강당 중심까지 남북 거리는 약 240자가 되어 비례 1:1.2의 구형(矩形)을 이루었다.

(4) 건축계획

① 탑

기단 한 변 길이는 고려척
으로 40자 정방형이다. 그
런데 보고서에 나타난 도면
을 보면, 주칸이 5칸으로
추정되었다. 이 기단부의
지표하 6자에서는 심초석이
확인되었다. 이처럼 심초석
이 지하에 놓이는 것은 일
본의 사천왕사나 법륭사의

사진 15. 군수리 절 탑터 기단부분

목탑자리에서도 나타난다. 탑의 기단은 자연석 기단과 와축기단을 혼
용한 것으로 미루어 지속적으로 보수가 이루어졌던 것을 알 수 있다.

② 금당

와축기단으로 규모는 동서 약 27m, 남북 약 18m에 이른다. 와축기단
의 정면은 여러 개의 기와를 '人'자 모양으로 맞붙여 쌓는 기법이 적용
되었다. 그리고 나머지 3면은 평기와를 쌓았다. 금당지에서 2개의 초석
과 여러 개의 적심석이 발견되었는데, 정면 9칸으로 계획된 건물임을
알 수 있다.

③ 강당

금당에서 북으로 18m 떨어진 지점에 자리잡고 있다. 동서 약 45.5m, 남북 약 18m 규모로 역시 와축기단을 사용하였다. 동·서 회랑 외곽에는 금당과 동서축에 맞춰 각각 하나씩의 건물이 들어섰던 것으로 추정된다. 이렇게 횡으로 여러 건물을 배치한 조영 형식은 익산 미륵사나 고구려의 정릉사, 그리고 고려시대의 흥왕사나 불일사 등에서도 보인다.

(5) 출토유물

이 절터에서는 금동미륵보살입상(보물 제330호)과 납석제 여래좌상(보물 제329호)을 비롯한 귀중한 불교유물이 수습되었다. 출토된 와당은 팔엽소판연화문와당(八葉素瓣蓮花文瓦當)과 서까래마구리기와(緣木瓦) 등이다. 그리고 속빈문양벽돌(空心塼 또는 中空有文塼)도 나왔는데, 이같은 유형의 벽돌은 중국 남조지역에서는 많이 사용되었다. 벽돌은 우리나라 삼국 중에서는 백제 유적에서 제일 많이 나온다. 1988년, 1990년, 1991년 부여 정암리 백제 와요지를 발굴조사에서도 이 절터에서 출토된 것과 똑같은 연화문와당과 속빈문양벽돌이 출토되었다. 그래서 정암리 와요지에서 이 절에 벽돌을 공급했다는 사실이 밝혀지기도 하였다.

5) 동남리 절터

(1) 연혁

이 절터는 부여읍 동남리에 위치하고 있다. 일제시대인 1938년 일본인 이시다(石田茂作)에 의하여 발굴되었다.[14] 이 절 역시 언제 누가 창건했는지 알 수 없거니와, 폐사한 시기도 알 수 없다. 이후 1993~1994년 충남대학교 박물관에서 다시 발굴조사를 실시하였으나, 사찰 이름이나 연혁에 대한 근거를 확인하지 못했다. 다만 백제 사비시대의 절터라는 것만 확인되었다.

(2) 입지환경

부여읍 중심부 남쪽의 부여군청과 이웃한 동남초등학교 남쪽 농경지에 자리잡고 있다. 현재 주변은 농경지이지만, 동편으로 주택지가 형성되었다. 부여군청으로부터는 동남향으로 약 400여 미터 떨어져 있다. 절터 동남방향으로 군수리절터와 궁남지, 화

사진 16. 동남리 절터 발굴전경(충청남도 문화재대관, 1996)

지산이 위치해 있고, 서편으로는 백마강이 남으로 흐르다가 동으로 감

돌아 지나간다. 북으로는 부여읍 중심부이고, 읍 중심지 북쪽이 부소산이다. 이 절터 주변 가까이에는 높은 산이나 구릉이 없어 거의 평탄지와 같은 입지조건을 하고 있다.

(3) 배치계획

남향한 가람으로, 탑을 세우지 않은 특이한 절이다. 남에서부터 중문, 금당, 강당이 남북축선상에 나란히 놓였다. 그리고 중문과 강당터를 연결하는 회랑이 가람 중심을 에워싸고 있다. 강당 양쪽 곁에는 군수리절터와 같이 종루와 경루를 두고, 동·서 회랑이 이 건물터와 이어졌다. 또 중문터에서 남쪽으로 떨어진 자리에서는 남문터로 보이는 유구가 발견되었다. 이 동남리절터에는 탑자리가 발견되지 않았지만, 금당터 앞에 쌍탑이 있었을 가능성도 있다는 견해가 나온 적이 있다.[15] 그러나 1994년도 재차조사에서는 탑자리가 확인되지 않아 쌍탑의 가능성은 없다.

각 건물의 간격을 보면, 금

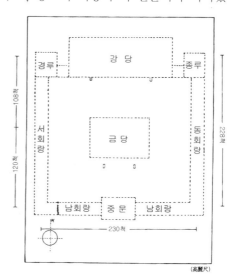

그림 13. 군수리절 배치계획도

당기단 외곽선을 기준으로 중문까지 70자, 강당까지 70자, 동서 회랑까지는 70자에 이르러 금당주위에서 각 시설물 사이의 거리가 모두 같은 간격을 유지했다. 그리고 금당의 남북 길이와 강당의 남북 길이는 같은 70자로 밝혀졌다. 이 절의 배치계획에서 흥미로운 사실은 중문기단에서 금당기단까지 70자, 금당 측면 길이 70자, 금당 기단에서 강당 기단까지 70자, 강당 측면 70자로 하여 같은 수치의 거리를 반복적으로 적용했다는 것이다. 어떤 특별한 계획의도를 가지고 가람배치를 했던 것으로 보인다.

(4) 건축계획

① 금당

기단 크기는 정면 100자, 측면 70자이다. 그런데 기단 내에서 초석이나 적심석은 발견되지 않았다. 대신 초석을 놓았을 것으로 추정되는 정면 5열, 측면 4열의 규칙적인 방형 다짐토층이 20개가 발견되었다. 방형의 다짐토층의 크기는 가로 세로가 대개 169~180cm이고, 깊이는 30~50cm에 이른다. 이 다짐토층 위에 적심석과 초석을 놓았을 것으로 추정된다. 이 흔적을 초석자리로 본다면, 금당은 정면 5칸, 측면 3칸이 된다. 각 칸의 길이는 정면 가운데 3칸이 가장 커서 각각 503~505cm에 이른다. 양쪽 협칸이 380cm, 측면 협칸이 570cm, 동쪽 협칸이 380cm이다. 금당 기단 정면 외곽에서 할석을 3자 넓이로 깔았던 흔적이 발견되었다. 아마 낙수를 받기 위한 시설이었던 것으로 보인다.

② 강당

기단 규모가 정면 174자, 측면 70자이다. 기단 정면에는 금당과 같이 3자 폭으로 잡석을 깔아두고, 금당과 강당 사이에는 돌로 포장된 돌길을 두었다. 일제 때 조사 당시 강당의 크기는 정면 31.2m, 측면 21.2m로 추정하였다. 그러나 재차 조사에서는 동, 서의 기단으로 보이는 유구가 약 5m 정도만 남았을 뿐 아무런 흔적을 발견할 수가 없었다. 뿐만 아니라 중문자리, 회랑자리도 확실하게 발견되지 않아 그동안 유적이 유실되었거나 아니면 일제 때의 조사가 추정이었을 것으로 추측하고 있다. 남회랑에서는 남북으로 관통하는 폭 2~3자의 판석을 덮은 배수구 유구도 발견되었다.

(5) 출토유물

일제 때 금당과 강당 앞 동·서에 수조가 2개씩 모두 4개가 있었다고 한다. 이 중 중앙기단 앞 동쪽 것은 남북 215㎝, 동서 폭 70㎝, 높이 55㎝, 북방기단 앞 서쪽 것은 남북길이 215㎝, 동서 폭 76㎝ 이며 3단의 돌단이 있었던 것으로 알려졌다. 그러나 1993~1994년에 이루어진 발굴에서는 동쪽의 수조만 남았고, 서쪽 것은 보이지 않았다. 남은 수조도 하단의 돌 한층만 잔존한 상태였다. 그런데 바닥에는 깨어진 평기와를 깔았던 흔적이 드러났을 뿐 모래 등의 수성 퇴적물이 전혀 없고, 돌 결구에 틈이 많은 점으로 미루어 수조로 보기에는 무리가 뒤따랐다. 또 강당 앞 수조 역시 깊이 20㎝ 정도의 토광만 남아 동쪽 수조는 일제 때 발굴조사하면서 추정한 것으로 짐작된다.

이 절터에서는 '천왕(天王)'명 와편과 연화문와당을 비롯 납석제 불상 파편, 금동불상 파편, 와제광배(瓦製光背)조각 등이 출토되었다. 연화문 와당은 군수리절터에서 발견된 것과 아주 유사하였다. 2차 조사에서는 고배, 개배, 완, 기대, 장경병 등 각종 토기와 중국에서 제작된 것으로 보이는 청자조각도 나왔다.

6) 능사(陵寺)

(1) 연혁

1992년 국립부여박물관에서 처음 시굴조사를 하면서 건물터가 발견 되었고, 발굴과정에서 금동향로와 창왕명 사리감이 나와 왕릉을 관리 하며, 왕실의 기원을 빌었던 원찰이 었다는 사실이 밝혀졌다. 특히 창왕 명사리함은 사찰의 창건 연대를 밝 혀준 귀중한 유물이었다. 이 유물은 시대적 특징까지 가늠할 수 있는 귀

사진 17. 능사 출토 '창왕'명 사리함

중한 자료로 평가되었다.

이 절은 왕릉에 세운 백제왕실의 원찰로 창건되었던 것이 분명하다. 더구나 이 유적에서 발견한 석제 사리함(국보 제288호)에는 "백제창왕 십삼년대세재정해매형공주공양사리(百濟昌王十三年大歲在丁亥妹兄公主 供養舍利)"라는 글씨를 새겨 백제 창왕 13년(567)에 공주가 성왕의 위업을 기리기 위해 사리를 공양했다는 사실도 확인할 수 있었다. 그러나 창왕 13년에 사리를 공양하기 위하여 절을 창건한 것은 분명해 보이지만, 혹시 이미 세운 절에 사리를 공양했는지는 정확하게 알 수 없다. 이로 미루어 능사는 늦어도 서기 567년 또는 그 이전에 창건되었을 것으로 추정하고 있다. 백제가 도읍을 사비로 천도한 지 30년, 백제가 멸망하기 100년 전의 일이다. 건물은 불탄 흔적만이 보일 뿐 중건했던 흔적은 전혀 나타나지 않았다. 그래서 백제가 멸망할 때 일시에 무너지고 나서 중창하지 못한 채 오늘에 이른 것으로 추정된다.

이 절은 문헌에 기록도 보이지 않거니와, 전해오는 전설도 없다. 출토된 유물에서도 절 이름에 대한 아무런 단서를 찾지 못했다. 따라서 이 절의 이름이 무엇인지 알 수가 없다. 다만 이곳이 백제 왕릉원으로 추정되고 왕릉에 인접해 있어 '능사'라고 부르고 있다. 능사는 대개 왕실의 후원으로 왕릉 근처에 세워 릉을 관리하면서 왕실의 안녕과 무궁을 기원하는 원찰의 기능을 하는 절이었다. 고구려 동면왕릉 앞에 사찰을 건립하여 '정릉사'라고 했던 것이 그 대표적인 사례라 할 수 있다. 이 절터에서는 또한 백제금동대향로(국보 제287호)가 나와 당시 백제인들의

사상적 단편과 백제공예의 진수를 이해하는 귀중한 자료로 평가되기도
했다.

(2) 입지환경

부여를 감돌아 서에서 동으로 흘러 내려온 백마강은 중정리에 이르러
큰 들을 형성하니, 이 지역이 대왕포다. 이 대왕포에서 동으로 더 내려
가면, 부여 주위를 에워싼 나성의 동쪽 끝자락이 나온다. 사비시대 부
여의 사비도성을 에워싼 나성 흔적이 지금까지도 유적으로 남아 있다.
이 나성의 동쪽은 능산리이고, 서쪽은 백마강변이다. 북으로는 부소산
성과 이어지는 나성의 성자락이 동으로 청산성에 닿고, 다시 동남으로

사진 18. 부여 능사터(아래부분 옆으로 긴 게단식 논)와 능산리고분군 전경(충청남도 문화재대관,
1996)

이어지다가 능산리에 이르
러 남쪽으로 꺾어진다. 이
성벽이 나상 동편성벽이 되
어 백마강으로 내리 뻗어 끝
을 맺는다. 남쪽에는 성벽을
두지 않고 백마강이 자연적
인 방어선이 되도록 하였다.
부여 나성 동쪽끝 나성동문

사진 19. 부여 능사와 능산리고분군 전경(능사발굴보
고서, 2000)

자리를 지나면 백제 왕실묘
역으로 추정되는 고분군이 능산리 무덤 유적이다.

능사는 부여 나성 동문의 북벽 외곽에서 능산리 고분군 사이에 좁은
골짜기에 입지했다. 동으로 해발 164m의 청마산이, 동남으로는 해발
83m의 오석산이, 남으로는 해발 118m의 필서봉이, 서로는 해발 121m
의 금성산이, 북으로는 121m의 석목리 산이 둘러싸고 있다. 능사 남쪽
으로는 논산으로 이어지는 길이 동서로 뚫렸다. 능사 북편에는 해발
100~120m 정도되는 구릉성 산이 동에서 서쪽으로 활처럼 휘어지면서
주변을 감싸았다.

(3) 배치계획

1992년 1차 발굴을 시작하여 2000년까지 7차 발굴이 이루어졌고,[16]
2005년까지도 주변부의 발굴이 진행되고 있다. 그러나 1996년도 5차

발굴이 이루어지면서 사찰 중심지역의 규모와 형태가 명확하게 밝혀지게 되었다. 발굴조사 전에는 계단식 논으로 경작되었다. 발굴조사 결과 남북 자오선 상에 중심축을 두고 정면 남쪽에서부터 중문, 탑, 금당, 강당을 나란히 배치했다. 이같은 발굴을 토대로 전형적인 일탑일금당식의 가람임을 확인하게 되었다. 탑과 금당을 마당 중심부에 두고, 남쪽 가운데 중문에서 좌우로 이어지는 회랑이 동서로 이어지다가 북쪽으로 꺾이면서 주위를 감싸았다. 동·서 회랑의 북쪽 끝에는 각각 커다란 건물을 배치하고, 강당의 동서 양 측면에도 별도의 건물을 두었다. 서회랑 밖에는 그리 크지 않은 건물이 별도로 회랑과 인접하여 세웠다.

동·서회랑의 중심 간격은 약 53m이고 중문 중심에서 강당 중심까지 남북 길이는 약 72.5m 정도로 부여 정림사와 비슷한 규모이다. 각 건물간의 거리는 중문에서 목탑 중심까지 약 17.34m이고, 목탑

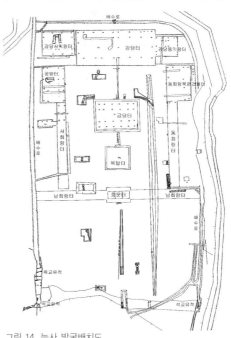

그림 14. 능사 발굴배치도

그림 15. 능사 복원 조감도

에서 금당 중심까지는 21.9m에 이
른다. 금당에서 강당 중심까지는
33.5m이다. 백제의 다른 사찰은 대
개 중문-목탑간, 목탑-중문간 거리
가 같거나 비슷한데 비하여 이 사찰
은 약 4.5m의 차이를 지니고 있는
것이 다르다.

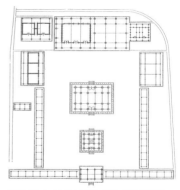

그림 16. 능사 중심구역 건물 배치평면도

  능사에서는 특이하게 강당과 공방
지에서 온돌흔적이 확인되었다. 이 온돌은 실내 전체를 깔았던 것은 아

니고, 외줄고래를 놓은 초기의 온돌 형태를 보여주고 있다. 또한 나무
다리와 돌다리를 놓았던 유적이 발견되어 당시 건축기술을 가늠할 수
있었다. 발굴 후 유적이 확인되면서 능사 내 각 건물의 규모와 특징이
드러나게 되었다.

(4) 건축계획

① 중문

발굴된 건물유적 중 가장 남쪽에 위치해 있다. 목탑지 중심에서 남으
로 17.34m 떨어져 중문의 중심이 자리했다. 그런데 초석이나 기단 등
의 유구는 전혀 남아 있지 않았다. 기단의 규모는 정면 11.6m, 측면
7.5m로 추정된다. 기둥간격을 확인할 수 있는 초석 하부에다 직경
1.55m 규모로 적심을 놓았던 흔적이 전면에 4곳과 후면에 4곳 등 모두
8곳이 확인되었다. 이로 미루어 중문은 정면 3칸, 측면 1칸으로 짐작된
다. 기둥간격은 정면 약 10m, 측면 약 3.7m이다. 정면 3칸의 기둥 간
격은 일정하다. 각 칸의 초석 간격은 〈표 3〉과 같다.

〈표 3〉 중문의 초석간격(단위 : m)

	도리방향(정면)			보 방향(측면)	
	서협칸	어칸	동협칸		
전면	3.29	3.43	3.30	동측	3.78
후면	3.23	3.50	3.30	서측	3.62

중문의 동·서에 연접하여 남회랑이 이어졌다. 또 중문 전면 중앙에서 발굴한 판석 2매는 마당에서 중문에 이르는 계단돌로 추정된다. 중문에서 목탑에 이르는 지점에는 암키와를 둥글게 세워 디딤돌로 삼았던 흔적이 남아 있다. 남회랑터에서는 기단석이나 초석흔적이 전혀 발견되지 않았다.

·중문과 탑 사이에는 암기와 4매를 가지고, 지름 39~46㎝ 크기로 둥글게 만든 시설물 12개가 30㎝ 깊이의 땅 속에 나란히 묻혔다. 이는 탑을 잇는 디딤돌이었던 것으로 추측된다.

② 목탑

금당기단 끝에서 남쪽으로 7.87m 떨어져 있다. 기단의 하층 1변 길이는 11.73m로 방형이고, 상층 1변의 길이가 10.3m이다. 하층 기단은 동·서·북측에 기단석이 남아 있으나 남측에는 중심부에서만 일부 돌무더기가 보인다. 기단석은 크기가 다양한 화강석을 사용하였다. 다만 동북모서리에는 커다란 돌을 사용하였다. 상층 기단은 북측과 서측 일부만 기단석이 남아 있다. 기단석은 길이 1.1~1.3m 정도되는 장대석을 사용하였다. 기단 후면 중심에는 길이 2.12m, 너비 0.37m의 계단석을 놓았다. 이로 미루어 탑의 전후에 계단을 두었던 것으로 추정된다.

탑 중심의 지표아래 1.2m쯤에서 1.08×1.33m 크기의 방형 심초석이 발견되었다. 심초석 위에는 부식된 심주의 하부가 교란된 채 놓여 있었다. 그리고 주변에서 금은제 과판장식, 금동제 법사리, 각종 구슬, 토제

불상 등 다량의 유물이 출토되었다. 특히 주목되는 유물은 심초 상면 남쪽에서 나온 높이 74㎝, 밑변 50㎝ 크기의 화강석 사리감이다. 이 사리감은 윗부분을 둥글게 아치형으로 만들었고, 전후면에 터널형의 감실을 두었다. 전면 남쪽의 감실 주위에는 "백제창왕13년태세재 정해매형공주공양사리(百濟昌王十三年太歲在 丁亥妹兄公主供養舍利)"라는 명문을 음각으로 새겨 두었다. 백제 위덕왕 13년(567)에 공주가 사리를 공양한다는 내용의 글이 보여 이 절의 성격 규명에 중요한 단서를 제공해 주고 있다. 목탑과 금당 사이 중심 축선에는 40㎝ 각으로 만든 방형 디딤돌을 놓아두었다.

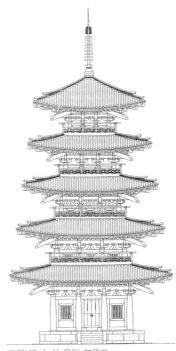

그림 17. 능사 목탑 복원도

목탑의 칸 수는 초석 흔적이 남지 않아 알 수 없으나, 기단의 규모로 보아 정면, 측면이 각각 3칸이었을 것으로 추정된다. 상층 기단에 맞춰 기둥을 세웠다면, 각각 기둥간격은 대략 3~3.3m 정도가 된다. 이 간격과 북측 계단석 흔적을 기준으로 초층 지붕내밀기를 한 것으로 추정한다면, 하층 기단 보다 조금 더 나오게 된다. 이를 근거로 지붕의 각도와

탑몸의 채감율을 따졌을 때 탑은 5층이었을 것으로 추정된다.

③ 금당

사찰의 가장 중심이 되는 건
축물인 금당은 탑과 강당 사이
에 배치되었다.

기단은 탑 기단 북쪽 끝에서
7.87m, 강당 기단 끝에서 남쪽
으로 16.26m 떨어진 지점에 자
리를 잡았다. 기단의 형태는 탑

그림 18. 능사 금당 복원도(정면)

처럼 이중 기단으로 만들었다. 하층 기단은 정면 21.62m, 측면 16.16m
이며 상층 기단은 정면 11.94m, 측면 14.48m이다. 하층 기단은 화강석
으로 짜돌린 기단석이 남았으나, 상층 기단은 동측면의 장대석이 약
5m 정도가 남아 있다. 초석이나 적심석은 남지 않았으나, 중문과 마찬
가지로 초석을 놓을 자리를 판축으로 다져 조성한 흔적이 잘 드러났다.
이를 근거로 건물의 칸수를 확인한 결과 정면 5칸(16.93m), 측면 3칸
(11.28m)으로 어림잡을 수 있다. 정면의 각 칸 기둥간격은 어칸 3.6~
3.72m, 협칸은 2.7~2.9m이다. 측면 어칸은 5.72~6.07m이고 어칸은
2.44~2.82m이다. 이 수치는 초석이나 적심이 없는 상황에서 초석 밑의
판축 층을 기준으로 측정한 것이어서 어느 정도의 오차는 있을 수 있
다. 이를 감안하여 주칸의 간살은 고려척으로 정면 중앙 3칸은 10자이

고, 양 협칸은 8자가 된다. 또 측면 어칸은 16~17자, 측면 협칸은 7~8자 정도가 된다. 각 칸의 상세한 간격은 〈표 4〉와 같다.

〈표 4〉 금당 초석간격(단위 : m)

	정면 : 5칸, 16.93						측면 : 3칸, 11.28		
	서2칸	서1칸	어칸	동1칸	동2칸		북협칸	어칸	남협칸
정면	3.05	3.96	3.6	3.55	2.90	동측면	2.82	5.72	2.70
후면	2.70	3.55	3.72	4.00	2.83	서측면	2.44	6.07	2.80

금당의 남북 양쪽에서 금당 출입을 위한 계단시설이 확인되었고, 탑과 강당 사이에는 한변 길이 약 39cm 정도의 방형 디딤돌을 놓아 두었다. 건축형태는 어떠했는지 그 흔적을 확인할 수 없다. 이보다 늦은 시기에 건립된 일본 법륭사 금당의 조형을 참고하면, 얼마만큼은 가늠할 수 있다. 이를 근거로 할 때 중층에 겹처마 팔작지붕이고, 남동쪽 하층 기단에서 치미조각이 발견된 것으로 미루어 지붕용마루 양 끝에는 치미를 올려놓았을 것으로 추정된다.

④ 강당

강당은 금당 북쪽에 자리 잡았다. 금당 기단과 강당 기단사이는 16.26m가 떨어졌다. 기단의 크기는 동서 전면이 37.4m, 남북이 18m이다. 그런데 기단은 금당과는 달리 잡석과 기와를 써서 만들었다. 돌과 기와를 혼용한 것으로 보아 이 기단은 후에 부분적으로 개수한 것이라 할 수 있다. 약한 경사지에 조성하였기 때문에 수평을 맞추기 위해 남쪽과 북쪽의 기단 높이가 다르다. 즉 남측 기단은 높이가 50~60㎝이고, 북측 기단 높이는 15~20㎝이다. 잡석과 와편을 이용한 건물은 강당 외에 공방, 강당 동·서측 건물, 회랑 밖 건물 등에서도 발견할 수 있다. 이로 미루어 탑과 금당같은 중심 건물은 돌을 잘 다듬은 숙석(熟石)으로 기단을 만들었지만, 중심 건물이 아닌 부속 건물은 잡석과 와편으로 기단을 만들어 건물의 격을 구분하였다는 것을 알 수 있다.

〈표 5〉 강당 초석간격(단위: m)

	정면 8칸, 34.35m									측면: 3칸		
	서협칸	서3칸	서2칸	서1칸	어칸	동1칸	동2칸	동협칸		남협칸	어칸	북협칸
전면	불명	불명	불명	불명	불명	불명	불명	불명	서측면	불명	5.25	5.05
후면	2.44	4.60	4.36	4.76	2.44	5.25	5.25	5.25				

강당에서는 다행히 여러 개의 초석이 발견되었다. 건물의 평면구조는 정면 8칸, 측면 3칸이다. 그런데 특이한 것은 가운데 어칸과 동측단 협칸이 다른 칸에 비해 반 정도 짧다는 것이다. 이는 어칸을 중심으로 좌우로 하나씩 방을 설치하려고 계획했기 때문인 것 같다. 전면 열에는 초석이 거의 없어 각 칸의 간격을 알 수 없지만, 후면 열에는 초석이 남아 그 간격을 알 수 있다. 후면 열의 초석을 근거로 전면열의 각칸 치수를 추정해 볼 수는 있을 것이다.

평면구성을 보면 중앙에 복도를 둔 2개의 큰방이 좌우로 나란히 하나씩 자리 잡고 있다. 방과 방 사이는 폭 2.25m의 통로를 두고 있다. 방의 전면과 후면을 비롯 서측면 등에는 퇴칸을 두었는데, 퇴칸의 흔적을 알 수 있는 초석이 남아 있다. 서쪽방은 벽 위치에 돌을 나란히 놓은 것으로 보아 통벽이었던 것으로 추정되었다. 동쪽 방은 독립기초 위에 기둥을 세웠다. 이런 흔적으로 미루어 동쪽 방은 심벽이나 판벽, 아니면 창호로 이루어졌을 것이다. 그리고 서쪽 방은 흙벽을 쌓아 방을 막았던 것으로 추정된다. 특히 서쪽 방안에는 동벽과 북벽에 연접하여 ㄱ자형으로 꺾어 와축으로 조성한 외줄 구들이 놓였고, 북쪽 기단 밖으로는 굴뚝이 나 있었다. 이 건물은 만주 집안의 동대자유적과 온돌을 놓은 방의 규모와 구조가 유사하여 좀더 심층적인 고찰이 필요한 것으로 생각된다. 강당 좌우에는 익랑채와 같은 남향한 건물이 각각 하나씩 강당과 인접해 배치되었다.

⑤ 강당 동익랑채(불명건물지 I)

강당의 동편 익랑채는 강당보다 폭이 좁고 정면과 측면의 길이가 비슷한 방형의 건물이 인접되어 있다. 서익랑채(공방지 II)와 대칭되는 위치에 자리 잡았다. 발굴조사보고서에서는 '불명건물지1'로 되어 있다. 기단은 석축으로 쌓아 만들었는데 잘 남아 있지는 않으나, 규모는 파악할 수 있다. 크기는 동서 정면이 13.5m, 남북 측면이 9.9m이다. 기단의 동남쪽은 일반적인 건물 기단형태로 만들어 주변보다 한단 높이고, 북쪽 기단은 배수로를 겸하고 있다. 서쪽은 강당과 가까이 인접되어 기단석 없이 기단 면이 강당과 이어졌다.

현재 남은 초석을 근거로 평면을 추정하면, 강당 동측 기둥 열과는

1.4m 떨어져 벽을 설치한 것으로 보인다. 그리고 전면과 후면에 이어 동측면에도 퇴칸을 둔 정면 3칸, 측면 4칸으로 계획되었던 건물로 추정된다. 기둥 중심에서 기단의 폭은 남쪽으로 0.88m, 북쪽은 1.08m이다. 초석의 크기는 한변 길이 44~46cm 정도 크기에 초석상부를 대략 다듬어 사용한 것으로 보인다. 초석을 중심으로 한 기둥간격으로 미루어 정면 4칸 중 3칸은 비슷하지만, 동측 협칸은 1.24m로 짧다. 아마 동측 협칸은 퇴칸으로 만든 것이 아닐까 생각된다. 건물의 초석 간격은 〈표 6〉과 같다.

〈표 6〉 강당 동익랑채(불명건물지 I)의 초석간격(단위: m)

	서협칸	어칸	동협칸	동퇴칸
전면	불명	불명	불명	불명
후면	2.80	2.96	2.84	1.24

이 건물은 지붕이 강당과 같은 모양으로 만들었을 가능성이 크다. 건물이 강당과 거의 붙었고, 강당을 맞배지붕으로 했기 때문에 이 건물도 맞배지붕으로 보았을 때 처마가 강당 처마 밑으로 들어갈 수가 있다. 마치 조선시대 객사의 중정당과 익랑의 배치와 같은 모습이라 하겠다. 건물 사이가 가깝고 건물의 남북 폭이 좁다는 것은 지붕구조가 다른 것을 의미한다. 또 이 지붕의 폭을 일정하게 내밀었기 때문에 지붕 높이가 차이가 나지 않으면 안 된다. 이 때문에 익랑의 측면처마가 강당처마 밑으로 들어가도록 계획한 것을 알 수가 있다. 그러나 동측 단부의 지붕은 어떻게 마무리했는지 확인하기가 어렵다.

⑥ 강당 서익랑채(공방지Ⅱ)

서익랑채는 발굴보고서에 '공방지Ⅱ'로 표기된 건물이다. 잡석을 쌓아 만든 석축기단의 크기는 정면 15.28m, 측면 11.59m이다. 남, 동, 북측 기단은 비교적 잘 남았으나, 서측 기단은 거의 훼손되어 몇 개의 기단석만 위치를 알려줄 뿐이다. 건물은 강당 후면 열에 붙여 배치하였기 때문에 정면은 동익랑채의 정면보다 넓다. 기단 후면은 배수로를 겸하였다. 평면은 정면 3칸 13.24m이다. 그리고 측면은 칸 수는 명확치 않으나, 길이는 10.68m에 이른다. 이를 근거로 하면, 측면 역시 3칸으로 추정된다. 초석은 전면 열과 후면 열에만 남았고, 내부에는 초석 대신 자연석을 벽선에 따라 나란히 설치한 것이 확인되었다. 이 석열은 벽을 따라 줄기초를 만든 것으로 보인다. 줄기초 위로 벽을 설치하여 2개의 방을 꾸몄고, 강당과 마찬가지로 가운데에 남북으로 복도를 두었다. 방의 앞뒤면에는 퇴칸을 두었고, 복도에 연접한 두 방안의 동·서벽에는 외줄고래가 설치되어 있었다. 양쪽 방의 고래는 북쪽 기단부근에서 하나로 연결된다. 각방 모두 전면 중앙에 출입문을 두었던 것으로 추정된다. 기단 정면에는 좌우로 하나씩 디딤돌을 설치하였다. 현재 남은 전후열 초석을 측정해 본 결과 각칸의 길이는 〈표 7〉과 같다.

〈표 7〉 강당 동익랑채(공방지Ⅱ) 초석간격(단위: m)

	동협칸	어칸	서협칸	전체길이
전면	4.44	4.42	4.38 추정	13.24 추정
후면	4.48	4.32	4.44	13.24

이 건물에서는 금속제품을 만들 때 밑에 받쳐 두드리던 철제모루, 숫돌 등 작업연모가 출토되었고, 이 때문에 공방으로 추정하였다. 사찰에 이같은 공방을 두어야 했는지는 좀더 세심한 고찰이 필요하다.

⑦ 동회랑 북편 건물(불명건물지Ⅱ)

동회랑 북쪽 끝과 강당의 동익랑 남쪽에 해당하는 자리에 서향으로 배치된 건물이다. 발굴보고서에서는 '불명건물지Ⅱ'로 표기하였다. 서회랑 북측건물(보고서에서는 '공방지Ⅰ')과 대칭적 위치에 세운 건물이고, 규모는 서회랑 북측건물(공방지Ⅰ)과 거의 비슷하다. 이 건물의 서·북편 기단석은 비교적 잘 남았으나, 동쪽과 남쪽 것은 심하게 교란되었다. 그러나 부분적으로 이어지는 기단석이 남아 전체 규모를 파악할 수 있다. 주로 잡석을 이용하여 기단을 조성하였다. 동측기단 일부에서 와축기단이 확인되어 와축기단과 잡석기단이 혼용되었다는 사실이 확인되었다. 크기는 정면인 서측기단이 길이 약 18m, 측면인 북쪽기단은 길이 약 11.6m이다. 약한 경사대지여서 북쪽기단은 높이가 40~45cm이고, 남측기단 높이는 약 35~40cm에 이른다.

사찰의 전체적인 배치구조는 중심구역이 대칭으로 계획된 것으로 확인되었다. 이에 따라 동회랑 북편 건물은 서회랑 북편 건물과 같은 평면과 입면이었을 것으로 추정된다. 따라서 이 건물 역시 전후로 퇴칸이 딸린 정면 3칸, 측면 3칸의 건물이었을 것으로 보인다. 이 건물에는 모두 16개의 초석을 두어야 했으나, 현재 남은 초석은 정면(서측면) 북쪽에 2개와 후면 동측면에 3개만 남았다. 건물의 양측 초석 중심간 거리를 확인해 본 결과 정면은 15.82m이고, 측면은 10.08m이다. 기둥간격이 파악되는 부분은 정면의 북협칸과 후면의 동협칸이다. 어칸 역시 추정은 가능하다.

〈표 8〉 동회랑 북편건물(불명건물지Ⅱ) 초석간격(단위: m)

	남협칸	어칸	북협칸	전체길이
전면	불명	5.50(추정)	5.26	15.82
후면	5.06	5.50(추정)	불명	

⑧ 서회랑 북편 건물(공방지Ⅰ)

서회랑 북쪽 끝에 자리 잡은 동향 건물이다. 동회랑 북편 건물(불명건물지Ⅱ)과 대칭적인 위치에 자리 잡고 있다. 발굴보고서에서 '공방지(Ⅰ)'로 판단한 건물이다. 전후에 퇴칸을 둔 홑집으로 3개의 방을 꾸민 것으로 보인다. 가운데 방에서 금동대향로가 출토된 건물이다. 기단 전면 18.12m, 기단 측면 11.28m로 처음에는 잡석으로 석축을 하였으나 뒤에 무너진 부분을 보수할 때는 폐기와를 이용하며 보수한 흔적을 보인다. 즉 대부분 잡석으로 기단을 만들고, 동측면 일부분에서 와축기단 흔적이 발견되었다. 서쪽기단 남쪽 편에는 후일 추가로 확장한 기단이 확인되었는데, 확장 길이는 11.18m이고 폭은 0.94m이다. 이 확장 기단에서 부분적으로 와축기단을 사용한 흔적이 드러났다.

퇴칸을 제외한 전체 방의 크기는 남북 전면이 15.72m, 동서 측면이 5.16m이다. 이 건물터에서는 다행히도 기단 뿐만 아니라 초석유구도

잘 남아 건물의 칸 수와 각 칸의 크기를 확인하는 근거가 되었다. 평면
은 정면 3칸, 측면 3칸이다. 그런데 전후면은 퇴칸을 두어 측면의 협칸
은 어칸에 비해 좁게 만들었다. 건물 내부에는 초석은 사용하지 않고,
잡석으로 줄기초와 같은 형태로 이어놓은 것으로 보아 벽체를 두었던
것으로 추정된다. 각 칸의 간격은 〈표 9〉와 같다.

〈표 9〉 서회랑 북편건물(공방지 I) 기둥간격(단위: m)

	남협칸	어칸	북협칸
전면	5.04	5.62	5.24
후면	5.18	5.58	5.14

집의 내벽하부는 잡석을 나란하게 줄기초로 만들고, 그 위에 곧바로
벽을 쳐 올렸다. 방 중심부에는 노(爐)시설을 두었던 흔적이 보이고, 가
운데와 북쪽 방에는 외줄 고래를 놓았다. 각 방 중방 전면에는 출입문
을 두었던 것으로 보인다. 지붕은 맞배지붕으로 추정된다.

이곳에서 향로를 비롯해 구슬류, 유리제품, 금동제품 등이 출토되었
다. 특히 공예품 제작연장과 원료 등이 함께 출토되어 공방지로 추정하
고 있다. 이처럼 사찰 내부에 공방을 둔 사례는 극히 찾아보기 어렵다.

⑨ 회랑

탑과 금당을 에워싼 회랑이 동 · 서 · 남쪽으로 설치되었다. 이와 같은
회랑을 두는 사찰 구조는 백제 뿐 아니라 고구려나 중국에서도 흔히 보
이는 당시 사찰 구조의 특징이다. 능사의 회랑은 중문 좌우에서 동서로

이어지면서 중문 측면 약 20m 지점에서 동·서회랑의 남측 면을 만나지만, 꺾어지지 않은 채 양측으로 계속 30여 m까지 이어지다가 양측면의 배수로를 만나면서 끝난다. 동서회랑은 남회랑의 중간부분에서 북으로 약 42m 이어진 후 동서 회랑 북측 건물 측면과 맞닿았다.

동회랑에서는 기단석이나 초석이 전혀 발견되지 않았다. 다만 북측 건물부근에서 기단석으로 보이는 몇 개의 잡석과 초석 2개, 그리고 기단토가 확인되었다. 다행히도 기단의 동서 양편에서 낙수구로 보이는 흔적이 확인되어 기와 양 끝선의 폭을 6.5m로 추정할 수 있었다. 이를 역으로 환산하면 개략적인, 회랑의 기둥 폭을 찾을 수 있을 것이다. 서회랑을 근거로 추정할 때 동회랑은 폭 2.6m이고, 전부 11칸으로 이루어진 것으로 보인다.

서회랑은 다행히 기단석이 북에서부터 약 38m 정도 남아 기단 폭을 확인하게 되었다. 남쪽 기단은 거의 훼손되어 확인되지 않았다. 기단의 폭은 4.6m이다. 기단의 높이는 탑과 금당이 있는 안마당 보다 20㎝ 높게 잡석을 2~3단으로 쌓아 만들었다. 동쪽 기단 외부로는 기와편을 점토와 함께 폭 60~80㎝ 정도로 둔덕을 만들어 두었다.

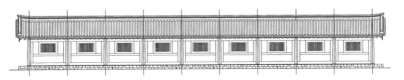

그림 19. 능사회랑복원 입면도

이는 기단석을 보호하기 위한 시설로 추정된다. 기단 상부표면은 회갈색점토를 두께 약 5~15㎝로 깔아 다졌다. 초석은 자연석을 상면만 약간 다듬어 사용한 덤벙주초이다. 그런데 이 주초는 동쪽에 3개, 서쪽에 4개가 남아 있다. 이를 근거로 초석간의 거리를 확인한 결과 1칸의 간격은 3.55m이고, 이를 회랑 전체에 대비해 보면 약 11칸에 이른다. 회랑 폭은 2.6m이다.

남회랑은 동쪽과 중간 일부에 그 흔적이 남았지만, 기둥 간격을 알 수 있는 초석이나 적심석은 어디에서도 확인되지 않는다. 크기는 중문의 중심선에서 좌우로 각각 38.8m이다. 기단석이 남아 있지 않아 회랑 폭은 알 수 없다. 그러나 단부가 흐트러지긴 했지만, 남은 기단토의 폭이 4.5~4.7m인 점으로 미루어 동·서 기단 폭과 같은 4.6m인 것으로 추정된다. 서회랑의 기둥 1칸 간격이 3.55m에 기둥 폭이 2.6m인 것을 감안하면, 동서측으로 각각 10칸씩 되는 것으로 추정된다.

⑨ 서회랑 밖 부속건물

서회랑 서쪽 바깥에 작은 건물터가 확인되었다. 동서로 장방형을 이룬 이 건물의 용도는 정확하게 확인되지 않았다. 기단의 크기는 동서 정면 약 8.5m, 측면 약 4m이다. 북쪽의 기단석은 약 7.7m 정도가 남았지만, 다른 쪽은 기단석이 보이지 않는다. 초석은 남쪽열 4개, 북쪽 열 4개가 남아 건물의 칸 수는 정면 3칸에 6.68m, 측면 1칸에 2.45m이었다는 것을 알 수 있다.

정 면				측 면	
	동협칸	어칸	서협칸		
북측열	2.28	2.32	2.08	동측면	2.45
남측열	2.00	2.22	2.20	서측면	2.46

특이하게도 남측열 초석과 초석 사이에는 샛기둥을 받쳤을 것으로 보이는 작은 초석이 각각 하나씩 놓였다. 이를 근거로 추정해 보면, 남측에는 각칸 중간에 샛기둥을 두어 문을 달지 못했을 것으로 보인다. 반대로 북쪽 열에는 기둥 사이에 초석이 없다. 따라서 남쪽에는 창호가 없고, 북쪽으로는 창호를 설치했을 가능성이 제기된다. 따라서 이 건물은 북향건물이었을 것으로 추정되기도 한다. 건물 가운데에서 타원형 재구덩이가 발견되어 이 건물은 불씨를 저장해 두었던 장소로 짐작되기도 한다.

⑩ 나무다리

남회랑 서측 끝에서 남쪽으로 약 32m 떨어진 데서 나무로 만든 다리 흔적이 발견되었다. 북쪽에서부터 흘러 내려온 배수로의 폭이 넓어진 위에다가 다리를 놓았다. 이 다리는 길이 약 3.3~3.66m, 폭은 약 6m이다. 다리 양쪽은 석축을 쌓고 배수로 바닥에 약 1.95m 간격으로 다리기둥을 세운 뒤 상판을 놓았다. 백제시대 나무다리로는 처음 발견된 것이다. 절 안으로 들어갈 때 사용한 다리로 보인다. 교각을 세우기 위해 바닥에 길이 3.2m~3.4m, 지름 20~30㎝의 받침목이 설치되었다. 이 받침목 양 끝부분에 지름 10㎝ 크기의 축 구멍을 판 다음 교각을 세웠다. 교각은 양 석축에서 10~15㎝ 떨어졌다. 그리고 석축벽 쪽으로 폭 20㎝, 두께 9㎝ 정도 되는 나무판자를 1단 또는 2단을 붙여 세웠다. 교각 배수로 바닥은 받침목 높이로 조밀하게 돌을 깔았다.

7) 미륵사(彌勒寺)

(1) 연혁

미륵사에 대한 기록은 여러 문헌에 나타난다. 『삼국유사』 무왕조에 "하루는 무왕이 부인과 같이 사자사에 가는 길에 용화산 밑의 큰 연못 가에 이르니, 미륵삼존이 못 가운데서 나타나 수레를 멈추고 경하하며 배례를 하였다. 부인이 이곳에 큰 절을 세우기를 원하니 왕이 이를 허락하였다. 사자사의 지명법사(知命法師)를 찾아가 못을 메울 것을 물었다. 그래서 법사가 신통력으로 하룻밤 사이에 산을 무너뜨려 못을 메워 평지로 만들었다. 이에 미륵삼존을 법상으로 불전과 탑·랑·무를 각각 3군데에 세우고, 절의 이름을 미륵사라 했다"는 기록이 있다.[17] 이로 미루어 백제 무왕 때 미륵사가 창건되었다는 것을 추측해 볼 수 있다. 이밖에 『삼국사기』 「신라본기」 성덕왕 18년(719)조에도 "추구월 진금마군 미륵사(秋九月 震金馬郡 彌勒寺)"라는 기록이 보여 후기신라 때까지 미륵사가 경영되었음을 알 수 있다.[18]

사진 20. 능사 나무다리 유적(능사발굴보고서, 2000)

미륵사는 율령사회 하의 백제가 예와 계(戒)를 근간으로 한 유불일치 사상에 따라 미륵상생신앙을 발전시키기 위해 창건한 사찰이다. 그리고 익산지역 진출을 계기로 일으킨 백제의 새로운 문화운동 미륵하생 신앙을 미륵사를 거점으로 발전시키겠다는 무왕의 의도가 내포되었다. 이는 뒷날 신라가 사회질서와 교단질서의 확립을 위해 창건한 황룡사와 같은 의미를 지닌 것이다. 또 미륵사 창건 배경에는 백제가 장래 미륵이 출현할 인연이 닿은 국토라는 신앙적 자신감을 국민들에게 심어주어 국가 중흥과 국력신장을 이루는 사상적 터전을 굳건히 다지겠다는 의미도 한자락 깔고 있었다.[19]

『조선불교총보』에 실린 고려 초의 승려 혜거국사(惠居國師)비문에 의하면, 후백제 견훤 때(922)에 미륵사의 개탑을 계기로 혜거가 선운사의 선불장(禪佛場, 고창 선운사로 추측됨)에 참석하여 단에 올라 설법할 때 하늘에서 꽃이(天花)가 어지럽게 흩날렸다 하였으므로, 이때 미륵사 탑이 복원되었음을 알 수 있다. 미륵사터에서 고려시대 유물과 유구가 많이 출토되어 이때까지도 절이 번창하였음을 알 수 있다.

그 후 조선 중종 때 편찬된 『동국여지승람』과 영조 때 강후진의 『와여록(臥旅錄)』에도 기록이 나온다. 동국여지승람에서는 "석탑이 극대해 그 높이가 수십 척으로 동방석탑 중 제일이다……"라고 하여 이때까지 석탑이 존속하였음을 알 수 있다. 와여록에도 비교적 자세히 기록되었다. 즉 "…미륵산 서쪽 기슭에 옛 미륵사의 유구가 있다. 밭둑 사이에 7층석탑이 자리했는데 대단히 높고 크다. 석벽을 첩첩이 쌓아올렸으되 별석으로 이루고, 기둥은 네 귀를 받쳤다. 세상에서 이르기를 동방석탑에서 제일이란 말이 거짓이 아니다.……밭둑 사이에 초석과 석조(石槽)가 널려 있다. 그 반이 노출되거나 전체가 노출되었고, 파괴되어 비스듬히 묻혔다. 혹은 쪼개져 종각의 초석으로도 사용되었지만, 흔적은 완연하다"라고 하였다.

이상의 기록과 그동안 발굴조사로 나타난 고고학적 사실로 보아 미륵사는 백제 무왕대(600~640)에 창건되어 고려시대까지 번창했으나, 조선시대에 와서는 가람 외곽에 건물을 겨우 유지하며 절의 명맥을 이어왔음을 알 수 있다. 그러다 조선 중기에 들어와 절은 완전히 폐사되고 말았다.

미륵사는 1910년경부터 간간히 조사가 이루어졌으나, 대부분 석조물이나 부분적인 조사에 그쳤다. 그러다가 1980년부터 본격적인 발굴조사기 이루어지기 시작하면서 1989년까지 근 10년 간에 걸쳐 발굴조사가 진행되었다. 2001년부터 반파된 채 남은 서탑에 대한 해체보수 정비사업이 시작되어 2006년 현재까지 이어지고 있다.

(2) 입지환경

미륵사의 북쪽에는 2개의 산이 있다. 하나는 미륵사의 북쪽 방향이고, 다른 하나는 동북방향에 자리했다. 주민들은 동북방향의 산을 용화산, 북쪽 방향에 자리한 산을 미륵산이라 부른다. 그러나 옛날에는 북쪽 방향의 것을 미륵산 또는 용화산이라고 했다. 미륵신앙의 세계를 용화세계라 하므로 미륵산과 용화산은 둘이 아니다.

지금은 용화산과 미륵산을 구분하고 있다. 해발 약 340m의 용화산의 주봉이 하나는 남으로 뻗고 다른 하나는 서로 뻗으면서 다시 솟아 미륵산을 만든다. 미륵산은 능선을 동서로 뻗지 않고, 서북으로 내리 흐르다가 그 자락을 삼기면 성남리에서 내리면서 끝을 맺는다. 미륵산의 남록은 급하게 내려와 미륵사의 후면에서 낮은 구릉으로 변하면서, 미륵사의 배경을 이루었다. 그런데 사찰의 좌우로는 아주 낮은 능선이 솟은 듯 감싸는 듯한 형상을 하고 있다. 미륵사는 미륵산의 남쪽 능선이 끝나면서, 그 끝자락 구릉이 좌우로 펼쳐진 능선 사이에 감싸인 평지에 남향으로 자리 잡았다. 미륵사 서남쪽으로는 넓은 들과 낮은 구릉이 펼쳐지고, 동남쪽으로는 왕궁면의 넓은 들이 열려있다.

(3) 배치계획

사찰 경내에는 반파된 서탑과 그 뒤로 춤이 높은 건물터 초석이 정연히 남아 있다. 동쪽에는 석탑터와 그 북쪽에 건물터의 초석이 배열되어 당초에는 가람의 동·서가 대칭을 이루고 있었다. 또 가람의 남쪽 동·서에는 당간지주가 각 1개씩 자리잡아 대칭적인 배치구조였을 것으로 보인다.

조사결과 미륵사 가람은 3원병립식(三院竝列式) 가람으로 동·서 및 중원으로 구획되었다. 그런데 각 원에는 중문과 탑, 금당을 1동씩 두어

사진 21. 미륵사 입지와 주변경관

일탑일금당식 가람을 동서 축선상에 나란히 배치하고, 강당은 중원 북쪽에 하나만 두었다. 또 동·서원의 서탑과 함께 중원에는 목탑을 두어 3탑, 3금당을 이루었다. 그리고 동·서원 북쪽의 승방을 남북으로 뻗게 하여 그 양퇴칸을 열주로 터서 강당으로 통하는 연속되는 회랑으로도 이용하고 있다. 이와 같이 3개의 가람을 나란히 배치한 것은 『삼국유사』 창건기에 나오는 "삼소창(三所創)"이란 기록

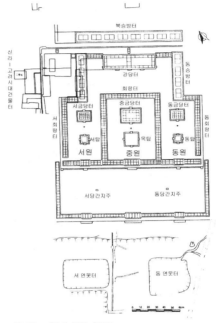

그림 20. 미륵사 발굴배치도

을 실제로 입증하는 것이다.[20] 즉 유구를 통해 본 미륵사 원래의 가람배치는 중앙의 남북자오선상에서 서쪽으로 약 23° 기운 축선을 기준으로 삼았다. 이에 따라 남쪽에서부터 중문·탑(목탑)·금당을 배열했다. 그리고 이를 회랑이 둘러싸았다.

동·서원의 외곽 회랑은 중원의 동·서 회랑에 대응하는 위치에 남북 길이가 전자의 것보다 약간 짧게 북쪽으로 뻗다가 내곽쪽으로 꺾여 금

당 북쪽에서 폭넓게 북으로 뻗는 동·서 승방으로 연결되었다. 이 승방의 북단에서 가람중심축에 놓인 강당 좌우측과 연결되는 북회랑과 이어지고 있다. 그러므로 중원 북회랑 북쪽에는 중원 남북중심축선상에 거대한 강당이 놓이게 된다.

개략적인 가람의 규모는 동서 폭(건물기단 외벽간)이 172.16m이고, 남회랑 남단에서 강당 기단 북변까지는 148.2m에 이른다. 그리고 탑에서 중문까지의 건물 중심거리는 금당까지의 중심거리와 같은 각각 약 31.2m이었다. 또 중원의 동·서 회랑 기단 중심거리는 66.36m, 양협원의 동·서 회랑 중심선간의 거리는 48∼49m, 금당에서 강당 중심간 거리는 71.6m이며 동·서 승방의 기단 외벽간의 거리는 172m이었다. 이렇게 하여 가람의 전체 동서 폭과 남북 길이의 비는 $\sqrt{3}/2$이 되어 동서 폭을 한 변으로 하는 정삼각형의 정점 한계 내에 있음을 알 수 있다.

미륵사 평면계획은 한국의 역대 사찰 중에서 가장 완벽하게 기하학적

그림 21. 미륵사 복원조감도(장경호 안)

균제로 이루어 졌다는 것을 알 수 있다. 〈표 11〉에서 보는바와 같이 가람 전체의 규모는 남회랑의 동·서 기단 끝까지의 길이가 고려척으로 490자, 중원가람의 동·서 회랑의 건물중심선간 거리는 190자, 남·북 회랑터의 건물중심간은 246자이다. 그리고 동·서원의 동·서 회랑간의 거리는 140자, 가람 북쪽 강당구역에서 동·서 승방 외측 기단의 거리는 379자로 중문에서 강당 중심간 거리인 380자에 가깝다. 또 중문에서 탑까지의 중심거리는 240자이다. 중원 가람에서 중문과 금당 중심간의 거리인 176자는 중원 동·서 회랑의 내측 변주열간 거리와 같다. 그러므로 탑의 심주자리를 중심으로 위의 176자를 한 변으로 하는 정사각형을 그릴 수 있는데, 이는 미륵사 가람의 규모를 정해주는 기본 길이가 된다. 이 정방형의 대각선 길이는 계산상으로 248.8자가 되는데, 이는 중원의 남회랑에서 북회랑 중심간 거리인 246자와 거의 같다. 전체 가람 규모에서 본다면 남회랑의 총길이 490자를 한변으로 하는 정삼각형의 정점은 남변에서 높이 424자가 되어 가람 남북 전체 거리인 420자와 비슷하다. 그러나 본래의 강당 기단 북변이 현재의 기단보다 북쪽으로 약 2m, 가람 남북 총길이보다 1.2m 북쪽에 있었던 것을 감안한다면, 본래 강당 기단 북변 중앙에 그 정점이 놓이는 것을 알 수 있다.[21]

이러한 가람의 남북 총길이는 전술한 정방형의 한 변인 176자를 한 변으로 하는 정팔각형으로도 한정되어 이 팔각형의 전폭은 계산상으로 176+(176 1.414)=424.86자가 나온다. 또 이 기본 정사각형을 북쪽으로 연속하여 하나를 더 그려보면, 이 북쪽변은 강당 기단의 남변에 일치한

〈표 11〉 미륵사 가람규모(미륵사 유적발굴조사보고서)

건물간격 / 구분		미터(m)	곡척(曲尺)	고려척(尺)	환산비
중원	동·서 회랑 내변주 사이	61.56	203.15	176	1.154~1.159
	동·서 회랑 중심주 사이	66.54	219.58	190	1.156
	남·북 회랑 중심주 사이	86.80	286.44	246	1.164
	중문과 탑 사이	31.21	102.99	88	1.170
	탑과 금당 중심 사이	31.30	103.29	88	1.174
	금당과 북회랑 중심 사이	25.76	85.0	73	1.164
동·서원	동·서 회랑 내측 기단선 사이	41.2~42.3	135.96~139.59	117~120	1.1610~1.163
	동·서 회랑 내변주 사이	43.5~44.6	143.5~147.18	124~126	1.158~1.168
	동·서 회랑 중심주 사이	48.2~49.3	159.06~162.69	138~140	1.153~1.162
	남·북 회랑 내측 기단선 사이	76	250.8	216	1.161
	남·북 회랑 외곽 기단선 사이	90	297	256	1.160
강당	강당과 중금당 중심 사이	71.61	263.3	204	1.158
	동·서 승방 중심 사이	118.7	391.71	338	1.159
	위의 내측 기단선 사이	104.7	345.51	298	1.167~1.171
	(중심)			295	
	위의 외측 기단선 사이	132.7	437.91	379	1.155
가람	남회랑 동·서 길이	172.16	568.13	490	1.159
	강당과 중원 북회랑 중심 사이	45.85	151.31	130	1.164
	중문과 강당 사이	134.13	442.63	380	1.165
	남북 외측 기단선 사이	148.21	489.09	420	1.165
	남회랑 남단에서 후측 축대까지	158.97	524.60	448	1.170
	외곽 담장터 남·북 사이	288	950.4	820	1.159

다. 이는 계산상으로 중금당에서 강당 중심간의 거리인 204자에서 강당 기단의 남북 폭 56자의 반을 제한 176자와 맞아떨어지는 것이다. 또 강당 동서 주칸 총길이는 176자로 동·서 승방의 남북 주칸 총길이와 일치한다. 동·서원에서는 남회랑 기단 북변에서 금당 남변까지

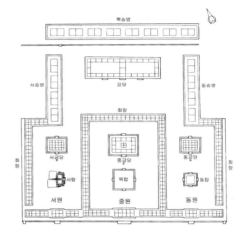

그림 22. 미륵사 중심구역 건물배치도

의 거리 153자를 한 변으로 하는 정사각형을 그리면 각 동·서 회랑의 외변주열에 한정되고, 또 금당 기단의 남변을 한변으로 하는 정팔각형의 남변은 석탑 하층기단 남변에 떨어져 남북 길이가 85자가 된다. 결국 미륵사의 가람 조영계획은 정삼각·사각·팔각형으로 균제를 맞추었다는 것을 알 수 있다. 이에 따라 건물의 위치를 정한 것으로 믿어지고, 여러 방법으로 도식이 이루어지는 것을 알 수 있다.

이와 같이 미륵사의 가람배치계획은 건물과 가람 규모 등이 기하학적인 유기성을 보여준다고 하겠다.

(4) 건축계획

① 탑

미륵사에는 3개의 탑이 존재했다. 배치계획에서도 언급한 바와 같이 미륵사 가람은 3원병립식 가람이었기 때문에 중원, 동원, 서원에 각각 하나씩 탑을 두었던 것이다. 발굴조사 결과 중원의 탑은 목조탑으로 밝혀졌고, 동원과 서원에는 석탑을 세웠다. 서원의 탑은 다행히 6층옥개석까지 남아 그 조형적 특징이 확인되지만, 동원의 탑은 흩어져 탑부재만 남았기 때문에 서탑을 근거로 그 조형을 추정할 수밖에 없다.

서탑은 천년 이상을 지내오면서도 다행히 동북측 6층 옥개석까지만 남았던 것을 일제 때인 1915년 더 이상 훼손을 방지하려는 목적으로 서측 붕괴부분에 시멘트로 보수를 해 놓은 채 수 십년을 지내왔다. 탑을 더 이상 그대로 둘 경우 보존이 어렵다고 판단하여 1998년에 안전진단을 실시한 결과 붕괴의 조짐이 확인되어 안전한 보존을 위해 정밀 실측을 하고, 1999년부터 해체보수공사에 들어갔다.

사진 22. 미륵사 석탑

서탑은 2중기단으로 이루어졌다. 지대석과 판석으로 구성된 하층기단의 한변 길이는 12.53m이고, 상층기단은 10.75m이다. 그런데 4측면 중앙에는 계단을 1개소씩 두었다. 장대석 초벌대로 이루어진 지대석 상단에는 별도의 갑석이 없다. 지대석 위에 바로 두께 120㎜ 정도의 방형판석을 깔아 기단 윗면을 포장하였다. 상층 지대석 면에서 외단부까지의 폭은 885㎜에 이른다. 상층 기단의 모서리에는 폭 530㎜ 내외의 각석을 우주석으로 세워 놓았다. 이 기단형식은 금당의 기단과 같은 형식이어서 축조시기가 금당과 같다고 할 수 있다. 1층에는 주좌를 새기지 않은 방형 주초석 위에 방형기둥을 세웠다. 주초석과 기둥은 일체가 아닌 별개의 부재를 놓았고, 외부기둥도 단일부재로 만들었다. 1층 벽체는 기둥칸에 2개의 면석으로 채웠다. 면석과 면석이 맞닿는 부분에는 간주석을 세웠다. 1층 기둥 상부에는 창방석을 가로질러 놓은 다음 그 위에 평방석을 올려놓았다. 마치 목조건축물의 구조와 같은 형태를 하고 있다. 평방석 위에는 장대석을 쌓은 다음 옥개석을 걸었다. 특히 옥개석은 모서리 부분을 들어올려 목조건축의 추녀를 연상케 한다. 2층은 1층보다 훨씬 낮게 설계하였다. 기둥 높이도 1층에 비해 ⅓에 불과하다. 옥개부에서는 1층과 달리 포벽으로 보이는 부재를 생략하고, 옥개받침석과 옥개석으로 구성되었다. 3층과 4층 탑신과 옥개부는 2층과 같은 형식으로 이루어져 있다. 5층과 6층에서는 옥개받침을 4단으로 늘렸다. 5, 6층에서는 하옥개받침석도 상옥개받침석처럼 처마부가 2단으로 조각되었다.[22]

동원 탑터에서 노반석과 옥개석을 비롯한 수많은 석탑부재가 출토되었다. 이를 근거로 동탑 복원연구를 해본 결과[23] 연구진은 서탑과 규모가 비슷한 9층이었다는 것을 알게 되었고, 그 연구결과를 바탕으로 1993년 동탑을 다시 세웠다.

서탑에 사용된 석재를 분석한 결과 미륵사 뒷산인 미륵산 남쪽에 산채를 이룬 흑운모 화강암이라는 사실을 밝혀냈다. 따라서 미륵사 석탑에 사용된 석재는 절 후면의 미륵산 중턱에서 채석 사용한 것임을 알수 있다.[24]

동원과 서원의 중심부에 자리 잡은 2개의 석탑은 마치 목탑을 건립하는 것처럼 만들었다. 돌로 기단을 만들고, 그 위에 초석을 놓은 다음 방형기둥을 세워 정면과 측면 각 3칸의 정방형 평면이 되게 했다. 1층탑신 중앙칸에는 사방으로 개구부를 두어 탑 내부로 통하게 설계되었다. 그 내부에는 방형 석재 옥심주를 세워 상부의 하중을 받았다. 기둥 위에는 평방을 돌려 얹고, 탑신 위에는 3단 4단의 옥개받침단을 만들어 그 위에 얇은 처마선을 갖춘 옥개석을 올렸다. 그런데 추녀부분을 약간 들어올려 앙곡을 나타냈다. 이 탑은 돌을 써서 만든 것이지만, 전체적인 조형과 세부적인 구조를 보면 석탑이라 하기 어려울 정도로 목조건축물을 닮았다. 기둥을 세우고 개구부를 두어 내부공간을 만드는 것과 처마에 곡선을 두어 마치 목조탑과 같은 조형을 표현한 것은 다른 일반적인 석탑에서는 좀처럼 보기 어려운 조형계획이라 할 수 있다. 이는 그동안 목탑이 주류를 이루었던 백제 사찰이 석탑 사찰로 변화하는 초기형식을 보여주는 것이다.

중원의 탑이 목탑이었을 것으로 추정하는 근거는 탑터에서 불에 탄 흔적이 남은 막새기와가 출토되었기 때문이다. 더구나 석탑부재로 보이는 유물은 출토되지 않았기 때문에 목탑으로 보게 된 것이다. 기단 하부는 지표에서 깊이 약 4.5m까지 정제된 점질(粘質)과 사질토로 두께 3~5cm의 판축층 48켜를 다지고, 판축층 밑에는 다시 2m 깊이로 25cm 두께의 할석층과 토층을 번갈아 깔아서 지하수가 흘러가도록 배려였음이 밝혀졌다. 심초석은 발견되지 않았으나, 터를 발굴해본 결과 유적이 많이 교란되었다. 그러나 다행히도 북쪽 기단 일부와 계단이 노출되었다. 이 목탑의 기단은 동 · 서 양탑과 같이 지대석 · 면석 · 갑석을 갖추었고, 바깥쪽에는 방형의 판석을 맞추어 깔아둔 2중기단이다. 2중기단에서 하층기단 한변은 약 19.4m, 상층 기단의 한변은 17.6m로 추정된다. 이는 동서원의 석탑 기단 보다 훨씬 큰 것이었다. 이 비례로 보아 높이는 동서 양 석탑의 약 2배 가까이 되었을 것으로 추정되었다.

미륵사 동탑과 서탑 남편 지하에서 각각 'H'자 형태의 초석렬이 확인되었다.[25] 뿐만 아니라 1994년 왕궁리 5층석탑 남측에서도 이러한 지하 초석렬을 찾아냈다.[26] 특히 미륵사 동탑에서 발견된 'H'형 초석렬 남쪽 동문터 근처에서는 3개의 나무기둥이 동서로 나란히 4.9m 간격으로 박혔던 흔적이 확인되었다. 이 나무기둥의 직경은 약 40cm 정도이고, 깊이는 약 90cm 정도로 심었다. 그런데 기둥 주변은 석비래(石飛來)를 넣어 다지고, 상부는 지름 30~50cm 정도 되는 큰 화강석을 빈틈없이 채워

기둥을 고정시켜 놓았다. 이러한 나무기둥 흔적은 동탑 동편에서도 1개가 확인되었다. 유적의 특성으로 보아 건물을 세웠던 기둥흔적은 아니다. 그렇다면 이 나무기둥의 기능이 무엇인지 자못 궁금하다. 아마 석탑을 건립할 때 사용했던 상하 운반시설이 아니었을까 하는 추정을 하게 되었다.

② 금당

금당은 모두 3개였다. 동·서 양 금당터의 크기와 구조형태는 서로 동일하다. 이 두 금당은 탑과 같은 2중 기단에다 춤이 약 1m나 되는 높은 초석을 배열한 정면 5칸, 측면 4칸의 건물이었다. 초석 윗면에는 주좌 옆에 인방을 걸쳤던 홈이 패어 마치 고상식 구조와 같이 건

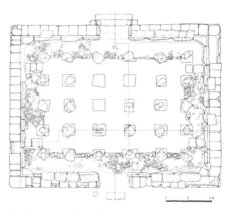

그림 23. 미륵사 동금당 발굴평면도

물 밑 기단 내부에 지하공간을 마련했음이 확인되었다. 이는 목조마루 밑에 공간을 두어 마루를 보존하는 실리적 목적도 있었을 것으로 믿어진다. 규모는 정면 주칸 총 길이가 12.7m, 측면 9.1m이다.

중원의 금당터에서도 역시 같은 형식의 유구가 노출되었는데, 여기에

서는 춤 높은 초석이 유실되고 이를 받치는 반석만이 남아 있어 이것을 초석으로 이용하여 한때 건물을 세웠던 것으로 보인다. 규모는 정면주간 총길이가 약 19.8m, 측면 14m이다.

③ 강당

미륵사 강당은 하나만 중원 후면에 자리했다. 중원의 금당 중심에서 북쪽으로 71.61m 떨어진 데가 강당의 중심 위치이다. 강당은 정면 13칸, 측면 4칸으로 지대석과 면석·갑석으로 높게 조성한 기단 위에 배치되었다. 기단 크기는 정면 65.9m, 측면 20m(초창 유구는 약 22m임)로서 우리나라에서 현재까지 출토된 사찰 중에서 가장 큰 강당이다. 기단 전면의 3개소와 측면 좌·우에 각 2개소씩 계단이 있고, 강당 측면과 승방터와는 회랑으로 연결되었다. 강당기단 북편 중앙에서는 북쪽에 수각(水閣)을 세웠던 것처럼 높은 복도 초석이 발견되어 이 뒤쪽으로 통행할 수 있도록 계획한 것으로 보인다. 이는 북쪽의 석축 위를 동서로 뻗은 또 하나의 거대한 승방터로 통하고 있음을 알 수 있다. 이러한 춤 높은 초석은 가람 서편에도 1개소가 더 놓여 있다.

강당 동쪽 기단 밖에서 서까래와 연목와 등이 출토되어 측면에도 처마를 마련한 우진각이나 팔작지붕이었음을 알 수 있다.

④ 승방

승방은 동·서 금당 북쪽에서 좀 떨어져 북쪽으로 뻗어 있다. 기단의 폭은 약 14m이고, 길이는 65m이다. 내부에는 방을 만들기 위해 고막이돌로 한 변이 6m에 이르는 2개의 장방형이 한 조로 구획되어 모두 네 조를 이루었다. 방과 방 사이에는 통로를 만들고, 기단의 동·서 양측 변두리에만 초석을 퇴칸처럼 배열했다. 이는 건물 한쪽으로 회랑을 연장시켜 강당으로 통하는 통로를 마련하기 위한 것으로 생각된다. 기단의 높이도 회랑의 것과 같아 통행에 불편이 없도록 하였다.

가람 북쪽의 북승방터는 동·서 길이가 약 134m, 남북 폭이 약 14m이다. 앞의 동·서 승방터와 같이 방을 이루었던 칸막이는 동쪽 일부만 남았고, 기타 지역은 훼손되었다. 그러나 규격은 같다. 여기에서는 모두 8조의 방을 이루고 있음이 확인되었다.

⑤ 남문

중문에서 약 68m 남쪽에 남문으로 추정되는 건물터가 확인되었으나 유구의 교란이 심해 정확한 간살을 알 수 없다. 다만 정면 3칸, 측면 2칸으로 추측되고, 기단은 동서 12.2m, 남북 7m로 짐작되었다. 이 건물터 밑에서 판축으로 된 토담 기저부가 나와서 원래 이 자리에서 토담을 구축하였으나 후에 남문과 회랑으로 바꾸었던 것으로 추측된다. 이 회랑은 남문 동쪽으로 연장되다가 끝에서 북쪽으로 꺾여 올라가 남회랑 동쪽끝에서 그쳤다. 이 회랑은 길이방향으로 2개의 초석열을 갖춘 단랑(單廊)이다. 남문터 앞에는 폭 15.6m나 되는 계단유구가 있는데, 계단은 대충 다듬은 장대석으로 6단을 이루었다.

⑥ 회랑

회랑의 기단석과 초석은 다른 건물에 비해 많이 남아 있다. 기단은 면석과 갑석으로 낮게 조성하고, 초석은 윗면에 원형 주좌를 몰딩 없이 양각했다. 이는 고구려의 둥근 초석과 모양이 같다. 이 초석 하단은 팽이와 같이 뾰족하여 정초할 때 구멍을 약간 파고 초석을 맞추어 놓은 다음 옆으로 쐐기와 같이 적심석을 끼워 받쳐 정좌시키는 기법을 썼다. 이는 신라의 경우 적심석을 평평하게 층층이 깔고 그 위에 밑이 평평한 초석을 정좌시키는 것과는 다른 것이다.

회랑은 모두 길이방향으로 기둥을 3열로 배열한 복랑으로 형성되어 경주 황룡사의 회랑과 같다. 기둥 간격은 보방향으로 2.15m이고, 도리방향으로는 3.3m이다. 동서로 뻗은 남회랑터와 남북으로 뻗은 가람 바깥쪽 동·서 회랑터가 서로 연결되지 않고 떨어져 있다. 또 이 외측 회랑터는 북쪽으로 승방터와 연결되어 있는 것이 특징이다. 회랑의 중간 중간에는 기단을 끊어 배수구를 관통시키고, 그 위에 장대석을 덮어 기단을 연장했다. 중원의 회랑터는 4방을 완전히 둘러 'ㅁ'자로 구획되었다.

(5) 출토유물

각 금당과 탑 사이에는 석등 자리로 보이는 방형지대석과 8각형 8엽 연화를 양각한 복화반이 노출되었다. 중원에는 이 석등과 탑 사이를 포석(鋪石)하여 통로를 두었는데, 8각 지붕돌도 출토되었다. 동·서원 중문 남쪽의 당간지주는 높이가 약 4.5m이다. 기단에는 안상(眼象)을 음각해 만들었는데, 통일신라시대의 것으로 확인되어 후에 세운 것으로 추정되었다.

동·서원 남문 앞쪽에서 연못의 호안부가 노출되었다. 지금까지 밝혀진 연못의 규모는 동서 150m의 폭으로 남쪽 현재의 도로변까지 이어졌으나, 남쪽의 호안은 아직 확인되지 않았다. 연못 바닥은 현 지표로부터 2m에서 최고 4m까지 내려갔다. 연못에서 백제시대와 후기신라시대 유물이 주로 출토된 것으로 보아 신라 이후에 메워진 것으로 추측된다. 강당에서 북쪽으로 약 80m 떨어진 데서 담장터가 발견되었는데, 남문까지 거리는 약 300m에 이른다.

발굴조사에서 출토된 유물의 수는 약 1만 8,000여 점이나 되었다. 그러나 이들 유물의 시대적 성격과 종류는 건물구역에 따라 많이 다르다. 이 중에서도 창건시대를 추정하는데 가장 참고가 되는 자료는 평기와와 막새기와이다. 특히 연화문수막새는 그 문양으로 보아 백제의 사비시대, 즉 부여로 천도한 후에 사용되었던 무늬이다. 이보다 앞서는 시기의 문양은 한 점도 찾아볼 수 없었고, 명문와나 토기도 마찬가지였다. 출토된 서까래기와 중에는 록유연화문이 보이는데, 유약을 발라 사용한 것이다. 이 유물은 건축물이 화려했다는 사실을 입증하는 것이다.

동원 승방 북쪽에서 거의 완벽하게 복원이 가능한 치미 파편이 출토되었다. 이는 지금까지 출토된 백제 치미 중 가장 원형이 뚜렷한 유물이다. 승방에도 치미를 사용할 만큼 화려한 건물이었다는 사실을 알게 되었다. 기와 중에는 '미륵사(彌勒寺)'·'묘봉원(妙奉院)'·'금마저관

(金馬渚官)'·'태평흥국(太平興國)' 등의 명문와가 출토되었다. 금속류로는 금동판각불, 금동령, 동마, 쇠발 등이 출토되었고, 그밖에도 토제불두, 벽화편 등 귀중한 자료가 나왔다. 특히 건축부재로서 난간소로, 서까래, 널문부재 등이 출토되었다.

건축연장으로 사용된 철제도끼, 자귀, 정, 끌, 철모루, 그리고 먹통이 출토되었다. 3점의 철도끼에는 모두 가운데 구멍이 뚫려 자루를 끼워 쓸 수 있도록 만들었으며, 길이 15~16.8㎝이고, 폭은 3.5~7.6㎝이다. 자귀는 날 후면에 홈이 파져 있고 구부러진 자루를 끼워 사용할 수 있도록 만든 것이다. 날부분이 넓고 자루 끼우는 부분이 좁아지는 모양이다. 날 폭은 6㎝이고, 길이는 11㎝이다.[27] 끌은 모두 5점이 출토되었다. 끌몸통의 단면이 방형이고 날부분이 뾰족한 모양이다. 이들 유물은 끌이라고는 하지만, 정으로 보아야 할 것이다. 길이는 대개 19㎝ 내외이다. 철제모루는 철제연장을 벼를 때 바탕연장으로 사용했던 유물이다. 출토된 모루의 크기는 가로 23㎝, 세로 20㎝, 높이 28㎝이다. 미륵사의 공사는 대역사였기 때문에 많은 연장들이 사용되었고, 이런 연장을 만들기 위해 모루가 필요했던 것이다. 먹통은 동남쪽 배수로에서 출토되었다. 일부가 결손된 먹통은 먹솜칸 부분은 잘 남았으나, 고패부분은 많이 결손 되었다. 길이 17.5㎝, 폭 6.8㎝, 높이 5.2㎝로 먹솜칸을 동그랗게 파내고 뒤로 먹실이 빠져나올 수 있도록 작은 구멍을 뚫었다. 살 두께는 1.5~1.8㎝이다. 이 먹통이 미륵사 역사 당시 사용한 것이라면, 현존하는 먹통으로 가장 오래된 것이다.

3. 백제 사찰 건축조형의 특징

백제에 불교가 전래된 이래 수많은 사찰이 건립되었던 사실이 문헌과 유적발굴을 통해 확인되었다. 이 중에는 사찰의 이름이 밝혀진 것도 있지만, 이름을 알 수 없는 사찰유적도 많이 있다. 백제 한성시대에 이미 불교가 전래되었으나 한성시대의 사찰은 거의 찾아 볼 수가 없고, 웅진시대의 사찰도 명확하게 이름이 드러난 유적은 대통사 밖에 없다. 다만 사비시대에 들어와 건립되었던 많은 사찰유적에서 더러 이름이 확인되고 있다. 백제 사찰이 시대적으로 어떤 변천과정을 겪었는 지도 확인되지 않는다. 현재까지 확인된 백제 사찰 유적을 대상으로 조형적 특징을 살펴보면 다음과 같다.

사찰의 입지조건은 대개 비교적 넓은 대지에 높은 산을 배후에 두고, 좌우로 낮은 구릉이 형성된 지형을 선택하였다. 다만 부여 군수리절터의 경우에는 후면에 낮은 산을 두었으나, 배경을 이룰 정도로 높은 것은 아니다. 낮은 구릉정도로 거의 평지에 가까운 들판에 자리 잡은 것이 다른 백제 절터와 다른 점이다. 부여 동남리절터의 경우에도 후면에 배산을 이룰만한 지형조건이 아니어서 이 또한 평지에 자리 잡고 있는 사찰이라 하겠다. 이밖에 사비시대 거의 모든 절은 배산임수형 입지조건을 갖추었다.

사찰의 대지조건으로 거의 평탄지이거나 아주 약한 경사지를 선택하였다. 저습지를 선택하여 흙으로 성토하여 사찰을 건립한 경우도 있다.

이러한 저습지에 사찰을 배치할 경우 전면에는 못을 둔 경우가 많다. 정림사의 경우 저습지는 아니지만 전면에, 못을 두었다. 익산 미륵사의 경우 습지를 메워 절을 세우고, 전면에 정림사와 같이 좌우에 하나씩 2개의 못을 두었던 흔적이 있다.

사찰의 배치는 기본적으로 1탑1금당식이다. 방위는 자좌오향(子坐午向)으로 남쪽을 바라보게 하였다. 건물의 배치는 중심부에 탑과 금당을 배치하고, 탑 정면에 중문과 금당 후면에는 강당을 두었다. 이 중심건물을 회랑이 감싸았는데 이 회랑은 중문 좌우에서 시작하여 탑과 금당 좌우를 돌아 금당 후면의 강당으로 이어졌다. 그리고 건물배치는 거의 대부분 남향으로 배치되도록 하였다. 이러한 배치구조는 자연히 전후가 길고, 좌우가 짧은 장방형 이루었다. 그러나 특이하게도 금강사는 동향을 하고 있는데 이는 지형조건이 서쪽에 산을 두고, 동쪽으로 터져 금강이 흘러가고 있기 때문에 지형에 맞추기 위한 의도로 볼 수 있다.

대부분 사비시대 사찰은 중심부에 탑을 두었다. 그러나 부여 동남리 절은 탑을 두지 않은 무탑식 사찰인 것으로 확인되어 다른 사찰과 구별된다. 또한 배치계획이 특이한 사찰로 부소산성 서쪽능선 절터를 들 수 있다. 이 사찰에서는 목탑과 금당은 두었으나, 금당 후면에 강당이 없는 배치구조이다. 백제의 사찰은 이처럼 1탑1금당식을 기본구조로 했지만, 익산 미륵사의 경우에는 1탑1금당식 3개를 나란히 병렬 배치한 것으로 그 규모는 가히 다른 절에서 볼 수 없을 정도로 크다. 이 사찰은 백제의 왕권이 강화되고, 문화적으로 우수했던 시대에 건립되었다. 그리고 삼국시대의 주변 다른 나라보다 문화가 선진적인 시기이기도 했다. 더구나 우수한 건축물을 구가하는 시기였기 때문에 이처럼 웅장한 가람을 조영했을 것이다. 백제의 공장 아비지(阿非知)가 경주의 황룡사 목탑 건립에 초빙되었다는 『삼국유사』의 기록은 백제의 선진적 건축물을 입증한다.

백제 사찰의 건축조형은 부여 동남리절터를 제외하고 거의 대부분 중심부에 목탑 또는 석탑을 세우고 그 뒤에 금당을 목조로 지었다. 목탑을 세웠던 백제 사찰로는 왕흥사, 금강사, 군수리절터, 용정리절터, 익산 제석사, 부여능사, 부소산성절터, 미륵사 중원 등이 있다. 또 석탑을 세웠던 사찰로는 정림사, 미륵사 동원과 서원 등이 꼽힌다. 석탑을 세웠던 사례는 그리 많지 않으나, 백제가 석탑을 세운 시기는 백제 후기였던 것으로 미루어 백제 사찰이 처음에는 대부분 목탑을 채택했다가 나중에는 석탑으로 바뀌었던 것으로 보인다. 석탑은 목탑에 비해 규모는 작지만 오래 견딘다는 장점 때문에 석탑을 건립했던 것이다. 익산 미륵사에는 특이하게도 목탑과 석탑이 함께 건립되었다. 이는 삼국시대 전 기간을 통해 보더라도 특징을 지닌 사찰이라 할 수 있을 것이다.

금당은 탑과 함께 사찰 내의 가장 중요한 건축물이었다. 사찰 내 건물 중 높이로 보면, 탑이 가장 높지만 금당은 경내에서 가장 웅장하고 장엄한 품격을 지니도록 만들었다. 따라서 금당은 중층으로 하고 외진주 주위로 회랑칸을 설치해 건축물을 웅장하게 보이도록 계획하였던 것이다.

백제 사찰에는 반드시 중심건물인 탑과 금당을 에워싸는 회랑을 설치했다. 회랑은 예불공간을 일정한 규모로 한정하면서, 사찰 중심공간의 경건함을 도모함과 동시 외부공간으로부터 경관을 차단하여 내부공간을 보호하려는 의도로 설치하였다. 또한 회랑은 사찰 내에서 활동하는 승려들을 햇빛이나 풍우로부터 활동을 보호해 주는 역할도 하는 시설물이다. 이런 배치구조에 의해 자연히 회랑 안쪽은 성스러운 성격을 지닌 공간이고, 회랑 밖은 속계와 같은 성격의 공간으로 구분되었다. 따라서 승방이나, 식당 등은 회랑 밖에 두게 마련이었다. 회랑이 감싸는 면적은 탑과 금당의 규모에 의해 결정되기 때문에 특별히 정해진 규격이나 면적은 없다. 다만 사찰의 규모가 클 경우 회랑의 폭을 넓혀 복랑(複廊)으로 하고, 규모가 작은 사찰에서는 단랑(單廊)으로 만들었다.

백제 사찰건축의 조영기법(造營技法)

1. 백제의 불사 건축조영과 기술발전

백제의 건축조형과 기술에 대한 연구는 크게 문헌에 의한 연구와 고고학적 발굴 자료를 통한 연구로 대별될 수 있다. 문헌 연구는 주로 한국, 중국, 일본 측 자료를 근간으로 이루어졌고, 고고학적 자료는 백제 때의 것으로 확인되는 것과 백제 점령지역에서 발견된 일부가 있을 뿐이다. 이 자료들은 고대 삼국 중에서 가장 빈약한 것이어서, 백제건축 연구 또한 삼국 중 가장 부진할 수밖에 없다. 고고학적 고찰의 대상은 주로 사비시대의 절터에서 나타난 백제 건축구성과 기술에 관한 것을 중심으로 한다. 당시 사찰건축 기술은 이미 도성이나 궁궐, 주택 등 다른 건축물에도 활용되었던 기법이어서 반드시 사찰건축기술이라고 하기에는 무리가 따른다. 사찰건축기술이 다른 건축에 사용되었는지, 아니면 다른 건축기술이 사찰건축에 쓰여졌는지는 한계가 불명확하다. 그러나 백제에 불교가 전해지면서 중국과의 교류가 빈번하게 이루어졌다. 또 불교사원 건립활동이 활발해지면서, 건축기술이 진보되었던 것도 사실이다. 특히 불교를 전해준 중국과의 교류를 통해 새로운 건축기법과 기술이 한층 발전되었다는 것은 여러 문헌을 통해 짐작할 수 있다.

불교는 사원건립을 통해 교세를 확장하게 되었고, 이런 건축활동이 늘어나 자연히 건축기술이 발달하게 되었던 것이다. 이같은 기회를 건축기술 발전 계기로 삼은 백제는 인근의 다른 지역에 불교와 건축기술을 전해주기도 했다. 백제에서 불교는 건축기술문화를 크게 발전시킨 계기가 되었고, 백제의 다른 건축기술까지 선도하는 역할을 담당하게 되었던 것이다. 이렇듯 백제의 건축기술이 삼국 중에서도 앞서기까지는 불교가 그 배경에 깔려있었기 때문이었다.

2. 백제 사찰의 조영기법과 기술[1]

1) 지반(地盤)

건물을 단단하게 지으면서 이를 오래 지탱하기 위해서는 우선 지반이 튼튼해야 한다. 수혈주거와 같은 간단한 건축물은 지반에 기둥구멍을 파고 기둥을 세우거나, 단단한 돌을 기둥 밑에 받쳐두는 것으로 해결되었다. 그러나 건물의 규모가 커지고, 석탑과 같이 무게가 많이 나가는 경우 연약한 지반에서는 건물이 오래 지탱할 수가 없다. 따라서 지반을 단단하게 다지는 건축기술이 발달하기에 이른다.

백제 사찰건축물의 지
반은 기본적으로 판축
기법을 사용하였다. 판
축기법은 흙을 한켜 한
켜 다져 쌓아 여러 겹으
로 단단하게 다지는 기
술인데, 한 켜의 다진
두께는 대개 3~5cm이
고 조금 두꺼우면 7~8
cm에 이른다. 지반을 다
질 때는 먼저 다지고자
하는 지반의 크기를 정
한 다음 일정한 깊이로
흙을 파낸다. 이때 깊이
는 건물의 크기와 무게
에 따라 다르다. 깊게는

사진 23. 익산 미륵사 중원탑 지반구조

10자 이상 파기도 했고, 낮게는 단지 몇 자만 파는 경우도 있다. 넓이는
건물을 앉히는 크기보다 크게 잡아야 주변부가 내려앉지 않는다. 이렇
게 일정한 깊이로 구덩이를 파낸 다음 흙을 약 10~20cm 정도를 뿌린다.
그리고 달고를 이용해 단단히 다지는데, 달고는 간단한 몽둥이 같이 생
긴 몽둥달고로 혼자서 다지는 경우와 커다란 돌멩이에 줄을 매달아 돌

달고를 만들어 여럿이 다지는 경우도 있다. 이렇게 흙을 다지면 두께가 약 ⅓ 정도로 줄어든다. 다지기 전에 흙을 너무 두껍게 뿌리면, 맨 아래 부분은 마찰로 인해 다져지지 않는다. 판축흙에 석회와 마사를 섞거나, 점토질 흙을 섞으면 나무뿌리도 감히 침범하지 못한다.

판축은 지반을 단단하게 다지기 위한 건축기술이지만 토담과 토성을 쌓을 때도 사용하고, 도로를 조성할 때도 판축이 이용되었다. 이렇게 판축으로 토담이나 성을 쌓을 때는 형틀을 사용한다. 형틀은 판재로 만드는데, 판재를 2겹 또는 3겹을 세워 일정한 두께로 평행되게 양쪽에 세우되 상부가 약간 안쪽으로 기울게 한다. 형틀을 바닥에 놓고 흙을 뿌린 다음 다지기를 반복하는 가운데 판축이 형틀높이까지 다져지면, 형틀 폭을 조금 줄여 위로 올린 다음 다시 판축을 한다. 이렇게 여러 번에 걸쳐 다지면 일정한 높이로 판축담이나, 토성을 완성할 수가 있다. 이러한 기법은 이미 한성시대 풍납토성이나 몽촌토성에서도 사용하였던 것이어서 보편화된 건축기법이라 하겠다. 몽촌토성은 발굴조사 결과 성곽에 진흙을 사용한 판축기법이 사용되었고, 성곽 외부의 일부는 목책을 둘렀다. 또 해자를 두어 방비를 철저히 했음을 알 수 있다.

부여군 은산면 금공리에 위치한 금강사 기단은 황갈색의 점질토를 이용하여 판축으로 다졌는데, 그 한 층의 두께는 얇은 부분은 1cm, 두꺼운 부분은 6cm 정도에 이른다. 평균 3~4cm이다. 판축은 다지지 않은 흙을 다졌을 때 약 1/3로 축소된다. 따라서 금강사의 지반은 평균 9~12cm로 흙을 뿌리고 다졌던 것을 알 수 있다. 다짐봉 흔적도 확인할 수 있었는데, 대개 지름은 약 3~4㎝ 정도이다. 이 정도의 다짐봉 직경은 손으로 쉽게 잡을 수 있는 것이었다. 기단의 규모는 한 변이 고려척으로 환산하여 약 40자이고, 판축 두께는 6자까지 확인할 수 있었다. 목탑자리 중앙 지표 밑에는 심초로 보이는 자연암을 깎은 토층이 드러났다. 이 토층은 지름이 약 6.6자이고, 중앙의 기둥구멍으로 추정되는 시설의 지름은 약 4자, 깊이는 2.2자 정도이다.

정림사 석탑 지하부분은 맨 아래층에 크기가 65~100㎝ 정도 되는 석판을 높이 30㎝로 깔고, 그 위에 토층을 3개 층으로 구분하여 판축을 하였다. 제일 아래층 판축은 약 1~1.3m 정도 두께로 판축을 하고, 그 위에 0.8m 두께로 적갈색점토질과 황갈색점토질이 섞인 흙으로 판축을 했다. 한 층의 두께가 얇은 것은 2~3㎝, 두꺼운 것은 5~6㎝이다. 이 층은 얼마나 단단하게 다졌는지 곡괭이로 파내기도 힘들 정도이다. 제일 상층은 두께 약 30㎝로 판축을 하였는데, 풍화암층에서 채굴한 미세하고 부드러운 황색사질토를 단단하게 다져 사용하였다. 최상층의 판축범위는 하층기단 외곽 돌 밖으로 60㎝까지이다.[2]

익산 미륵사 중원 목탑의 지반에서도 백제의 건축기술을 잘 발휘한 흔적이 확인되었다. 기단부 상면에서부터 지하로 약 6.5m까지 파내려가서 최하층에는 활석과 흙을 매층 높이 25㎝ 두께로 번갈아 2m 높이로 깔았다. 그런데 할석층은 지하수를 흐르도록 배려한 것이다. 그 위에 정제된 점질토와 사질토로 매층 3~5㎝, 두께 4.5m 높이로 판축을 한 다음 그 위에 탑을 세웠다. 부여 능사에서도 판축기법을 사용하여 지반을 다진 흔적이 발견되었다.

용정리 절터의 목탑 지반에서는 매우 특이한 기술이 확인되었다. 탑을 세웠던 지하에서는 약 40단 정도로 정교하게 판축으로 지반을 다졌는데, 지반 최

사진 24. 부여 능사 중문터 지반 판축기법

하층으로부터 높이 1.6m와 2.6m 되는 부분에서 두께 0.5~1.0cm의 산화철로 이루어진 얇은 토층이 발견되었다. 즉 원판은 산화되어 버렸지만, 얇은 철판을 약 1m 간격으로 2개를 깔았다는 것이다.[3] 이것은 지하로부터 올라오는 습기를 방지하려는 의도도 있지만, 지반이 부동침하되는 것을 방지하기 위한 축조기술이었던 것으로 보인다. 즉 철판을 깔아 지반 전체를 일체화 하여 한쪽으로 지반이 내려앉는 것을 방지하려는 건축기술인 것이다. 이러한 지반 기술은 지금까지 한 번도 확인되지 않았다. 그래서 백제만이 발휘했던 지반구축 기술이었을 것이다. 판축기법을 이용한 지반은 이미 백제에서는 보편적으로 사용되는 건축기법이 되었다. 그리고 더 나가 철판을 지반구축공사에 사용한 것은 다른 곳에서 볼 수 없는 백제만의 독특한 건축기술이었다고 할 수 있다.

2) 기단(基壇)

기단은 건물을 단위에 세우는 토대인데, 평평한 지반을 조금 높여 습기를 방지하거나 해충으로부터 보호 기능을 갖추기 위한 건축구조요소이다. 기단은 만드는 재료에 따라 여러 가지가 있다. 단순히 흙을 단단히 다져 만드는 토단, 돌을 쌓아 만드는 석축기단, 잘 가공된 돌을 짜맞춰 만든 석조 가구식 기단, 벽돌을 쌓아 만든 전축(塼築)기단, 기와를 쌓아 만든 와축(瓦築)기단 등이 그것이다.

백제의 기단은 현존하는 몇 개의 실례가 있다. 가장 기본적인 방법으로 판축기법이 있다. 이는 이미 몽촌토성, 풍납동 토성, 그리고 공산성에서 흔적이 발견되었고, 부소산성에서도 확인되었다. 이러한 판축기단은 이미 백제시대에 보편화되었던 기법이라 하겠다. 판축만으로 짓는 기단은 대규모 건물이나 권위건축에 이용하기가 불가능하다. 위에 다른 견고한 재료를 혼용할 때 제대로 이용할 수 있다. 다만 성을 쌓거나, 소규모 건축에서는 판축기단이 이용되었을 것이다. 그러나 일반 건축물에서는 생토층을 기단토로 이용하고, 다만 초석 하부에 석비래를 넣어 다지거나 판축으로 다져 단단하게 만든다. 이와 같이 흙으로 기단을 만들 경우 주변은 반드시 돌이나 기와를 쌓아 기단 흙이 부스러지거나 빗물에 씻겨나가지 않도록 뒷손질이 뒤따라야 한다.

돌로 만드는 기단의 경우 대부분 가운데는 흙을 채우고 주변에만 돌을 쌓거나, 짜 맞추어 마무리한다. 돌을 이용할 경우 자연석을 그대로 써서 만드는 석축기단과 돌을 가공하며 맞춰 세우는 가구식 기법이 있다. 자연석을 쌓아 만드는 기단은 주변에서 흔히 구할 수 있는 돌을 이용한다. 이 때문에 특별한 건물이 아니면, 일반적으로 이러한 석축으로 기단을 만든다.

(1) 가구식 석조기단

돌을 가공하여 맞춰 세우는 기단은 특별한 건축물에만 사용되었다. 예를 들면 궁궐이나 사찰에서도 가장 중요한 건물에만 적용되었고, 불탑 등과 같이 중요한 건축물에도 사용되었던 것이다.

정림사지 5층석탑이나, 미륵사 서탑은 현재까지 남은 백제의 석조건축물이다. 이 석탑은 기본적인 재료가 내구성을 지녔거니와, 지반 또한 판축으로 다졌기 때문에 지금까지 잘 남아 있는 것이다. 미륵사 석탑의 기단부는 지대석을 놓은 다음 탱주와

사진 25. 정림사 5층석탑 기단

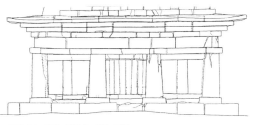

그림 24. 익산 미륵사 석탑 기단

우주를 세우고, 갑석을 끼워 면석으로 마무리한 발달된 기법을 보여준다. 그래서 마치 목구조의 가구를 보는 것과 같다. 이와 같이 견고한 지반 위에 장대석으로 기단을 조성하였기 때문에 1500년이 지난 지금까지 그 형태를 유지할 수가 있었던 것이다.

사찰에서 목조건축물을 짓기 위해 만들었던 가구식기단은 여러 유적에 남아 있다. 금강사지 금당은 지대석 상면에 면석을 세웠던 턱을 안쪽으로 깎아내고, 또 기단의 모서리에만 귀기둥을 세웠던 흔적이 보인다. 목탑지에서도 이러한 2중기단 흔적이 확인되었다. 능사의 탑과 금당에서도 2중기단을 만들었다는 사실이 유구를 통해 드러났다. 금당에서는 상층기단의 하대석과 하층 기단석 일부, 탑터에서는 하층 기단과 상층기단의 하대석이 기단 서쪽에 남아 2중기단이었음을 알 수 있다. 익산 미륵사 금당의 기단 역시 2중기단이다. 그런데 하층 기단에는 지대석과 면석을 구별하지 않고, 판석 장석재 위 외면이 돌출하도록 판석장의 갑석을 올렸다. 그리고 상층 기단은 지대석 상면 외각과 갑석 상면 외각에 한단의 꺾임이 없는 형식인데, 단지 면석이 닿는 부분에만 아주 얇은 턱이 있을 뿐이다.

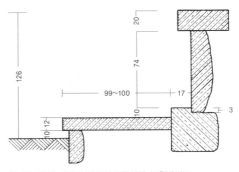

그림 25. 익산 미륵사 동금당 2중기단 복원단면도

이와 같은 2중기단은 또한 백제건축에서 볼 수 있는 또 하나의 특징이라 하겠다.

(2) 와축기단(瓦築基壇)

백제의 기단 중 특이한 것으로 와축기단(또는 와적기단)이 있다. 이는 와편을 여러 층으로 쌓아 만드는 기법을 사용한 기단이다. 왕궁, 사찰, 일반 건물 등 거의 모든 건물에 사용되었다. 사찰 중에는 왕흥사지, 정림사지, 능사, 금성산 절터(傳 天王寺址), 군수리사지, 부소산 폐사지, 규암면 유적지[4] 등에서 이 기법을 사용한 기단이 보인다. 또 사찰이 아닌 건물로는 부여 관북리 추정왕궁지[5], 부소산성 서문지 주변건물, 규암면 건물서편 등에서 와축기단을 볼 수 있다.

능사에서는 탑과 금당을 제외한 강당, 강당동익랑채(불명건물지 I), 강당동서익랑채(공방지 II), 동회랑북편건물(불명건물지 II), 서회랑북편건물(공방지 I), 서회랑밖 부속건물 그리고 회랑 모두는 잡석기단과 와축기단을 혼용한 흔적이 확인되었다. 이렇듯 와축기단이 부분적으로 사용된 것은 기단을 보수하면서 폐와를 이용하였기 때

사진 26. 부여 능사 강당터 와축기단

문인 것으로 보인다. 이 절터에서 드러난 와축기단의 축조기법은 폐기와를 한층 한층 횡으로 나란히 쌓아 올린 것으로 자연석 기단과 함께 사용하고 있다.

사진 27. 부여 금성산 절터 와축기간

금성산에서도 절터로 추정되는 건물터에서 와축기단이 확인되었다. 이 건물터 기단은 기단 거의 대부분을 기와를 쌓아 만든 와축기단이다. 이 기단 역시 능사에서 보는 것처럼 암기와를 횡으로 나란히 여러 층 쌓아 만든 기법을 사용하였다. 이러한 와축기단이 백제에서는 일반적으로 많이 사용된 보편화된 기법이라 하겠다.

군수리사지 금당터에서 확인한 기단 규모는 동서 약 27m, 남북 약 18m이다. 이 기단은 기와를 세워 쌓은 와축기단을 혼용하고 있는데, 기와를 눕혀 쌓아 만든 기단과는 사뭇 달랐다. 이 기단의 와축기법을 보면 기와 하나를 가운데 세우고, 그 양 옆에 '人'자 모양으로 여러 겹 기울여 세워 만든 합장식기법이다. 이런 모양의 혼용된 와축기단은 군수리사지 금당에서만 보이는 기법이라 하겠다. 군수리절터 강당에서는 합장식기법 외에 일반적인 옆으로 눕혀쌓은 일반적인 와축기단도 확인되었다. 특히 금당지 중앙부에서는 기와를 세워 만든 수직횡열식 기단

도 보인다. 한 건물에서
이와 같이 여러 기법의
와축기단이 사용되었던
것이다. 이는 여러 시기
에 걸쳐 보수과정에 나타
난 결과로 추정된다.

백제 사찰에서 사용한
와축기단은 기법에 따라

사진 28. 군수리절 탑터의 합장식 와축기단

평적식, 합장식, 수직횡
열식의 세 가지로 구분된
다. 평적식 와축기단은
기와편을 한층 한층 쌓아
일정한 높이로 기단을 만
드는 와축기법이다. 와축
기단 가운데 구조적으로
가장 단단하게 만든 기법

사진 29. 군수리절 금당터 수직식 와축기단

이고, 기와가 가장 많이 사용되는 축조기법이기도 하다. 합장식 와축기
단은 기와를 경사지게 맞댄 기법으로 외부형태가 독특하지만, 하중이
크면 와축이 밀려날 우려가 있다. 구조적으로 평적기법에 비해 약하기
는 하지만, 외관상 문양이 독특하게 표현되는 장점이 있다. 독특한 문
양에 비해 실용성은 떨어진다. 수직횡열식 와축기단은 기단 외부로 돌

아가면서 기와를 세워 만드는 기법인데, 바깥쪽으로 기와면만 보이는 간단한 기법이다. 이 기법은 앞에서 언급한 2개의 와축기단에 비해 기와가 가장 적게 든다. 그러나 기단토가 단단하지 않으면 밖으로 밀려나는 단점을 지닌 와축기단이다. 기와를 세울 때 다른 2개의 기법은 와편을 이용할 수 있지만, 이 기법은 기와 완제품을 사용할 수밖에 없는 낭비적 요소가 보인다. 또한 이 기단은 높이를 기와 한 장 이내로 한정할 수밖에 없기 때문에 높은 기단을 만들기는 어렵다. 이 세 가지 와축기단은 다른 유형의 기단기법과 함께 삼국기대에는 백제 사찰건축에 적용된 백제만의 기단기술이라 할 수 있다.

이 와축기단은 대개 6세기 전반부터 7세기 후반에 이르는 사비시대 유적에 주로 사용된 기법이다. 이 가운데 평적식 와축기단은 전시대도 사용되었지만, 합장식과 수직횡열식은 6세기 중반의 사찰로 추정되는 군수리사지에서만 사용했던 것으로 보인다.[6]

이러한 와축기단은 같은 시기의 고구려나 신라에서는 발견되지 않는다. 다만 일본으로 전파되어 교토(京都)의 견원폐사(堅原廢寺), 후쿠오카(福岡)의 축전분국사(筑前分國寺), 혈태폐사(穴太廢寺) 금당, 숭복사미륵당(崇福寺 彌勒堂), 나라(奈良)의 회외사(檜隈寺, 폐사) 등에서 나타난다. 회외사(檜隈寺) 강당의 경우 다른 건물에 비해 기단이 높고 길어 와축 기술이 더 세련되게 발달한 것으로 보인다. 백제의 건축기술이 일본에 전파된 사례로 볼 수 있다.

기단형식	그림		기법의 특징	적용된 백제건축	
	입면	단면		사찰	기타건축
평적식			기와편을 눕혀 한층한층 쌓아 만드는 기법으로 와축기단 중 구조적으로 가장 단단한 기법이다.	능사(공방지Ⅰ) 부소산사지 군수리사지 정림사지 왕흥사지	관북리 왕궁지 부소산성 서문지 금성산 건물지 규암면 외리유적
			기와가 가장 많이 쓰이는 기법이다.		
			모양이 단순하고 높이 쌓을 수 있는 기법이다.		
합장식			기와를 경사지게 맞댄 기법 하중이 크면 와축이 밀려날 우려가 있다. 외부 문양이 독특하게 표현된다. 형태에 비해 실용성이 떨어짐.	군수리사지	
수직 횡열식			기단 외곽에 기와를 세워 만드는 기법 외부로 기와면만 보이는 단순한 형태 기와가 가장 적게 쓰이는 기법 기단토가 밖으로 밀려날 수 있슴 기단의 높이가 한정됨(높은 기단 불가능)	군수리사지	관북리 유적

(3) 전토(塼土)혼용기단

백제시대 또 하나의 특징적인 기단은 임류각터에서 확인되었다. 가로와 세로로 25㎝ 정도의 전을 깔고, 그 위에 3치 높이(약 9㎝)로 흙을 덮

사진 30. 일본 나라 회외사(檜隈寺) 강당터의 와축기단

는 방식의 작업을 3회 반복하여 기단을 만든 독특한 방법이다. 이같은
방법으로 만든 기단이 바닥 전체에 깔렸다면, 대단히 앞선 기술이라고
할 수 있다. 이 기단은 건물의 하중이 한쪽으로 집중되더라도 기단부에
서 그 무게를 넓게 분산시켜 집중하중에 따른 침하를 방지하는 장점을
지녔다. 현대건축에서 독립 기초를 피하고, 바닥 전체에 하나의 메트를
까는 것처럼 시공하는 이른바 메트공법과 유사한 건축기술이라고 할
수 있다. 이 기법은 당시 누구도 생각해 낼 수 없는 독특한 기법인 것이
다. 이 기단은 3중으로 깔린 바닥 벽돌이 지하로부터 올라오는 습기를
차단해 주어 습기방지에도 탁월한 효과를 발휘할 수 있다. 이 전토혼용

기단은 집중하중을 고루 분산하는 효과와 더불어 지하로부터 습기를 방지하는 2중 효과를 노린 고도의 선진기술이었다.

이와 같은 기단은 다른 곳에서는 출토된 사례가 전혀 없다. 그래서 와축 기단과 더불어 백제의 독특한 건축 기법으로 평가되었다.

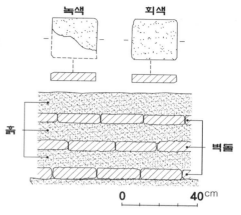

그림 26. 공주 임류각터에서 출토된 전토(塼土) 혼용기단

3) 초석(礎石)

초석의 재료는 모두 석질이 견고한 화강암을 썼다. 이들 초석은 가공한 석재와 자연석을 그대로 사용한 것으로 구분된다. 중국 남북조시대의 장식이 화려한 초석과는 달리 백제의 초석은 단순하고 소박한 조형 기법을 보여주고 있다.

가공초석은 다듬은 정도에 따라 기둥이 놓이는 상부 전체를 다듬어 사용하는 것과 기둥이 놓이는 자리 즉 주좌(柱座)만 다듬어 가공한 것으로 나누어 생각할 수 있다. 주좌부분을 다듬을 때는 약 2~3cm 정도로 돋우는 방법과 기둥이 박힐 주공(柱孔)을 파서 만드는 방법이 있는

데, 주좌의 평면모양은 원형과 방형이 많다. 주좌 주위를 2중 또는 3중으로 단을 주어 다듬는 방법 중에는 주좌와 다른 모양을 낸 경우도 보인다. 이를테면 주좌를 원형으로 하고, 주변은 8각형이나 방형으로 다듬었던 것이다. 간혹 주좌를 없애고, 인방이 놓일 자리를 따라가면서 주좌 높이만큼 돋우어 놓은 초석형태도 있다. 백제의 것은 아니지만, 같은 시기 고구려의 초석에서 이러한 사례를 확인할 수 있다. 원형 초반(礎盤)에 원형주좌를 조각한 것, 자연석 초반에 8각주좌를 조각한 것, 자연석 초반에 8각주좌를 2중으로 조각한 것, 방형 초반에 원형주좌를 조각한 것 등 다양한 초석이 사용되었다.

  백제의 초석 가운데는 주좌 주변에 연화문을 새겨 장식화 한 것도 보인다. 이러한 초석은 주로 왕궁이나 사찰의 주요건물에 사용된 듯하다.

웅진시대 공산성의 왕궁지로 추정되는 지역에서 출토된 초석은 육면체의 방형이다. 이 초석은 기둥이 놓이는 상부는 주좌와 주변 모두를 방형으로 돋우어 가공한 것으로 가로세로가 약 1.1m에 이를 만큼 매우 큰 편이다. 부

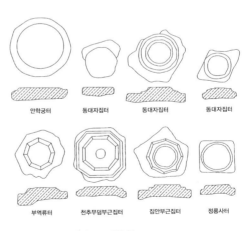

안학궁터　　동대자집터　　동대자집터　　동대자집터

부역류터　　천추무덤부근집터　　집안부근집터　　정릉사터

그림 27. 고구려의 각종 초석유형

여 금강사터의 경우는 거의가 원형이고, 주좌 주변도 역시 원형으로 양각하였다. 이 절터의 강당과 회랑지 초석은 마치 팽이와 같은 모양인데, 초석을 먼저 놓고 적심석을 나중에 쐐기처럼 끼워 넣는 독특한 기법으로 만든 것이다. 익산 미륵사 동원 동회랑지에서도 이처럼 밑면이 뾰족한 팽이형 초석에 적심석을 끼운 초석이 사용되었다. 부여 금성산 남록에서 발굴한 절터에서도 적심석을 깔고 초석을 올려놓은 사례가 발견되었다. 임류각터에서 발견한 초석 밑에는 받침적심을 2~3장의 부정형 판석으로 맞추어 평평하게 놓았다. 이러한 적심석은 백제에서 흔히 사용했던 것으로 보인다. 고대에는 이 적심석 자체를 초석으로 이용했을 가능성도 있다. 그래서 혹시 그랭이초석을 썼을 지도 모른다는 추정을 하게 되었다.

정림사지의 것으로 짐작되는 초석이 부여향교에 있다. 조선 중기에 향교를 지금의 자리로 이전 중건하면서, 가까운 정림사의 것을 가져다 쓴 것으로 보인다. 이 초석의 크기는 80cm×90cm 또는 70cm×70cm 각으

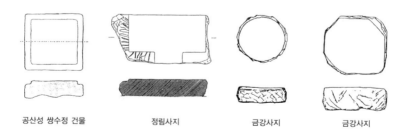

공산성 쌍수정 건물   정림사지   금강사지   금강사지

그림 28. 백제의 초석유형

로 주좌를 새긴 것이다.

익산 미륵사 동원 금당과 서원 금당
에서는 초석 밑에 반석을 받친 2중초
석을 사용하였다. 즉 초석 밑에 가로
세로 약 1m, 높이 25㎝에 이르는 돌
(礎盤)을 놓고 그 위에 가로 세로 약
60~70㎝, 높이 80㎝ 정도의 초석에 주좌를
새겨 모서리가 건물의 벽선에 맞도록 세웠

그림 29. 미륵사터 팽이모양 초석

다. 일반적으로 방형초석의 경우 옆면이 벽선에 맞도록 놓았는데, 미륵
사에서는 모서리가 벽선에 맞도록 세운 특이한 기법을 쓴 것이다. 이는
모서리 부분이 하인방의 적심역할을 하도록 배려한 것으로 보인다. 크
지 않은 초석의 하인방 받침면적을 크게 하기 위한 기법이었을 것이다.
이처럼 미륵사에서는 초석 밑에 반석을 받친 정초기법이나, 초석모서

사진 31. 정림사의 것으로 추정되는 부여향교 대성전 초석

리를 벽선에 맞춘 기법
은 매우 흔치않은 백제
의 건축기술인 것이다.

초석은 거의 모두 화
강석 계통의 석재를 썼
다. 화강석은 석영과 운
모 장석 등을 주성분으
로 하는 화성암의 하나

사진 32. 미륵사 중금당 초석은 초반 위에 별도의 초석을 올렸다.

이다. 빛깔은 순백색 또는 담회색으로 석질이 단단하고, 결이 고운 특
징을 지니고 있다. 이러한 이유로 백제건축의 초석에 화강석을 주로 썼
던 것이다.

4) 기둥(柱, 楹)

백제건축의 기둥은 미륵사지 서탑에 명확하게 남아 있다. 백제의 유
구와는 달리 중국 남북조시대의 기둥자료는 석굴사원이나 석조물 등에
비교적 잘 남아 비교대상이 된다.

백제 때 사용한 기둥형태를 추정하면, 단면형태는 방형과 원형이 있

없을 것이다. 그러나 8각주가 사용되었는지 분명히 알 수 없다. 다만 공주 서혈사지 초석에 주좌 주변을 8각으로 새긴 것이 있고, 백제는 아니지만, 이 시대의 고구려 벽화고분에서 8각주를 사용한 실례가 있으며 [7] 실제로 8각주좌를 새겨 사용한 초석도 있다. 그래서 백제에서도 8각주를 사용했을 것으로 추정되지만, 현존하는 유물이 없어 단정하기가 어렵다. 전체적인 외형으로 볼 때 흔히 상하 폭이 같은 통기둥과 미륵사 서탑에서처럼 상부가 좁은 민흘림기둥이 일반적으로 사용되었을 것으로 보인다. 이같은 민흘림기둥은 위아래 굵기가 같은 통기둥보다 심미적으로 강한 구조 감각을 드러낸다. 그래서 민흘림 형태의 기둥은 많이 사용되었을 것으로 생각된다.

금강사터 목탑의 경우 탑 중심에 옥심주(屋心柱)를 세웠다. 이때 기둥 밑에 촉을 만들고, 초석에도 구멍(柱孔)을 파서 세운 것을 알 수 있다. 간혹 보통초석에도 주공(柱孔)을 마련했는데, 이런 기법이 간간이 사용되었음을 알 수 있다.

능사 목탑은 정면과 측면이 각각 3칸으로 1층 기둥은 옥심주를 포함하여 모두 17개를 세웠다. 출토된 탄화목재를 분석한 결과 거의 모두가 소나무를 사용했던 것으로 확인되었다. 그러나 사리감

사진 33. 미륵사 서탑 탑신 기둥은 위가 좁고 아래가 넓은 민흘림기둥이다.

을 내장했던 옥심주는 느티
나무로 만든 방형기둥으로
밝혀졌다. 느티나무는 마찰
과 충격에 강할 뿐 아니라,
목질이 단단한 특징을 지니
고 있다. 또한 휨성이 뛰어
나고, 케야키닌이라는 특수
한 페놀성분을 함유하여 방
충 및 방부성이 우수한 수
종이다. 이 나무는 소나무
에 비해 수량이 적어 옛날
부터 구하기 어려워 특별한
건축에만 사용하였다. 능사
에서 목탑의 옥심주에 느티
나무를 사용한 것은 특별한
의미가 있었던 것이다.

사진 34. 대전 월평산성 출토 목곽 기둥촉구멍

　사찰건축은 아니지만 대전
월평동 산성에서 백제시대
의 지하 저장시설이 발견되
었다. 이때 세운 기둥은 방
형기둥이고, 바닥은 상투머

사진 35. 대전 월평산성에서 출토된 목곽기둥

리와 같은 축을 만들어 끼워서 고정하였다. 단면을 방형으로 한 기둥에 홈을 파서 판재를 끼웠던 세심한 기술이 확인되었다. 이 저장시설은 지하를 파낸 다음 사방 가장자리 쪽에 받침목을 깔고 모서리에 세운 기둥과 기둥 사이에 판재를 끼워 벽을 만들었다. 이미 세련된 건축연장으로 우수한 기술을 발휘했던 사실을 알 수 있다.

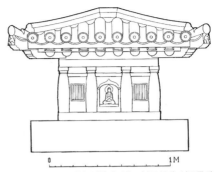

그림 30. 중국 하북 정현에 있는 남조시대 석조물의 배흘림기둥

백제에서는 또한 배흘림기둥도 사용한 것으로 추정된다. 이시기는 건축기술이 완숙단계로 접어들었고, 건축물에 대한 장식화 현상이 일어난다. 그리고 뒤떨어진 지역에 기술을 전해주는 현상까지 나타나기에 이른다. 사비시기 백제의 건축기술이 신라와 왜로 넘어갔다는 것은 기술이 상당한 수준에 도달했음을 말해주는 것이다. 그래서 배흘림기둥 같은 장식화 현상이 일어나게 되었다. 이 무렵은 중국의 남북조시대인데, 북제(北齊)에서는 비례적으로 완벽한 배흘림기둥을 사용한 흔적이 있다.[8] 그래서 남조와 교류가 빈번했던 백제에서도 배흘림기둥을 사용했을 것으로 추측된다.

5) 공포(栱包, 斗栱)

(1) 공포의 시작

공포는 동·서양을 통틀어 매우 특이한
구조물의 하나이다. 특히 동양에서 공포
는 신비로운 구조와 단청의 빛깔이 어울
려 보는 사람들로 하여금 화려한 흥미를
자아내게 한다. 공포는 한국을 비롯 중
국, 일본 등 동북아 목조건축에서 구조적
으로 매우 중요한 위치를 차지할 뿐만 아

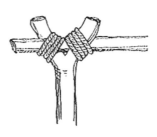

그림 31. 선사시대 움집의 기둥 위에
보를 올린 구조가 공포의 시작이다.

니라 건축의 예술적 특징을 너무 잘 드러낸 중요 부분이기도 하다.

원시주거에서 기둥을 세워 지붕을 얹으려면, 반드시 도리나 보를 걸
쳐야 한다. 기둥에 도리를 올리기 위해서는 양 갈래 가지를 이용하거
나, 기둥 상부에 턱을 만들었다. 차츰 지붕의 무게가 무거워지고, 도리
(또는 보)의 구조적 역할이 중요해 지면서 기둥과 도리 연결부분에 대
한 보강이 이루어지기 시작하였다. 이와 같이 기둥과 도리가 만나는 연
결부 보강이 공포의 시작이다. 지금과 같은 모양의 공포가 언제부터 사
용되었는지는 명확치 않다. 다만 오랜 옛날부터 사용되었을 것으로 추
론할 뿐이다. 중국에서는 일반적으로 서주(西周)시대 후반부터 공포가
등장했던 것으로 보이지만, 한국에서는 삼국시대 초기부터 만들어졌을
것으로 짐작된다.

(2) 초기 공포의 발전

현재와 같은 공포구조는 기둥과 도리 사이에 베개받침을 끼워 도리의 전단력을 강화한 것에서 비롯하였다. 이때 나타난 기본적인 구성방법이 단혀형[9] 구조이다. 가장 원형적인 형식으로서 주두 없이 기둥상부에 베개모양과 같은 단장혀 부재를 하나 설치하고 그 위에 도리나 보(樑)가 지나가도록 한 간단한 구조이다. 공포의 발전과정에서 가장 시원적인 형식이라 할 수 있다. 도리와 기둥이 접합되는 지점에 과중한 상부의 하중이 도리에 집중되는 전단력을 분산시켜 주기 위해 기둥과 도리 사이에는 첨차와 같은 부재를 끼워둔 구조이다.

단혀형에서 발전된 구조가 일두이승(一斗二升) 구조이다. 일두이승 구조는 기둥 위에 주두를 놓고, 그 위에 첨차를 설치한 다음 첨차 좌우에 소로를 하나씩 설치하는 구조이다. 시원적인 단혀형 구조에서 좀더 발전된 구조라 할 수 있다. 일두이승 구조는 처마를 더 높일 수 있고, 단혀형 구조에서 우려되는 도리에 집중되는 하중 반력을 넓게 분포시킬 수 있는 장점이 있다.

일두이승 구조에서 발전된 구조가 일두삼승(一斗三升) 구조이다. 일두삼승식 구조는 일두이승과 비슷하나 첨차 상부에 3개의 소로를 설치하는 것이 다르다. 일두이승에서 한 단계 발전된 형식인 것이다. 2개의 소로사이에 소로를 하나 더 끼워 넣음으로서 첨차의 크기가 확대되어 일두이승 구조보다 더 큰 간사이를 확보할 수 있다. 일두이승보다 획기적인 발전은 아니지만, 지붕을 높이거나 내부공간을 전후로 확대시키

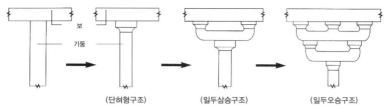

그림 32. 목조건축에서 공포의 발전과정

고자 할 때는 매우 유리한 구조라 하겠다.

첨차를 중복시켜 더 발전한 구조가 나타나는데, 이를 일두오승(一斗五升) 구조라고 한다. 이 구조는 일두이승식과 일두삼승식을 중첩하여 만든 형식인데 밑에 일두이승을 놓고 그 위에 일두삼승을 올린 중루형이어서, 대규모 건축물과 권위건축에 주로 사용되었다.

(3) 공포의 구성요소

공포구조는 다양한 구조기법과 장식적인 형태를 첨가하면서 더욱 발전하기에 이른다. 이같은 공포구조는 기본적으로 주두(斗, 주두·소로), 첨차(檐遮, 제공), 살미(山彌, 쇠서, 하앙), 도리(道里, 枋, 장여)라는 네 개의 구성요소로 이루어진다.

주두(柱斗, 枓)는 기둥 바로 위에 놓여 상부의 하중을 기둥에 전달하는 구조체로서 마치 되(斗)와 같이 생긴 것인데, 놓이는 위치에 따라 주두와 소로로 구분된다. 주두는 앞에서 언급한 바와 같이 기둥 위에 놓는 것이고, 첨차 위로 올려 놓는 작은 것을 소로(小累)라고 한다.

첨차(檐遮)는 주두와 소로 사이에 놓여 상부의 하중을 주두를 통해 기둥에 전달하는 중요한 구조재이다. 첨차는 도리나 장혀를 거쳐 내려오는 하중을 단면이 작은 기둥으로 집중시켜주는 매개 역할을 담당하고 있다. 첨차는 공포구조를 전후좌우로 확장하여 처마를 길게 하거나, 전면과 후면과의 보 간격을 넓게 벌려 주기도 한다. 그래서 보다 큰 공간을 만드는데 도움을 준다.

살미(山彌)는 지붕의 하중을 기둥에 전달하는 중간 역할을 하기 때문에 공포와 함께 결구되는 주요부재이다. 도리의 직각방향으로 걸치는 쇠서, 하앙 등의 부재가 이에 해당된다. 공포의 중심에서 외부로 경사지게 걸쳐있는 부재로 흔히 하앙이라고도 한다. 삼국시대 하앙구조가 일반적으로 사용되었을 것으로 추정되지만, 현존하는 삼국시대 유물은 없다. 다만 백제 금동탑편에서 그 흔적을 추정해 볼 수 있다.

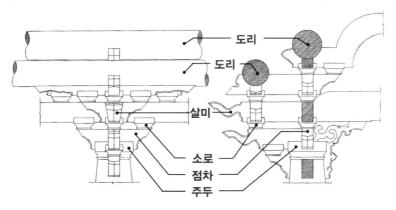

그림 33. 크게 4개 부재로 이루어진 공포의 기본구조(수덕사대웅전)

도리(道里, 枋)는 좌우에 놓이는 살미를 고정하기도 하고, 서까래를 받아주는 역할도 한다. 대개 공포의 상부에 놓여서 지붕의 무게를 받아주는 부재이다. 이를테면 지붕의 무게를 도리나 장혀가 받아 첨차를 거쳐 공포로 모아주는 것이 도리이다. 이를 다시 설명하면, 공포와 공포를 단단하게 연결하는 역할과 함께 서까래를 받치는 부재인 것이다. 도리는 위치에 따라 기둥 위에 설치하는 주도리(柱道里, 또는 柱心道里),

기둥 안쪽에 설치되는 내목도리(內目道里), 기둥 밖에 설치하는 외목도리(外目道里)가 있다. 장혀나, 뜬장혀 따위도 넓은 의미에서 도리부재에 해당한다.

(4) 백제의 공포구조
백제의 공포는 1947년 부여 동남리 천왕사지 부근에서 발견한 금동탑편에서 흔적을 찾아볼 수 있다.

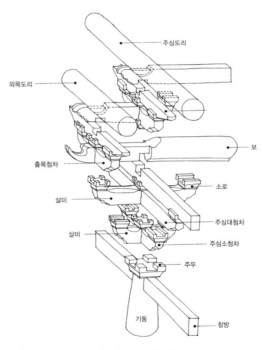

그림 34. 공포구조의 조립모양(수덕사대웅전)

주심도리
외목도리
보
출목첨차
소로
살미
주심대첨차
살미
주심소첨차
주두
기둥
창방

사진 36. 백제 금동공예탑에 표현된 공포

백제 말기의 유물로 추정되는 불과 1변이 13.5cm, 높이 5.2cm 정도 밖에 안 되는 공예품이어서 공포의 실상을 제대로 보여주는 것은 아니다. 그러나 백제시대의 공포를 짐작할 수 있는 단 하나의 유물이라는 점에서 사료적 가치가 크다. 이 탑편은 옥신과 옥개석이 함께 표현되었는데, 각 변에 2개와 네 모서리에 하나씩 모두 12개의 공포가 짜여져 있다. 한 변에 4개의 기둥이 표현되어 각 칸이 3칸 규모인 것을 알 수 있다. 기둥 위에는 주두가 없고, 살미첨차를 끼웠다. 첨차 단부에는 소로를 올리고, 하앙으로 보이는 부재를 받치고 있다. 이 하앙과 같은 부재는 다시 그 위의 외목도리를 직접 받도록 하였다. 하앙부재의 끝 부분에는 약간 휘어지면서 위로 올라간 듯한 쇠서모양이 표현되었다. 쇠서의 끝 상부는 예각이 되게 하고, 하부는 둔각으로 마무리하였다. 추녀 끝을 외부로 길게 뻗어 위로 솟게 하고, 끝에 구멍을 뚫었다. 이 시대의 다른 실물의 석탑에서 보이는 것처럼 풍경을 달아 두었던 것 같다. 그래서 주심포식 1출목 형식의 탑을 묘사한 공예품으로 보인다. 그러나 실제 건물의 공포와는 달리 주두를 표현하지 않았다. 공포에다 출목첨차를 끼우기 위해서는 반드시 주두가 필요하다. 그럼에도 이를 생략한 것은 금동탑을 작은 공예품으로 만들었기 때문이다.

사비시대 백제건축의 공포구조는 기본적으로 하앙식이었을 것으로 추정하고 있다. 이는 바로 앞에서 언급한 금동탑편에 근거를 둔 것이다. 백제의 사비시대와 같은 무렵 중국에도 하앙구조를 한 건축물은 남아 있지 않다. 현재 남아 있는 하앙식 건축물 중에는 당나라 때 건물인 불광사 대전의 하앙구조가 가장 오래된 것인데, 이 건물은 서기 857년에 건립되었다. 그러나 건축물이 아닌 자료를 고찰해 볼 때 중국에 하앙구조가 나타나는 시기는 남북조 말기일 것으로 추측된다.

이미 수대의 가형명기에서도 하앙구조와 같은 부재가 보이고, 당나라 초에 조성된 석굴벽화에서는 완벽한 하앙구조가 나타난다. 중국에서 하앙구조가 나타나기 시작한 시기를 대개 남북조시대 말기로 보는 까닭은 이들 수·당대의 유물을 근거로 한 것이다.[10] 이에 백제건축에서 하앙이 본격적으로 등장한 시기는 사비천도(성왕 16년, 538년) 이후로 볼 수 있을 것이다.

백제의 하앙식 공포는 부여 규암면 백제역사촌에 여러 건물로 재현되었는데 이를 통하여 당시의 건축구조와 기법을 추정해 볼 수 있다. 재현된 사례중 능사 금당은 기둥 위에만 하앙식 공포가 만들어지는 것으

사진 37. 백제 능사 5층탑 실물복원건물의 하앙식 공포

로 하층 구조는 주두 위에 첨차를 올리고, 퇴보와 장혀가 만나는 위로 하앙이 걸쳤다. 하앙뿌리는 내진고주에 끼우고 하앙 위로는 장혀와 함께 주심도리, 내목도리, 외목도리를 올렸다. 상층은 하층과 비슷한 구조이나, 다만 하앙뿌리가 중보 밑바닥을 받쳐, 외진주를 지지점으로 지렛대 역할을 할 수 있도록 했다. 주두에는 굽받침을 두었는데, 주두 굽은 곡선을 이루었다. 소로도 이와 같은 모양으로 만들었다. 공포와 공포 사이에는 'ㅅ'자 대공을 끼웠다. 이러한 구조는 비교적 단순한 하앙구조이다. 목탑의 하앙구조는 금당처럼 기둥 상부에서만 짜여지는데, 하앙의 뿌리는 옥심주 사방에 하나씩 세워둔 사천주에 끼우게 하였다.

하앙 위로는 출목첨차와 함께 내외목도리가 올라가고, 그 위에 서까래를 걸도록 하였다.

백제역사촌 내 백제 건축모형은 그동안 밝혀졌던 백제건축과 관련된 각종자료와 인접국가의 같은 시대 건축자료를 참고하여 오늘날을 사는 사람들이 심혈을 기울여 재현한 것이다. 부분적으로 현대기술과 발전된 연장을 쓰기는 했지만, 기법은 가능한 옛 솜씨를 의도적으로 담아냈다. 앞으로 백제의 건축에 대한 연구가 지속되어야 하는 것은 물론이다. 특히 선진문화를 구가했던 백제 목조건축과 공포구조를 연구하는 일은 여전히 후손의 몫으로 남아 있다.

6) 지붕구조

건축물에서 지붕은 집의 덮개이다. 그리고 벽과 기둥을 보호하는 필수적인 구조요소일 뿐만 아니라, 자연환경으로부터 인간의 생활을 보살피는 보호막같은 존재이다. 지붕은 자연환경, 재료의 선택, 문화의 차이에 따라 지역별로 점차 독특하게 발전해 왔다. 지붕의 외부 형태를 구성하는 가장 중요한 부재는 서까래와 추녀이다. 서까래는 긴서까래(長椽)와 짧은서까래(短椽)로 나눌 수 있다. 긴서까래는 지붕 끝으로 이어져 처마를 만들고 짧은서까래는 중심부에 높이 솟아 용마루를 이룬다. 작은 건물의 경우 하나의 서까래로 용마루에서 처마까지를 덮지만, 조금 큰 건물에서는 긴서까래와 짧은서까래를 함께 쓴다. 이때 긴서까래와 짧은서까래는 기울기(물매)를 달리하면서, 전체적인 조형과 지붕선을 만들어낸다. 긴서까래와 짧은 서까래가 만나는 부분에는 적심재와 보토(알매흙)로 채워 곡선을 만든다. 건물의 측면이 좁을 때는 짧은 서까래의 기울기를 조금 급하게 하고, 측면이 길 때는 짧은서까래의 기울기를 조금 완만하게 만든다. 그래야 건물의 상분과 하분의 비례가 아름다운데, 지붕의 구조와 기술은 바로 이같이 아름다운 비례를 창출하는데 있다.

백제의 지붕구조 역시 남아 있는 유구가 없어 그 기술적 성과를 확인하기 어렵다. 그러나 이미 많은 유적에서 지붕에 사용되었던 다양한 종류의 기와가 출토되었다. 이들 기와는 백제시대의 지붕 축조기술이 뛰어났다는 사실을 실증적으로 굳히기에 충분한 자료인 것이다. 백제와 같은 시대의 고구려 무덤그림이나 신라의 유구, 가야의 자료를 통해 고대 백제의 지붕형식을 얼마만큼 짐작할 수 있다. 백제건축의 지붕은 대개 맞배지붕, 우진각지붕, 팔작지붕, 모임지붕 그리고 꺾음팔작지붕이 존재했을 것으로 추측된다. 맞배지붕은 지붕축조기술 중에서 가장 간단한 구조이다. 보위에 대공을 세운 다음 직각방향으로 도리를 걸치고, 서까래를 앞뒤로 나란히 놓은 것이 맞배지붕의 기본적인 구조이다. 45도 모서리로 내려가는 추녀부분이 없고, 앞뒤로 처마만이 있다. 이러한 기술은 백제시대에 이미 보편화 되었을 것이다. 우진각지붕은 맞배지붕의 양 박공측면부를 기울여 지붕면을 만들었다. 그런데 측면으로 걸리는 구조와 모서리 부분인 추녀를 걸치는 기술이 필요하다. 이 때문에 맞배지붕 보다는 기술이 더 요구되었다. 모임지붕은 지붕 중심이 가운데로 모여 솟아오른 모양인데, 평면형태에 따라 4각, 6각, 8각 지붕으로 구분되기도 한다. 이 지붕은 추녀가 정점에서 한꺼번에 모이기 때문에 부재가 모이는 부분을 어떻게 처리하느냐가 기술의 관건이다. 또한 이렇게 모인 추녀를 받치는 대공을 어떤 기법으로 만드느냐 하는 기술이 모임지붕의 기능을 판가름하게 된다.

팔작지붕은 우진각지붕 위에 팔작지붕을 올려놓은 형태인데, 지붕 만드는 기술 중에서 가장 어려운 기술이라 하겠다. 이 지붕형태는 다른 지붕에 비해 조형성이 뛰어나다. 그래서 궁전에서는 정전이나 중궁전, 사찰에서는 금당과 같은 권위를 지닌 대표할만한 건축물에 주로 응용되는 지붕형태인 것이다. 이 지붕은 조형적 완성도 뿐만 아니라 구조기술도 뛰어나야 하기 때문에 다른 지붕형태에 비해 기술적 완성도가 높다.

백제의 지붕형태는 부여 규암면에서 출토된 산경문전에 그려진 집의 모습에서 일례를 찾아볼 수 있다. 여기 표현된 지붕형태는 팔작지붕과 비슷하나 조금 다른 꺾음팔작지붕 모양이다. 이같이 지붕면 중간

그림 35. 부여 규암면 출토 산경문전에 그려진 꺾음팔작지붕

이 꺾여진 팔작지붕은 중국의
한대와 남북조시대를 거쳐
수·당 때의 자료에서도 보일
뿐만 아니라 일본 법륭사가 소
장한 경전보관용 옥충주자(玉
蟲廚子)도 이러한 꺾음팔작지붕
이다. 그리고 백제에서 만들어
일본에 보냈다는 천수국만다라
수장(天壽國曼荼羅繡帳)의 건축
물에도 표현되어 동양 여러 나
라에서 채용한 하나의 지붕형
식이었던 것으로 생각된다. 이
지붕은 일반적인 팔작지붕이
아니라, 지붕면 중간부분이 꺾
였다. 그래서 당시는 지금처럼
지붕 위에 적심이나 보토를 올
리지 않고, 서까래 위에 개판
(蓋板)이나 산자를 한 다음 바
로 기와를 올린 구조가 아닐까
하는 짐작이 든다.

　백제의 지붕을 알 수 있는 자

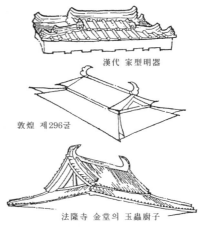

漢代 家型明器

敦煌 제296굴

法隆寺 金堂의 玉蟲廚子

그림 36. 중국 일본의 자료에 보이는 꺾음팔작지붕 사례

그림 37. 일본 중궁사 소장 천수국만다라수장(天壽國曼荼羅繡帳)의 그림에도 꺾음팔작지붕이 보인다.

료로는 부여에서 출토된 산경문전(山景文塼)만이 아니다. 공예품으로는 부여 동남리 출토 청동탑편과 청동향로편, 익산 미륵사지 승방 북쪽에서 출토된 가형토기 지붕편 등의 공예품도 있다. 실물로는 정림사지 석탑, 미륵사지 석탑 등 석조건축물이 있다. 이러한 사례를 자세히 보면 지붕선이 신라시대의 것보다는 곡선으로 표현된 것을 알 수 있다. 지붕의 처마를 곡선으로 만든다는 것은 생각보다 쉽지 않다. 처마를 직선으로 만드는 것은 서까래를 일정한 높이로 나란히 놓은 다음 처마길이를 직선으로 맞춰 가지런히 자르면 그만이다. 이에 비해 처마를 곡선으로 만들기 위해서는 서까래 하나하나의 길이와 높이가 각각 다르기 때문에 고도의 기술을 필요로 한다. 백제의 기술이 뛰어난 것은 이처럼 지붕에서도 확인되고 있다.

7) 지붕기술과 장식기와

지붕에는 다양한 기와가 올라간다. 암기와와 수키와로 불리는 가장 넓은 면적을 덮는 평기와를 비롯 각종 장식기와가 사용되었다. 우리나라에서 기와가 언제부터 사용되었는지를 밝히는 기록은 없다. 다만 기와와 관련한 기록이 『삼국사기』에 보이는데, 가장 이른 것은 신라 기마왕 11년 4월에 "큰 바람이 불어 나무가 꺾어지고 기와가 날아갔다"는 내용이다.[11] 이때가 서기 122년이고, 이후 서기 233년인 조분왕 4년 4월에도 "큰 바람이 불어 기와가 날아갔다"는 기록이[12] 나온다. 따라서 신라 초기에 이미 기와가 사용되었던 것을 알 수 있다. 그러나 처음 기와가 사용된 시기는 이보다 훨씬 앞섰을 것이다. 이를 근거로 추정해 볼 때 대개 원삼국시기에 이미 사용되었을 것으로 추정할 수 있을 것이다.

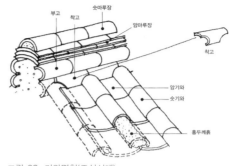

그림 38. 기와명칭(조선시대)

초기의 기와는 지붕 전체에 사용한 것이 아니다. 용마루나 내림마루 같은 주요부분에만 기와를 씌우고, 나머지 부분은 초가로 마감한 형태였을 것으로 추정된다. 이 초기의 기와는 불에 구워 사용한 것이 아니라, 진흙을 성형하여 햇빛에 말린 기와였을 것이다. 초가 형태의 지붕구조에 갑자기 많은 량의 무거운 기와를 한꺼번에 사용한다는 것은 상식적으로 불가능했기 때문에 간단하게 성형하여 말린 기와를 주요 부분에만 사용했던 것으로 보인다. 그러다가 불에 구워 만든 기와를 차츰 지붕 전체에 사용하는 것으로 발전되어 갔을 것으로 생각된다.

처음에는 토기 만드는 기술이 기와에 적용되었고, 기술이 발전함에 따라 기와의 종류가 다양해졌다. 그리고 장식이 가미된 기와가 등장하게 되었다. 기와 만드는 과정이 복잡하고도 어렵지만, 초가지붕에 비해 여러 가지로 이로운 점이 많다. 우선 수명이 오래갈 뿐만 아니라 방수 및 방화효과가 크고, 장식성을 가미하여 건축물의 품격을 높일 수 있었

다. 이런 이유로 신라 왕경에서는 한때 도시의 초가지붕을 없애고, 모두 기와를 이었다고 한다.[13]

　기와지붕에서 가장 많이 소용되는 기와가 암가와와 숫기와이다. 흔히 암수 두 기와를 평기와라고 하는데, 지붕의 넓은 부분을 일정하게 덮는 데 사용되었다. 기와를 올리는 과정은 먼저 서까래 위에 산자를 엮거나 지붕판자(개판)를 덮는다. 그 위에 쓰다 남은 나무조각 등으로 적심을 깔고, 그 위에 흙(보토)을 덮는다. 적심은 서까래와 직각방향으로 깔아야 하고, 흙으로 채울 부분을 먼저 나무를 깔아 지붕의 무게를 줄였다. 그리고 적심과 적심 사이를 비워 단열의 효과와 습기제거 효과를 동시에 거둘 수 있도록 했다. 적심 위에 덮는 보토는 지붕의 전체적인 윤곽선을 잡아주면서, 동시에 단열과 방수효과도 노렸던 것이다. 적심과 보토를 깔 때 어느 정도 두께로 할 것인가는 건물의 성능과 수명, 그리고 모양에 영향을 주는 것이므로 숙련된 기술이 필요하다. 이렇게 적심과 보토를 올리고, 그 위에 기와를 올린다. 기와를 올릴 때는 폭이 넓은 암기와를 처마 아래쪽에서부터 위로 올라가면서 놓는데 맨 아래쪽 기와 밑에는 기와를 고정시키기 위한 연함을 설치하였다. 암기와를 먼저 밑에서부터 위로 줄을 맞춰 놓은 다음 암기와 사이에 수키와를 겹쳐 올린다. 암기와와 수키와를 올린 다음 내림마루와 용마루에 올라가는 치미와 같은 장식기와를 세우면, 지붕공사는 마무리된다. 기와골의 맨 밑에는 막새기와를 놓는데, 막새의 문양에 따라 집의 품격이 달라졌다. 백제의 사비시대에 들어와서는 연화문양이 많이 사용되었다.

사진 38. 부여 정암리 가마터에서 출토된 수막새 연화문양

백제의 기와 올리는 기술은 삼국 중에서도 우수했던 것으로 추정된다. 신라와 일본에서 출토된 막새기와 중에는 백제로부터 전파되었을 것으로 보이는 백제계 유물이 다량으로 나온다. 이는 백제로부터 기술을 전해 받았거나, 백제의 기술자가 참여했던 사실을 입증하는 것이다.[14] 또한 부여 정암리에서는 백제 와요지가 발견되었는데, 군수리절을 비롯하여 이 일대의 사찰과 다른 백제건축에 공급했을 정황이 확인되었다. 이러한 유적을 통해 백제의 조와(造瓦) 기술과 지붕설치 기술이 대단히 우수했다는 것을 알 수 있다.

치미는 장식기와 중 가장 크고 품위를 갖춘 장식기와이다. 치미는 용마루의 양쪽 끝에 올려놓은 화려한 장식기와의 일종인데 중국 한나라 때부터 흔적을 서서히 드러냈다. 그러다가 중국에서는 삼국시대를 거쳐 남북조시대에 이르러 비로소 치미의 형태가 완성되었다. 이들 치미가 삼국시대 중국과 교류과정에서 한반도로 전파되었던 것이다. 치미가 언제부터 사용되었는지는 확실치 않으나 중국의 오래된 기록에 조금은 언급되었다. 내용은 "백량전(柏梁殿)이 화재를 당한 뒤 월나라 무(巫)가 말하기를 바다 속에 어규(魚虯)[15]가 있는데, 꼬리로 솔개처럼 물결을 치니 곧 비가 내려 드디어 그 형상을 지붕에 만들어 불을 진압하였다. 사람들이 이를 혹 치문(鴟吻)이라 하는데 잘못된 말이다"라는 기록이 그것이다.[16] 이로 보아 중국에서는 아주 오래전부터 치미를 지붕에 올려 화재나 재난방지를 염원하면서, 길상과 벽사의 의미를 함께 담아두었다는 것을 알 수 있다. 고고학적 자료로는 북위시대 석굴에 그린 집그림 중에 그 형태가 나타난다. 이밖에 운강석굴, 용문석굴, 맥적산

석굴, 돈황막고굴 등의 벽화에서도 치미형상이 보인다. 기록으로는 『북사(北史)』「우문개전(宇文豈傳)」의 「자진이전미유치미(自晉以前未有鴟尾)」라든가 『진중여서(晉中與書)』의 「관소태극전동치미(觀巢太極殿東鴟尾)」 등에서 찾아볼 수 있다. 이처럼 중국에서는 한나라 때부터 치미와 같은 형상을 지붕에 올리기 시작하였고, 이

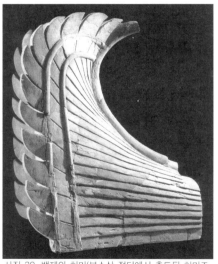

사진 39. 백제의 치미(부소산 절터에서 출토된 치미조각으로 복원)

어 중국의 삼국시대와 남북조(南北朝) 시대에 들어와 본격적으로 치미가 사용되었다. 이들 치미가 한반도에 전파된 것은 삼국시대였다.

치미는 아무 건물에나 올리지 않았다. 규모가 크고 중요한 건물 예를 들면 궁전의 주요정전, 사찰의 금당이나 강당 등에 주로 올렸다. 지붕 용마루 양쪽 머

사진 40. 익산 미륵사 치미

리에 얹어 마치 매의 머리처럼 쑥 불거진 치미에는 깃모양의 선과 많은 점을 새겼다. 이처럼 상징성과 장식성이 강하여 사찰의 주요 전각에 특히 많이 올려놓았다.

치미는 기와 중에서 가장 크고 화려한 조형미가 돋보였기 때문에 이를 만들기 위해서는 뛰어난 기술이 요청되었다. 치미는 건물의 규모에 따라 크기도 다르다. 건물에 비해 작으면 건물이 초라하게 보이고, 너무 크면 어색해 보인다. 건물의 가장 높은 부분에 올라가는 터라, 치미는 대개 크게 만든다. 덩치가 큰 치미는 그 무게 때문에 성형이 어려워 몇 조각으로 나누어 만들었다. 그리고 성형에서 굽기까지 모든 제작과

정이 평기와나 다른 기와에 비해 복잡하고도 어려웠다. 치미는 건축물의 품격을 높여 권위를 나타내 줄 뿐만 아니라, 치미가 지닌 상징적 의미가 큰 것이어서 중요한 건물에는 반드시 사용하는 장식기와로 한껏 발전하였다. 일반적으로 도제와 석제, 청동제 치미를 만들었는데, 이 중에는 도제가 가장 많고 흔하다.

익산 미륵사지에서는 목탑터, 강당터, 승방터, 회랑터 등 여러 군데서 치미편이 출토되었다. 이 조각을 맞춰 완전한 모양으로 복원할 수 있었다. 부소산성 절터, 정림사지, 부여 규암면 폐사지 등에서도 치미편이 출토되어 당시 백제건축에서 치미 제작술이 완숙한 단계로 접어들었다는 것을 알 수 있다.

8) 벽돌 및 전축기술(塼築技法)

벽돌은 흙을 물로 버무려 일정한 크기로 만든 다음 햇빛에 말리거나, 불에 구어 단단하게 성형한 건축재료이다. 대개 햇빛에 말리면 강도가 떨어지고 수분에 약하기 때문에 오래 사용할 수 없다. 불에 구워 만든 벽돌이 강도와 내수성이 높아 오래 사용할 수 있다. 벽돌은 아주 오랜 옛날부터 사용한 건축자재의 하나이다. 벽돌은 그 쓰임새가 다양할 뿐만 아니라, 구조적인 쓰임새와 장식적인 역할을 함께 할 수 있는 재료이기도 하다. 벽돌을 가장 많이 활용한 구조물은 벽이다. 그리고 표면에 문양을 넣으면, 장식을 겸한 구조물이 될 수도 있다. 네모반듯한 방전(方塼)을 만들어 바닥에 까는 포장재료로 사용하기도 하고, 방전에

| 부여 정동리 출토 벽돌 | 군수리절터 출토 공심전(空心塼) | 수도관으로 썼던 백제 토관 |

사진 41. 백제의 벽돌 및 토기제품

무늬를 넣은 문양전도 만들었다. 심지어는 토관을 구워 수도관으로 사용하기도 했다. 이처럼 백제는 다양한 용도의 벽돌과 토기제품을 만들어 사용했다.

　벽돌은 불에 구워 만들 때 불의 온도에 따라 강도가 달라지는데, 불의 온도가 높을수록 벽돌강도가 강해진다. 벽돌은 점토질 흙을 채취하는 데서부터 구워낼 때까지 여러 단계의 작업과정을 거치면서 건축재료로 완성된다. 개략적인 공정은 채토, 흙고르기, 흙벼늘 작업, 벽돌형틀제작, 벽돌성형, 건조, 굽기로 이어진다. 같은 조적용 재료인 돌 가공에 비해 제조과정이 복잡하다. 벽돌은 규격화가 가능할 뿐 아니라, 틀을 쓰기 때문에 원하는 문양을 반복적으로 대량 생산할 수 있는 장점을 지녔다. 그러나 벽돌은 양질의 점토질 흙이 지속적으로 공급되어야 하고, 벽돌을 굽기 위한 가마시설과 연료를 필요로 한다. 돌에 비해 강도가 떨어진다는 점 때문에 우리나라에서는 지속적으로 발전을 이루지 못하였다. 이런 이유로 벽돌은 건축의 주재료로 사용하지 않고, 부재료로만 사용되었다.

부여 정암리에서 백제 사비시대 벽돌과 기와를 구워 공급했던 가마가 발견되었다. 가마는 구릉 경사면의 암반을 파 들어가 만들었는데, 평요(平窯)와 등요(登窯)가 함께 드러났다. 특이한 것은

산경문전돌	산수봉황문전돌	연꽃구름무늬전돌
연꽃무늬전돌	산경문도깨비전돌	연화문도깨비전돌

사진 42. 백제의 각종 문양전

평요는 가마 2개가 1조를 이루었다는 점이다. 이 가마에서 연꽃무늬수막새, 중공벽돌(속빈벽돌), 치미, 암수평기와, 토기, 벼루 등이 나왔다. 이들 가마에서 출토된 연꽃무늬수막새는 군수리절터, 동남리절터, 금성산 와축건물터에서 나온 유물과 모양새나 규격이 똑같았다. 그래서 이 가마에서 벽돌과 기와를 구워 사비도성 내 사찰건축을 비롯한 여러 건축공사에 일괄 공급했던 사실을 확인하게 되었다. 이 가운데 문양전은 백제의 벽돌 제조기술과 조형미를 극명하게 보여주는 유물이었다.

중국에서도 일찍부터 건축에 벽돌이 사용되었다. 남북조시대가 되면, 우수한 벽돌건축을 만들었다. 벽돌건축 기술은 고구려·신라·백제 삼국 모두가 지녔던 건축기술이다. 당시 벽돌건축기술은 분묘나 탑에도 사용되었고, 목조건축에는 바닥과 같은 극히 일부분에 사용되었다. 삼

국 중에서도 백제의 벽돌기술이 가장 우수하다. 웅진시대에 들어와 중
국 남조와의 교류에서 자연스럽게 벽돌 제조기술을 받아들였다. 그러
나 남조의 것을 그대로 모방하지 않고, 백제적으로 재창조했던 것이다.
이에 따라 기술적으로 대단히 우수한 전축분묘가 웅진시대에 이미 축
조되었고, 사비시대에 들어와서는 조형적 감각이 뛰어나고, 특성이 다
양한 벽돌을 본격적으로 생산하기에 이른다. 특히 웅진시대의 전축기
술은 중국 남조의 영향을 받아 상당한 수준에 도달하였다.

　백제의 벽돌 유형은 매우 다양하다. 간단하게 만든 장방형 일반벽돌
을 비롯 바닥용, 궁륭천정에 사용한 쐐기형, 내부를 비워 만든 중공벽
돌[17] 등이 있다. 이러한 벽돌을 유형별로 구분해 보면 다음과 같다.

〈표 13〉 백제 벽돌의 분류

구분	종별	세 분		
	용도별	크기별	장식문양	
장방형	벽체용	보통	①민무늬 ②무늬 ③글씨문	
	분묘형	보통	①민무늬 ②무늬 ③글씨문	
이형	쐐기형 천정용	보통	①민무늬 ②무늬	
	쐐기형 문틀용	보통	민무늬	
	방형 바닥용	보통	①민무늬 ②무늬	
	방형 바닥용	대형	①민무늬 ②그림	
	중공형 방습용	소형	①민무늬 ②무늬	
	중공형 방습용	대형	①민무늬 ②무늬	

자료 : 송재선, 우리나라 벽돌, 1991

이처럼 백제의 벽돌은 쓰임새와 제작시기에 따라 문양과 크기가 다양하다. 지금까지 출토된 벽돌 가운데 길이가 가장 긴 것은 공주 대통사지 출토품인데 34.5cm에 이른다. 그리고 가장 짧은 것은 부여 왕흥사지와 금성산에서 출토된 13.5cm 짜리이다. 또 너비가 가장 넓은 것은 부여 외리절터에서 출토된 29.3cm이고, 가장 작은 것은 공주 심상소학교에서 출토된 13cm 짜리로 밝혀졌다. 두께는 2.4cm에서 14.9cm까지 다양하다. 지금까지 출토된 백제의 각 유형별 벽돌치수는 〈표 14〉와 같다.

〈표 14〉백제 벽돌치수(단위: mm)

유형	출토지	길이	나비	두께	두께	
					앞	뒤
장방형	공주심상소학교	303	140	41		
		316	148	40		
		323	147	45		
		328	150	43		
		300	130	40		
	공주 5호분	310	145	41		
		318	150	42		
	공주 6호분	312	146	40		
		315	144	39		
		318	155	40		
		320	140	50		
	무령왕릉	302	150	50		
		315	142	40		
		318	155	41		
		320	140	50		
		330	150	50		
	공주 대통사지	345	170	45		

유형	출토지	길이	나비	두께	두께 앞	두께 뒤
쐐기형	공주 6호분	320	155		30	40
		325	160		35	45
	무령왕릉	318	154		30	40
방형바닥용	공주봉황국민학교	255	255	53		
	공주박산리	167	167	40		
	공주공산성	240	240	42		
	부여 외리 절터	290	285	40	그림무늬	
		289	290	40		
		290	285	40		
		298	294	41		
		270	295	40		
		285	280	42		
		295	291	40		
		293	290	40		
		295	293	41	민무늬	
		292	290	40		
	부여 왕흥사지	135	132	38	소형	
	부여 구교리	140	145	24	소형	
	부여 금성산	135	135	30	소형	
	부여 정동리	290	285	40		
중공형	부여군수리	279	144	138	대형	
		280	140	149		
		280	140	145		
	부여읍내	270	270	130		

자료 : 송재선, 우리나라 벽돌, 1991

백제시기 전축기술을 가장 뛰어나게 표현한 유적은 공주 송산리 고분이다. 이 유적에는 송산리 6호분과 무령왕릉이 포함되었다. 무령왕릉은 모든 구조를 벽돌로 지은 궁륭형 무덤이다. 특히 이 고분는 도굴의 흔적이 없고, 피장자의 신분과 연대가 확실하게 밝혀져 백제 문화를 연구하는데 중요한 자료가 되고 있다.[18] 평면은 남북축에 맞추어 장변을 놓고, 남측에 연도를 배치한 형식이다. 규모는 현실 길이 4.2m, 폭 2.72m, 높이는 2.93m이다. 바닥은 송산리 6호분과 똑같이 삿자리 문양으로 벽돌을 깔았는데, 현실 앞쪽은 약 21㎝ 정도를 낮추었다. 이 낮은 부분을 제외하면, 관을 놓는 관대(棺臺)가 자연스럽게 이루어진다. 네 벽의 벽돌쌓기는 송산리 6호분과 같이 가로쌓기와 세로쌓기를 번갈아 하였지만, 축조기법이 전혀 다르다. 동서벽은 가로쌓기 4단과 세로쌓기 1단을 상부까지 번갈아 되풀이하면서, 천정까지 이어지게 하였다. 다만 천정 부분에서는 가로쌓기를 3단으로 줄여 마감을 하였다. 이렇듯 천정 부분까지 가로쌓기와 세로쌓기를 무리없게 혼용할 수 있었던 것은 사용할 벽돌을 처음부터 계획적으로 만들었기 때문이다. 이를테면 현실과 연도 천정에 사용한 가로벽돌과 세로벽돌 모두를 아치구조에 대응하는 규격품으로 제작했던 것이다. 실례로 현실의 남벽 연도 위 천정에 사용한 벽돌의 크기를 보면 장변 33㎝, 단변 16㎝, 전면두께 3.5㎝, 후면두께 4.5㎝이다. 현실의 동·서벽에 각 2개, 북벽에 1개 등 모두 5개의 보주(寶珠)모양의 벽감을 만들었고, 각 벽감의 바로 아래에는 벽돌을 세워 쌓아 창호를 표현하였다. 이 무령왕릉의 조형은 구조미적으로

사진 43. 백제의 벽돌건축의 진수를 보여주는 공주 무령왕릉

아름다운 특징도 있지만, 벽돌에 새겨 넣은 문양도 훌륭한 조형미를 나타내고 있다.

무령왕릉에 사용한 벽돌 문양은 크게 3종으로 구분되었다. 첫 번째 문양은 연화문을 절반으로 조각한 세로벽돌인데, 벽돌 2매가 합쳐져야 완전한 하나의 연화문이 나타났다. 이는 현실 하단부 제3단까지 세로쌓기 벽돌에만 적용하였다. 두 번째 문양은 대각의 사선 중앙에 6엽의 소형 연판을 2개 모조한 것이다. 이 문양은 현실의 제4단 이상 세로벽돌에 사용되었다. 세 번째 문양은 삿자리 문양의 양단에 각 6엽 연판을 장식한 것으로 현실의 모든 가로벽돌에 사용되었는데, 가장 많은 분량이다.

이들 벽돌 문양은 묘실 전체를 화려하게 연출하는 효과를 거두었다. 이 전축분묘가 보여준 계획된 축조기술과 장식미는 삼국 중에서 백제의 건축문화를 잘 나타낸 대표적인 사례이다.

사비시대가 되면서 벽돌은 점점 세련되어 장식화 한 경향을 보이고 있다. 부여 규암면 외리에서 출토된 산경무늬, 귀형무늬, 봉황무늬 등 8종에 달하는 각종 무

사진 44. 공주 무령왕릉 벽돌상세

늬벽돌은 그 조각수법이 뛰어나기도 하거니와 무척 세련되었다. 삼국의 벽돌문양 중에서도 가장 화려한 것이었다. 이러한 유물을 통해 백제의 벽돌제작기술의 우수성을 확인할 수 있다. 벽돌기술은 필수적으로 여러 공정단계를 거치게 되는데, 최종

사진 45. 사비시대 부여의 각종 건축물에 벽돌을 공급했던 정암리 가마유적

단계는 가마로 벽돌을 굽는 과정이다. 백제의 대표적인 가마로는 부여 정암리가마, 정동리가마, 쌍북리가마, 송국리가마, 청양 왕진리가마 등이 있다.[19)]

3. 백제 사찰건축 조영기법의 특징

백제는 고구려와 신라에 비해 남아 있는 건축유구가 적다. 이렇듯 적은 자료이기는 하지만, 이를 통해 사비시대 백제건축을 구성한 주요 구조부의 조형과 기법을 살펴보면 다음과 같다.

기단은 판축기법을 이용한 토축기단과 석축기단, 전축(塼築)기단, 와축기단이 사용되었다. 이 가운데 전과 흙을 번갈아 깔면서 만든 전토혼용기단이나, 와축기단은 백제에서만 볼 수 있는 독특한 건축기법이다. 2중기단 역시 삼국 가운데 백제에서만 주로 보인다.

불교전래 이후 남북조시대에는 화려한 장식초석이 사용된 것에 비해 백제시대 초석은 간단히 가공된 초석만 사용하였다. 주좌주변에 연화를 세긴 것이 가장 장식적인 초석에 속한다. 이같은 문양의 초석은 정림사지에서 출토되었다.

현존하는 기둥은 미륵사 서탑 1층 옥신에서 볼 수 있는데, 석재 민흘림기둥이다. 남북조시대 기둥은 매우 다양했지만, 백제에서는 아주 간단한 형태만 사용되었을 것으로 추정된다. 이는 초석을 비롯한 다른 출토유물로 유추해 볼 수 있다. 쓰인 기둥은 단면으로 보아 원기둥, 네모

기둥, 8각기둥이 있었고, 외형상으로는 통주, 민흘림기둥, 배흘림기둥이 사용되었을 것으로 추정된다.

공포는 기둥 위에만 구성되는 '주심포작'의 하앙식 구조이다. 그런데 제공첨차를 2~3단 올려 만든 형식이 있었을 것으로 보인다. 포와 포 사이에 '人'자대공이 사용되었고, 그 형태는 남북조시대의 곡각인자공(曲脚人字栱)같은 곡선형 대공이 사용되었을 것으로 추정된다. 백제의 공포는 부여 규암면에 최근 건립된 백제역사촌 내 왕궁 정전, 능사 금당, 5층목탑 등과 같은 실물모형으로 재현되었다. 이 실물모형은 그동안 확인한 백제건축 관련 자료를 근거로 만들어 낸 것이다.

백제의 지붕 가운데는 꺾음팔작지붕 흔적이 보이는데, 이는 중국 한대의 유구에서 조기부터 나타난다. 남북조시대에는 그 흔적이 명확히 나타나 이 무렵 백제에서도 사용했을 것이다. 따라서 기술적으로 이보다 간단한 팔작지붕, 우진각지붕, 모임지붕, 맞배지붕은 당연히 사용되었을 것으로 보인다.

전축기술은 삼국 중에서도 백제에서만 볼 수 있는 뛰어난 건축기법이다. 이 기법은 처음부터 치밀한 계획을 세우지 않고는 실현할 수 없는 고차원적인 것이다. 이는 물론 중국의 남조문화의 영향이기는 하지만, 외래기술을 자기 것으로 만들 수 있는 백제인의 창조적인 장인정신과 능력을 그대로 나타내 주는 것이다. 백제의 벽돌은 쓰임새에 따라 문양과 규격이 매우 다양하다. 크기는 시대에 따라 서로 다르게 나타나는데, 이러한 벽돌의 다양성은 백제건축의 또 하나의 특징이라고 할 수 있다.

백제건축은 중국의 육조시대와 동시적으로 발전시켜 나갔고 그 흔적들은 공주와 부여지역에서 발견되었다. 남북조시대는 목조건축에 하앙구조가 나타나는 시대였고, 그 기법이 백제와의 교류과정에서 영향을 끼친 것으로 추정된다. 그러나 이 시대 양 지역의 유적과 유물을 상대적으로 비교 고찰한 결과 중국의 영향은 생각보다 크게 나타나지 않는다. 비록 중국과 교류가 이루어졌지만, 지리환경과 민족성은 이를 새로운 해석으로 재창조했던 것이다. 이를테면 백제건축은 중국과 달리 복잡하거나, 그리 화려하지도 않았다. 이는 유구를 통해 알 수 있었다. 중국에 없는 건축술을 개발하였고, 더 나가서는 백제 특유의 양식과 기법을 새로 만들어냈다. 특히 일본서기에 백제의 기술자가 왜에 들어가 사찰을 세워주었다는 기록과[20] 신라 황룡사9층탑을 건립했다는 기록은[21] 백제의 건축기술이 주변나라에 깊은 영향을 끼쳤다는 사실을 입증한다. 이는 백제건축의 아시아화를 의미하는 일이기도 한 것이다.

백제의 건축연장과 치목기술

건축기술의 발전과 양식 변화는 연장의 발달과 불가분의 관계를 갖는다. 연장 없이는 기술이 드러나지 않고, 기술이 없으면 양식은 존재하지 않았을 것이다. 그러므로 건축연장을 이해하지 못하면 구조와 양식의 명확한 이해는 불가능하다. 다시 말해 건축연장을 정확하게 이해하면 건축의 구조와 양식도 쉽게 알 수 있는 것이다. 건축연장은 기술을 발전시킨 원동력이면서, 또한 그 시대의 기술을 이해하는 실마리이기도 하다. 장인이 우수한 기술을 발휘하기 위해서 우수한 연장이 필요했던 것은 불문가지이다. 아무리 장인의 기술이 뛰어나다 해도 그 기술을 발휘할 수 있는 연장이 없다면, 그 기술은 소용없는 일이다. 연장과 기술은 실과 바늘 같고, 이 두 가지는 장인(匠人)이 항상 지니고 다녀야 하는 동반자이다. 집을 지을 때 그 기술은 장인이 발휘하지만, 매무새는 연장이 만들어내는 것이다. 다시 말하면 연장의 기능과 특징에 따라 집 맛이 달라진다는 것이다. 어떤 집을 깔끔한 맛이 있고, 어떤 집은 수더분한 맛을 느끼는데, 그 맛은 바로 연장에서 우러나온 것이다. 연장의 기능과 특징에 따라 건축물의 조형적 감각과 개념이 달라진다는 이야기이다.[1] 시대적으로나, 지역적으로 건축물의 의장적 특징과 조형성이 다른 것은 기법과 그 기법을 표현해 내는 연장에서 비롯된다. 건축에서 연장은 음식에서 맛을 내는 양념과 같은 역할로 보아도 무리가 없다.

백제의 출토 유물 분석에서 금속도구는 대개 무기류 아니면 농공구로 분류하고, 그 중 도끼와 같은 일부 철기류는 기능에 맞춰 명칭을 부여해 왔다. 그러나 도끼와 같은 철기류는 건축연장으로도 사용했으며, 무기류나 농공구로 분류된 철제 유물 중에는 건축연장으로 분류해야 옳은 유물이 많이 있다. 심지어 도끼와 자귀조차도 구분하지 않고 두루뭉술하게 도끼로 분류하는 경우도 더러 보인다. 출토 유물이 칼 같이 생겼으면 대개 '刀子'로, 칼날이 길면서 약간 굽어지면 '낫'으로 구분한다. 판단하기 애매하면 '철물'로 구분하기 일쑤이다. 수많은 건물을 지었을 것인데도 출토된 유물 중에는 건축연장이 왜 하나도 없는지 궁금하다. 백제의 건축기술이 삼국 중에서도 우수했던 것은 그 기술을 발휘할 수 있는 연장이 있었기 때문에 가능했다.

필자의 눈으로 보면 출토된 백제의 금속유물 중에는 건축연장이 너무 많다. 백제건축은 사라지고 없지만, 백제건축을 만든 연장은 1500여 년을 땅 속에서 근근이 버티다가 오늘에야 비로소 우리에게 전해지고 있다. 당시 백제연장을 통해서 백제건축을 만나본다.

1. 자(尺)

1) 자와 도량형의 시작

자는 길이를 재는 척도단위로서 모든 생활의 기본이다. 도량형은 글이나 말과 같이 서로간의 행위를 전달하는 연장이기도 하다. 따라서 도량형을 통일하여 함께 사용하는 것은 생활을 편리하게 할 뿐만 아니라 나라를 다스리는데도 아주 유용하게 작용하였다. 기물의 제작 기술이 발달함에 따라 통일성과 합리성을 가진 표준척과 표준용기에 대한 제작이 요구되었다. 그래서 국가적으로는 사회경제적 생활에 필요한 모든 제도를 제정하는데 도량형의 통일이 필수적이었기 때문에 국가의 표준 도량형기에 대한 제작을 서두르게 되었다.

도량형 중에서 가장 기본이 되는 것은 자(尺)이다. 표준 척도가 있어야만 되, 말, 저울의 표준용기를 제작할 수 있기 때문이다. 그 만큼 표준 척도의 제정은 도량형 정비의 으뜸 과제였다. 도량형의 기원도 이처럼 척도에서 비롯되었다. 인신척으로 10지폭이 지척(指尺)으로 사용되었고, 나중에는 주척(周尺)으로 통용되기도 하였다. 고대 중국에서 표준화된 도량형기로서 척도의 제도를 검은 기장알을 기준으로 삼기도 했다. 중국의 『한서(漢書)』 「율력지(律歷志)」에 처음으로 황종관을 기준으로 한 도량형 단위가 나타난다. 즉 기장 알로 황종관의 길이를 90등분하여 그 1등분을 1분(分), 10분을 1촌(寸), 10촌을 1척(尺), 10척을 1장(丈)으로 정하였다. 부피 또한 기장알을 사용하였다.[2]

2) 중국 고대의 자

중국 전설에 의하면 반고(班固)에 이어 3황5제가 나라를 다스린다. 3황은 복희(伏羲)·여와·신농이라고 한다. 복희는 거북의 등에 8괘를 새겨 동양철학의 기본 틀을 다듬었다. 복희와 여와는 각각 자(曲尺)와 그림쇠(矩 : 컴퍼스)를 들고 있다. 나라를 다스리고, 집을 짓기 위해서 도읍 구획과 아울러 도로를 설계했다. 복희와 여와가 자와 그림쇠를 들었다는 것은 바로 척도의 중요성을 상징적으로 보여주는 것이다. 복희와 여와는 최초의 건축가이자, 도시계획가이다.

산동성 기남(沂南)에서 발견된 한대 화상석에서도 복희와 여와가 각각 곡자와 그림쇠를 지닌 모습이 보인다. 나라를 다스리는 데 가장 먼저 준비해야할 연장을 상징적으로 표현한 것이다. 산동성 가상현(嘉祥縣)의 무씨사(武氏

그림 39. 산동 가상현 무씨사석실의 복희와 여와의 손에 그림쇠와 곡자를 들고 있다.

祠) 석실에도 각종 그림이 새겨져 있다. 한나라 때 그린 화상석이다. 이 그림 중에는 복희와 여와 그림이 몇 개 보이고, 글을 써 넣었다. 「伏戲 倉精 初造王業 畵卦結繩 以理海內」가 그것이다. 즉 '복희가 창정으로 처음 왕업을 이루어 8괘를 그려 줄을 띄우니, 이로서 내해를 다스린다'는 것이다. 복희와 여와를 남녀로 표현했는데, 뱀 꼬리가 달렸다. 두 몸의 꼬리가 한데 어울려 꼬여 있는 모습이다. 손에는 각각 곡자와 그림쇠를 지녔다.

춘추전국시대 노나라 사람으로 건축장인이었던 노반(魯班)이 있었다. 그는 건축뿐만 아니라 토목, 기계, 조각 등 다양한 분야에 걸쳐 기술을 발휘하였다. 특히 그는 성곽 공격용 사다리 운제(運梯)를 비롯하여 건축연장을 발명하고, 자를 만들어 썼다. 그가 곡척(曲尺)을 고안하여 사용한 기록이 『노반경』에 나온다. 후대의 건축장인들은 그를 장인의 조사(祖師)로 받들었고, 지금도 곡척을 '노반척'이라고 부르고 있다.

상(商)나라 때도 자가 사용되었다. 출토유물에 의하면, 1자의 길이가 16~17㎝이다. 주(周)나라 때 들어와서는 척관법을 발달시켜 자의 길이를 통일하기도 하였다. 주나라 때 1자의 길이는 22.5㎝였다. 이처럼 중국에서도 1자의 길이가 시대마다 조금씩 차이가 난다. 1927년 감숙성에서 발견된 '신망동장(新莽銅丈)'이라는 자에는 길이 단위를 분(分), 촌(寸), 척(尺), 장(丈)으로 한다는 글을 새겨 중국에서 길이의 단위호칭이 한나라 이전에 통일되었음을 알 수 있다. 1자의 길이가 한대 초기에는 지척(指尺)길이였던 20.158㎝였는데, 이 치수는 혜제(惠帝)때 리정(里

程)및 량전장량용(量田丈量用)으로 사용했던 척도이다. 이는 예기 [왕제편]에서 동전(東田)의 넓이를 실측했던 리정 및 량전장량용으로 사용한 주척(周尺)이기도 했다. 이 척도의 신장척이 1972년에 중국서 발견된 길이 20.25cm척도였을 것으로 보인다.³⁾ 한편 서한 후기 때 만든 것으로 추정되는 2개의 자가 다른 유물들과 함께 감숙성 거연지방에서 발견되었다. 그런데 크기는 각각 23.6cm와 23.2cm이다.⁴⁾ 이 자에는 10등분으로 음각이 표시되었다. 이로 미루어 당시 이 지방의 1척은 23.6cm 혹은 23.2cm였다는 것을 알 수 있다. 1955년 요령성 요양시에서 출토된 후한 말의 것으로 보이는 자와 삼국시대 위나라 때 것으로 추정되는 자는 1자의 길이가 23.8cm이다. 이 자에는 눈금을 그리고, 동그라미 점을 찍어 사용하였다.

호북성 강릉 봉황산 제10호 한나라 분묘에서 출토된 목척은 길이가 22.8cm, 폭 1.5cm, 두께 0.7cm이다.⁵⁾ 이 자에는 정면에 "市陽戶人孫婿"라

사진 46. 중국 후한 때의 자(상)와 삼국시대 위나라 때의 자(중, 하)는 모두 23.8cm이다.

는 여섯 자와 뒷면에 상형문자가 양각되었다. 이밖에 출토된 한대의 유물자료에 의하면, 1자의 길이가 시대마다 달리 사용되었음을 알 수 있다.[6] 이러한 자료로서 비교해 볼 때 함양 저장만에서 출토된 1尺의 길이는 22.38cm이고, 서안 연홍 문촌에서 출토된 1尺의 길이는 23.75cm로 나타나 1.39cm의 격차를 드러냈다. 당시의 출토유물로 측정된 1尺의 길이는 〈표15〉와 같다.

표15. 출토자료에 나타난 한대의 1자 길이

시 대	자료명칭	1척의 길이(cm)
전국(楚)	長沙銅尺	22.7
한 무제	4115호 銅錠	23
	銅 尺	23.5
감로2년	銅方爐	23.75
신(新)	銅 攝	23.07

당나라에서 전파되었다는 상아로 만든 자를 일본 나라(奈良) 동대사 정창원(東大寺 正倉院)이 소장하고 있다. 발종척(撥鐘尺)이라는 이름의 상아제품인데, 일본에서 가장 오래된 자이다. 하나는 붉은색으로 길이가 30.2cm이고, 폭이 2.8cm이다. 다른 하나는 녹색으로 길이가 30.5cm, 폭 3cm이다. 자의 앞뒤에는 각종 화초문양, 새와 사슴문양 등을 그려 매우 화려한 모습을 했다. 당시 일본의 사신들이 당나라에 갔을 때 이 자를 받아온 것으로 추측하고 있다.

3) 백제의 자

우리나라에서는 삼국시대 때 자(尺)와 관련한 자료가 처음 나타난다. 『삼국사기』 신라 문무왕 5년(A.D. 665)에 1필이 10심(尋)이었던 견포(絹布)의 기준을 고쳐 길이 7보(步)와 넓이 2척을 1필(匹)로 삼게 하였다는 기사가 보인다.[7] 이때 길이에 대한 기준을 변경한 것이 아닌가 짐작된다.

백제에서도 국가의 기준척도를 사용했을 것으로 추정되는 자가 발견되었다. 수많은 건축공사가 이루어졌던 백제에서는 지역간의 척도기준을 정하지 않으면 혼란스럽기 때문에 기준척도가 필요했던 것이다.

백제의 도량형 중 가장 기본이 되는 척도제는 한성기에는 고구려나 신라와 마찬가지로 낙랑군을 통해 들어온 23cm 내외의 후한척(後漢尺)이었다. 이후 웅진기와 사비기 전반에는 25cm 내외의 중국 남북조시대 척이 들어왔고, 사비기 후반에는 29.5cm 내외의 당척(唐尺)을 사용한 것으로 보인다. 특히 25cm 내외의 자는 부여 능산리절터 출토의 백제금동대향로와 창왕명석조사리감, 목간(木簡) 등에 그대로 적용되었다. 특히 목간 중 부여궁남지 출토 글씨연습용(習書用) 목간과 부여 능산리절터 출토의 '한성하부대덕소가로(漢城下部對德疏加鹵)' 먹글씨 목간은 그 길이가 각각 25cm, 24.5cm로 당시 1자였던 것으로 추정된다. 당척은 쌍북리 자에도 적용되었고, 부여 외리 출토 무늬벽돌의 한변 길이가 28~29.8cm 내외로 나타나 부여 쌍북리 출토 자의 1자 추정치와 거의 같다. 그래서 당척이 적용된 예로 보인다.

부여 외리 출토 무늬벽돌은 봉황이나 연꽃, 용, 구름 등의 그림이 주류를 이룬다. 그리고 이들 무늬 바깥에 연주문(連珠文)이 돌아갔다는 점과, 연꽃의 양식변화로 미루어 제작연대를 630~640년대로 비정되어 7세기 전반에 이미 공식적으로 당척이 수용되었음을 보여준다. 이는 당척제 시행시점이 문무왕 5년(665)에 가서야 비로소 국가의 새로운 기준척이 되었던 신라보다 앞섰다는 사실을 시사하고 있다. 이같은 백제의 당척 수용이 620년대에 시작한 중국에서의 당척제(唐尺制) 시행시점과 거의 차이 없다. 중국의 새로운 변화에 능동적으로 대처한 결과로 풀이할 수 있다.[8]

지금까지 알려진 바로는 우리나라 삼국시기 초에는 한척(漢尺)을 주로 사용했으나 삼국시기 후반이 되면 동위척(東魏尺, 약 30.1cm)의 장척(長尺) 또는 이와 길이가 비슷한 고려척(高麗尺, 약 35cm)을 사용하였다. 이는 고구려, 백제, 신라의 여러 유적에 사용된 용척(用尺)을 분석해 본 결과이다. 그러나 백제에는 이외에 또다른 자가 사용되었을 가능성도 있다.

1998년 부여 쌍북리 금성산 북쪽 경사면 끝자락에서 목간(木簡), 나무상자조각, 기와, 토기조각과 함께 자가 출토되었다. 지금까지 우리나라

사진 47. 부여 관북리에서 출토된 자(상)와 이를 근거로 복원한 자(아래)

에서 출토된 삼국시대의 3개의 자 중 하나이다. 직사각형의 단면으로 이루어진 이 자는 일부가 멸실되어 남아 있는 길이는 19.0cm이다. 눈금은 넓은 면에 새겨졌다. 그런데 첫 번째 눈금까지는 2.9cm이고, 그 다음부터는 1.45, 1.45, 1.50, 1.45, 1.50, 1.45, 1.45, 1.45, 1.45, 1.45, 1.45cm이다. 첫 번째 눈금은 2.90cm이고, 1.50cm간격이 2개인 것을 제외하고 대부분 1.45cm인 것으로 보아 1칸의 간격은 1.45cm가 표준이었던 것이 분명하다. 첫 번째 칸의 간격인 2.90cm를 1치(寸)로 본다면, 1.45cm는 1치의 반에 해당한다. 이를 근거로 자를 복원할 경우 1자의 길이는 29cm가 되는데 이는 북위에서 기원한 당척 29.5~29.7cm이었던 것으로 추정된다. 당척도 사용했을 가능성을 제기해 주는 것이다. 이는 사비시대 백제는 동위척과 고려척을 사용했다는 지금까지의 이론과는 다른 것이어서 앞으로 이와 관련된 연구가 있어야 할 것으로 생각된다.

당척이 언제 백제에 수용되었는지는 알 수가 없다. 그러나 부여 외리 출토 무늬벽돌의 한 변 길이가 28~29.8cm인 점으로 미루어 이 벽돌의 제작 연대로 추정되는 630~640년쯤인 7세기 전반기일 것으로 보인다.[9] 남아 있는 백제의 자는 쌍북리에서 출토된 것 외에는 없다. 당시 건축 공사에 사용된 자는 여러 가지가 있었을 것으로 추정된다. 일반적으로 단순히 길이를 재는 자를 비롯하여 직각을 재기 위해서는 곡자(曲尺)가 사용되었고, 모서리 맞춤을 위해서 연귀자, 긴 거리를 재기 위해서는 줄자 등이 사용되었을 것이다. 이밖에 다양한 자가 사용되었을 것으로 보이나 현존하는 사례가 없어 추정만 하고 있을 뿐이다.

도량형 제도의 정비는 국가 경제제도 정비의 기초이다. 경제제도가 정비되었을 때 국가 경제가 안정되고, 문화와 기술이 발전하는 것은 당연한 일이다. 백제의 강성기는 대체적으로 서해바다를 장악했던 시기에 해당한다. 백제가 서해바다를 장악하고, 대륙과 원활한 교통로가 확보되었을 때 대륙과의 빈번한 교류가 이루어졌다. 그리고 이 해로를 거쳐 문화를 흡수하였던 것이 결국 백제문화의 수준을 높이는 결과를 가져오게 되었다. 이와 병행하여 건축기술 성과를 높일 수도 있었다. 대륙의 변화에 능동적으로 대처하면서 새로운 문물에 대한 개방성은 백제문화를 꽃피우는 자양분이 되었던 것이다. 삼국시대 백제의 건축기술이 다른 나라에 비해 발전할 수 있었던 요인은 외래문화에 대한 배타성 보다는 이를 과감하게 수용한 개방성이었다. 이는 도량형 제도정비로 연결되어 문화를 발전시킨 요인으로 작용했던 것이다.

2. 먹통(墨桶)

부재를 자르고 치목을 할 때 가장 먼저 해야 하는 것은 금을 그어 표시를 해 두는 것인데, 이때 먹통이 사용되었다. 먹통은 먹실을 감아두었다가 부재에 일직선으로 금을 긋는데 사용하는 도구이다. 목수, 석공, 기와공 등 거의 모든 장인들이 사용하는 가장 기본적이고 필수적인 건축연장이기도 하다. 먹통은 아주 오랜 옛날부터 사용되기 시작하였는데, 처음에는 길다란 작대기에 뾰쪽한 글개로 선을 그었다. 그러다 나중에 실에 진한 흙물을 묻혀 먹줄대신 사용했다. 이후 먹이 발명되면서 실에 먹물을 묻혀 사용하게 되었다. 지금과 같은 모양의 먹통을 만든 것은 청동기시대에 들어와 건축연장이 급속히 발달하면서 부터이다. 우선 우리나라에도 이 무렵 먹통이 처음 사용되었을 것으로 생각된다.

일본사람이 쓴 '먹통의 기원에 대하여'[10] 라는 글을 보면, '1700년 전 응인(應仁)왕 때 배를 만드는 신라(新羅) 사람이 먹통, 자귀, 대패 등을 가지고 온 것이 일본에서 최초의 일' 이라고 적고 있다. 이 근거를 어디서 찾았는지 알 수 없지만, 배 만드는 기술로 치면 신라보다 오히려 백제가 앞선다. 백제는 일찍부터 대륙과 교류를 하기 위하여 항해술을 익혔다. 더구나 리아스식 해안이라는 천혜의 항구 여건을 갖추었던 백제는 신라보다는 배 만드는 기술이 앞섰다. 뿐만 아니라 백제의 장인 아비지가 신라에 가서 황룡사를 지어주고, 또 다른 백제 장인이 왜로 넘어가 절을 지어 주었다는 문헌의 근거로 미루어 먹통을 일본에 전한 것은 백제 때가 분명하다.

먹통 모양을 보면, 장방형의 두꺼운 나무토막에 전후로 2개의 구멍을 파내어 한쪽(앞쪽)은 먹물을 묻힌 솜을 넣은 먹솜칸으로 하고, 다른 한쪽(뒤쪽)은 먹줄(먹실, 墨糸)을 감을 수 있게 타래(고패)를 끼워 놓았다. 이 칸을 타래칸이라 한다. 먹줄을 한쪽 끝을 타래에 묶어 감아두고, 다른 한끝은 타래칸과 먹솜칸 사이의 작은 구멍을 거쳐 빼낸 다음 먹줄이 먹솜에 잘 묻게 하여 다시 먹솜칸 앞의 작은 구멍으로 빼내었다. 구멍

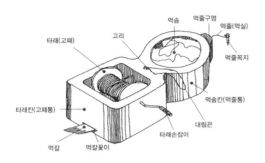

그림 40. 전통적인 먹통의 기본구조

으로 빼낸 먹줄 끝은 조그만 나무토막에 침을 꽂아 송곳 같이 생긴 먹줄꽂이에 묶어둔다. 먹줄은 명주실이나 목화실을 2~3겹으로 꼬아서 만들었다.[11]

먹통을 사용하는 방법은 먹줄 끝의 송곳을 치고자 하는 직선 한쪽 끝에 꽂고, 먹칼로 먹솜을 지그시 누르면서 우선 줄을 푸는 것으로 시작한다. 그리고 반대쪽 끝에 먹통 줄구멍을 맞춘 다음 먹통을 단단히 고정하여 먹줄을 직각으로 들었다가 퉁기면 직선의 금이 나타난다. 이때 잘못 퉁기면 직선이 되지 않고 휘거나 곡선으로 되기 쉽다.

익산 미륵사터에서 2개의 먹통이 발견되었다. 하나는 나무로 만든 것으로 동남쪽 배수로에서 나왔다. 또 다른 하나는 동원 승방터 기단에서 발견되었다. 배수로에서 발견된 것은 목제로 만든 것인데, 고패칸

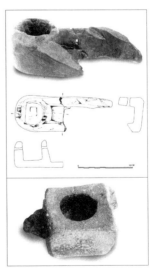

사진 48. 익산 미륵사 출토 나무먹통(위)과 토기먹통(아래)(미륵사발굴조사보고서)

부분은 결실되어 내부직경 4cm의 원형 홈이 파진 먹칸 부분만 남았다. 남아 있는 부분은 길이 17.5cm, 폭 6.8cm, 높이 5.2cm이다.[12] 동원 승방 터 기단에서 발견된 먹통은 특이하게도 흙을 빚어 구워서 만든 토제로 타래칸은 결실되고 먹솜칸만 남아 있다. 바탕흙은 정선된 고운 흙을 사용하였고, 온도를 높여 구운 것으로 유약은 바르지 않았다. 남아 있는 크기는 길이 6.1cm, 폭 4.1cm, 높이 3.4cm이다.[13] 비록 일부만 남은 것이지만, 조선시대 먹통과 다를 바가 없을 정도로 세련된 모습이다. 먹통은 대개 목재로 만들어 사용하는데, 이처럼 흙으로 빚어 만든 토제 먹통은 극히 드물다. 이 먹통은 후기신라 말 이전에 만든 것으로 추정되지만, 그 이전 백제시대에도 이미 세련된 먹통을 만들었을 것이다. 미륵사에서 출토된 2개의 먹통은 현존하는 먹통 중 가장 오래된 것이라 할 수 있다.

3. 톱(鋸)

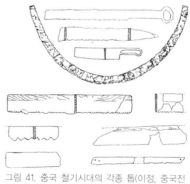

그림 41. 중국 철기시대의 각종 톱(이정, 중국전통건축 목작공구)

나무를 자르고 켜는데 없어서는 안 되는 중요한 연장이다. 톱은 이미 기원전 3500여 년 전 이집트에서 청동톱이 사용된 흔적이 있고, 중국에서도 청동기시대 사용된 톱이 발견되었다. 우리나라에서는 신석기시대에 이미 돌에 이빨을 내어 썼던 유물이 강원도 양양 오산리 유적에서 발견되었다. 선사시대부터 톱이 사용되기 시작했다는 것을 알 수 있다. 톱은 신석기시대부터 만들었으나, 다른 도구에 비해 발달이 늦다. 이 무렵의 톱은 납작하고, 길죽한 돌에 이빨과 같은 날을 세워 문지르면 나무를

활톱

동발 끼운 활톱

탕개 끼운 활톱

원시형 탕개톱

탕개톱

그림 42. 탕개톱의 변천(이정, 중국전통건축 목작공구)

간단히 자를 수 있게 만든 것이었다. 철기시대의 톱은 철판의 한쪽에 날을 세워 사용했는데 지금까지의 톱보다 훨씬 능률적이었다. 차츰 톱의 기능이 다양해지면서, 톱날의 강도를 강하게 만들 필요가 생겨 고안해 낸 것이 탕개톱이다. 톱날을 강하게 하는 방법으로 날을 양쪽에서 당기는 방법을 생각하게 되었는데, 이는 활처럼 날을 당겨주는 것이다. 이러한 방법이 점점 발달하여 동발을 끼우고, 날의 반대편에서 줄을 팽팽하게 당겨 강한 날이 되게 도왔기 때문에 톱의 기능이 좋아지게 되었던 것이다.

톱은 톱냥을 만드는 기술이 우수할 때 기능적인 톱을 만들 수 있었다.

톱은 크게 '톱냥', '톱자루', '동발', '탕개'의 넷으로 구분한다. 만드는 공정은 우선 좁고 긴 장방형 쇠판 한쪽에 일정한 간격으로 뾰족한 이빨과 같은 날을 내고, 양끝에다

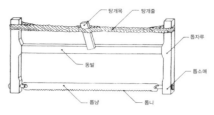

그림 43. 전통적인 탕개톱의 구조

구멍을 뚫어두는데, 이를 '톱냥'이라 한다. 그 다음 톱틀을 만든다. 이 때 가운데 동발을 두고 양쪽에 하나씩 톱자루를 끼워 아래는 톱냥을 끼운다. 그리고 위에는 끈을 꼬아 만든 탕개줄을 메어둔다. 탕개줄 가운데는 탕개목을 끼워 줄을 틀 수 있도록 한다. 이렇게 준비된 톱틀의 위아래에 톱냥과 탕개줄을 끼운다. 그리고 탕개줄에 끼워둔 탕개목을 틀어 조이면, 가운데 동발을 중심으로 톱냥이 당겨지기 때문에 팽팽해져 부러지지 않으면서도 큰 힘을 발휘하게 된다. 톱날을 만들 때는 톱니를 좌우로 조금씩 번갈아서 날어김을 해둔다. 날어김은 대체로 톱냥 두께

사진 49. 궁남지에서 출토된 목재의 톱흔적(국립부여문화재연구소)

의 1.3~1.8배 정도로 잡는다. 날어김이 지나치게 크면 톱질이 힘들고, 톱니의 마모가 심해지게 마련이다. 톱냥은 대개 마모가 약한 강철로 달금질해 만든다. 또 톱자루는 단단하고 휨에

강한 참나무를 주
로 사용한다. 동발
로는 참나무 또는
보통나무를 많이
쓰나, 압축에 강한
대나무를 쓸 때도
있다. 탕개줄로는

사진 50. 궁남지 출토 톱자루(국립부여문화재연구소)

삼, 닥나무껍질, 말총 등을 꼬아서 사용한다.

　백제에서도 톱을 사용했을 것으로 생각되나, 남아 있는 톱은 찾아볼
수 없다. 다만 톱으로 잘랐던 흔적을 보여주는 목부재가 출토되어 톱이
사용되었다는 것을 알 수 있다. 뿐만 아니라 톱자루로 사용했을 것으로
보이는 부재도 출토되었다. 궁남지에서 출토된 목재 중 탕개톱의 톱자
루로 보이는 목부재는 길이 24.5㎝, 직경 3.5㎝이다. 그런데 이 목재부
의 한쪽 끝에는 탕개줄이 미끌어 지는 것을 방지하기 위해 턱을 깎아둔
흔적이 남아 있다. 이 목부재가 탕개톱의 자루였다면, 톱냥의 길이는
대략 60㎝ 내외가 되는 중톱 크기의 탕개톱이었을 것으로 추정된다.

　백제시기에는 톱의 기능이 다양하지 않았을 것으로 보인다. 원목을
자르거나 큰 널판을 만들 정도의 대톱도 사용되지 않았을 것이다. 목재
는 섬유질을 함유했기 때문에 자르거나 켤 때 톱의 기능이 다르게 나타
난다. 톱이 제기능을 발휘하기 위해서는 톱날이 날카롭고도 단단해야
된다. 또한 충격을 잘 받아들여 날이 부러지거나 이가 부러져서도 안

된다. 이를 위해서는 단조기술의 발달이 필수적 과제이다. 이러한 이유로 톱 보다는 자귀, 도끼, 대패와 같은 다른 연장기술이 발달되었을 것으로 보인다.

4. 자귀(錛)

1) 자귀의 기능과 백제자귀

자귀는 목재를 찍어서 깎고, 가공하는 연장이다. 도끼와 비슷하게 생겼다. 그러나 자귀는 날이 자루에 평행하게 박힌 도끼와는 달리 날이 자루와 직각 방향으로 박혀 있다. 따라서 도끼는 세워진 원목을 벌목하기에는 적당하지만 자귀로는 원목을 베기가 어렵다. 눕혀진 나무를 가공하는 데는 도끼보다 오히려 자귀가 기능을 잘 발휘할 수가 있다. 이것이 도끼와 자귀의 근본적인 차이다.

자귀에 자루를 끼우는 방법으로 2가지가 있다. 하나는 자루를 끼울 날몸 상부에 홈을 마련하는 주조법이고, 다른 하나는 자루를 끼울 부분의 철판 양끝을 곡선으로 둥글게 말아서 공간을 비워두는 단조법이다.

| 주조법 공정과 자귀날 사례(부소산성 출토) | 단조법 공정과 자귀날 사례(부소산성 출토) |

그림 44. 자귀날 만드는 2가지 방법

날몸 상부에 홈을 파서 자루를 끼우는 방법은 주로 형틀에 부어서 만든 주조품이다. 이같은 주조품은 연산 표정리[14], 능사 강당터 주변,[15] 부소산성 북문터 추정되는 건물터 근처,[16] 부소산성 사자루 근처[17] 등에서 출토된 사례가 있다. 철판 양끝을 둥글게 말아 끼우는 방법은 거의 대부분 대장간에서 두드려 만든 단조품인데, 부소산성 동문터 근처에서 발굴된 사례가 있다.[18]

날 만으로는 명확히 도끼와 구분되지 않은 자귀도 보인다. 원삼국시대 분묘인 의창 다호리 고분에서는 'ㄱ'자로 구부러진 자루를 끼운 자귀가 나왔다. 이 자귀는 나무를 찍어 베는 도끼와 다른 기능을 가진 연장임을 분명하게 드러냈다.[19] 광주 신창동저습지에서도 자귀 자루 13점이 나왔다. 자연목의 일부와 가지를 이용하여 'ㄱ'자형으로 만든 자루로 자귀날이 장착되기 적합하게 턱을 마련하였다.[20]

궁남지에서 나온 목재 유물 중에는 자귀날을 끼웠던 것으로 추정되는 부재가 출토되었다. 하나는 길이 13cm, 폭 3～4.5cm, 두께 1.7cm로 가운

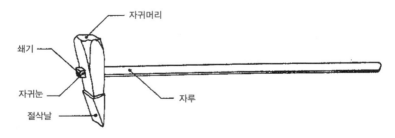

그림 45. 자귀의 기본구조

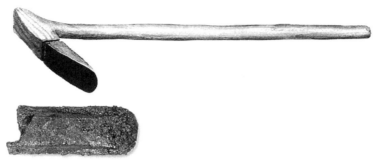

그림 46. 백제의 자귀 복원도(한국생활사박물관4, 사계절)

데에 자루를 끼웠던 홈이 파였다. 홈은 양쪽 크기가 달라 좁은 쪽에 자루를 끼운 뒤 넓은 쪽에서 쐐기를 박아 고정시켰을 것으로 보인다. 쇠날을 고정시키기 위한 홈 내지는 장착한 뒤 생긴 듯한 얕은 단이 측면에 나 있다. 다른 하나는 길이 17.5cm, 폭 5.8cm, 두께 2.4cm이다. 자루는 부러져 없고, 자귀날을 부착하는 부분만 남은 것으로 보아 한 부재로 제작하였음을 알 수 있었다.[21]

백제시기 건축연장은 조선시대에 비해 다양하지는 못했다. 자귀와 같은 연장은 목재표면을 고르는데도 사용되었고, 홈을 파내거나 단면을 자르는데도 사용되었다. 말하자면 자귀는 목재가공에서 기능을 다양하게 발휘하는 연장이었던 것이다.

자귀질은 도끼와 같이 큰 힘으로 내려치는 것이 아니다. 굴곡면을 깎을 때나, 움푹 들어간 홈을 파낼 때 주로 사용하기 때문에 큰 힘보다는 정확하게 깎는 것이 더 중요하다. 따라서 자귀의 날 폭을 다양하게 만들어 목재 깎는 장소에 따라 날 폭에 맞추어 사용하게 된다. 날 폭이 큰 것은 8~9cm 정도이고, 좁은 것은 3~4cm 정도이다. 홈을 파내는 연장 중에는 끌이 있다. 그런데 끌은 날 끝을 목재면에 미리 맞춰놓고 메로 쳐서 홈을 파내는 연장이다. 이에 비해 자귀는 미리 맞추지 않고 위에서 내리쳐서 목재면을 깎는다. 그래서 자귀질 면을 고르게 하기란 매우 힘들다. 자귀질이 숙달되어야 어느 정도 고른 표면을 만들 수 있다. 이 때 깎아서 생기는 나무조각을 '자귀밥'이라 한다. 자귀는 크기에 따라 '대자귀', '중자귀', '소자귀'로 구분한다. 자귀는 주로 목수가 사용했지만, 나중에는 배 만드는 선장(船匠)들도 사용하게 되었다. 배 만드는 데 주로 목재가 들어가기 때문에 자귀는 목재가공에 있어서 중요한 연장이 되었던 것이다.

2) 백제자귀 치목 흔적

치목흔적이 있는 백제의 부재는 거의 남아 있지 않다. 다만 최근 저습지에서 나온 목재 가운데 가공흔적을 살필 수 있는 자료가 더러 나오기는 했다. 2~3세기 유적인 풍납토성 가-2호 주거지 바닥에서 불에 탄 판재가 나왔는데, 시커먼 표면에 자귀로 치목한 비늘 같은 자국이 뚜렷이 확인되었다.[22]

궁남지에서 나온 목재유물 가운데도 자귀로 치목한 흔적이 분명하게 드러난 부재가 몇 점 보인다. 이 치목흔적은 널가래로 불리는 목제연장 양면에 남아 있다. 자귀 같은 공구로 여러 번 다듬어 고르게 한 흔적이

확인되었다. 말목 같은 부재
는 한쪽 끝을 뾰족하게 다듬
었는데, 자귀로 깎은 자국이
분명하다.[23]

사진 51. 궁남지 출토 목부재에 있는 백제의 자귀흔적
(국립부여문화재연구소)

도끼로 베어낸 부재는 끌이
나 쐐기를 박아 떼어내는데,
표면은 쪼개진 나무결로 인
해 매우 거칠다. 이때 초벌

또는 거칠게 다듬는 연장으로 자귀를 써서 마감하기도 한다. 풍납토성
이나 궁남지 목재유물에서 보이는 것처럼 자귀로 표면을 다듬는 일은
조선시대 말까지도 지속되어 민가의 경우 심지어 자귀만으로 집을 짓
기도 하였다.

5. 끌(鑿)

1) 백제의 끌 유물

목조건축의 특징은 나무를 조립하여 건물을 세우는 것이다. 조립은
부재의 이음과 맞춤으로 이루어지는 작업인데, 이때 사용하는 연장이
끌이다. 나무를 잇거나 접합하기 위하여 구멍을 뚫고, 촉을 만드는데
사용하는 연장이다. 좁고 긴 쇠봉에 한쪽 끝은 날을 세우고, 반대쪽 머
리를 메로 때려 나무에 구멍을 파내는 기능을 지닌 연장이다. 끌은 용

도에 따라 여러 가지 모양이 있다. 길이는 대개 1
자 미만이다. 백제시대 끌은 대부분 날부터 머리
까지를 통 쇠로 만들어 썼다. 그러나 간혹 날에
자루를 끼워 사용한 끌도 있다. 백제시대의 것으
로 보이는 끌 유물은 여러 유적에서 발견되어 당
시 끌은 목재가공에 중요한 연장이었음을 알 수
있다.

2~3세기 유적인 풍납토성에서 나온 끌은 모두
신부 단면이 방형에 가까운 세장한 형태이다. 머
리 폭이 좁고 날도 발달되지 않았으며, 신부 단면
은 말각방형이다. 한강유역 유적에서 나온 쇠끌

사진 52. 끌의 기본구조

은 그리 많지 않다. 몇 점을 제외하고는 풍납토성 출토 끌과 유사한데
공부(銎斧)가 없는 세장한 형태이다. 그런데 이 끌은 두께가 너무 얇고
길어서 끌이 아닐 가능성도 있다고 하였으나[24] 날이 한쪽으로 비스듬하
게 형성되어 못으로 보기는 어렵다. 그리고 사용흔을 밝히지도 않았으
나 뭉뚝한 것으로 보고되었다.

그런데 특이하게도 중원 하천리 F-1호 주거지와 제원 양평리 2호 적
석총에서 나온 유물은 자루를 끼우는 형태의 끌로 보았다. 용담동 고분
에서 나온 끌도 두 가지로 밝혀졌는데, 하나는 자루를 끼우는 형태이
다. 보고서에는 끌 모양의 무기로 분류하였으나[25] 이는 끌이었을 것으
로 짐작된다. 이 유적에서 출토된 끌을 보면 당시 통쇠로된 끌 뿐만 아

니라 이처럼 자루를 끼워
사용하는 끌도 있었던 것
으로 추정된다.

삼국시대 고구려 유적인
아차산 제4보루에서 나온
끌은 단조품이다. 단면이
원형에 가까운 타원형의
공부를 갖춘 이 끌은 길이

사진 53. 아차산 제4보루에서 출토된 고구려의 각종 끌
(아차산 제4보루 발굴조사 종합보고서, 2000)

6.5㎝의 공부 중 약 3.0㎝ 부분만이 단접되었다. 신부는 단면 장방형에
가까운 사다리꼴인데, 일부가 부러져 결실된 상태이다. 신부의 나머지
형태는 끝으로 가면서 두께가 점차 감소하지만, 폭은 일정하게 유지했
던 것으로 보인다. 공부의 끝부분은 사용할 때 타격으로 인해 눌리고
말려있다. 단조품임에도 불구하고 신부가 부러진 것으로 보아 열처리
가 가해졌던 것으로 보인다. 표면에는 제작과정에 생긴 타격흔적이 남
아 있다. 잔존 길이 10.2㎝, 공부길이 약 6.5㎝, 공부 최대외경 3.6㎝,
공부 두께 0.3㎝~0.4㎝, 신부 폭 2.0㎝, 신부 두께 0.9㎝~1.2㎝이다.[26]

용인 수지 백제주거지에서 나온 끌은 2점 모두 완형으로 세장방형에
단면은 방형으로 되어 있다. 머리부분이 타격을 받아 납작해진 것으로
미루어 상당 기간 사용한 것임을 알 수 있다. 날은 현재 남은 상태로 보
아 각각 홑날(片刃)과 양날(兩刃)인 것으로 판단된다.[27] 끌은 단야구의
하나로 분류되는 건축연장이다. 그런데 끌이 다른 단야구와 한꺼번에

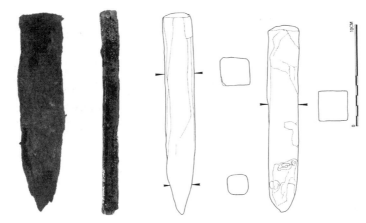

그림 47. 익산 미륵사지에서 출토된 각종 끌

나온 경유는 무안 사창리 뿐이다.[28]

익산 미륵사에서는 6개의 쇠끌이 출토되었다. 하나의 쇠에 자루와 날을 갖춘 통끌이다. 길이는 6개 중 5개는 약 19㎝ 내외, 자루 부분의 단면은 가로 세로 3㎝ 정도의 방형이다. 그리고 길이 12㎝, 너비 1.1㎝,

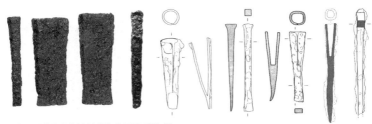

그림 48. 백제시대 부여에서 출토된 각종 끌

두께 0.8㎝에 이르는 나머지 하나는 다른 것에 비해 약간 납작한 단면으로 되어 있다.[29] 이밖에 미륵사에서 출토된 유물 중 끌로 보이는 금속재품이 있다. 길이 11~15㎝, 폭 15㎝ 내외, 두께 1.5㎝ 정도 되는 철제품인데, 크기나 두께로 보아 끌로 사용된 건축연장일 가능성이 크다.[30]

부소산성 북문터 근처에서도 끌이 출토되었다. 길이 약 20㎝, 날 폭이 2㎝인 이 끌은 메로 때리는 머리부분은 몸통보다 넓게 퍼져있다.[31] 북문터 근처에서는 이밖에 끌로 추정되는 철제품이 6점 정도 더 출토되었다. 이처럼 백제 때의 끌 유물은 여러 유적에서 많이 나왔다.

2) 끌 치목흔적

끌은 부재를 접합하기 위해 구멍을 파는데 사용했고, 거칠게 부재 면을 다듬는데도 썼다. 현존 목재유물 가운데 백제 때 사용했던 끌 흔적이 여러 목부재에서 확인되었다. 이 가운데 부여 관북리에서 출토된 목재품에서는 홈을 파냈던 명확한 끌 흔적이 확인되었는데, 여기에 사용한 끌의 폭은 2.3㎝ 정도로 밝혀졌다. 궁남지에서 발견된 또 다른 목재품에서도 끌로 네모구멍을 파낸 흔적을 찾아냈다. 이 구멍의 크기는 가로 세로 1.4㎝이다. 능사 배수로에 세웠던 나무다리에서는 받침목에 교각을 세우기 위하여 구멍을 파고 촉을 끼운 흔적이 발견되었다.

이때 목재와 목재를 연결하기 위하여 홈을 파서 끼운 부재도 출토되었다. 사찰시설물은 아니지만, 끌을 사용한 백제의 건축기술을 보여주는 또 다른 사례로는 대전 월평산성의 지하시설물이 있다. 이 시설물은 바닥이 사각형으로, 맨 밑바닥에 받침목을 끼운 다음 모서리에 구멍을 파서 방형 목재 기둥을 세우고 기둥 사이에 홈을 파서 두꺼운 판재를 위에서부터 끼워 내부공간을 만

부여 관북리 출토 목재품

궁남지 출토 목재품

부여 능사 목교 받침목

사진 54. 백제 부여지역의 끌 치 목흔적 출토품

들었다. 이렇듯 기둥을 세우기 위해 촉 구멍을 파고, 홈을 파서 나무를 끼워 시설을 만들기까지는 기능적인 연장과 우수한 기술이 뒤따랐을 것이다. 이때 사용한 연장은 물론 끌이다.

이처럼 굳이 끌을 써서 촉 구멍이나 홈을 판 까닭은 긴결철물이나 못이 흔하지 않았기 때문이다. 백제시대는 단조기술이 우수하여 기능적이고 능률이 높은 끌을 생산했던 것으로 보인다. 지금처럼 종류가 다양하지는 않지만, 때려서 파내는 끌과 손으로 밀어서 쓰는 끌이 따로 있었을 것으로 생각된다.

6. 목메(木槌)

나무망치라고도 하는 목메는 다용도로 쓰이는 연장이다. 건축현장 뿐만 아니라 실생활에서도 널리 사용한 목메는 생김새도 지금 것과 비슷

하다. 나무망치는 주로 끌을 내리칠 때 쓰는 연장인데, 출토유물에는 쇠끌을 때려 움푹 파인 흔적을 그대로 보여준다. 나무망치는 잘 썩기 때문에 지금까지 남아 있기 어렵다. 그러나 아주 메마른 건조한 지역이나, 반대로 물이 드는 저습지 바닥은 외부와 공기가 차단되어 보존될 수 있다. 최근 여러 백제 유적에서 많은 목재 유물이 나왔거니와, 목메도 여러 군데서 확인되었다.

신창동 저습지에 나온 목재유물 가운데 공구류로 추정되는 것은 방망이, 자귀 자루, 도끼 자루, 연장형 목제품 등 아주 다양하다. 이 가운데 목메는 9점인데, 상수리나무와 가시나무로 제작한 것이다. 길이도 29cm, 27.4cm, 26.8cm, 25.8cm, 36.8cm, 33cm, 37.9cm, 33.3cm, 28.4cm(모두 남은 길이) 등 제 각각이다. 목메 한 부분은 대개가 움푹 파였는데, 이는 사용 흔적이다.[32]

이성산성에서도 목메가 출토되었다. 하나는 거의 완벽한 형태이다. 다른 하나는 손잡이 부분을 제외한 나머지 부분이 긴 장방형 형태의 타원에 끝 부분은 파손되었다. 전자는 전체길이 25.3cm, 머리길이 16cm이다.[33] 길이가 39.7cm에 이르는 후자의 유

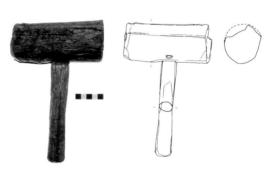

그림 49. 이성산성에서 출토된 삼국시대 목메

물은 본래 직사각형이
나, 측면 부분을 둥글게
다듬었기 때문에 장타원
형으로 보인다.[34]

부여 궁남지 발굴조사
당시 2개의 끌방망이가
나왔다. 이곳 궁남지에

사진 55. 부여 궁남지에서 출토된 백제 목메(국립부여문화재
연구소)

서 목간과 목간형, 칠기, 연장, 부재, 말목, 용도를 알 수 없는 목재 유
물이 흙 바닥에 무질서하게 널린 상태로 발굴되었다. 이 가운데 목메로
보이는 방망이 2개가 출토되었다. 하나는 전체 길이 32㎝, 머리 직경 13
㎝, 머리 길이 17.5㎝, 자루 길이 14.5㎝, 자루 직경 5㎝이다.[35] 이 방망
이는 비교적 많이 사용하지 않은 듯 머리가 크게 문드러지지 않았다.
다른 하나는 크기가 비슷했지만, 많이 사용하여 방망이 머리가 많이 문
드러져 있다.

나무망치는 지금 쓰는 것과 형태적으로 다를 바가 없다. 대개 현장에
서 남는 목재로 대충 가공해 만들어 쓰고 폐기하는 편이다. 그러나 끌
방망이로 쓰는 것은 다르다. 통 쇠로 만든 끌을 내리쳐야 하기 때문에
단단한 수종의 나무로 만들어야 수명이 오래 갈 수 있다.

요즘 끌은 손잡이 부분에 나무를 붙여 사용하지만, 조선시대까지만
해도 대부분 끌은 통 쇠였다. 당시의 끌은 통 쇠로 만들었기 때문에 웬
만한 옹이를 만나도 잘 들어간다. 옛날에는 지금과 같은 쇠망치가 없고

주로 나무망치를 사용했기 때문에 끌이 무거워야 했던 것이다. 이때 사용하는 끌망치를 '끌방망이'라 하는데, 주로 대추나무로 만들어 썼다. 쇠망치가 나오기 전까지만 해도 목제망치를 사용했다. 그러나 너무 빨리 헤지고, 쪼개져서 자주 갈아쓰는 불편을 겪었다.

7. 도끼(斧)

인간이 집을 지어 살기 시작하면서 무엇보다도 일찍 만든 건축연장은 도끼이다. 석기시대 돌을 갈아 만든 돌도끼는 수렵에도 사용되었지만 집을 짓기 위해 목재를 자르는 일 따위를 할 때도 중요하게 사용되었다. 도끼와 자귀는 형태도 다르지만, 날을 어떻게 끼우느냐에서 차이가 난다. 이에 따라 자루를 끼우는 방식도 달라지는 것은 물론이다. 도끼는 날과 같은 방향으로 자루를 끼우지만, 자귀는 'ㄱ'자로 장착하는 것이다.

날의 방향이 다르듯 쓰임새에도 차이가 난다. 도끼는 주로 벌채 또는 절단용으로 쓰고, 자귀는 목재표면을 가공하는 데 쓰인다. 도끼도 형상과 날, 구조에 따라 용도가 여러 가지로 달라지지만, 머리가 통 쇠로 되어 사용할 때 강력한 힘을 발휘한다. 이 때문에 원목을 베고 쪼개는 기능이 탁월하다. 그러나 표면을 다듬거나 치목용으로는 적당치 않다. 큰 힘을 발휘하는 대신 정교함을 발휘하는 데는 부족한 것이 특징이다. 특별히 정교하게 치목할 필요가 없는 부분에는 자귀보다 도끼를 사용하고, 목재면을 좀더 고르게 치목하기 위해서는 자귀를 사용했다.

도끼를 만드는 방법으로는 주조(鑄造)와 단조(鍛造) 두 가지 방식이 사용되었다. 초기에는 주조방식이 주로 사용되었지만, 점차 단조로 바뀌어 이후 대부분 단조기법으로 만들었다. 주조법은 미리 제작한 거푸집에 쇳물을 부어 원하는 형태를 만드는 방법이고, 단조법은 철괴를 반용융상태로 달구어 쇠망치로 두들겨가며 원하는 모양을 만드는 수법이다. 주조로 만든 철기는 단조품에 비해 견고하지 않지만, 대량생산의 장점이 있다. 자루 장착 방식은 도끼 몸에 자루장착용 구멍(공부)을 붙여 만든 다음 자루를 끼우는 방식과 도끼 몸에 구멍을 만들어 자루를 끼우는 방식이 있다. 물론 도끼날을 나무자루에 묶어 쓴 경우도 있다.

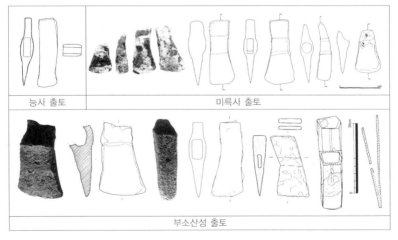

그림 50. 백제시대의 각종 도끼

백제 절터에서도 많은 도끼가 나왔는데, 이 가운데 완제품 도끼는 부여 능사에서 1점과 익산 미륵사지에서 15점이 출토되었다. 능사에서 출토된 것은 길이 16.5cm, 너비 4.2cm, 날 너비 4.5cm이다.[36] 미륵사에서 출토된 것으로 길이가 제일 큰 것은 24cm이고, 너비가 제일 큰 것은 9cm이다.[37] 출토된 도끼는 완제품이 아니고, 일부만 남은 부분품도 있다.

〈표 16〉 부여 능사 및 익산 미륵사에서 출토된 도끼

번호	크기(cm) 길이×너비×두께	무게 (g)	출토위치	비고
1	16.5×4.5×3			능사 발굴보고서(2000)
2	11×6		동원 북회랑지 상층 후대	미륵사발굴보고서 I (1989)
3	15×3.5		동원 금당지북편 후대	″
4	16.5×6.2		서원 승방지 기단토 상층	″
5	16.8×7.6		동원 동회랑지	″
6	18.3×5.6		동원 승방지 기단토 상층	″
7	9.2×3.7×1.2	123	목탑지 동편기단부	미륵사발굴보고서 II (1996)
8	24×8.2×0.6	750	강당지 내부 서기단	″
9	10×7.6×0.7	70	북승방지 동기단 내부	″
10	7.0×9×3.2	480	고려시대 건물지4	″
11	13.8×7.2×0.5	148	고려시대 건물지10	″
12	12.6×5.3×4.3	554	동승방지 내부	″
13	15.4×6.5×4.3	734	고려시대 건물지16	″
14	14.2×4.9×3.5	810	조선시대건물지	″
15	13×8.9×4.2	870		″
16	18.3×8.7×4.5	808		″

이 중에는 고려시대나 조선시대 건물지에서 나오기도 했지만, 대부분 백제 때 만든 것으로 추정되어 당시 도끼의 쓰임새가 많았던 것으로 보인다. 부소산성에서도 백제시대 도끼 완제품이 출토되었다. 부여 능사지와 익산 미륵사지에서 출토된 도끼유물 16개 가운데 길이가 가장 긴 것은 미륵사 강당터 내부에서 나온 24cm이고, 너비가 가장 큰 것은 미륵사 고려시대 건물터 출토품 9cm짜리이다. 대개 길이의 평균은 14.5cm 정도이고 너비의 평균은 약 6.5cm이다.

8. 대패(鉋)

1) 대패의 시작과 변천

대패는 목재면을 매끈하게 하거나, 표면을 필요에 따라 여러 가지 모양으로 깎기 위해 필수적으로 사용되는 중요한 연장이다. 현재와 같은 대패틀 속에 날을 끼워 사용하는 틀대패[38]는 빨라도 17세기에 들어와 본격적으로 개발된 것으로 보인다. 백제시기의 대패는 날에 자루를 끼워 사용하는 자루대패[39]이었고, 이같은 흔적은 중국과 일본의 오래된 그림 자료에 남아 있다. 모양은 작은 칼날을 긴 자루 끝에 끼워 사용하는 것이었다.

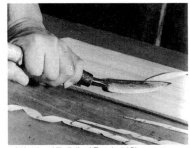

사진 56. 자루대패 사용모습 복원

석기시대의 돌연모는 여러 가지 기능을 동시에 지닌 다용도 연장이다. 핸드 엑스라고 말하는 돌도끼는 사냥과 집짓는 기능과 함께 때로는 농사일에도 사용되었다. 이같은 석기의 다용도 기능은 금속연장이 나타날 때까지 지속되었다. 청동기와 같은 금속연장을 사용하면서 인간사회는 직능에 따라 역할분담 현상이 나타나기 시작했지만, 자루대패 같은 연장은 돌도끼처럼 여러 가지 기능을 지니고 있었다. 어떻든 인류의 진화는 조직사회를 부추겨 자연스럽게 전문기능인이 출현하기에 이른다.

이에 따라 지배자와 피지배자로 크게 구분되는 계층사회가 형성되었다. 이는 마침내 고대국가를 성립시켜 정치와 함께 문화기반을 다지는 계기로 작용했다. 그래서 고대국가가 추구한 문화는 다양한 형태로 발전하게 되었다. 인간의 안락한 삶과 직결되는 주거문제도 문화적 욕구의 하나로 자리잡으면서, 집을 전문으로 짓는 장인이 생겨났다. 이들은 기술을 발휘하기 위하여 새로운 연장을 만들었다. 건축연장의 기능은 이때부터 다양화되기 시작하였다. 나무를 자르기 위하여 톱이 사용되었다. 그리고 목재를 다듬기 위하여 도끼(斧)와 정(錠), 자귀(釿)와 대패(鉋) 등을 만들었다. 금속연장 시대가 도래되면서 대패는 보다 기능적인 연장이 되었다. 금속도끼가 대패를 대신하는 경우도 있었다. 도끼처럼 생긴 날에 직각으로 자루를 끼워 목재 다듬는데 편리하게 만든 것이 자귀라는 연장이었다. 여기서 대패의 변천과정을 정리해보면 다음 〈표 17〉과 같다.

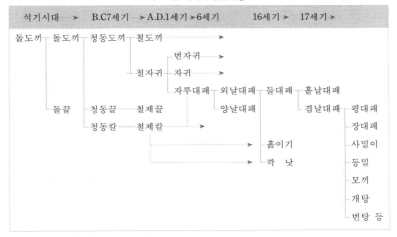

〈표 17〉 대패의 변천과정

2) 백제의 자루대패 유물

　백제시대 자루대패는 날을 세우는 방법에 따라 양날과 외날로 구분되었다. 대패를 사용할 때는 자루를 옆으로 잡고 밀거나 당겨 나무를 다듬었다. 대개 외날의 경우 앞으로 밀어 사용하지만, 양날의 경우 밀거나 당겼다. 자루대패로 목재면을 고르기 위해서는 숙달된 기술이 필요했다. 특히 넓은 판재를 일정하게 고르기란 그리 쉬운 일이 아니다. 날을 일정한 간격으로 유지한 다음 적당한 힘으로 자루를 밀거나 당겨 표면을 마름질하는데, 나무결의 방향에 따라 표면의 정도(精度)가 다를 수도 있다.

　부여 능사에서는 대패로 추정되는 금속 날이 출토되었다. 2개는 4차

발굴 때 출토되었고, 2개는 5차 발굴 때 나온 것이다.[40) 4개 모두 자루는 없어지고, 날만 남았다. 4차 발굴 때 출토된 유물 하나는 길이 6.4cm, 폭 1.6cm이다. 또 다른 하나는 길이 5.7cm, 폭 1.2cm이다. 이 가운데 하나는 슴베부분에 은제 가락지를 끼웠던 것으로 보아 이는 대패가 아니라 칼일 가능성이 크다. 5차 발굴 때 출토된 것 중 하나는 길이 8.5cm, 폭 1.5cm이다. 그리고 다른 하나는 길이 6.2cm, 폭 0.7cm이다. 날등의 두께는 약 2~3mm이고 무게는 가장 무거운 것이 11.2그램이고, 가장 가벼운 것이 1.9그램에 지나지 않았다. 날의 모양은 날끝을 뾰족하게 만들고, 반대쪽은 슴베로 하여 자루를 끼울 수 있도록 했다. 그 중 하나는 날

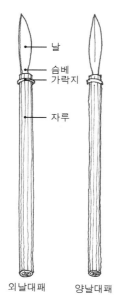

외날대패   양날대패

그림 51. 자루대패 복원도

부분이 둥글었는데, 처음부터 이런 모양인지 나중에 날끝이 부러졌는지 알 수가 없다. 날의 크기가 생각보다 작은 것도 있다. 이는 오래 사용하는 동안 숫돌에 갈아 작아진 것이 아닌가 생각된다. 부소산성에서도 대패날로 추정되는 5개의 철제날이 출토되었다.[41) 2개는 1996년도, 2개는 1997년도, 1개는 1998년도 발굴조사 때 출토되었다. 1996년도에 출토된 2개는 부식이 심하여 날끝이 없어져 둥근 느낌이 들지만, 대패날임에는 틀림없다. 크기는 각각 19.4cm, 15.2cm로 미륵사지에서 출토

번호	그림	출토당시날크기(cm)			무게 (g)	비고
		길이	폭	날등두께		
1		6.4	1.6		4.2	능사지 4차발굴시 출토
2		5.7	1.2		1.9	능사지 4차발굴시 출토 (칼로 추정)
3		8.5	1.5	0.3	11.2	능사지 5차발굴시 출토
4		6.2	0.7	0.2	2.8	능사지 5차발굴시 출토
5		19.4	2.5	0.6		부소산성1996년도 발굴 (부소산성 Ⅲ,1999)
6		15.2	2.0	0.4		부소산성1996년도 발굴 (부소산성 Ⅲ,1999)
7		12.3	1.7	0.2		부소산성1997년도 발굴 (부소산성 Ⅲ,1999)
8		21.5	2.0	0.5		부소산성1997년도 발굴 (부소산성 Ⅲ,1999)

된 것보다 크다. 이 역시 제작당시에는 큰 것이었으나, 사용하면서 작아졌을 것으로 보인다. 1997년도에 출토된 2개는 길이가 각각 12.3cm, 21.5cm이다. 2개 모두 자루에 끼웠던 슴베부분은 없어지고, 거의 몸통만 남아 있는 상태다. 실제 크기는 이보다 더 컷을 것으로 생각된다. 1998년도에 출토된 하나는 길이 11.3cm, 폭 1.9cm로 날등 두께는 0.4cm

이다. 이 역시 날끝과 슴베부분은 삭아 없어지고 일부만 남아 있다. 부소산성에서는 이밖에 많은 량의 철촉이 출토되었는데 이 중에는 대패날로 보이는 유물도 포함한 것으로 추정된다.

3) 백제대패 치목 흔적

백제의 목조건축 유구는 남아 있지 않다. 그래서 대패흔적을 확인하기가 어렵다. 능사를 비롯하여 그 동안 발굴조사가 이루어진 절터에서 많은 량의 목부재가 출토되었다. 출토된 부재 중에는 대패자국이 남은 것도 있었을 것으로 생각되나, 실물을 볼수가 없어 확인을 못하고 말았다. 그러나 부여 관북리에서 출토된 목부재에서는 자루대패의 흔적이 또렷하게 확인되었다. 길이 10.5cm 정도의 목재 표면에 섬유질 방향으로 자루대패를 써서 표면을 고르고, 양 단면은 톱으로 잘랐던 것으로 추정된다. 대패날의 크기는 알 수 없으나, 대패로 잘린 흔적은 폭이 약 2~3cm로 간

사진 57. 부여 관북리 출토 목재품에 자루대패 흔적이 남아 있다.(부여문화재연구소)

사진 58. 경복궁 근정전 해체보수공사 중 확인된 자루대패 흔적

격이 일정하지는 않다.

자루대패는 만들기 간단하고, 쓰기도 쉬워 조선말기까지 오랫동안 사용되었다. 자루대패가 사용된 흔적을 경복궁 근정전 추녀부재, 강화도 정수사 법당, 덕수궁 대한문, 김재 귀신사 대적광전 등 조선시대에 지은 수많은 건물에서 확인할 수 있다. 이러한 흔적을 통해 조선 말기까지 틀대패를 사용하면서도 자루대패를 버리지 못한 채 함께 썼다는 것을 알 수 있다. 이처럼 자루대패는 아주 오랫동안 건축공사에 사용된 연장이었다.

9. 백제의 건축연장과 치목기술의 특징

사찰을 건립하거나 집을 지을 때 치목기술을 발휘하기 위해서는 가장 중요하고 기본이 되는 연장으로 자(尺)를 꼽을 수 있다. 백제에서도 치목에 사용했을 것으로 추정되는 자가 발견되었다. 부여 쌍북리 금성산에서 여러 출토품과 함께 자가 출토되었다. 이것은 우리나라에서 출토된 삼국시대의 3개의 자 중 하나이다. 눈금 1칸의 간격은 1.45cm이고, 이를 1치의 반으로 보면 1자의 길이는 29cm가 된다. 이를 통하여 당시 1자의 길이를 확인해 볼 수 있다. 이는 북위에서 사용했던 당척 29.5~29.7cm이었던 것으로 추정된다. 부여 외리 출토 무늬벽돌의 한 변 길이가 28~29.8cm인 점으로 미루어 당척이 사용되었던 것으로 짐작할 수 있다. 뿐만 아니라 백제의 많은 건축터 유적을 조사하면서 1자의 길이가 약 30.1㎝ 정도인 동위척(東魏尺)이 사용된 것을 확인할 수 있었다. 또한 1자 길이가 35㎝ 정도되는 고려척도 사용했다. 따라서 백제시대에는 당척, 동위척, 고려척이 시기를 달리하면서 쓰인 것으로 생각된다.

익산 미륵사에서는 완형이 아니지만 2개의 먹통이 발견되었다. 백제의 것인지, 후기 신라시대의 것인지는 명확치 않으나 우리나라에서 가장 오래된 먹통유물임에는 틀림없다. 이러한 유물로 보아 이미 당시에 현재와 같은 먹통형태가 존재했음이 확인되었다.

백제의 톱(鋸)으로 확인된 사례는 찾지 못했다. 그러나 톱 흔적으로 보이는 목재면이 출토되어 당시 톱이 사용되었다는 것을 짐작해 볼 수 있다. 그러나 톱 유물이 거의 출토되지 않은 것으로 보아 지금처럼 많이 사용한 것은 아니었을 것이다.

백제 사찰건축 조영에서 가장 많이 사용된 것이 자귀였던 것으로 보인다. 자귀는 도끼와 함께 많이 나온 유물이다. 백제시대 목재에서 자귀치목흔적도 보여 자귀의 사용을 입증한다. 자귀는 크기가 다양하여 목재 표면을 고르고 홈을 파거나, 촉을 만들 때 크기와 기능에 맞춰 사용하였기 때문에 건축공사에는 필수적인 연장이다. 자귀로 치목한 목재유물로는 풍납토성에서 출토된 판재를 비롯 부여 궁남지 출토 목부재, 부여 관북리 지하저장시설, 능사 다리 교각 및 받침목, 대전 월평산성 지하저장시설 등이 있다.

끌(鑿)은 이미 많은 유물이 출토되어 사용한 지가 오래된 것으로 보인다. 백제유적에서 출토된 목재유물 중에는 끌로 홈을 파고 장부를 끼운 사례가 있다. 이러한 흔적으로 보면 백제시대에는 끌을 일반적으로 많이 사용했던 것으로 보인다. 자귀로 파낼 수 없는 작은 장부구멍이나 촉구멍은 끌을 사용할 수밖에 없기 때문에 끌은 치목에서 필수적인 연장으로 취급되었던 것이다. 백제의 끌 유물은 풍납토성, 중원 하천리 주거지, 제원 양평리 2호 적석총, 용담동 고분, 아차산성, 용인 수지 백제주거지, 익산 미륵사터, 부소산성 북문터 등 여러 유적에서 출토 수습되어 치목에 필수연장이었음을 뒷받침해 주고 있다.

목메는 목수연장의 기본이다. 치목공사 뿐만 아니라 석공사에서도 반드시 사용되는 연장이다. 흔히 나무망치라고도 하는 이 목제유물은 여러 곳에서 출토된 바 있다. 이들 유물은 신창동 저습지, 이성산성, 부여 궁남지 등에서 출토되었다.

도끼는 자귀 이상으로 많이 사용한 건축연장의 하나이다. 자귀가 목재표면을 치목하는데 주로 사용되었다면, 도끼는 목재를 베거나 쪼개는데 주로 썼다. 정교한 치목 보다는 거칠지만 힘을 많이 사용하는 베기, 쪼개기에 기능을 발휘한 연장이 도끼인 것이다. 따라서 도끼는 건물을 지을 때 치목의 초기단계에서 주로 사용했던 것이다. 백제시기 도끼 유물은 여러 유적에서 확인되었다. 오히려 자귀보다 많이 출토될 정도로 그 수가 많은 것은 치목 외에 일상생활에서도 많이 사용되었기 때문으로 보인다. 미륵사지에서는 무려 15개의 도끼가 나왔다.

대패(鉋)는 목재면을 매끈하게 다듬는 기능을 지녔다. 백제에서도 대패가 사용되었으나, 당시의 대패는 자루대패였다. 대패날은 마치 칼처럼 생겼고, 슴베를 긴 자루에 끼워 만든 것이다. 사용할 때는 자루를 옆으로 뉘어 날을 목재표면에 대고, 앞으로 밀어 표면을 다듬었다. 출토된 대패자루는 대개 부식되어 남지 않았다. 그러나 대패날 유물은 미륵사터, 부여 능사터, 부소산성 등 여러 유적에서 출토되었다. 자루대패 사용 흔적도 부여 궁남지에서 출토된 목재면에서 확인한 바 있다.

백제시기 건축연장은 크게 발달하지 않았으나, 이미 우수한 제련기술을 바탕으로 기능적인 연장을 만들어 사용하기에 이른다. 남아 있는 백제건축이 없어 치목기술의 전모를 확인할 수는 없다. 그러나 백제 유적에서 출토된 목재 유물에는 기둥받침목에 홈을 판 다음 장부를 만들어 기둥을 세운 흔적이 보인다. 그리고 기둥 사이에 홈을 파서 판재로 벽면을 막기도 하는 등 우수한 치목기술도 확인되었다. 신라와 왜국에 사찰을 건립하는데 백제의 기술자를 보내주었던 사실은 백제의 건축기술과 치목기술이 뛰어났음을 입증하는 것이다.

백제와 교류한 육조시대 건축조형

1. 백제와 중국

백제 사찰건축은 불교의 전래에서 비롯했고, 불교 전래지와는 이미 오래전부터 문화교류를 이루었을 터이다. 그 대상은 육조시대의 남조문화였다. 따라서 백제와 가장 빈번하게 교류가 이루어졌던 남조문화를 이해할 필요가 있다. 왜냐하면, 남조문화를 빌려 백제건축을 얼마만큼 가늠할 수 있기 때문이다. 물론 백제와 마찬가지로 교류지역의 건축이 지금 온전하게 남아 있지는 않다. 그러나 유적과 유물을 상호 비교하는 방법으로 교류의 잔영(殘影)을 엿볼 수는 있을 것이다.

육조시대란 건강(健康, 지금의 남경)을 도읍으로 하여 강남(江南)을 지배한 오(吳)·동진(東晉)·송(宋)·남제(南齊)·양(梁)·진(陳) 등 6왕조를 가리킨다. 그러나 일반적으로 화북지방을 지배한 위(魏)·촉(蜀)·서진(西晉)과 북조(北朝)의 여러 왕조를 포함한 3~6세기 말까지의 위진남북조시대(魏晉南北朝時代)를 말한다. 중국의 육조시대는 한반도의 삼국시대와 교류관계를 지속한 시기이다. 이러한 교류과정에서 백제의 건축문화는 발전되었고, 한때 기술적으로 우수한 역량을 보이기도 했다. 이같은 백제의 건축기술은 신라와 왜 등 주변국에 전파되었던 기록이 오늘까지 남아 있다. 그러나 우리에게는 백제의 건축기술을 보여줄 만한 자료나 유물이 거의 남지 않았다. 애석한 일이다. 그래서 백제건축 연구는 매우 어려운 난제의 하나가 되었다. 백제 건축연구의 실마리는 결국 교류가 가장 빈번했던 중국 육조시대의 건축 문화를 통해 이해의 폭을 넓힐 수 있을 것이다.

2. 육조시대의 사회문화적 배경

중국 대륙에서 전·후한은 400여 년 간 지속되었다. 이 고대국가가 멸망한 가장 큰 이유 중 하나는 중국의 정치구조이다. 이미 중국민족 및 그들 문화의 지리적 팽창을 효과적으로 대처할 수 없었기 때문이었다. 그 뒤를 이어 위(魏), 촉(蜀), 오(吳)를 주축으로 한 삼국시대가 도래하였다. 이 가운데 가장 강력한 나라는 형식적으로도 한(漢)의 정통성을 수용한 위였다. 위는 북방에서 황하 중류지역을 장악한 가운데 몽고의 유목민들과 국경분쟁의 문제를 안고 있었다. 촉은 지금의 사천지방의 풍족한 쌀농사지대를 본거지로 삼아 산악의 방벽에 기대어 보호되기는 했지만, 고립된 상태였다. 그리고 오는 양자강 중류로부터 하류를 따라 동정호 주변의 미작지대를 발판으로 삼아 체제를 유지하는 등 삼국의

정립시대가 반세기를
지속 하였던 것이다.

그림 52. 5~6세기 동북아시아 정세도

한편 A.D. 265년 서진
은 대륙을 통일하였다.
그러나 완벽하게 통치
할 수 없었던 내부사정
에 따라 국가체제를 지
탱하지 못하고 와해 위
기를 맞았다. 황하 연안
의 낙양을 도읍으로 삼았던 이 진(晉)나라는 양자강 하류의 남경으로
천도한 후 멸망의 길을 재촉하게 되었다.

진이 북방으로 패주하고 나서, 척발(拓跋)이라는 유목민족을 조상으로
한 위(魏) 제국이 A.D. 386년 진의 고토를 차지하고, 국가를 건설하기
에 이른다. 이를 우리는 후위 또는 북위라고 부른다. 위는 중국예술사
에서 한 시대를 활짝 열었다. 지금의 산서성이나 하남성의 암석조각들
(석굴사원, 마애석조, 조각 등)은 인도 문화의 특징을 두드러지게 나타
내 주고 있는 불교미술의 기념비적 존재이다. 위는 6세기 말에 멸망한
다. 북위는 서위와 동위로, 동위는 북제로, 서위는 후주로, 후주는 북제
를 병합했다가 수로 이어지게 되었다. 그리고 수는 다시 남조의 진을
병합함으로써 비로소 남북을 통일한 왕조를 세웠던 것이다. 이 무렵까
지 양자강 연안 및 그 남쪽에서 여러 나라가 생겨나고 있었는데 이 5~6

세기를 일컬어 남북조시대라고 말한다. 이때 A.D. 420년 남경을 도읍으로 일어난 송(宋)은 불과 57년을 지속 하다가 A.D. 477년 멸하고 만다. 뒤를 이어 제(齊), 양(梁), 진(陳)이 남경을 도읍으로 일어났지만, 모두 명멸하였다. 이와 같이 크고 작은 나라들이 중국 대륙에서 부침을 반복했던 A.D. 220년부터 589년에 이르는 시기를 역사적으로 육조시대로 불렀던 것이다.

이 시대를 전체적으로 개관하면, 좁은 지역에서 서로 적대관계를 유지하는 가운데 문화나 일상생활까지를 서로 해치며 존재했던 여러 소국들이 난립한 시기였다. 그럼에도 실제로 성장의 발판을 마련한 발전의 시대이기도 했다. 이 시대는 불교가 단순한 하나의 종교를 뛰어넘어 사회적, 정치적인 힘을 빌려 번성을 이루었다. 그 수도원적인 교단은 집단으로 경제적인 기술을 발전시키는데 필요한 역할을 담당하는 등 진취적 역량도 발휘할 줄 알았다. 이들은 아버지로부터 자식에 이르는 상속에 의한 가족제도와는 좀 달랐지만, 집단적인 연계성을 유지했던 것이다. 개인의 지식이나 기술을 공동으로 관리하는 지혜를 터득한 이들은 광활한 토지를 소유하고 있었다. 관개(灌漑), 제방(堤防), 운하(運河) 등 중국의 토목기술을 부추겨 일찍 농업기반을 마련했던 것이다.

남쪽지방에서 명멸을 거듭하던 여러 왕국들은 거의가 소국이지만, 그들 사이의 문화적인 접촉은 매우 광범위한 것이었다. 남경 근처에서 발견된 여러 개의 분묘 출토품은 고대 중국의 위대한 예술성을 드러냈다. 불안정한 상황에서 양자강을 거치는 문화적 교류는 서남으로 멀리 인도차이나 반도, 동으로는 한반도에까지 이르렀다.

한편 북부지방은 항상 이민족과의 갈등이 상존하는 가운데 전쟁과 관련한 여러 가지 기술과 문화적 영향을 이들 이민족으로부터 받아들였다. 그러나 육조시대에 들어와서 가시화한 소국들의 부침은 건축의 역사적 맥락에서 전 시대에 비해 기술적으로 뒤떨어진 시대였다. 더구나 후대인 당에 비해서는 비교가 되지 않는 시대이기도 했다. 이는 현존하는 여러 유구에서도 확연히 구분된다. 다만 불교가 도입된 이후 불교예술이 두드러지게 발전되었다는 사실은 인정해야 할 것이다. 그러나 이 또한 전 시대에 해당하는 한대의 완숙된 기술을 바탕으로 한 현상이었던 것이다.

남북조시대는 왕조의 교체가 빈번하게 이루어져 사회의 혼란이 극심하였다. 이 당시 불교는 남북조 모든 나라에서 성행하게 되어 중국 역사상 특이한 일로 평가된다. 이는 사회적 불안심리가 팽배하면서, 불교라는 종교에 의지한 독특한 현상으로 풀이될 수도 있다. 어떻든 불교를 기반으로 이루어진 이 시대의 문화를 육조문화라고 말한다. 이때 문학에서 도연명, 서예에서 왕희지, 회화에서 고개지 등 유명한 예술가들이 배출되어 화려한 문화의 꽃을 피웠다.

3. 백제와 남조의 교류

역사상 백제가 존재했던 시기는 B.C. 18년부터 A.D. 663년까지 681

년 동안이다. 백제가 건국할 무렵 중국대륙에서는 후한이 시작하는 시대였다. 그리고 후한에 이어 삼국, 서진(西晉), 동진(東晉), 16국 시대를 지나 남북조시대가 명멸했다. 또 당이 발흥하여 위세를 떨치던 시기까지 백제는 국가체를 유지하고 있었다.[1]

〈표 19〉 백제와 중국의 시대변천 비교

백제	원삼국	한성시대 B.C.17~A.D.475 한강유역 한산성을 중심으로 활동		웅진시대 475~538 공주중심	사비시대 538~663 부여중심	

중국	後漢 A.D.25~ 2220	三國時代				
		魏 220~265	西晉 265~316	十六國 東晉 317~420	南北朝 南朝	宋 齊 梁 陳
		蜀 221~263				隋 581~ 618
		吳 222~280		十六國 304~439	北朝	東魏 西魏 北齊 北周

중국 三國時代 魏 220~265 / 蜀 221~263 / 吳 222~280, 西晉 265~316, 十六國 東晉 317~420, 十六國 304~439, 南北朝 南朝(宋·齊·梁·陳) 北朝(東魏·西魏·北齊·北周), 隋 581~618, 唐 618~907

백제는 지리적으로 경기, 충청, 전라도 등 한반도 서남부에 자리 잡고 있어서 일찍부터 한강, 금강, 영산강 등 큰 하천을 연결하는 내륙의 수로와 함께 중국대륙과 일본열도를 연결하는 해상루트까지 차지하게 되었다. 더구나 선박 접안이 용이한 서해의 리아스식 해안은 해상활동이 더할 나위 없는 좋은 조건이 되었다. 이러한 지리적 조건과 더불어 백제가 해외로 진출하게 된 보다 적극적인 이유는 정치적 입장에서 찾을 수 있다. 4세기 후반 이후 삼국은 중국의 분열기인 남북조시대를 맞아 치열한 정복전쟁을 벌이는 가운데 한반도에서 주도권을 장악하기 위해 온갖 노력을 다 기울였다. 이에 따라 대중국 교섭에서도 우위를 차지하기 위한 외교를 모색하게 되었다.[2]

한국 고대의 역사적 사건은 두 가지 측면에서 이해할 수 있다. 하나는 문헌사료이고, 다른 하나는 고고학적 발굴자료이다. 사료를 중심으로 보면 사료가 지닌 맹점이 자칫 오해를 불러일으킬 수도 있다. 그러나 부정할 수 없는 객관적인 사실중 하나가 대륙과 한반도와의 끊임없는 교류가 이루어졌다는 점이다. 이와 같은 교류는 분명히 어떤 영향을 주고 받았다는 것이다.

사료에 나타난 중국의 한반도에 관한 기록은 『사기(史記)』 권115에 나온다. 그러나 백제와의 공식적인 교류가 등장하는 시기는 한성시대 중기이후부터이다. 중국 측 사료인 『남사(南史)』 백제조에 의하면, "중대통(中大通) 6년[3] 과 대동(大同) 7년[4]에 거푸 사신을 보내와 방물을 바치는 한편 열반경 등의 의류(義流)와 모시박사(毛詩博士) 및 공장(工匠), 화사(畵師) 등을 구하므로 모두 공급하여 주었다"[5] 라는 기사가 나온다. 이때는 이미 백제와 중국대륙사이에 상당한 교류관계가 이루어졌음을 알 수 있다. 특히 공장을 보내달라고 하는 요구를 들어 주었다는 것으로 보아 중국의 기술은 백제에 비해 발달했던 것은 두말할 여지가 없다. 이때 백제가 요구한 기술자 중에는 건축장인도 포함 되었을 것으로 추측된다. 이러한 내용은 『삼국사기』 권26 백제본기 제4에도 유사하게

기록되었다.[6)]

『남사』의 시대적 배경이 남조 남송, 제(齊), 양(梁), 진(陳)의 정사라는 점에서 그 이전부터 백제와 대륙간에는 빈번하게 교류가 이루어졌을 것이다. "백제"라는 기사가 최초로 중국 측 사료에 나타난 것은 『삼국지』「위서(魏書)」 권100 열전 제88 고구려조이다.[7)] 그런데 이후에도 『북사(北史)』, 『수서(隋書)』, 『통전(通典)』, 『진서(晉書)』, 『송서(宋

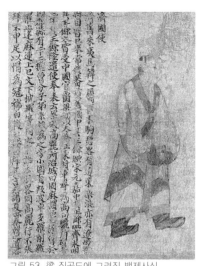

그림 53. 梁 직공도에 그려진 백제사신

書)』, 『남사(南史)』 등 여러 문헌에 백제에 관한 기사가 나온다. 이 중에는 사신을 파견하여 방물(方物)을 바쳤다는 내용이 빈번하게 나타나고 있다.[8)]

백제가 중국과 교류를 하는 데에는 크게 두 가지 길을 모색하고 있었다. 하나는 고구려 땅을 지나는 육로이고 다른 하나는 황해를 거치는 해로이다. 해로를 이용한 교류는 최소한 3가지 루트를 생각해 볼 수 있다. 하나는 서남해로로서 동진(東晉) 때 한반도 서부에서 양자강 하류에 이르는 해로이다. 두 번째는 서북해로인데 한반도 서해안에서 서북쪽으로 거슬러 올라 산동반도에 이르는 항로였다. 이 길은 특히 당나라

군사가 백제를 치기위하
여 이용한 해로이기도 했
다. 세 번째는 동남해로이
다. 이 항로는 한반도 남
부와 일본섬을 잇는 해로
로서 반도와 섬을 거쳐 중
국의 남방지역으로 연결
되었다.[9]

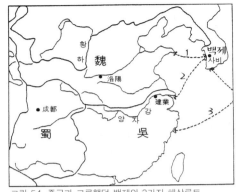

그림 54. 중국과 교류했던 백제의 3가지 해상루트

　초기와는 달리 후기가

되면 해로를 거치는 교류가 더욱 빈번하게 이루어졌다. 이러한 내용은
『북사(北史)』「위서(魏書)」백제조와 『삼국지(三國志)』「위서열전(魏書列
傳)」백제조에 나타나 있다. 그것은 백제에서 중국에 사신을 보내 도움
을 청하는 내용이다. 즉 "지난 경진년[10] 이후 臣의 나라 서쪽바다 한가
운데서 시체 10여 구를 발견하고, 이와 함께 의복·기물·안장·굴레
등을 얻었는데 살펴보니, 고구려의 물건이 아니었습니다. 뒤에 들으니,
이는 바로 폐하의 사신이 우리나라로 오던 중에 뱀처럼 흉악한 것들이
길을 막고 바다에 침몰시킨 것이라 합니다. 이제 습득한 안장 하나를
바쳐 보내겠습니다"[11] 라는 내용이 그것이다. 또 하나는 "연흥(延興)2년
[12]에 백제왕 여경(餘慶)이 처음으로 사신을 보내어 표를 올려 말했다는
내용이다. 그것은 "신이 동쪽끝에 나라를 세운 다음 나가고자 했으나,
승냥이와 이리들에게 길이 막혔습니다. 그때 마다 신령하신 교화를 받

았으나 번신(藩臣)의 예를 다할 길이 없었습니다. 천자의 궁궐을 보면서 달려가는 마음 끝이 없습니다. 소슬한 바람이 불 때 엎드려 생각해 보건데, 황제폐하께서는 시절의 변화에 잘 조화하는지 사모의 정을 누를 길 없습니다. 삼가 사서(私署)한 관군장군부마도위불사후(冠軍將軍駙馬都尉不斯侯)와 장사(長史)여례(餘禮) 용양장군(龍驤將軍) 대방태수(帶方太守) 사마장무(司馬張茂) 등을 보내어 파도에 배를 던져 망망한 바다에 길을 더듬게 했습니다. 하늘에 운명을 맡겨 조그만 정성을 올리니, 바라건데 귀신의 감응이 내려 황제의 위령이 크게 감싸 폐하의 대궐에 도착하여 신의 뜻이 펴진다면, 아침에 그 말을 듣고 저녁에 죽어도 영원히 여한이 없을 것입니다"[13] 라는 내용이다.

이와 같이 바다를 통한 교류는 그 이후에도 계속 나타난다. 대륙과 교류를 위해 육로를 이용하려면, 고구려 영토를 거치지 않을 수 없다. 두 나라와의 관계가 좋은 경우는 문제가 없지만 악화되었을 때는 해로를 거치는 수밖에 다른 도리가 없었던 것이다. 또 다른 기록에도 중국과의 관계가 보인다. "진(陳)을 평정한 해에[14] 어떤 전선(戰船) 한척이 표류하여 바다 동쪽의 모라국(牟羅國)에 닿았다. 이 배가 돌아올 적에 백제를 경유하니, 창(昌, 餘昌을 일컬음)이 필수품을 매우 후하게 주어 보냈다. 아울러 사신을 보내어 표문을 올려 진(陳)을 평정한 것을 축하하였다. 고조는 이를 고맙게 여겨 조서(詔書)를 내려 '백제왕이 진을 평정한 소식을 듣고는 멀리서 표문을 올려 축하하였으나, 왕래가 지극히 어려워서 만약 풍랑을 만난다면 인명이 손상될 것이오. 백제왕의 진실한 심정은 이미 벌써 알고 있소. 서로 거리가 멀다하여도 우리의 관계는 얼굴을 대하고 이야기 하는 것이나 마찬가지이니, 어찌 반드시 사신을 자주 보내와 서로 다 알아야 하겠소? 이제부터는 해마다 따로 조공을 바칠 것이 없소. 나도 사신을 보내지 않으리니, 왕은 알아서 하시오.' 라고 하였다. 사자가 기뻐서 돌아갔다."[15]

이같은 교류는 백제가 부여로 천도한 사비시대까지 지속되었는데, 이 때는 한반도의 3국이 매우 심한 갈등의 시대였음을 교류과정에서 알 수 있다. 백제의 무왕은 서기 624년에 당의 고조에게 사신을 보내 표문을 올리고, 조공을 바친다. 이때 고조는 정성을 고맙게 여겨 다시 사신을 보내 백제왕을 책봉하였다는 것이다. 이로부터 해마다 사신을 보내 조공을 바치니, 고조는 수고로움을 위무하고 매우 후대하였다. 이어서 고구려가 길을 막고, 중국과의 내왕을 허락하지 않는다는 호소를 해와 조서(詔書)를 내려 주자사(朱子奢)를 보내어 화해시켰다. 또 신라와는 대대로 서로 원수가 되어 자주 서로 침공하였다.[16]

백제가 3국의 갈등 속에서 결국 나당 연합군에 공격으로 멸망할 때까지 중국대륙과의 교류는 계속 이어졌다. 이들 나라는 위를 비롯하여 진(西晋·東晋)·송(宋)·북위(北魏)·북제(北齊)·북주(北周) 등 남북조에 이어 통일국가인 수·당까지 내려왔다. 그러나 백제 초기에는 후한과 교류가 이루어졌을 것으로 생각되지만, 이에 관한 공식적인 기사는 보이지 않는다. 다만 한사군을 거쳐 비공식적으로 이루어졌으나, 간접적인 교류가 있었을 것으로 추측된다.

이와 같이 백제와 중국 여러 왕조와의 교류는 근초고왕 27년(372)인 동진의 간문제(簡文帝) 함안(咸安) 2년에 조공 명목으로 비롯되었다. 이어 사비로 천도하여 백제가 망한 후 형식상의 식민통치기구가 당분간 당으로부터 인정된 당고종 말년인 682년(永淳1)까지 계속 되었다. 삼국사기 백제기와 중국사서의 본기(本紀) 및 열전(列傳)에 나타난 여러가지 명목의 중국과의 교류회수는 다음과 같다.[17]

〈표 20〉 백제의 對中國 교류

남북조별	교류왕조	교 류 기 간	교류회수
남 조	동 진	근초고왕27년(372)~구이신왕1년(420)	8
	송	구이신왕 1년(420)~동성왕 1년(479)	19
	제	동성왕 1년(479) ~ 무령왕 2년(502)	11
	량	무령왕 2년(502) ~ 위덕왕 4년(557)	11
	진	위덕왕 4년(557) ~ 위덕왕36년(589)	5
북 조	북 위	진사왕 2년(386) ~ 성 왕 12년(534)	5(전쟁2포함)
	북 제	성 왕 28년(550) ~ 위덕왕 24년(577)	4
	북 주	위덕왕 3년(556) ~ 위덕왕 28년(581)	2
통일왕조	수	위덕왕28년(581) ~ 무 왕 19년(618)	18
	당	무왕 19년(618) ~ (682)	46(전쟁5포함)

(자료: 권태원, 백제의 롱관고)

한편 동진 때 백제에 처음 전래되었던 불교는[18] 중국과 직접적인 교류를 보여주는 증거이다. 이후 중국대륙에서 불교가 융성했던 북위시대에는 불교건축이 백제와의 교류과정에서 많은 영향을 끼쳤을 것으로 보인다.

이러한 사실은 백제가 한강유역 한산성(漢山城)에 도읍을 정하고, 국가 기틀을 어느정도 다졌을 무렵 중국 남조와 직접적인 교류가 이루어진 것을 의미한다. 이 시기에 백제의 판도는 차츰 한반도 서남지방 일대에 이르기 시작했다. 백제 건국 초기는 고구려의 건축을 그대로 받아들였을 것으로 생각되나, 불교를 전후해서는 중국 남조의 영향도 어느정도 받았을 것으로 생각된다.[19]

고고학적 자료를 근거로 할 때 백제는 3국 중 비교적 일찍부터 대륙과 문화적인 교류를 시작한 것으로 보인다. 이는 백제시대 유적에서 발견된 각종 고고학적 유물에서 중국의 것과 유사한 점이 드러난다는 데서 알 수 있다. 1986년 여름 서울 잠실 몽촌토성 일대에서 출토된 유물 중에는 중국 동진(東晉)시대의 것으로 판명된 네귀 달린 청자가 보인다. 또 전북 익산군 웅포면 입점리 야산에서도 남조시대의 네귀 달린 청자 항아리가 발견되었다. 중국 남조와 교류관계를 입증하는 고고학적 유물인 것이다.

또한 공주 송산리 6호분이나, 무령왕릉과 같은 전축고분도 중국 남북조시대 남조의 벽돌 무덤 양식과 흡사한 구조를 드러냈다. 입구에 연도를 내고, 뒤에 널방(玄室)을 둔 무덤 양식은 남조의 전축분과 거의 유사하다. 전축분의 벽돌을 쌓는 방법도 같았다. 전축분이 궁륭형을 이룬 것이나, 바닥 벽돌을 깐 형식도 유사하다. 특히 널방 내부 측면의 창호 문양쌓기와 더불어 감실을 설치하는 방법과 모양도 거의 같다. 전축분에 사용된 문양 역시 남조의 연화문과 공주에서 발견된 연화문이 거의 유사한 형태를 드러냈거니와, 인동문벽돌까지도 서로 닮았다. 미국 캔사스미술관이 소장한 서위(西魏)의 석비상(石碑像)에는 매우 화려한 장식문양을 새겼다. 하단에는 두 마리의 사자가 가운데 인동초를 사이에 두고 마주보고 있으며 그 상단에는 화병을 사이에 두고 두 사람이 공양하는 모습이 새겨져 있다. 두 사람 사이의 화병문양은 공주 무령왕릉에서 출토된 왕비의 관식문양과 유사하다. 이는 불교예술적인 측면의 활발한 교류를 의미하는 것이다.

부여 고분에서 발견된 금속 장식물에는 루공화문(鏤空花紋)을 새겼는데, 이 문양은 일본 법륭사(法隆寺)의 옥충주자(玉蟲廚子)와 아스카[飛鳥]시대 불상의 금속장식에도 똑같이 나타난다. 이는 남북조시대에 유행한 특징적인 문양이다. 그래서 중국 남북조시대의 예술이 백제 예술과 먼저 고리를 맺은데 이어 나중에 일본의 아스카시대 예술과 연계되었다는 사실이 입증되는 것이다. 이러한 역사적 정황으로 보아 백제의 여러 문화 양상은 고구려와의 교류과정에서 북방적인 요소도 얼마만큼 수용했지만, 이보다는 해로를 통한 중국 남북조시대와 수, 당으로 이어지는 중원문화가 직접 백제사회에 영향을 끼쳤다고 할 수 있다. 어떻든 우리가 상상하는 것보다 훨씬 다양한 분야에서 중국 남북조와 교류가 이루어져 기술자까지 왕래하는 밀접한 관계였음을 알 수가 있다.

4. 육조시대 건축조형[20]

1) 기단

중국에서 토석을 이용하여 쌓았던 항토(夯土)기단은 상주시대를 지나 전국시대에 이르면, 매우 완숙된 기단으로 발전했을 것이다. 이같은 근거들은 각종 유물에 나타나고 있다. 이후 진·한대가 되면 석축이나 전축(塼築)으로 만든 완벽한 기단으로 표현되었다. 육조시대는 한대의 완성된 기술을 바탕으로 거의 한대와 비슷한 형태로 이어졌다. 북위시대의 자료인 령계석실(寧懋石室)에 표현된 석각(石刻)에는 2개의 기단 사례가 드러나는데, 모두 석조로 구성된 것처럼 보인다. 둘 다 탱주(撑柱)와 갑석을 설치하여 석조가구식 구조를 이루었다. 그런데 하나는 기단 주위로 벽돌을 깔고, 다른 하나는 벽돌 없이 가운데에는 난간을 둔 계

사진 59. 북위시대 낙양성 영령사탑의 기단부 발굴모습

단을 설치했다. 이러한 석조가구식 기단은 산동성 양성산(兩城山)에서 발견된 한대의 석각에서도 이미 나타난다. 이는 한대 이전부터 만들기 시작한 기단형식이기도 하다.

불교가 성행하면서 불사건축도 왕성하게 이루어진다. 이때 조영기술은 한대의 것이 그대로 적용되었다. 이같은 조영술은 북위시대의 영령사(永寧寺) 탑에 그대로 드러난다. 흙을 굳게 다져만든 항토기단에 탑신부분은 삼합토(三合土)[21]로 탑의 기좌를 견고하게 보강 하였는데[22] 이는 한대에 이미 사용했던 조영기술이다. 육조시대의 불교건축으로는 다행히 석굴사원 유적이 많이 남아 있다. 석굴사원은 일반 건축물과는

그림 55. 돈황 428굴의 북주시대 그림인 금강보좌탑의 기단은 전축기단이다.(우측은 좌측 사진의 도면

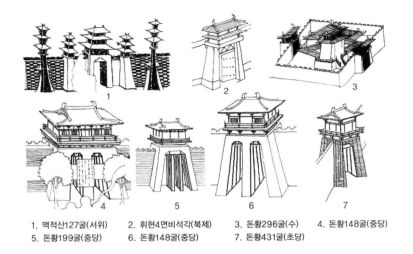

1. 맥적산127굴(서위) 2. 휘현4면비석각(북제) 3. 돈황296굴(수) 4. 돈황148굴(중당)
5. 돈황199굴(중당) 6. 돈황148굴(중당) 7. 돈황431굴(초당)

그림 56. 남북조에서 당나라 전반기까지의 회화자료에 보이는 대형 기단

달리 부분적인 건축양식만을 나타낸 것이지만, 석굴내의 벽화에 당시 건축의 상세한 부분까지도 잘 표현한 평면적인 그림이 보인다. 맥적산 (麥積山) 제127굴 천정 좌측경사면에 그려진 북위시대 산타태자 본생벽화(本生壁畵)를 보면 궁전을 성벽으로 높게 둘러쌓고, 성벽위에 3층 건물들이 조영되었다. 성벽은 전을 쌓아 만들었는데, 모든 건물의 기단까지도 전으로 쌓았다.

돈황 제285호굴 남벽에 그린 서위시대 벽화 중궁전, 제296굴의 북주시대 벽화, 그리고 제428굴의 북주시대 벽화인 금강보좌탑에서도 전으로 만든 2중기단이 보인다. 하단은 재료가 확실치 않으나, 상단은 전을 쌓아 만든 것이 분명하다. 이보다 약간 후대의 자료이지만, 돈황 제71굴의 초당시대 누각도의 기단에도 전축기단이 묘사되었다. 이 기단은 방형 전을 기단 하부에서 외부로 1단 밖으로 내밀게 깔고, 그 위에 12단으로 쌓은 것이다. 기단 위에는 난간을 설치하여 세련된 건축구성을 그림으로 보여준다. 남북조시대부터 당나라 전반기까지 회화자료 중에는 높고 거대한 기단을 표현한 건축물 그림이 많이 있다. 이같은 대규모 기단을 만들만큼 상당한 건축기술이 당시 존재한 사실을 그림으로 표현한 자료인 것이다. 이 건물은 주로 성벽이나 궁성건축이었을 것으로 보인다. 이때 사용된 재료는 벽돌 또는 석재였을 것으로 짐작된다.

몇 개의 실례에서 보듯이 육조시대의 기단을 재료로 보면, 4가지가 사용되었다. 항토기단, 삼합토기단, 석조기단, 전축기단이 그것이다. 구성형태는 조적식 기단과 가구식 기단으로 구분할 수 있다. 이밖에 기단부를 장식화한 장식기단이 보이는데, 이는 불교의 영향으로 나타난 기단형식이다. 수미좌(須彌座)와 호문(壺門)이 이에 속하는 단형식이라 할 수 있다. 이는 비록 기단 뿐만 아니라, 건축의 전반적인 장식화 형식으로 확대되어 불교와 관련한 육조시대 장식문양의 모티브가 되었다.

2) 초석(礎石)

원시시대 주거에서는 지표면에 기둥을 묻어 세운 굴입주(掘立柱)가 사용되었다. 이러한 원시시대 굴입주는 수혈주거에서 흔히 보이는 기법으로, 기술이 발달하지 않았던 시대에 구조적인 보강의 일환으로 채용되었던 것이다. 그러나 상대의 궁전 유지에서 청동으로 만든 초석이 발견되었고, 이후 진·한대에 이르러는 기둥세우는 기법이 거의 완성되었다. 그래서 초석이 석공 손에 가공되고, 여기에 상징적 의미를 부여한 여러 가지 형태의 초석을 만들었다.

이러한 흔적은 한대의 분묘에서 많이 발견되었다. 효당산(孝堂山) 곽씨묘(郭氏墓) 석실, 산동 가상무씨사(嘉祥武氏祠)石室, 산동 금향(金鄕) 주유묘(朱有墓)석실, 산동 기남(沂南) 화상석(畵像石) 묘실 등에서 이같은 흔적을 찾아볼 수 있다.

육조시대의 초석 또한 한대의 기법을 그대로 이어 받았다. 이를 잘 표현한 몇 가지 사례 가운데는 방형과 원형을 이룬 것과 두 형태를 조합하여 만든 초석이 있다. 또한 식물문양을 응용하여 장식적으로 만든 초석도 보인다. 육조시대 초석의 장식은 불교의 영향을 받아 연화 또는

연변두(蓮邊頭) 문양이 많이 응용되었다. 맥적산 27호굴에서는 연화문양 초석과 함께 연변두 문양으로 장식한 좌대가 발견되었다. 또한 향당산(響堂山) 북동주벽 불감의 양옆 기둥 초석에는 연화를 새겼

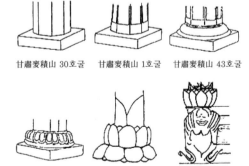

甘肅麥積山 30호굴   甘肅麥積山 1호굴   甘肅麥積山 43호굴

河北定興北齊石柱   甘肅麥積山 27호굴   響堂山北東主壁감실

그림 57. 중국 육조시대 각종 초석유형

고, 기단부에는 괴수(怪獸)를 조각한 형상도 보인다.

3) 기둥(柱, 楹)

육조시대의 기둥은 매우 다양한 형태로 만들었다. 우선 사용재료에 따라서는 목주, 석주로 구분된다. 또 단면 형상에 따라 방주, 원주, 팔각주가 있고, 외형의 구성기법에 따라 통주, 민흘림주, 배흘림주[23], 조각주로 나눈다. 이러한 기둥형상은 이미 한대에도 사용한 흔적이 있다.

육조시대의 목조건축은 물론 현존하지 않는다. 그러나 당시의 화상석이나 석굴사원의 석주에는 흔적이 많이 남아 있다. 산서성 수양현(壽陽縣)에서 발견된 북제(北齊) 때의 분묘에서는 많이 퇴락한 집모양묘곽(屋宇形郭室)이 발굴되었는데, 정교하게 만든 다른 건축부재와 함께 8각기둥이 나왔다. 기둥의 형상은 상하 폭이 같은 통기둥이다. 그런데 상부는 부패되어 없으나, 밑둥에는 8각촉을 만들어 초석에 고정시킨 듯한 현상이 보인다.[24] 육조시대 목조유구로는 유일한 것이다.

이 시대 역시 민흘림기둥을 많이 사용하게 되는데, 특히 현존하는 석굴사원에 이러한 사례가 많이 있다. 대표

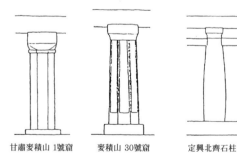

甘肅麥積山 1號窟   麥積山 30號窟   定興北齊石柱

그림 58. 육조시대 각종 기둥유형

적인 실례로는 산서성 태원의 천룡산(天龍山)석굴, 대동의 운강(雲岡)석굴, 감숙성 맥적산석굴 등에서 나온 석주가 있고, 그밖에 화상석에서도 민흘림기둥이 보인다.

중국건축의 기둥 중에는 과릉주(瓜稜柱)가 있다. 과릉주는 중국에서 이미 오래전부터 사용해 오던 기둥형식이다. 대나무나 나무줄기를 여러 개 묶어 만든 기둥이다. 이같이 작은 자재를 여러 개 묶어 사용하는 방법은 이미 신석기시대 장벽의 골조나, 지붕하중을 받는 보(樑)에도 사용했다. 그러나 기둥으로 사용한 흔적은 후한시대 사천 시자만 애묘(柿子灣 崖墓)의 속죽주(束竹柱) 화상석, 사천 성도(成都) 출토 주택화상전 가운데 정당(正堂), 산동 안구(安丘)의 한묘기둥, 강소 서주한묘(徐州漢墓)의 화상석, 그리고 산동박물관 소장의 한랑사상유군묘표(漢琅邪相劉君墓表) 등에서 볼 수 있다.[25] 이로 미루어 중국에서 과릉주는 광범위한 지역에서 오래전부터 사용한 형식이라 하겠다. 이 과릉주는 북송시대에도 이어졌는데, 그 실례는 1013년에 건조한 령파 보국사(寧波 保國

그림 59. 후한시대(우측 4개), 육조시대(좌측 끝), 송 대(좌측에서 두 번째)의 과릉주 사례

寺) 대전(大殿)에서 볼 수 있다.

육조시대에 사용된 과릉주로는 맥적산 제49굴에서 실례를 찾아볼 수 있다. 굴 입구에 전부 4개의 과릉주가 있었는데, 가운데 2개는 퇴락했고 양측 2개는 일부가 남아있다. 기둥 밑에는 2~3단으로 가공한 초석이 놓이고, 상부가 좁아지는 민흘림기둥으로 되어 있다. 기둥 밑둥의 직경은 35cm

제56굴   제427굴   제407굴   제404굴

그림 60. 돈황석굴의 수나라 때 배흘림기둥 그림

사진 60. 육조시대 북제의 석주에 표현된 가옥형 석실의 배흘림기둥

이고, 높이는 2.4m에 이른다. 기둥상부에는 주두를 올려놓았다.

배흘림기둥은 사용된 실례가 많지 않지만, 돈황 석굴사원의 수나라 때 벽화에 여러 사례가 표현되었다. 이보다는 분명하게 나타난 사례는 하북성 정흥현(定興縣)에 자리한 북제 때의 석주에 표현되었다.[26] 이는 용도가 비록 묘표(墓表)[27]이지만, 상부에 올려놓은 석실(石室) 기둥의 배흘림을 명확히 표현해 주고 있다. 주두를 제외한 기둥높이는 34.3cm, 하부직경은 7.7cm, 상부직경은 5.6cm이다. 기둥의 직경 중 가장 넓은 것이 8.1cm로 밑에서 1/3 되는 지점이다. 이는 작은 모형에 불과하지만 이미 비례적으로 완벽한 배흘림이 적용되었다는 것은 다른 건축물에서도 사용되었을 가능성을 시사하는 것이다.

4) 창호(窓, 窗)

육조시대의 문은 다양한 형태가 사용된 것 같지는 않다. 당시 유구에서는 간단한 몇 개의 형태만 보인다. 이 가운데 판문과 살문이 일반적인 형태로 나타난다. 육조시대 판문의 실례는 북위 영무석실(寧懋石室)의 화상에서 볼 수 있다.

문의 외형 중에는 상부를 아치로 만든 홍예문도 많이 나온다. 또 문의 상부를 복숭아 모양으로 만든 광배형도 석굴사원에서 흔히 보인다. 이와같은 아치나 광배형의 개구부는 문을 달지 않은 공문(空門)인 것이 일반적이다.

창을 두 가지 형태로 크게 나누면, 영창(欞窓)과 공창(空窓)이 있다.

河北出土 石刻주택도　　河北出土 石刻주택도　　河南 東魏시대 주택도　　寧河出土 北魏 건축도

그림 61. 육조시대 상류주택도에 그려진 각종 창호

영창은 다시 직령창(直櫺
窓)과 사령창(斜櫺窓)으로
구분되는데, 직령창은 단
순히 채광과 환기용으로
이용하는 창호의 하나이
다. 장식적 효과는 나타내
지 않는 가장 기본적인 형
태인 것이다.

그림 62. 육조시대 각종 홍예창 유형

　사령창은 주거의 기본적인 기능과 함께 장식적 효과도 깃들어 있다.
공창은 창살 없이 개구부가 개방된 창을 말하는데, 창의 개구외형이 여
러 가지 다양한 형태로 구성되었다. 특히 불교 건축에서는 광배형 창과
홍예창을 많이 만들었다. 이는 불교 전래 이후에 나타나는 장식적인 공
문 형태이기도 하다. 문의 상부 뿐만 아니라 불상의 상부에도 특히 많
이 표현된다.

5) 공포(栱包)

중국에서는 공포를 두공(枓栱)이라고 한다. 기둥 위에서 지붕의 무게를 받쳐주며 분산하면서, 무게를 기둥에 전달하는 기능을 지녔다. 공포는 여러 개의 부재로 짜여 다양한 형태를 만들어 낸다. 두공은 두(斗), 공(栱), 앙(昂), 방(枋)이라고 하는 4개의 부재로 구성된다.

중국에서는 전국시대(B.C. 403~B.C. 221)의 청동유물인 채상렵대(採桑獵臺)에 조각된 건축도라든가, 중산왕릉(中山王陵)에서 출토된 동제(銅製)탁자 "사룡사봉동방안(四龍四鳳銅方案)"[28]에 공포모양을 응용한 사례가 있다. 그래서 아주 이미 오래 전부터 공포가 사용된 것으로 보인다. 채상렵대(採桑獵臺)는 건축형태의 문양이고, 사룡사봉동방안은 가구에 응용한 점에서 실제 건축과는 다르다. 그러나 이 정도의 문양이라면, 이미 공포가 사용되었을 것이라는 추정이 가능하다. 건축에 공포가 언제부터 사용되었다고는 확언할 수 없으나, 이런 자료로 미루어 실제로 오랜 옛날부터 사용되었던 것은 분명하다. 중국의 학자들 사이에서는 서주시대(B.C. 1027~B.C. 770)에 이미 사용되었다는 견해가 지배적이다. 한대에 이르러서는 각종 출토품과 화상석, 벽화

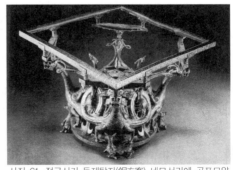

사진 61. 전국시기 동제탁자(銅方案) 네모서리에 공포모양이 조각되어 있다.

등 많은 자료에서 공
포가 사용되었음을
확인할 수 있다. 당시
화상석에 새긴 공포
는 간단하기 때문에
추측이 가능한 자료
일 뿐이다. 오히려 석
궐(石闕)과 명기(明器)
에 명확한 자료가 보

그림 63. 공포가 상세하게 표현된 한나라 때 석궐유물

인다.[29] 당시 한대의 석궐에는 공포구조가 명확하게 남아 있고, 명기에
도 공포구조가 상세하게 표현되어 완성된 공포구조가 오래 전부터 사
용한 것이 확실하다.

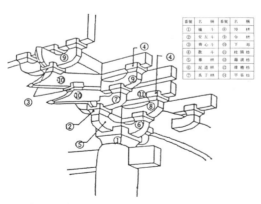

그림 64. 송나라 때 공포의 주요 명칭

중국 송대 이전에는
영조에 관한 서적이
전혀 남지 않다. 이 때
문에 송 이전 시기의
공포에 관한 명칭은
알 수가 없다. 송 휘종
숭녕3년(A.D. 1100)에
이명중(李明仲)이 저술
한 『영조법식(營造法

式)』이 공포의 결구구조와 명칭 등 기술적인 내용을 설명해 놓은 가장 오래된 기록이다.

육조시대 유적인 맥적산석굴(麥積山石窟)에서 보이는 주두 형태는 굽이 내곡(內曲)으로 굽었고, 굽받침은 없다. 다만 하나의 특이한 예이기는 하지만, 북위후기의 제1굴 정면석주 주두는 8각 기둥 위에 얹어 놓았는데, 주두굽의 모서리 부분을 8각의 1면만큼 외곡면(外曲面)이 되게 깎았다. 그리고 나서 8각형 굽받침에 맞게 올렸다.[30] 또한 산서성 수양현(壽陽縣)에서 출토된 북제 때의 집모양무덤(屋宇形槨室)에서도 목제 주두가 보인다. 그런데 굽은 역시 내곡되었고, 굽받침은 쓰지 않았다.[31] 하북성 감단시(邯鄲市)에 자리한 북제시대의 향당산(響堂山) 석굴에서도 특이한 형태의 주두를 볼 수 있다. 여기에는 기둥상부에 연화를 뒤집어 놓은 듯한 장식을 덧붙였다. 이처럼 기둥에 연화를 쓴 예는 고구려 쌍영총의 두 기둥과 수산리 벽화고분에서도 보인다.

대공(臺工)구조 중에는 또한 '人'자 모양으로 만든 인자공(人字栱)[32]이 있다. 이는 보와 도리 사이에 짜여 상부의 하중을 분산시켜주는 역

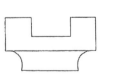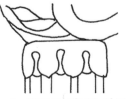

1. 壽陽縣出土 木製 槨室   2. 麥積山 1호굴   3. 響堂山 제7동 입구

그림 65.육조시대 각종 주두유형

할을 한다. 공포
와 공포사이에서
보강재 역할을 하
고, 공포가 없을
경우는 인자공(人
字栱) 만으로 상
부의 하중을 떠받

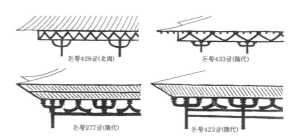

그림 66. 육조 및 수나라 때의 벽화에 표현된 공포

치는 기능을 지닐 수도 있다. 그리고 종보 위에서 종도리를 받쳐주는
대공의 역할도 한다. 부재가 직선인 대공과 곡선으로 된 '곡각인자공
(曲角人字栱)'도 있다. 직선으로 된 육조시대의 실례는 돈황막고굴 제
275굴 남벽에 그린 북량시대(A.D. 397~439)의 벽화에 나타난다. 그래
서 이른 시기에 사용되었을 것으로 추정된다. 또 같은 석굴의 북위, 서
위, 북주시대 여러 벽화와 수대의 벽화에서도 이를 볼 수 있다. 이밖에
용문석굴(龍門石窟), 고양동불전(高陽洞佛殿) 감실(龕室), 운강 제2굴과
21굴의 탑심주, 제9굴 전실동벽 상층의 가옥형감실(家屋形龕室), 맥적
산 제27호굴 천정경사면의 북주시대 벽화 등에서도 직선의 인자공이
보인다.

육조시대 곡각인자공의 실례는 맥적산 제4호굴 전실천정에 나오는 북
주시대의 전각도에서 찾을 수 있다. 이 인자공은 오래된 것인데, 여기
서는 같은 건물에 직선형과 혼용한 것으로 보인다. 또 하나의 실례로는
하남성 등봉(登封) 숭악사탑 지궁(嵩岳寺塔 地宮)의 동·서·북벽 벽화

에 나오는 그림이다. 숭악사탑은 북위 정광 연간(A.D. 520~524)에 건립한 것으로 중국에서 가장 오래된 전탑(塼塔)이다. 이 탑의 중심지하에 자리한 지궁의 네 벽에는 목구조처럼 보이게 한 벽화를 그렸다. 그런데 남측입구를 제외한 3면에 2중보가 지나가고, 보 사이는 각재를³³⁾ 6개씩 끼워두었다. 벽 모서리에는 기둥을 그리고, 일두삼승(一斗三升) 공포를 얹어놓은 것으로 표현되었다. 또 공포와 공포 사이에 곡각인자공(曲角人字拱)을 하나씩 그려놓았다. 인자공 위에는 주두를 하나 얹어 상부의 도리를 받도록 표현하고 있다.³⁴⁾ 이밖에 인자공 중간에 단주(短柱)를 끼워 넣은 형태와 함께 인자공 위에 일두삼승(一斗三升)을 첨가한 조합형도 있다. 시기적으로 보면 직선형 인자공이 곡선형 인자공보다 앞선다. 중간단주를 세우거나 공포를 올린 것은 그 후의 형식이라 하겠다. 이러한 인자공은 고구려 쌍영총의 전실과 현실벽 상부벽화와 더불어 덕흥리 벽화무덤의 현실벽 상부, 안악 3호분 동측실주방도, 안악 2호분 현실벽 상부, 용강대묘 현실벽상부, 팔청리 벽화무덤 전실서벽의 전각도같은 벽화에서 볼 수 있다. 또 천왕지신총의 전실과 현실에서는 석재를 가공하여 사용한 흔적도 보인다. 이 무렵 들어서는 인자공이 이미 보편화된 건축부재였음을 알 수 있다. 그러나 고구려의 실례에서는 육조시대와 달리 곡선으로 된 인자공은 전혀 나타나지 않는다.

첨차(栱)는 주두와 소로 사이에 놓아 상부의 하중을 주두를 거쳐 기둥에 전달하는 중요한 구조재이다. 첨차는 도리나 장여를 통해 내려오는 하중을 단면이 작은 기둥으로 집중시켜주는 매개 역할을 한다. 또 첨차

는 공포구조를 전후좌우로 확장하여 처마를 길게 하거나, 전면과 후면
과의 기둥 간격을 넓게 해 주어 보다 넓은 공간을 확보할 수도 있다. 이
와 더불어 소로를 중간에 끼워 첨차를 중첩해 올리면, 처마를 높이는
효과가 나타나 건물을 크고 화려하게 보이기도 한다. 첨차는 위치에 따
라 여러 명칭이 붙는다. 육조시대에는 첨차의 하단부 마무리 방법이 다
양했을 것이다. 이는 수양현(壽陽縣)의 목재 곽실(槨室)과 향당산(響堂
山) 제7동에 나타난 첨차에서 확인되었다. 이들 첨차는 내곡면을 3단으
로 깎아 만든 것으로 보인다. 또 태원(太原) 천룡산(天龍山) 제16굴에서
보이는 첨차는 상하 폭이 대단히 크고, 대동(大同) 운강석굴 제9굴에서
보이는 첨차는 부드러운 곡면을 이루었다. 이와같이 첨차는 대개 구조
적으로 큰 문제가 없는 부재이기 때문에 형태가 다양하게 표현되는 것
이라 하겠다.

하북 감단시 향당산(響堂山) 제1굴과 제2굴 입구 양측에 남아 있는 공
포는 육조시대의 양식을 잘 보여준다. 이 굴은 정면 3칸의 2층 구조로
이루어진 북제 때의 석굴
인데, 상층 좌우에 석조로
만든 공포흔적이 남았다.
여기서는 방형기둥 위에
주두를 놓고, 밖으로 내민
출목첨차(華栱)를 끼운 다
음 외단부에 소로(交互斗)

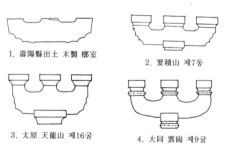

1. 壽陽縣出土 木製 槨室

2. 麥積山 제7동

3. 太原 天龍山 제16굴

4. 大同 雲崗 제9굴

그림 67. 육조시대 각종 첨차 유형

를 하나 더 얹었다. 그 위에 다시 이와 같은 형태를 반복한 다음 첨차(華栱)에 직각방향으로 행공첨차(令栱)를 얹었다. 행공첨차(令栱) 위에는 3개의 소로(升)를 놓고 외목도리(寮簷枋)

그림 68. 육조시대 북제(550~577)의 향당산 석굴(좌)과 공포구조(우)

를 받쳤는데, 외벽과 행공첨차(令栱) 사이는 친방액(親方額)[35]으로 단단히 잡아주고 있다. 행공첨차(令栱)의 하단부는 3잎깃내곡선모양(三辨內蘶卷刹)으로 처리되었다. 전체적인 형식으로는 주두포작 2출목형식(二出跳斗栱)이다.

6) 지붕(屋頂)

육조시대의 지붕 모양에는 일반적으로 맞배지붕(厦兩頭), 우진각지붕(四阿), 모임지붕(斗尖) 그리고 팔작지붕(九脊)이 있다. 이들 가운데 주택에는 대개 맞배지붕과 우진각지붕이 채용되었고, 궁전이나 사원의 주요 건물 등에는 우진각지붕과 팔작지붕을 올렸다. 그리고 불탑 등에 채용된 것은 주로 모임지붕이다.

우진각(四阿)은 이미 오래 전부터 사용되었는데, 상대(商代)의 청동유물에서 이미 보이기 시작한다. 이어 주·전국·한대에 이르러서는 매우 발전된 형식이 나타난다. 특히 우진각은 중국에서 가장 품위를 갖춘 건물에 채용되었는데, 이는 지진에 잘 견디는 내진성능이 우수하기 때문이다.

모임지붕(斗尖)은 이미 선사시대 수혈주거에서도 사용되었다. 지붕구조로서는 가장 시원형이라 할 수 있다. 이는 모양에 따라서 3각모임, 4각모임, 6각모임, 8각모임으로 구분된다.

하북성 낙양 영무석실(寧懋石室)에서 발견된 북위 때의 석각(石刻)에는 당시 상류계급의 것으로 보이는 고급주택 그림이 있다. 이 주택의 전체적인 규모는 알 수 없으나, 그 일부가 표현되었다. 2개의 동이 서로 직각으로 배치되었고, 주변에는 원림으로 조성된 듯한 나무 그림이 보인다. 각 부분의 구성기법을 보면, 가구식 기단에 기둥은 방주이다. 그리고 바닥은 마루를 깐 듯하다. 두 기둥 사이에는 창방(額枋)이 가로 놓여 상부를 고정시키고 있다. 창방(額枋)과 주심도리(正心桁) 사이는 간격을 두고, 곡각인자공(曲脚人字拱)[36]과 단주를 끼워 구조적으로 보강을 하였다. 창방에는 꽃무늬 천으로 장식했고, 우측 건물에는 두루말이식 차양을 달았다. 지붕은 우진각지붕(四阿式屋頂)인데, 용마루(背脊) 양끝을 치미로 장식했다. 이 그림 속에는 또 다른 주택 하나를 석각으로 표현해 놓았다. 단독 건물로 보이는데, 주변에는 몇 그루의 나무가 있다. 전자와 마찬가지로 가구식 기단 위에 건물을 세우고, 중간에 계단을 설치하였다. 계단 양측에는 난간을 표현했으나, 난간에 비해 옥신 부분은 매우 간략하다. 우측은 맞배지붕이고, 좌측 우진각지붕에는 숫기와와 막새가 보인다. 옥내에는 집주인인 듯한 한사람이 정좌를 하고

앉아있다.(그림 61 참조)

팔작지붕(九脊)은 유구에 보이는 것처럼 한대에 이미 만들기 시작한 것으로 추정된다. 이어 육조시대에 들어와서는 여러 유구에 명확하게 등장한다. 돈황 막고굴 제285호 남벽상층 중앙의 서위시대 그림 "오백강도성불인연(五百强盜成佛因緣)"에 나오는 중심건물의 팔작지붕은 비교적 오래되었다. 제290호 굴의 북주시대(A.D. 556~581) 벽화에는 아주 많은 팔작지붕을 그려 놓았다. 또한 북위시대의 유적인 맥적산 제140호굴 우측벽 앞부분의 벽화에서도 실례를 찾아볼 수 있다. 역시 같은 석굴 제127호굴 천정 뒷경사면의 북주시대 그림 "법화경변(法華經變)"에 한 문루의 지붕도 팔작이다. 이밖에 워싱턴 FREER미술관이 소장한 전 향당산(響堂山) 부조에 새긴 2동의 루각에도 팔작지붕이 표현되었다. 하남성 낙양의 용문석굴, 대동의 운강석굴, 향당산 석굴 등 많은 유적에서 육조시대의 실례가 보여 팔작지붕은 이 시대에 이미 일반적인 지붕형태로 정착되었음을 알 수 있다. 꺾음팔작지붕 역시 이 시대에 들어와 보편화한 지붕이었을 것으로 추정된다.

중국건축에서 지붕의 장식은 이미 오래 전부터 이어진 관습이다. 장

| 돈황석굴(육조시대) | 돈황석굴(육조시대) | 돈황285굴(서위) | 맥적산140호굴(서위) |

그림 69. 육조시대 벽화에 표현된 팔작지붕

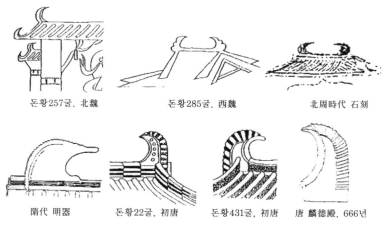

돈황257굴, 北魏   돈황285굴, 西魏   北周時代 石刻

隋代 明器   돈황22굴, 初唐   돈황431굴, 初唐   唐 麟德殿, 666년

그림 70. 육조-초당시기 각종 치미유형

식성향은 한대에 들어와 다양하게 표현되었고, 육조시대에는 이같은 불교의 전래와 더불어 더욱 장식화하는 경향을 보여주고 있다. 지붕의 장식은 기와 마구리에 문양을 새겨 넣는 것과 용마루, 내림마루, 추녀마루 등 지붕선에 어떤 형상을 표현하는 것이다. 거기에는 크게 동물형, 식물형, 기하학 문양이 있다.

　동물형은 대개 조류(鳥類)가 많이 응용되었으나, 용두와 가릉빈가 같은 상상의 동물과 함께 특이한 동물머리(獸首) 형상으로 나타나기도 한다. 조류인 경우 대개 봉황을 응용한 것이 많다. 북위시대가 되면, 지붕에 치미가 올라간다. 북위시대의 석굴사원에서 본격적인 치미가 나타나는데, 이는 기록에도 보인다.[37]

돈황 막고굴 제275굴 남·북벽의 감실지붕과 양궐(兩闕)지붕, 그리고 그 옆의 벽화 지붕에는 치미형상이 보인다. 이는 명확하게 보이지는 않지만 북량시대의 치미일 것이다. 그러나 북위시대가 되면, 치미모양이 아주 명확하게 나타난다. 맥적산 제140호 석굴의 우측벽 벽화의 전각도에는 치미가 아주 뚜렷하게 표현되었다. 북위시대의 벽화에 나타나는 치미에는 돈황 막고굴과 유사한 묘사가 많은 것으로 보아 이는 표현의 차이일 수도 있다. 이러한 자료를 통해 볼 때, 중국에서는 늦어도 2세기 말부터 치미가 본격적으로 사용되었다고 할 수 있다. 이때 중국 건축에 치미가 처음으로 사용되었고, 이 치미는 이후 한반도를 거쳐 일본에 전해졌을 것으로 보인다.

용마루 중앙에 보주(寶珠 또는 火珠)를 올리기도 하는데 보주의 장식 대상으로는 동물문양과 기하학문양이 주로 채용 되었다. 간혹 탑 모양과 비슷한 보주도 올라갔다. 이는 불교 전래 이후 나타나는 현상

운강제12굴 전실서벽 지붕그림

운강제10굴 지붕장식문양

그림 71. 육조시대(북위)의 각종 지붕장식문양

으로 인도의 영향을 받은 것이다. 식물문양은 대개 연꽃봉우리(蓮峰)와 꽃잎(花葉)이 주류를 이룬다. 그 중에는 불교의 영향으로 연꽃을 장식한 경우가 많다. 기하학 문양에는 방형, 원형, 삼각형을 기본으로 이를 응용한 격자형이 보인다. 또 화염문양을 응용한 경우도 나타난다.

5. 육조시대 건축조형의 특징

육조시대는 분열국가 시대여서, 지역적 특징이 한대보다 두드러졌다. 그러나 불교 전래에 따라 불교건축이 본격적으로 조영되었다. 이에 건축양식에는 이전시대에 없었던 새로운 변화의 바람이 불어닥쳤다. 대표적인 실례가 석굴사원과 불탑이다. 당시의 몇 가지 실례에 나타난 건축적 특징은 다음과 같다.

기단은 탱주(撐柱), 우주(隅柱)를 세우고 그 위에 주두를 놓았다. 그리고 갑석과 면석으로 마감한 매우 장식적인 석조가구식 기단이 상류주택을 비롯한 권위건축에 일반적으로 사용되었음을 알 수 있다.

초석 유형은 이전시대에 비해 다양하지는 않았지만 몇 가지 정리된 형식이 채용되었다. 그 중에서도 불교의 영향으로 연화를 응용한 문양이 두드러졌다.

기둥은 단면으로 보아 방주, 팔각주, 원주가 일반적으로 사용되었고, 외부형태에 따라서는 통주, 민흘림주, 배흘림주(Entasis)를 주로 채택한 흔적이 드러난다. 특이한 유형으로는 과릉주(瓜陵柱)가 사용되었다.

더구나 북제 때의 석주에 나타난 배흘림기법은 거의 완벽한 것이어서, 육조시대에 들어 이 기법이 보편적으로 사용되었다고 할 수 있다.

공포는 건축물의 용도와 형태에 따라 여러 가지 형식이 사용되었다. 아직 하앙(下昻)구조를 발견할 수는 없지만, 하앙구조와 유사한 흔적은 더러 보인다. 이 무렵의 공포는 당대에 나타나는 새로운 기법인 하앙구조로 변천하는 과도기적인 것이었다.

인자대공이 많이 사용되기도 했는데, 부재모양에 따라 인자공과 곡각인자공(曲角人字拱)이 있다. 시기적으로는 곡각인자공이 후대의 것이다.

당시의 지붕은 다양한 형태였다. 건축에 응용된 사례로는 우진각지붕(四阿), 맞배지붕(厦兩頭), 모임지붕(斗尖), 팔작지붕(九脊)이 주로 꼽힌다. 지붕에 장식되는 문양은 동물형, 식물형, 기하학 문양으로 구분할 수 있다. 북위시대가 되면, 지붕에 치미가 등장한다. 이러한 치미는 돈황 막고굴 제275굴에서 보이지만, 분명하지는 않다. 그러나 북량시대에는 뚜렷한 형상이 보여 이르면 2세기 말부터 사용 되었을 것으로 추측된다. 완벽한 치미를 표현한 것은 바로 육조시대에 들어와서인데, 이후 한반도를 거쳐 일본에 전해졌을 것으로 생각된다. 용마루 중앙에 두는 보주(寶珠)에는 동물문양과 기하학 문양이 주로 채용 되었다. 간혹 탑형태와 비슷한 것이 올려지기도 하는데, 이는 불교 전래 이후에 나타나는 형상이다. 이같은 육조시대의 건축양식은 불교에서 크게 영향을 받았던 것으로 보인다.

건축양식의 특징을 놓고 볼 때 한대 건축이 중국 목조건축 양식을 형성한 발생기였다면, 육조시대는 이를 기본으로 고대 중국의 목조 건축 양식을 승화시킨 개화기가 분명하다. 육조시대 초기의 건축장식이나 표현기법, 조영기술 등을 한대와 비교해 볼 때 여전히 미숙한 형태를 드러냈다. 그러나 육조시대의 건축기술은 점차 발전적으로 촉진되었다. 이같은 육조시대의 활발한 건축조영의 배경에는 활발한 불교활동이 깔려있었던 것이다.

건축 조형과 기술에 담겨진 백제성

  백제건축 기술은 삼국 중에서도 선진적이었다. 그 배경에는 외래문화를 배척하지 않고 받아들이려는 포용력이 깔려있다. 이와 함께 새로운 것을 탐구하는 창조정신과 개척정신도 뒷받침되었다. 그리고 불교를 일찍 받아들인 것과 삼국 중에서도 유독 백제에서만 보이는 건축기술은 백제의 건축문화가 우수했다는 것을 보여주는 것이다.

  백제 사찰건축에 나타난 조형에서 백제 불교건축의 특성을 찾을 수 있다. 백제 사찰의 가람 배치는 기본적으로 1탑1금당식이다. 건물의 중심부에는 탑과 금당이 자리를 잡았고, 탑 정면에는 중문을 둔데 이어 금당 후면에는 강당을 앉혔다. 중심건물 주위로는 회랑이 돌아갔다. 그런데 회랑은 중문 좌우에서 시작하여 탑과 금당을 감싸면서 강당과 이어졌다. 배치구조상 전후가 길고, 좌우가 짧은 장방형이다. 이는 건축공간의 위계성과 중심성을 강조하려는 종교적 특징을 공간적으로 표현한 것이다. 이같은 1탑1금당식 가람의 대표적인 사찰로는 익산 미륵사를 들 수 있다. 익산 미륵사는 3개의 탑과 금당을 나란히 병렬배치한 대규모 사찰이다. 이 사찰을 건립한 시기는 백제가 왕권을 강력하게 다잡고, 문화적으로는 주변의 다른 나라보다 훨씬 선진문화를 구사한 시대였다. 더구나 우수한 기술을 기반으로 건축문화를 완성한 시기이기도 했다.

백제 사찰은 대부분 중심부에 목탑 또는 석탑을 세우고, 뒤에 목조 금당을 두는 방식으로 조형미를 한껏 살렸다. 백제 사찰에 석탑을 세워지기 시작한 것은 후기이고, 이전에는 주로 목탑을 세웠다. 특히 목탑의 규모는 대단히 큰 것이어서, 당시 건축구조의 완성도를 익히 짐작할 수 있다. 그러나 목탑이 지닌 내구성의 한계로 백제 말기에는 석탑이 등장하게 되었다. 이 또한 백제의 석조 건축기술 수준이 선직적이었다는 사실을 보여주는 것이다. 익산 미륵사에서는 특이하게도 목탑과 석탑이 함께 건립되었다. 이는 삼국시대 뿐만 아니라 우리나라 1700년의 불교 건축역사에서도 가장 특징적인 현상이라 할 수 있다.

백제는 사찰건축에서 백제 특유의 조형기법을 담아냈다. 기단을 축조할 때도 판축기단과 석축기단, 전축(塼築)기단과 와축기단이 혼용되었다. 전과 흙을 번갈아 깔아서 만든 기단과 와축기단은 백제적 특징을 잘 보여준다. 특히 솟을합장식 쌓기 방법을 사용한 군수리 절터의 와축기단은 어디에서도 볼 수 없는 백제만의 것이다. 백제 와축기단은 일본으로 전파되어 지금도 흔적이 남아 있다. 이는 문헌에도 있듯이 백제기술이 일본으로 건너간 사실을 실물로 확인하는 자료이기도 하다. 2중기단 역시 삼국 중 백제에서 주로 축조되었다. 이같은 2중기단은 미륵사 금당, 정림사지 금당, 금강사지 금당 등에서 흔적을 찾을 수 있다. 이는 금당 주변에 회랑층을 두어 금당공간을 기능적으로 활용하기 위한 의도를 분명하게 담은 건축기법이었다.

불교전래 이후 중국대륙과 교류를 하면서도 남북조시대의 화려한 장식 초석과는 다른 소박한 형태가 오히려 고졸(古拙)하다. 백제의 건축조형은 화려함 보다는 실용과 기능이라는 두 가지 장점을 추구했던 것이다.

전축(塼築)기술은 삼국 중에서도 백제에서만 볼 수 있는 건축기법이다. 비록 분묘에만 적용된 건축기법이었지만, 치밀한 계획과 고도의 기술 없이는 불가능한 일이었다. 백제인들의 기술적 수준을 보여주는 사례가 아닌가 한다. 중국 남조와 교류과정에서 기술을 터득하였지만 이처럼 외래기술을 자기 것으로 만들 수 있는 백제인의 장인정신과 기술력을 확인할 수 있는 것이기도 하다. 뿐만 아니라 여러 절터에서 출토된 백제의 벽돌은 크기와 문양이 다양하며, 이러한 다양성은 백제건축의 또 다른 특징이라고 할 수 있다.

백제의 건축은 중국 육조시대의 여러 나라와 동시적으로 발전되어 갔고, 그 흔적은 공주와 부여지역에서 드러난다. 남북조시대에 나타난 목조건축의 하앙식 공포구조는 곧바로 백제에 전해진 것으로 추정된다. 그러나 동시대 양 지역의 유적과 유물을 비교하면, 결코 중국의 영향이 생각보다 크지 않다. 이는 중국과의 교류과정에서 보고 배운 기술을 자기 것으로 만든 다음 백제성을 가미한 데서 비롯된 현상일 것이다. 백제 건축에는 백제의 풍토와 자연환경은 물론 시대적 배경이 적절하게 함축되었다. 백제건축은 중국과 달리 복잡하거나, 화려하지도 않다. 중국에 없는 백제만의 기법과 양식을 만들어 냈다. 이렇게 재창조한 백제의 건축술은 일본서기에 보이는 것처럼 백제 장인들 손으로 일본의 사찰을 지었고, 뿐만 아니라 신라의 황룡사9층탑 같은 대규모의 목조 탑파를 백제의 아비지가 건립하였다는 것은 백제 건축물의 수준이 높았다는 것을 말해주는 것이다.

백제의 건축연장과 치목기술을 통해 백제건축의 기술적 수준을 파악할 수 있다. 특히 대규모의 사찰건축에서 당시 사용했던 다양한 건축연장의 존재가 확인되었다.

부여 쌍북리 금성산에서는 다른 여러 유물과 함께 자(尺)가 출토되었다. 이 자는 우리나라에서 출토된 3개의 삼국시대 자 가운데 하나이다. 완벽하지는 않지만, 1자의 길이가 29㎝라는 것이 확인되었고, 이는 북위에서 사용했던 당척의 길이 29.5~29.7㎝에 가깝다는 사실을 알아냈다. 부여 외리 출토 무늬벽돌의 한변 길이도 28~29.8㎝인 점으로 보아 당척이 사용되었던 것으로 추정된다. 이 자가 출토되기 이전까지는 백제가 동위척(東魏尺·1자의 길이 30.1㎝)과 고려척(약 35㎝)을 사용한 것으로 추정했으나, 이 자가 출토됨으로써 북위의 당척도 사비시대에 사용했던 것으로 확인되었다.

백제 사찰건축 조영에서 가장 많이 사용한 연장은 자귀(釤)이다. 도끼와 함께 많은 양이 출토되었다. 실제 백제시대에 자귀로 목재를 치목한 흔적도 발견되었다. 당시 자귀의 날 폭이 다양한 것으로 보아 크기가 다른 여러 가지 자귀를 사용했다는 것을 알 수 있다. 목재 표면을 고르고 홈을 파거나, 축을 만들 때 크기와 기능에 맞춰 사용하는 자귀는 치목에 필수적인 연장인 것이다. 대표적인 유적으로는 부여 관북리 지하저장시설, 능사 다리 교각 및 받침목, 대전 월평산성 지하저장시설 등이 있다. 이 유적을 통해 기술적 성과도 확인되었다.

끌(鑿) 또한 이미 많은 유물이 출토되어 사용하기 시작한 시기가 오래된 것으로 보인다. 백제 유적에서 출토된 목재유물에는 끌로 홈을 파서 장부를 끼운 사례가 많다. 이로 보아 끌이 일반적으로 많이 사용되었던 것이 확실하다. 자귀로 파낼 수 없는 작은 장부구멍이나 축구멍은 끌을 사용할 수밖에 없었기 때문에 끌은 치목에 필수적인 연장으로 취급되었다.

대패(鉋)는 목재면을 매끈하게 다듬는 연장이다. 백제시대의 대패는 자루대패였다. 대패날은 마치 칼과 같이 생겼고 슴베를 긴 자루에 끼워 만든 것이다. 사용할 때는 자루를 옆으로 눕히고, 날을 목재표면에 대어 앞으로 밀면서 나무를 다듬었다. 출토품은 자루가 대개 부식되어 남아 있지 않다. 그러나 대패날은 미륵사터, 부여 능사터, 부소산성 등 여러 유적에서 출토되었다. 이러한 자루대패 사용 흔적은 부여 궁남지에서 출토된 목재면에 뚜렷하게 보인다.

백제시기 건축연장은 고려시대보다 크게 발달하지 않았을 것이다. 그러나 우수한 제련기술을 바탕으로 기능적인 연장이 제작되었다. 백제 건축물이 전혀 남지 않아 치목기술의 전모를 확인할 수는 없지만, 유적에서 출토된 목재 유물에는 기능적인 연장을 썼던 흔적이 보인다. 홈을 파 놓은 기둥받침목, 기둥을 세우기 위해 만든 장부, 판재로 벽면을 가리기 위해 홈을 파 놓은 기둥 등이 그것이다. 신라와 왜국에 사찰을 세우기 위해 백제 기술자를 보내주었던 사실은 백제의 건축기술과 치목술이 뛰어났음을 증명하는 것이다.

오늘날 백제의 독특한 건축문화가 객관적으로 비교되는 자료는 당시 중국과 교류했던 육조시대 건축이다. 이 시대는 중국이 여러 나라로 분열되었기 때문에 지역에 따라 서로 다른 특징이 두드러지게 나타난다. 더구나 불교의 전래에 따라 불교건축이 본격적으로 조영되었다. 그래서 이전시대에 없었던 건축양식이 다양한 형태로 새롭게 형성되기도 했다. 그 대표적인 실례가 석굴사원과 불탑이다. 이처럼 당시 육조시대의 건축유적에 나타난 건축적 특징은 백제건축을 간접적으로 비교 평가할 수 있는 자료라 할 수 있다.

각주

백제건축의 사회문화적 배경

1. 이기백, 『한국사신론』(개정판), 일조각, 서울, 1985

2. 이기동, 「백제의 역사와 문화」, 『백제문화대관』, 중도일보사, 2005

3. 『삼국사기』 권 제40 雜志 및 『周書』. "都下有萬家 分爲五部 曰上部 前
   部 中部 下部 後部 統兵五百人 五方各有方領一人 以達率爲之.."

4. 한국역사연구회 편, 『한국사강의』, 92쪽, 한울아카데미, 1989

5. 양기석, 「백제 역사의 전개」, 『백제의 조각과 미술』, 32쪽, 공주대학
   교박물관 · 충청남도, 1991

6. 장경호, 한국의 전통건축, 79쪽, 문예출판사, 1992

7. 『삼국사기』 권24, 백제본기

백제 사찰건축의 조형

1. 『삼국유사』 권3, 법흥3, 원종법흥조
2. 일제 때 토목공사 중 우연히 발견되었는데 여기서 '大通寺' 銘文瓦와 함께 백제의 와편과 치미편이 수집되었다.
3. 공주대학교 박물관 · 공주시, 대통사지, 2000
4. 진홍섭, 「백제시대의 가람제도」, 『백제연구』 제2집, 1971
5. 김영배 · 박용진, 「공주 서혈사지에 관한 조사연구」 I · II, 『백제문화』, 공주사범대학 백제문화연구소, 1970 · 1971
6. 박용진, 「공주 서혈사지와 남혈사지에 대한 연구」, 『공주교대논문집』 제3집, 공주교육대학, 1966
7. 이도학, 「사비시대 백제의 4方界山과 호국사찰의 성립 −법왕의 불교 이념 확대시책과 관련하여−」, 『백제연구』 제20집, 113쪽, 충남대학교, 1989
8. 충남대학교박물관 · 충남도청, 『정림사』, 1981
9. 『삼국사기』 권27, 백제본기, 법왕조, "2년 봄 정월에 왕흥사를 창립하고 승 30인을 두었다(二年 春正月 創王興寺 度僧三十人)", 동 무왕조, "무왕35년 봄 2월 왕흥사가 준공되었다. 왕이 매번 배를 타고 절에 들어가 향을 피웠다(三十五年 春二月 王興寺成 其寺臨水 彩飾壯麗 王每乘丹 入寺行香)". 동 권28, 의자왕조, "의자왕 20년 6월 왕흥사의 여러 중들이 모두 배의 돛대와 같은 것이 큰 물을 따라 절 문간으로

들어가는 것을 보았다(二十年六月 王興寺衆僧皆見 若有船楫隨大水入寺門)".

10. 『삼국유사』 권1, 태종춘추공조, "5년 五年 六月 王興寺僧皆見如舡楫隨大水入寺門". 동 권2, 남부여, 전백제조, "사비수 언덕에 10여 인이 앉을 만한 바위가 있는데 백제왕이 왕흥사에 가서 예불을 하려 할 때 먼저 이 바위에서 예불을 드렸는데 그 돌이 저절로 따뜻해지므로 자온대라 하였다.(又泗沘崖又有一石 可坐十餘人 百濟王欲幸王興寺禮佛 先於此石望拜佛 其石自煖 因名돌石). 동 무왕조, "불전과 탑과 회랑을 세우고 절 이름을 미륵사(국사에서는 왕흥사라 했다)라 했다.(殿塔廊廡各三所創之 額曰彌勒寺 (國事云王興寺)". 동 권3, 법왕금살조, "다음해 경신에 30인의 승려를 두고 당시 도성인 사비에 왕흥사를 창건할 때 겨우 그 기지만 닦다가 돌아가니 무왕이 즉위하여 부친의 사업을 계승하여 수십 년을 지나서 완공하였는데 미륵사라고 한다. 그 절은 산을 등지고 물을 내려다보며 화목이 수려하여 사시의 미견을 갖추었다. 왕이 매번 배를 타고 강을 건너 절에 들어가 장려한 형승을 감상했다(明年庚申. 度僧三十人. 創王興寺於時都泗沘城(今扶餘) 始立栽而升遐. 武王繼統. 父基子構. 曆(歷)數紀而畢成. 其寺亦名彌勒寺. 附山臨水. 花木秀麗. 四時之美具焉. 王每命舟. 沿河入寺. 賞其形勝壯麗)".

11. 일반적으로 '琴江川'으로 알려져 있으나 『신증동국여지승람』과 『대동여지도』에는 '金剛川'으로 표기가 되어 있어 이곳이 금강사로 추

정하고 있다.

12. 윤무병, 『금강사』, 국립박물관조사보고 제7책, 1969

13. 朝鮮古蹟調査研究會, 「扶餘 軍守里 廢寺址 發掘調査」, 『古蹟調査報告』 1936(昭和11)

14. 朝鮮古蹟調査研究會, 「扶餘東南里廢寺址發掘調査」, 『古蹟調査報告』 1938(昭和13)

15. 후지사와(藤澤一夫)는 중국에서 발생된 쌍탑식 가람이 백제를 거쳐 왜에 전해지는 과정에서 백제계의 쌍탑식가람일 가능성이 있다는 견해를 밝히기도 했다. 藤澤一夫, 「日本の百濟系雙塔伽藍 −雙塔樣式の伽藍系譜(1)−」, 『馬韓·百濟文化』第4·5集, 원광대학교 마한·백제문화연구소

16. 부여군, 『능사』(부여 능산리사지발굴조사 진전보고서), 2000

17. 『삼국유사』 권2, 무왕, "卽王位 一日 王與夫人 欲幸師子寺 至龍華山 下大池邊 彌勒三尊出現池中 留駕致敬 夫人謂王曰 須創大伽籃於此地 固所願也 王許之 詣知命所 問塡池事 以神力一夜頹山塡池爲平地 乃法像彌勒三 會殿塔廊廡各三所創之 額曰彌勒寺 (國事云王興寺)"

18. 『삼국사기』 권8, 신라본기, 성덕왕

19. 국립문화재연구소, 『미륵사』, 유적발굴조사보고서Ⅰ, 1989

20. 일제 강점기 때 후지시마(藤島亥治郎)라는 사람은 이를 근거로 '品' 자 모양의 가람이라고 했으나 조사결과 1탑1금당식 가람 3개가 옆으로 나란히 자리 잡고 있다는 것이 밝혀져 잘못된 주장이라는 것

이 확인되었다.

21. 장경호, 『백제사찰건축』, 예경산업사, 1991

22. 국립문화재연구소·전라북도, 『미륵사지석탑 해체조사보고서』 Ⅱ, 128쪽, 2004

23. 문화재관리국, 『미륵사지 동탑 복원 설계보고서』, 1990

24. 국립문화재연구소·전라북도, 『미륵사지석탑 해체조사보고서』 Ⅱ, 2004

25. 부여문화재연구소, 『미륵사』, 유적발굴조사보고서 Ⅱ, 1996 및 국립 부여문화재연구소, 『미륵사지 서탑 주변발굴조사보고서』, 2001

26. 부여문화재연구소, 『왕궁리, 중간발굴조사보고』 Ⅱ, 1997

27. 1989년에 발간한 미륵사 유적발굴조사보고서에서는 이 유물을 철제도끼로 분류해 놓았으나 필자는 이것을 자귀로 분류하였다.

백제 사찰건축의 조영기법

1. 이왕기, 「고대 한국 중국 건축관계사 연구」 Ⅱ(『건축역사연구』 5, 한국건축역사학회, 1994. 6.)의 일부 내용을 보완 정리하였음.

2. 충남대학교박물관·충남도청, 『정림사』, 1981

3. 부여군, 『백제의 고도 부여 -그 역사와 문화의 발자취-』, 158쪽, 꿈이 있는 집, 1998

4. 朝鮮古蹟研究會, 『扶餘に於ける百濟寺址の調査(槪要) 昭和15·16年 古蹟調査報告』, 1940·1941

5. 윤무병, 『부여 관북리 백제유적 발굴조사보고』 II, 충남대학교박물관, 1999

6. 조원창, 『백제 건축기술의 대일전파』, 서경, 2004

7. 대표적인 실례로 쌍영총, 태성리 1호분, 안악 3호분, 요동성총이 있다.

8. 河北省 定興縣에 있는 北齊시대에 만든 '義慈惠石柱' 상부에 축소해 만든 건축모양 감실이 있는데, 감실 기둥에 완벽한 배흘림기법이 사용되었다.

9. 우리나라에서는 아직 공식화된 명칭은 아니지만 단혀형 부재를 사용하는 것이므로 '단혀형' 구조라고 할 수 있을 것이다. 중국에서는 '實拍栱'이라고 한다.

10. 중국 측 사료인 『南史』 「百濟條」에 의하면 "中大通6年(남조 梁의 연호로 성왕 12년, 534)과 대동7년(성왕 19년, 541)에 연거푸 사신을 보내와 방물을 받치는 한편 열반경 등에 대한 義流와 毛詩博士 및 工匠·畫師 등을 구하므로 모두 공급하여 주었다(中大通六年 大同七年 累遣使獻方物 竝請涅槃等經義 毛詩博士并 工匠畫師等 竝給之…)" 라는 기사가 나오는데, 이때는 사비로 천도 전후여서 건축장인도 포함되었을 것으로 보인다. 이 무렵 중국에서 하앙구조가 만들어졌고, 그 구조가 백제에 들어온 것으로 생각된다.

11. 『삼국사기』 권1, 신라본기, 기마왕, "十一年 夏四月 大風東來 折木飛瓦……"

12. 『삼국사기』 권2, 신라본기, 조분왕, "四年 夏四月 大風飛屋瓦"

13. 『삼국사기』 권11, 신라본기, 헌강왕, "…孤聞今之民間 覆屋以瓦不以 茅 炊飯以炭不以薪…"

14. 『일본서기』 崇峻元年(587) 백제에서 중과 함께 "寺工 太良未太, 文賈 古子, 鑪盤博士 將德白昧淳, 瓦博士 麻奈文奴, 陽貴文, 㥄貴文, 昔麻 帝彌, 畫工 白加를 보내왔다"는 기사가 있어 백제의 건축기술이 우 수했다는 사실을 알 수 있다.

15. 뿔이 없는 용을 말함.

16. 『漢書』「武帝紀」

17. 내부를 비게 만든 벽돌로 요즘 만드는 시멘트블럭과 같은 모양이나 크기는 다르다. 표면에는 연화문이나 인동문을 새겨두었다.

18. 문화재관리국, 『무령왕릉』, 1973

19. 부여군, 『백제의 고도 부여 –그 역사와 문화의 발자취–』, 225쪽, 꿈이 있는 집, 1998

20. 『일본서기』 권20, 敏達天皇 6년, "百濟國王 付還使大別王等 獻經論若 干卷 并律師 禪師 比丘尼 呪噤師 造佛工 造寺工六人 遂安置於難波大別 王寺"와 『일본서기』 권21, 崇峻天皇元年, "百濟國遣使并僧惠總 令斤 ……寺工太良末太 文賈吉子 鑪盤博士將德 昧淳 瓦博士麻奈文奴 陽貴 文 㥄貴文 昔麻帝彌畫工白加……".

21. 『삼국유사』권3, 탑상 4에 기록이 있음. "貞觀十七年癸卯十六日 將唐
    帝所賜經像袈裟幣帛 而還國 以建塔之事聞於上 善德王議於群臣 群臣曰
    請工匠於百濟 然後方可 乃以寶帛請於百濟 匠名阿非知 受命而來 經營
    木石…"

백제의 건축연장과 치목기술

1. 이왕기, 「문화재 보수공사에 사용된 건축도구와 전통기술의 보존」,
   『건축역사연구』41호, 한국건축역사학회, 2005. 6,
2. 국립부여박물관, 『백제의 도량형』, 9쪽, 2003.
3. 박흥수, 「한의 장안성 건설계획과 건설용척에 관하여」, 『대동문화연
   구』제12집, 178쪽. 성균관대학교, 1978.
4. 甘肅居延考古隊, 「居延漢代遺址的發掘和新出土的簡册文物」, 『文物
   1978年 第1期』, 文物出版社, 北京
5. 長江流域第二期文物考古工作人員訓練班, 「湖北江陵鳳凰山西漢墓發掘
   簡報」, 『文物 1974年 第6期』文物出版社, 北京
6. 이왕기, 「중국 고대 건축생산기술에 관한 연구(Ⅱ)-한대의 건축연장
   과 기술적 성과를 중심으로-」, 『대한건축학회논문집』6-5호,
   1990.10, 대한건축학회
7. 『삼국사기』권6, 문무왕(상), "絹布 舊以十尋爲一匹 改以長七步·廣二

尺爲一匹"

8. 국립부여박물관, 『백제의 도량형』, 15쪽, 2003.

9. 국립부여박물관, 『백제의 도량형』, 30쪽, 2003.

10. 大阪建設業協會編集, 『建築もののはじめ考』, 新建築社, 1973.

11. 이왕기, 한국의 건축연장(2), 『꾸밈』 46호, 1984.2

12. 국립문화재연구소, 『미륵사 유적발굴조사보고서』 Ⅰ, 451쪽, 1989

13. 국립부여문화재연구소, 『미륵사 유적발굴조사보고서』 Ⅱ, 499쪽, 1996

14. 『국립부여박물관 도록』, 54쪽, 1997

15. 부여군, 『능사(부여 능산리사지발굴조사 진전보고서)』 도면·도판, 95쪽, 2000. 이 보고서에서는 이 철제품을 도끼로 보고 있다.

16. 국립부여문화재연구소, 『부소산성 발굴중간보고서』 Ⅳ, 98쪽, 2000. 및 『부소산성 발굴중간보고서』 Ⅴ, 137쪽, 2003

17. 국립부여문화재연구소, 『부소산성 발굴중간보고서』 Ⅲ, 154쪽 1999.

18. 부여문화재연구소, 『부소산성 발굴중간보고서』, 350쪽, 1995.

19. 한림대학교박물관, 『양주 대모산성』, 157쪽, 2002

20. 국립광주박물관, 『광주 신창동 저습지 유적』 Ⅱ, 66~70쪽, 2001

21. 국립부여문화재연구소, 『궁남지』, 1999, 199쪽. 최근 조사 중인 광주 동림동 택지개발지구 문화유적 발굴조사에서도 자귀자루가 나왔다. 'ㄱ'자형으로 구부러진 자연재를 다듬고 자귀날이 끼일 수

있도록 턱을 마련하였다. 호남문화재연구원, 「현장설명회자료」,
2004.

22. 국립문화재연구소, 『풍납토성』 I, 50쪽, 2001

23. 국립부여문화재연구소, 『궁남지』, 197쪽·222쪽, 1999

24. 국립문화재연구소, 『풍납토성』, 423쪽·582쪽, 2001

25. 국립청주박물관, 『청주 용담동고분군 발굴조사보고서』, 56~58쪽,
2002

26. 서울대학교박물관 구리시, 『아차산 제4보루 발굴조사 종합보고서』,
173쪽, 2000

27. 한신대학교박물관, 『용인 수지 백제 주거지』, 154~155쪽, 1998

28. 국립문화재연구소, 『한국고고학사전』, 249쪽, 2001

29. 문화재연구소, 『미륵사 유적발굴조사보고서』 I (1989)에 5개의 사
례가 수록되었고, 나머지 1개는 『미륵사 유적발굴조사보고서』 II
(1996)에 수록되어 있다.

30. 문화재연구소, 『미륵사 유적발굴조사보고서 II』(1996)에서는 이 출
토품을 철제장식품으로 분류해두고 있다.

31. 국립부여문화재연구소, 『부소산성 발굴중간보고서』 V, 137쪽,
2003

32. 국립광주박물관, 『광주 신창동 저습지 유적』 II, 62~64쪽, 2001

33. 한양대학교박물관, 『이성산성 제6차 발굴조사 보고서』, 121쪽,
1999

34. 한양대학교박물관,『이성산성 제8차 발굴조사 보고서』, 90쪽, 2000

35. 국립부여문화재연구소,『궁남지』Ⅱ, 199쪽, 2001. 이 보고서에서
    는 가로망치로 분류하였다.

36. 국립부여박물관·부여군,『능사』(부여 능산리사지발굴조사 진전보
    고서), 본문 113쪽, 2000

37. 문화재연구소,『미륵사 유적발굴조사보고서』Ⅰ, 478쪽, 1989

38. 대패 집에 날을 끼워 사용하는 흔히 보는 대패를 일컫는데 이러한
    대패가 만들어지기 전에 사용되었던 자루달린 대패와 구분하기 위
    하여 필자가 붙인 이름이다.

39. 틀대패가 만들어지지 전에 사용하던 것으로 자루에 날을 끼운 것이
    다. 틀대패와 구분하기 위하여 필자가 붙인 이름이다.

40. 4차 발굴은 금당, 목탑, 동회랑 북쪽끝 건물, 남회랑, 서쪽과 북쪽
    배수로를 했고, 5차 발굴은 동회랑 남측과 전면의 동서 양 배수로
    를 했다. 보고서에서는 이 출토품을 '刀子'라고 하였으나 4개 중 은
    가락지가 있는 것을 제외하고 나머지는 대패일 가능성이 크다.

41. 국립부여문화재연구소,『부소산성 발굴중간보고서』Ⅲ(1999) 및 국
    립부여문화재연구소,『부소산성 발굴중간보고서』Ⅳ(2000). 보고서
    Ⅲ은 1996년도와 1997년도에 부소산성 서북편에 위치한 사자루 주
    변의 평탄지를 발굴조사 한 내용을 수록하고 있으며, 보고서Ⅳ는
    1998년도와 1999년도에 실시한 추정 북문터 성벽주변과 남문터 서
    편 성벽주변에 대한 발굴조사 내용을 수록하고 있다. 이때 출토된

것으로 보고서에서는 이것을 모두 '鐵製刀子'로 보고 있다.

백제와 교류한 육조시대 건축조형

1. 백제의 전시대를 도읍의 천도에 따라 한성시대(B.C.17~A.D.475), 웅진시대(A.D.475~538), 사비시대(A.D.538~663)로 구분해 볼 때 한성시대 전반기는 아직 체계적인 국가질서가 형성되지 않았다고 본다.
2. 양기석, 백제의 해외진출, 『계간경향 87 여름호』, 79쪽, 경향신문사
3. 양 무제 때의 연호이고 A.D.534年으로 백제 성왕 12년이다.
4. 양 무제 때의 연호이고 A.D.541年으로 백제 성왕 19년이다.
5. "中大通六年 大同七年 累遣使獻方物 並請涅槃等經義 毛詩博士并 工匠 畫師等 並給之"
6. 『삼국사기』 26권, 백제본기, 동성왕 23년
7. "…涉羅爲百濟所并…"으로 이때는 백제의 근초고왕 26년(A.D.371)이다.
8. 『晋書』 卷九, 帝紀第九, "百濟林邑王各遣使貢方物"(백제 근초고왕 27년 A.D.372)

   『晋書』 卷九, "帝紀第九[太元九年秋七月百濟遣使來貢方物"(백제 근구수왕 10년 A.D.384)

『宋書』卷九十七, 列傳第五十七, "義熙十二年以百濟王餘映爲使特節"
(백제 전지왕 12년 A.D.416)

『南史』卷二, 宋本紀, "百濟等國竝遣使朝貢"(백제 비류왕 14년
A.D.440)

이밖에 이와 비슷한 많은 기사가 보이고 있으며 우리측 자료인 『삼
국사기』에서도 이러한 기사가 보인다.

9. 박종숙, 『백제·백제인·백제문화』, 34쪽, 지문사, 1988

10. 백제 비류왕 14년으로서 A.D.440년임.

11. 『北史』「列傳」백제조

12. 북위 효문제 때의 연호이고, 백제 개치왕 18년(472)이다.

13. 『魏書』「열전」백제조

14. 南朝의 陳을 말하며 수 문제 때인 개황 9년으로서 백제 위덕왕 36년
    (589)이다.

15. 『隋書』「동이열전」백제조

16. 『舊唐書』「동이열전」백제조

17. 권태원, 「백제의 롱관고(籠冠考)」, 『윤무병박사회갑기념논총』, 361
    쪽, 1984

18. 침류왕 원년(384)이며 호승 마라난타에 의해 처음 전래 되었음.

19. 김정기, 「한국고대건축과 대외교섭」, 『한국의 고대미술과 대외교
    섭』, 보고논총 81-1, 659쪽, 한국정신문화연구원, 1981.

20. 이왕기, 「고대 한국 중국 건축관계사 연구(Ⅰ)」, 『건축역사연구』 4,

한국건축역사학회, 1993. 12

21. 흙, 모래, 자갈을 적당히 섞어 지금의 콘크리트와 같은 역할을 하도록 만든 재료이다. 이것을 여러 겹으로 다지면서 구축하여 기단을 만들기도 한다.

22. 中國社會科學院考古研究所洛陽工作所, 「北魏永寧寺塔發掘簡報」, 『古考學報 1981-3期』, 223쪽.

23. 중국에서는 이를 '俊柱'라고 한다.

24. 王克林, 「北齊庫狄廻洛墓」, 『考古學報 1979-3期』

25. 傅熹年, 「麥積山石窟に見られる古建築」, 『中國石窟·麥積山石窟』237쪽, 平凡社, 東京, 1987

26. 劉敦楨, 「定興縣北齊石柱」, 『中國營造學社彙刊 第5-2卷』, 中國營造學社, 北京, 1934

27. 묘 입구와 묘 주인을 표시하기 위하여 묘 입구에 세워둔 기둥과 같은 조형물

28. 가로 47.5㎝, 세로 47㎝, 높이 36.2㎝ 크기의 동으로 만든 탁자인데 중국 하북성 平山縣에서 발굴되었으며 조각수법이 뛰어나다.

29. 漢寶德, 『斗拱的起源與發展』, 境與象出版社, 臺北, 中華民國 71年

30. 天水麥積山石窟藝術研究所, 『中國石窟·麥積山石窟』, 平凡社, 東京, 1987

31. 王克林, 앞 책, 383쪽

32. 우리나라에서는 "人字臺工"이라 한다.

33. 형상은 굽이 없는 간단한 각재이지만 구조적으로 보면 소로(升)의 역할을 하는 부재이다.
34. 河南省古代建築保護硏究所,「登封嵩岳寺地宮淸理簡報」,『文物 1992-1期』文物出版社, 北京
35. 우리나라의 구조부재에는 이것이 없는데 출목수가 많을 때 최상부의 행공첨차를 몸체와 결구시켜주는 보강재 역할을 한다.
36. 부재가 곡선으로 된 人字臺工
37. 『北史』「宇文愷傳」에 "自晉以前未有鴟尾"라는 기록이 있고 『晋中興書』에도 "觀巢太極殿東鴟尾"라는 기록이 있다.